La razón disruptiva

La razón disruptiva

Antología

LUIS VILLORO

Selección y prólogo de
Guillermo Hurtado

DEBATE

El papel utilizado para la impresión de este libro ha sido fabricado a partir de madera procedente de bosques y plantaciones gestionadas con los más altos estándares ambientales, garantizando una explotación de los recursos sostenible con el medio ambiente y beneficiosa para las personas.

La razón disruptiva
Antología

Primera edición: diciembre, 2023

D. R. © Luis Villoro
D. R. © 2023, por acuerdo con los herederos de Luis Villoro

D. R. © 2023, derechos de edición mundiales en lengua castellana:
Penguin Random House Grupo Editorial, S. A. de C. V.
Blvd. Miguel de Cervantes Saavedra núm. 301, 1er piso,
colonia Granada, alcaldía Miguel Hidalgo, C. P. 11520,
Ciudad de México

penguinlibros.com

D. R. © 2023, Guillermo Hurtado, por la selección y el prólogo

ISBN: 978-607-383-462-9

Impreso en México – *Printed in Mexico*

Índice

CUARTA PARTE
Comunidad, democracia y justicia

Los cuatro ejes de la filosofía de Villoro

Guillermo Hurtado

Luis Villoro nació el 3 de noviembre de 1922 y murió el 5 de marzo de 2014. Su obra filosófica, histórica, ensayística y periodística se extendió a lo largo de más de seis décadas. La lista completa de sus publicaciones es larga y, por lo mismo, puede resultar difícil saber cómo empezar a leerlo o cómo leerlo mejor. El propósito de esta antología es ofrecer una selección de sus escritos filosóficos para que el lector primerizo pueda introducirse en su obra y para que el lector más avanzado disponga, en un solo volumen, de algunos de sus escritos más conocidos —sus "clásicos", por así decirlo— y de otros de enorme valía, aunque quizá no hayan sido tan leídos fuera de los círculos de especialistas.

Su obra filosófica puede organizarse de diversas maneras. Una de ellas es la cronológica. Un problema con esta aproximación es que se corre el riesgo de que el lector no encuentre en ese orden temporal los grandes temas que dan unidad a su obra. Otra opción sería dividir su trayectoria en periodos. De esta manera, podríamos hablar del Villoro existencialista (de finales de los años cuarenta a principios de los cincuenta del siglo XX), del fenomenólogo (de mediados de los cincuenta a mediados de los sesenta), del marxista (de mediados de los cincuenta a mediados de los setenta), del analítico (de principios de los sesenta a principios de los ochenta), del multiculturalista (de mediados de los ochenta a mediados de los noventa) y del zapatista (de mediados de los noventa hasta su muerte). Esta solución nos permitiría entender mejor el devenir de sus ideas, pero no nos ayudaría a encontrar los ejes temáticos que cruzan esos periodos y le dan unidad diacrónica a su pensamiento.

El primero en identificar una línea de investigación que corre a lo largo de la obra de Luis Villoro fue Mario Teodoro Ramírez.[1] Lo que él mostró es que el tema de la otredad está presente en todo el pensamiento de Villoro, desde sus primeros escritos en la década de los cuarenta del siglo XX, hasta sus últimos en el siglo XXI. El tema de la otredad es, sin duda, uno de los ejes en torno al cual se articula la filosofía de Villoro a lo largo de las décadas, pero no es el único que podemos discernir. Sostendré que hay otros tres que sirven como columnas de su reflexión: el de la relación entre los conceptos de conocimiento, verdad y racionalidad; el de la relación entre el poder y las ideas, y el de la relación entre los conceptos de comunidad, democracia y justicia. Los cuatro ejes temáticos no corren siempre como líneas paralelas, sino que, en varias ocasiones se entrelazan, como si fueran las hebras de una cuerda. Por ejemplo, los temas de la otredad y del conocimiento a veces desembocan en el tema de la comunidad y, otras veces, los temas de la comunidad se ligan con los de la justicia y la racionalidad. Esta interrelación entre los cuatro ejes de su filosofía se hace más evidente en el último periodo de su vida, en donde Villoro ata de manera admirable todos los cabos temáticos que había tejido previamente.

Sobre la base de la tesis hermenéutica de los cuatro ejes de la filosofía de Villoro, esta antología se divide en cuatro capítulos que corresponden a cada uno de ellos. El primero lo denomino "Lo otro y los otros" e incluye escritos sobre metafísica, filosofía de la religión y antropología filosófica. El segundo lo llamo "Conocimiento, racionalidad y verdad" e incorpora escritos sobre teoría del conocimiento. El tercero lleva el título de "El poder y las ideas" y recoge sus reflexiones sobre el poder, el cambio político, la ideología y la relación entre las ideas y el poder. El último capítulo se titula "Comunidad, democracia y justicia" y agrupa escritos que van desde la metafísica social hasta la teoría de la democracia, pasando por la teoría de la justicia. He procurado ordenar los ensayos dentro de estos capítulos de manera cronológica para que el lector pueda apreciar mejor el desarrollo de las ideas de Villoro. A continuación, haré una breve descripción de cada uno de los escritos que conforman los cuatro capítulos de este libro, trazando las conexiones que hay entre ellos.

---

[1] Véase Mario Teodoro Ramírez, *La razón del otro. Estudios sobre el pensamiento de Luis Villoro*, México, UNAM, 2010.

I. Lo otro y los otros

Al igual que algunos filósofos del siglo XX, Villoro trazó un arco que va de la relación con otro ser humano a la relación con lo radicalmente otro, entendido como la totalidad o la divinidad. Por lo anterior, el primer capítulo de esta antología incluye ensayos que combinan ambos temas. Cabe señalar que el interés de Villoro por estas cuestiones no se restringe a una mera curiosidad académica, sino que parte de lo más hondo de su persona.

El primer artículo de este capítulo, "Soledad y comunión", de 1949, enfrenta el problema de la relación con los otros desde una perspectiva cercana a las filosofías de Scheler y Marcel.[2] Villoro comienza su ensayo desarrollando un tema que había sido tratado, poco antes, por Paz en *El laberinto de la soledad*: los seres humanos estamos solos frente al universo e incluso frente a los demás. A los otros seres humanos muchas veces los vemos no como a un *tú*, sino como a un *él*. Para que exista una verdadera *comunidad* es preciso partir de la relación del *yo* con un *tú*. El *tú* es lo otro radicalmente distinto al *yo*. Al *tú* no lo puedo determinar, como al *él*. Aquí encuentra Villoro una inquietante paradoja: el amor nos impulsa a integrarnos por completo con el ser amado, pero si eso fuera el caso ya no sería otro y, por lo mismo, dejaría de ser aquel a quien se ama por su diferencia. La comunión total es imposible: apenas se puede vivir como una invocación, como una esperanza. "Soledad y comunión" puede tomarse como el punto de partida del filosofar de Villoro.

El segundo ensayo de este capítulo, "Lo indígena como principio oculto de mi yo que recupero en la pasión", plantea la dialéctica en la relación histórica entre el criollo y su otro, a saber, el indio. Este escrito forma parte de su primer libro, *Los grandes momentos del indigenismo en México*, publicado en 1950.[3] Es llamativo que el interés en el indio que Villoro desarrolló a finales de los años cuarenta vuelve al centro de sus intereses a partir de la segunda mitad de los años ochenta y, sobre todo, después de la insurrección zapatista que comienza en 1994. Para entender este artículo conviene haber leído antes "Soledad y comunión", ya que plantea una paradoja semejante. Los

---

[2] Luis Villoro, "Soledad y comunión", *Filosofía y Letras*, vol. 17, núm. 33, enero-marzo de 1949, pp. 115-131.
[3] Luis Villoro, *Los grandes momentos del indigenismo en México*, México, FCE, 1950.

mexicanos mestizos pueden tener, ante los indios, dos actitudes fundadas en la simpatía: o bien incorporarlos a su civilización, lo que supone que los indios dejen de ser indios, o respetar su forma de vida, lo que significaría que seguirían separados de ellos. Villoro resolvería esta paradoja del indigenismo décadas después con su reflexión sobre el levantamiento zapatista.

Años después, Villoro escribió una serie de artículos sobre el tema de lo otro entendido como lo sagrado o la totalidad. A ese periodo pertenece su magnífico ensayo "La significación del silencio" y otros artículos sobre temas cercanos, como las religiones orientales o la filosofía del primer Wittgenstein, no incluidos aquí.[4]

En "La significación del silencio", Villoro nos ofrece una filosofía de nuestra experiencia de las fronteras del lenguaje.[5] Comienza por describir las funciones del lenguaje, las diversas maneras en la que nos sirve para hablar de la realidad, pero también en las que moldea nuestra relación más íntima entre nosotros y el mundo. El lenguaje poético lleva el lenguaje ordinario a un límite, pero más allá de la poesía, sostiene, encontramos una forma del silencio como un vehículo de significado. No habla del silencio como la ausencia de palabra, sino de otro silencio que significa por sí mismo algo que no puede ser traducido exactamente por una frase. Este silencio preñado es el que debemos emplear para hablar sin palabras de lo insólito, de lo otro, de lo sagrado. El silencio, entendido así, va más allá del lenguaje, pero no puede existir sin el lenguaje.

En 1985, Villoro publicó uno de sus ensayos más leídos y admirados, "La mezquita azul: una experiencia de lo otro", en el que narra una experiencia de lo otro y luego la analiza para someterla a la crítica.[6] El ensayo tiene tres partes. En la primera, describe en primera persona y con una prosa poética

---

[4] Véase Luis Villoro, "La filosofía de la India", *Revista de la Universidad de México*, vol. xiv, núm. 1, septiembre de 1959, pp. 4-8; Luis Villoro, "Lo indecible en el Tractatus", *Crítica*, vol. vii, núm. 19, abril de 1975, p. 39; Luis Villoro, "El concepto de Dios y la pregunta por el sentido", en Francisco Piñón Gaytán, (coord.), *Concepto y problema de Dios*, México, uam/Plaza y Valdés, 2001, pp. 233-241.

[5] Luis Villoro, *La significación del silencio*, Guadalajara, Casa de la Cultura Jalisciense, 1960.

[6] Luis Villoro, "La mezquita azul: una experiencia de lo otro", *Vuelta*, núm. 106, septiembre de 1985, pp. 17-28.

una vivencia religiosa que tuvo en la mezquita azul de Estambul. En la segunda parte, analiza esa experiencia fríamente, como si fuera la de alguien más. En la tercera parte se hace la pregunta de si hay una manera de decidir si aquella experiencia fue real o una ilusión. La conclusión a la que llega, después de una elaborada reflexión, es que la razón más estricta no puede negar la realidad de esa vivencia ni la creencia en lo sagrado que surge de ella. Este ensayo es un ejemplo extraordinario de la relación entre la vida y la filosofía de un pensador.

El interés de Villoro por el tema religioso es una constante en toda su vida, desde su juventud hasta su vejez. De su insatisfacción con la idea de un Dios personal, pasó a adoptar una suerte de panteísmo cercano al pensamiento oriental. En "Vías de la razón ante lo sagrado" encontramos una recapitulación de sus ideas sobre el tema.[7] El ensayo parte de una pregunta que ya había planteado en "La mezquita azul": ¿cuál es la relación de la experiencia de lo sagrado con la razón? Villoro concluye que la teología positiva está fundada en el error de querer *decir* lo que, según Wittgenstein, sólo se puede *mostrar*. Hablar de Dios o de los dioses como si fueran objetos es un error —una profanación, incluso— de la razón humana. Para recuperar la vivencia de lo sagrado hay que aceptar —aunque parezca contradictorio— que no hay Dios ni dioses.

II. Conocimiento, racionalidad y verdad

Villoro se interesó en los temas del conocimiento, la racionalidad y la verdad hacia la segunda mitad los años cincuenta. Durante ese periodo estudió a fondo la fenomenología de Husserl. Sus escritos sobre el tema fueron recogidos en su libro *Estudios sobre Husserl* publicado en 1975.[8] Son textos especializados que examinan algunas de las cuestiones centrales de la filosofía de ese autor. En ellos, Villoro aborda varios temas que luego desarrollaría en su libro de 1982, *Creer, saber, conocer*, desde una perspectiva teórica diferente, la de filosofía analítica, que él empieza a estudiar a finales de los

---

[7] Luis Villoro, "Vías de la razón ante lo sagrado", en Jorge Issa González (coord.), *Fe y razón hoy*, México UAM-Iztapalapa/Plaza y Valdés, 2002, pp. 19-35.

[8] Luis Villoro, *Estudios sobre Husserl*, México, UNAM, 1975.

años cincuenta.[9] La transición de Villoro de la fenomenología a la filosofía analítica también puede advertirse en su libro *La idea y el ente en la filosofía de Descartes*, de 1965, en donde analiza de manera crítica las tesis metafísicas y epistemológicas del sistema cartesiano.[10]

De sus estudios husserlianos incluyo uno en esta antología que se ocupa de un tema que le interesó durante largo tiempo: la relación entre la filosofía y la sabiduría.[11] Aunque Villoro acepta en "Ciencia radical y sabiduría" que la filosofía debe estar basada en un ideal científico, se resiste a renunciar a su ideal sapiencial. Su propuesta es que para que la filosofía alcance el grado más alto de la ciencia debe adoptar un *sentido* que sólo le puede dar la sabiduría, y para que la filosofía alcance el grado más alto de sabiduría debe lograr una *validez* que sólo le puede dar la ciencia. En aquel momento el ensayo de Villoro era una nota de advertencia frente al programa cientificista que se comenzaba a desarrollar en la filosofía mexicana de aquellos años y del cual él mismo formó parte.[12]

Las preguntas que Villoro planteaba en sus escritos sobre Husserl y Descartes desembocan en su obra fundamental *Creer, saber, conocer* en la que reformula esas cuestiones desde un marco teórico diferente, la filosofía analítica, pero también las conecta, por vez primera, con temas éticos y políticos.[13] *Creer, saber, conocer* es un análisis riguroso y original de los tres conceptos centrales de la epistemología que aparecen en su título. Se trata, sin duda, de uno de los libros más sólidos y rigurosos de la filosofía en lengua española

---

[9] Véase, por ejemplo, Luis Villoro, "La crítica del positivismo lógico a la metafísica", *Diánoia*, vol. VII, núm. 7, 1961, pp. 215-234.

[10] Luis Villoro, *La idea y el ente en la filosofía de Descartes*, México, FCE, 1964.

[11] Luis Villoro, "Ciencia radical y sabiduría (Notas sobre *La filosofía como ciencia rigurosa* de Husserl)", *Anuario de Filosofía*, Facultad de Filosofía y Letras, UNAM, año 1,, núm. 1, 1961, pp. 177-182.

[12] Véase su participación en el debate con José Luis Balcárcel, Alejandro Rossi, Abelardo Villegas y Leopoldo Zea reunido en Leopoldo Zea, Luis Villoro, Alejandro Rossi, José Balcárcel y Abelardo Villegas, "El sentido actual de la filosofía en México", *Revista de la Universidad de México*, vol. XXII, núm. 5, enero de 1968, pp. I-VIII.

[13] Luis Villoro, *Creer, saber, conocer*, México, Siglo XXI Editores, 1982. En ese libro incluyó materiales antes publicados, como: "De la distinción entre 'estar cierto' y 'saber'", *Crítica*, vol. III, núm. 9, septiembre de 1969, pp. 33-58, y "Conocer y saber", *Crítica*, vol. IV, núm. 10, enero de 1970, pp. 75-95; "Ciencia y sabiduría", *Revista de la Universidad de México*, vol. XXXVI, núm. 2, junio de 1981, pp. 8-13.

del siglo XX. En esta antología incluyo dos capítulos de la obra: "Saber y verdad" y "Hacia una ética de la creencia".

En "Saber y verdad", Villoro ofrece un análisis alternativo de la frase "*S* sabe que *p*" en la que no aparece la cláusula de que "*P* es verdadero" como normalmente se propone. Para Villoro, esta definición del saber lleva inevitablemente al escepticismo. En vez de definir "*S* sabe que *p*" con las tres cláusulas de que "*S* cree que *p*", "*S* está justificado en creer que *p*" y "*P* es verdadero", él lo define con las siguientes dos cláusulas: "*S* cree que *p*" y "*S* tiene razones objetivamente suficientes para creer que *p*". Las razones objetivamente suficientes pueden variar con el paso del tiempo y de comunidad en comunidad, por lo que Villoro concede que el saber siempre es falible y siempre es relativo a un contexto social e histórico. Esta intrépida redefinición del saber, que va en contra de una tradición milenaria, suscitó una discusión muy intensa que todavía hoy sigue abierta.[14]

En el otro capítulo de *Creer, saber, conocer* incluido en esta antología, Villoro propone una ética de la creencia. Los temas abordados en ese ensayo se han colocado en el centro de la discusión global en el siglo XXI con la popularización del concepto de *injusticia epistémica*. La ética de la creencia de Villoro tiene una dimensión política, es el gozne que conecta el eje epistemológico con el eje político dentro de su trayectoria filosófica. Es muy importante su defensa del principio del respeto de las creencias de los demás, porque aquí encontramos el primer paso para la defensa del multiculturalismo que él desarrollaría a partir de la segunda mitad de la década de los ochenta. La ética de la creencia de Villoro se opone frontalmente a tres tipos de dogmatismo: el de las religiones, el de las ideologías y el de las ciencias. Estas tres pretenden imponernos creencias y, sobre todo, que renunciemos a nuestras propias creencias.

"La noción de creencia en Ortega" fue una conferencia impartida en 1983 en El Colegio Nacional.[15] Villoro se sumerge en la filosofía orteguiana

---

[14] Cabe aclarar que Villoro no pasó de su relativismo epistémico a un relativismo sobre la verdad. Véase su artículo "Verdad" en Luis Villoro (comp.), *El conocimiento*, Enciclopedia Filosófica Iberoamericana, vol. 20, Madrid, Trotta, pp. 213-232.

[15] Luis Villoro, "La noción de creencia en Ortega", *Diálogos*, vol. 19, núm. 6, noviembre-diciembre de 1983, pp. 4-13. Reimpreso en Alejandro Rossi, Fernando Salmerón, Luis Villoro y Ramón Xirau, *José Ortega y Gasset*, México, FCE, 1984, pp. 43-76.

con su peculiar capacidad analítica y nos ofrece un estudio en el que no sólo esclarece varios elementos del proyecto de Ortega, sino que lo reconstruye para hacerlo relevante en el presente. Lo que rescata Villoro del orteguismo es una concepción de la razón en la que se subraya su estrecha relación con la práctica y la colectividad, y se reconoce su carácter reticular y falible. No está de más recordar aquí que Villoro escribió varios artículos muy valiosos sobre otros filósofos mexicanos y españoles del siglo xx, como Caso, Vasconcelos, Gaos, Uranga y Zea, entre otros.[16] Asimismo, escribió varios ensayos reflexivos y críticos sobre la historia y el porvenir de la filosofía mexicana e iberoamericana.[17]

El último artículo de este capítulo, "Lo racional y lo razonable", que pertenece al último periodo de su vida, retoma su crítica a la razón ilustrada para plantear dos preguntas: ¿cómo sirve la razón a la vida? y ¿cómo debe ser la razón para cumplir esa función?[18] A la primera pregunta, Villoro responde que la razón es el camino que debemos recorrer para que nuestro pensamiento se acople a la realidad. A la segunda pregunta, responde que la razón debe ser *razonable*. Frente a los filósofos posmodernos que sospechan de todo ejercicio de racionalidad y que nos precipitan en el nihilismo y el conformismo, él sostiene que hay que defender una razón razonable que nos permita reconectar a la razón con la vida.

III. EL PODER Y LAS IDEAS

Como otros pensadores de su generación, Villoro encontró en la filosofía analítica y en la filosofía marxista dos instrumentos para encauzar sus intereses e investigaciones. Al tiempo en que adoptaba la filosofía analítica

---

[16] La mayor parte de estos escritos fue reunida en su compilación Luis Villoro, *En México, entre libros*, México, El Colegio Nacional/FCE, 1995.

[17] Véase, por ejemplo, Luis Villoro, "¿Es posible una comunidad filosófica iberoamericana?", *Isegoría. Revista de Filosofía Moral y Política*, núm. 19, diciembre de 1998, pp. 53-59, y Luis Villoro, "Pensar en español", *Revista de Occidente*, núm. 233, octubre de 2000, pp. 105-112.

[18] Luis Villoro, "Lo racional y lo razonable", en *Los retos de la sociedad por venir*, México, FCE, 2007.

en sus estudios sobre filosofía teórica, reemplazando, con ella, a la fenomenología, también adoptaba la filosofía marxista para sus estudios sobre filosofía práctica. En esa coyuntura, el estudio del concepto de ideología le permitió integrar sus intereses epistemológicos con sus intereses políticos. Villoro realizó un examen profundo de ese concepto a mediados de los años setenta. En "Del concepto de ideología", incluido en este volumen, sostuvo que una ideología es un instrumento de un grupo, una clase o de un gobierno para seguir ejerciendo su dominio y mantener el orden existente.[19] La tarea de dicho instrumento es generar creencias injustificadas o falsas. Frente a la ideología se debe cultivar un pensamiento disruptivo que libere a la razón de aquellas creencias. Aunque el concepto de ideología procede de Marx, Villoro rechazó con firmeza la ideología marxista-leninista que se había convertido en otro instrumento de dominación.

En su discurso de ingreso a El Colegio Nacional, "Filosofía y dominación", de 1978, también incluido en esta antología, defendió la tesis de que la filosofía no debe estar al servicio del poder para que no se degrade en ideología y, por lo mismo, debe adoptar en todo momento una postura independiente y crítica que la ponga del lado del anti-poder.[20] La filosofía, afirmó, ha de verse como la actividad disruptiva de la razón.

Villoro siempre tuvo un interés en el tema de la revolución: no sólo desde un punto de vista conceptual, sino también histórico. En su segundo libro, *La revolución de Independencia*, publicado en 1953, ofreció una interpretación de la historia de las ideas de la independencia de México con la ayuda de algunas nociones de cuño filosófico, como las de *instantaneísmo*, *preterismo* y

---

[19] Luis Villoro, "Del concepto de ideología", *Plural*, núm. 31, abril de 1974, pp. 27-33, luego incluido en Luis Villoro, *El concepto de ideología y otros ensayos*, México, FCE, 1985. Villoro se interesó en este tema durante varias décadas, véase Luis Villoro, "Filosofía e ideología", *Casa de las Américas*, núm. 17-18, marzo-junio de 1963, pp. 44-48; Luis Villoro, "El concepto de ideología en Marx y Engels", en Mario H. Otero (comp.), *Ideología y ciencias sociales*, México, UNAM, 1979, pp. 11-39; Luis Villoro, "El concepto de ideología en Sánchez Vázquez", en Juliana González, Carlos Pereyra y Gabriel Vargas (comps.), *Praxis y filosofía. Ensayos en homenaje a Adolfo Sánchez Vázquez*, México, Grijalbo, 1985, pp. 189-205; Luis Villoro, "Ciencia política, filosofía e ideología", *Vuelta*, núm. 137, abril de 1988, pp. 18-22.

[20] Luis Villoro, "Filosofía y dominación", *Nexos*, año 1, núm. 12, diciembre de 1978, pp. 3-4, luego incluido en Luis Villoro, *El concepto de ideología y otros ensayos*, *op. cit.*

futurismo.[21] Este libro todavía forma parte del proyecto de la filosofía de lo mexicano del grupo Hiperión que adoptaba herramientas conceptuales del existencialismo para estudiar la realidad mexicana. El paso siguiente de ese proyecto histórico-filosófico hubiera sido escribir un libro sobre la Revolución mexicana del siglo XX. Aunque Villoro no emprendió esa obra, nos dejó algunas aproximaciones a ella.[22]

La caída del muro de Berlín en 1989 impactó a Villoro, como a todos los pensadores de izquierda. ¿Qué futuro podía tener el ideal de cambiar al mundo de manera radical para construir una sociedad más justa? Podría decirse que esa cuestión ocupó el centro de su atención a partir de ese momento. Villoro retornó al tema de la revolución con la intención de escribir un libro sobre ese concepto y sobre la historia de las revoluciones. De ese periodo son los siguientes dos artículos incluidos en este capítulo: "Revolución francesa, ¿ilusión o realidad?" de 1989 y "Sobre el concepto de revolución" de 1992.

En "Revolución francesa, ¿ilusión o realidad?", muestra sus dotes de historiador de las ideas, que antes había desplegado en sus estudios sobre México.[23] Examina las interpretaciones de la Revolución francesa que afirman que, en realidad, no hubo una ruptura entre el viejo y el nuevo orden. Si ni siquiera la Revolución francesa fue lo que se pensaba, quizá toda revolución es una ilusión. Villoro rechaza esas lecturas revisionistas y sostiene que la ruptura que hubo en la Revolución francesa fue la *figura del mundo* del antiguo régimen que se encuentra al nivel de las creencias básicas colectivas.

En "Sobre el concepto de revolución", advierte que ese concepto clave para comprender la época moderna había entrado en crisis y que, por ello, había perdido su poder explicativo y, sobre todo, político. Para recuperarlo,

---

[21] Luis Villoro, *La revolución de Independencia. Ensayo de interpretación histórica*, México, UNAM, 1953.

[22] Véase Luis Villoro, "La repetición de la revolución mexicana", *México en la Cultura*, núm. 94, 19 de noviembre de 1950, p. 3, así como otros artículos periodísticos sobre la política mexicana posrevolucionaria, en su libro Luis Villoro, *Signos políticos*, México, Grijalbo, 1974.

[23] Luis Villoro, "Revolución francesa, ¿ilusión o realidad?", *La Jornada Semanal*, núm.4, 9 de julio de 1989, pp. 21-30.

afirma el autor, había que reformularlo.[24] Para ello, busca el común denominador de las revoluciones: todas parten de un anhelo de los oprimidos por un orden social *distinto* al existente, todas son, de diversas maneras, *racionalizaciones* de ese anhelo y todas operan sobre la base de una nueva *figura del mundo* que ha surgido en la sociedad. Como se constata en los ensayos del último capítulo de esta antología, no se conformó con estudiar el concepto de revolución, sino que se propuso discernir cuál podía ser la nueva figura del mundo sobre la cual habría de fundarse un cambio radical del orden existente, un cambio que, aunque no fuera igual al de las revoluciones del pasado, pudiera dar respuesta a los reclamos de los oprimidos.

Las interrogantes que se planteó Villoro sobre las condiciones del cambio social después de la caída del Muro de Berlín también lo llevaron a preguntarse si aún tenía sentido hablar de la *izquierda* como una posición política. En varios artículos de finales del siglo xx y principios del xxi, buscó una redefinición del concepto de izquierda.[25] El último ensayo de este capítulo, "La izquierda como una postura moral", ofrece su respuesta a esa interrogante.[26] Para Villoro, la izquierda debe despojarse de todo dogmatismo e incluso de todo compromiso doctrinario y asumirse como una actitud disruptiva contra la dominación. No importa, entonces, que el marxismo o el socialismo hayan perdido vigencia. Siempre se podrá ser de izquierda mientras uno cultive, por medio de la razón, un impulso de emancipación.

---

[24] Luis Villoro, "Sobre el concepto de revolución", *Revista del Centro de Estudios Constitucionales*, enero–abril de 1992, luego recogido en Luis Villoro, *La identidad múltiple*, México, El Colegio Nacional, 2022. Una versión de este ensayo con el título de "El concepto de revolución" fue publicada en *Devenires. Revista de Filosofía y Filosofía de la Cultura*, Morelia, año XI, núm. 22, 2010, pp. 7-15.

[25] Véase Luis Villoro, "¿Qué es la izquierda?", *La izquierda ante los nuevos tiempos*, México, Senado de la República, Grupo Parlamentario del PRD, 2001, pp. 85-104, y Luis Villoro, "El camino de la izquierda", *Nexos*, vol. XXIX, año 29, núm. 353, mayo de 2007, pp. 51-53.

[26] Luis Villoro, "La izquierda como una postura moral", en *Las izquierdas en México y en América Latina, desafíos, peligros y perspectivas*, México, Fundación Heberto Castillo, 2004, pp. 139-145. Recogido en Luis Villoro, *Los retos de la sociedad por venir*, México, FCE, 2014.

IV. Comunidad, democracia y justicia

Entre 1983 y 1987, Villoro vivió en París como embajador de México ante la Organización de las Naciones Unidas para la Educación, la Ciencia y la Cultura (UNESCO). A su regreso se ocupó de desarrollar, con nuevas herramientas, dos temas que ya había abordado con anterioridad: la crisis de la modernidad y el multiculturalismo.

Como otros filósofos del siglo anterior, Villoro se dio cuenta de que la modernidad había entrado en una crisis de la que no podría salir incólume. Las relaciones del ser humano con sus congéneres e incluso con la naturaleza se habían quebrado de manera preocupante.[27] Villoro se propuso buscar en el origen de la modernidad una respuesta a las interrogantes que se planteaban ante el ocaso de esa concepción del mundo. "¿Hacia una nueva figura del mundo?" es la última de una serie de conferencias que impartió en 1990 y que fueron publicadas en 1992, en la que ofrece las líneas generales de un programa filosófico que desarrollaría durante el resto de su vida.[28] La propuesta consiste en superar las condiciones ideológicas y materiales del individualismo alimentado por el liberalismo y el capitalismo para adoptar un nuevo socialismo libertario que permita el desarrollo pleno del ser humano. Villoro considera que una renovada comunión con los otros y con la naturaleza entera no sólo nos permitirá adoptar una moral fundada en la humildad, la entrega y la fraternidad, sino incluso una nueva relación con lo sagrado.

En esos años, Villoro abordó tres cuestiones interconectadas: cómo precisar la identidad de los pueblos indígenas, cuáles son los derechos de esos pueblos y cómo conciliar algunas de sus costumbres con una concepción universalista de la moral. El autor propone que hay que reformar el Estado moderno para que sea plural, es decir, para que acoja las diferentes culturas sin imponer una forma de vida sobre otras. Sobre este tema se ocupó en su ensayo "Del Estado homogéneo al Estado plural".[29] Sus ideas acerca de cómo

---

[27] Desde los años sesenta, Villoro adoptó una posición moderadamente ecologista y, por lo mismo, contraria al desarrollismo capitalista y comunista. Véanse sus artículos sobre este tema en Luis Villoro, *Signos políticos, op. cit.*

[28] Luis Villoro, *El pensamiento moderno: filosofía del renacimiento*, México, El Colegio Nacional/FCE, 1992.

[29] Luis Villoro, "Del Estado homogéneo al Estado plural", *Estado plural, pluralidad de*

debemos pasar de un Estado-nación homogéneo a un nuevo Estado plural fueron influyentes para la reforma constitucional de 2001 que reconoció en México la autonomía de los pueblos indígenas.

Si la caída del muro de Berlín en 1989 dejó a Villoro con muchas preguntas, la insurrección zapatista de 1994 le abrió un inesperado horizonte de respuestas que, sin embargo —hay que subrayarlo—, confirmaban mucho de lo que él ya había pensado tiempo atrás. Encuentra en ese movimiento un ejemplo concreto de cómo transformar la sociedad para hacerla más justa, después del derrumbe del socialismo real. En un principio, tuvo reparos con la lucha armada que adoptaron los zapatistas, ya que él había defendido hasta entonces un proyecto de transición pacífica hacia el socialismo. Sin embargo, cuando el movimiento zapatista renunció a la lucha armada a partir de su "Cuarta Declaración", dada a conocer en enero de 1996, las pocas dudas de Villoro desaparecieron del todo. Viajó a la selva para encontrarse con los zapatistas y, más aún, para aprender de ellos. No les dictó cátedra, sino que, por el contrario, observó lo que sucedía allá, los escuchó con atención y luego lo incorporó a su pensamiento. Se alejó de la izquierda partidista en la que había participado hasta entonces y se unió al movimiento zapatista.[30] Dos son los principios que destacó de dicho proyecto regenerador: "Para todos, todo" y "Mandar obedeciendo". Villoro encontró en Chiapas los elementos vivos de la nueva figura del mundo que había estado buscando.

Su filosofía política alcanza su expresión más alta en su libro *El poder y el valor*.[31] Como lo señala el subtítulo de la obra, lo que ofrece Villoro son los fundamentos de una ética política. El libro examina los conceptos de valor y de poder y luego se ocupa de dos formas de organización política: la asociación para el orden y la asociación para la libertad. En el último capítulo de esa obra, "La comunidad", incluido en esta antología, se desarrolla un modelo de asociación comunitaria que va más allá del modelo de asociación para la libertad. Villoro afirma que el ideal comunitario se ha perdido en la vida

---

culturas, México, Paidós, 1998. Una versión previa apareció con el título "Crisis del Estado-nación mexicano", *Dialéctica*, núm. 27, primavera de 1995, pp. 14-23.

[30] La correspondencia entre el subcomandante Marcos y Villoro fue recogida en Luis Villoro, *La alternativa. Perspectivas y posibilidades de cambio (incluye correspondencia con el subcomandante Marcos)*, México, FCE, 2015.

[31] Luis Villoro, *El poder y el valor. Fundamentos de una ética política*, México, FCE, 1997.

moderna, pero ha sobrevivido en las comunidades indígenas. Esa forma de vida y de organización política puede reconstruirse para que el ser humano logre alcanzar el estadio más alto de su vida ética.

En varios escritos de su último periodo, Villoro hizo una crítica de la democracia representativa liberal y defendió una democracia de otro tipo, más comunitaria, más deliberativa, más directa.[32] Esta crítica iba en contra de una poderosa corriente de opinión que declaraba que después de la caída del bloque socialista la democracia representativa liberal debía tomarse como el estadio definitivo de la historia política global. En México, ese modelo encauzó las reformas políticas que permitieron la transición del año 2000. Villoro consideraba, argumentado a contracorriente, que no podíamos conformarnos con la democracia existente. Si la democracia se entiende como el gobierno del pueblo para el pueblo, en la democracia representativa el pueblo no gobierna, cuando mucho vota para que sean otros los que gobiernen por él. Por otra parte, en el modelo liberal, aunque la persona queda protegida por los derechos individuales, persisten las desigualdades sociales que impiden que todos ejerzan de manera plena sus libertades. El liberalismo, piensa Villoro, debe radicalizarse para dar cabida a una sociedad más justa. En "Democracia comunitaria y democracia republicana", ensayo recogido en esta antología, desarrolla una propuesta que adopta elementos tanto del republicanismo como del comunitarismo.[33]

El último artículo de este capítulo nos ofrece la versión final de la teoría negativa de la justicia de Villoro.[34] Ese ensayo es una de sus contribuciones más importantes a la filosofía. La teoría negativa de la justicia es una reacción a las teorías más influyentes de la época, en particular a la de Rawls con su concepto del "velo de la ignorancia". Villoro nos invita a abordar el tema

---

[32] Véase el capítulo "Alternativas de la democracia" de Luis Villoro, *El poder y el valor, op. cit.* y el capítulo "Democracia" de Luis Villoro, *Tres retos de la sociedad por venir. Justicia, democracia, pluralidad*, México, Siglo XXI Editores, 2009.

[33] Luis Villoro, "Democracia comunitaria y democracia republicana", en Luis Villoro, *Los retos de la sociedad por venir, op. cit.*

[34] Luis Villoro, "Una vía negativa hacia la justicia", en Luis Villoro, *Los retos de la sociedad por venir, op. cit.*, Una versión previa de su teoría se encuentra en "Sobre el principio de la injusticia: la exclusión (Octavas conferencias Aranguren, 1999)", *Isegoría. Revista de Filosofía Moral y Política* (Madrid), núm. 22/3, septiembre de 2000, pp. 103-142.

desde otra perspectiva que no sólo responde a un abordaje teórico diferente, sino a una toma de conciencia del problema desde México, América Latina y, en general, lo que se conoce como el Tercer Mundo. En vez de imaginar la sociedad más justa desde la supuesta posición ideal de Rawls, Villoro considera que debemos concebirla desde las condiciones materiales, reales, concretas de la injusticia. Para que podamos pensar en la justicia tenemos que pensar antes en la injusticia en la que vive la mayoría de los seres humanos, es decir, las condiciones de pobreza, marginación, discriminación, enfermedad, etcétera. Villoro encuentra en la *exclusión* el núcleo de la injusticia; toda injusticia, según él, es una variante de la exclusión y, por lo mismo, la justicia se puede concebir, a la manera negativa, como la no–exclusión.

PRIMERA PARTE

Lo otro y los otros

1

Soledad y comunión[*]

Pocas veces se había hablado tanto como ahora de la necesidad de un nuevo sentido de comunidad. Y es que pocas veces habíamos experimentado una conciencia más punzante de nuestra soledad. El hombre de nuestro tiempo es, ante todo, un solitario; y él no hace más que reflejar el sentimiento de soledad de nuestra época. Vacilante civilización la nuestra; pendiente entre la agonía de su propio mundo, el de la burguesía, y el anuncio de otro que quizá ya no será el suyo; civilización insegura que hará germinar en sus hijos la conciencia más plena de su original abandono. Pero esta conciencia no pudo presentarse de golpe. No es más que el resultado final de un lento y continuado proceso. Sigamos brevemente la evolución insensible que nos llevará de la mano a nuestra actual conciencia solitaria.

El cristianismo supone un primer paso en un camino de progresivo desprendimiento de la naturaleza y gradual ensimismamiento. Con él empieza a rechazarse la unificación afectiva con el cosmos, la participación simpatética en él, que fuera una de las características del paganismo. Frente a la concepción aún zoomórfica del griego, el judío desanima la naturaleza para colocar al espíritu humano radicalmente por encima de ella. Jehová, el Dios creador, legisla y dirige el cosmos sin confundirse por un momento con él. La fuerza divina, que el griego nunca vio claramente desprendida del mundo, actúa ahora infinitamente alejada de su criatura. La naturaleza

[*] Conferencia dictada el 29 de octubre de 1948 en la Facultad de Filosofía y Letras, publicada en *Filosofía y Letras*, vol. 17, núm. 33, enero-marzo de 1949, pp. 115-131.

no es ya aquella madre universal en cuyo seno podían comunicar todos los seres. Dios está fuera del universo, y el espíritu del hombre, a su semejanza, domina, independiente, su propio cuerpo. La naturaleza y la carne se relegan a rango inferior. Toda unificación afectiva del hombre con el cosmos tiende a estigmatizarse por pagana. El hombre se sabe un ser aparte del mundo; su naturaleza es el triste vestigio de un mundo caído, recuerdo de su inicial pecado. Mal haría en anudar estrechos lazos con ella; pues sería olvidar que no es ciudadano de este mundo y que su patria prometida es otra. Deberemos pasar sobre la tierra en desapego de ella, la mirada puesta en otro rumbo. El hombre, a la par que domina la naturaleza espiritualmente, se comporta ante ella en plan de un inicial y purificador desprendimiento. Sin embargo, la naturaleza conserva cierto rango en tanto participa del espíritu. Dios no es sólo creador, es también padre bondadoso de todos los seres naturales. Todas las criaturas están unidas por un vínculo de fraternidad universal. Por otro lado, la naturaleza representa un índice, una señal plena de sentido propio que apunta hacia el Creador; es ella itinerario hacia lo divino, es espejo de su Señor. Rebosante está aún de su belleza, y es amable como lo es su Creador. Y quizás una de las mayores glorias del cristianismo haya sido la conciliación de la conciencia de la persona individual con el sentimiento de comunidad con la naturaleza; conciliación encarnada en la prodigiosa figura del Santo de Asís.

Con el mundo moderno nace una nueva concepción de las relaciones entre el hombre y la naturaleza. Desaparece definitivamente la imagen organológica del mundo para dar origen a una imagen mecanicista. El universo se revela a los ojos de la física nueva como un conjunto de fenómenos perfectamente determinado según leyes precisas. Las esferas siderales reguladas como piezas de un reloj gigantesco, el animal-máquina de Descartes, el ideal de una *Mathesis* universal que determinara exactamente todo fenómeno, son manifestaciones de este nuevo espíritu. De las cuatro causas tradicionales, sólo la eficiente —signo de la determinabilidad— continúa su reinado. Poseso de un nuevo ideal de saber, el saber de dominio, el hombre moderno empieza a soñar con poseer la naturaleza, esclavizándola a su antojo. Todo movimiento de simpatía, de comunicación afectiva con el mundo, se considera pueril ilusión o burdo antropomorfismo. El enlace espontáneo del hombre con la naturaleza parece haberse roto en su fundamento. La naturaleza nada nos dice

28

ya por sí sola; únicamente tendrá valor si puede responder a nuestras previas hipótesis científicas. Su sentido se agota al ser determinada por nuestras leyes universalizadoras; lo que a ellas escape, nada nos interesa. Sólo hablará la naturaleza si adopta nuestro propio lenguaje; por sí misma es un inmenso témpano mudo; no hace signos; ni podrá ser ya el supremo índice que nos señale el camino hacia Dios. Queda definitivamente rebajada a un simple objeto de dominio, ya no sólo espiritual, como en el cristianismo medieval, sino incluso material, gracias a la naciente técnica. Ahí está el mundo natural, inerte, pasivo; es una ciudad abierta al saqueo, una masa informe que espera del hombre el don de la inteligibilidad.

El rechazo de toda unificación afectiva con el cosmos nos lleva de la mano al rebajamiento de los sentimientos de amor hacia el hombre mismo. Scheler ha descubierto que la unificación afectiva sirve de base a todo acto de participación simpatética. Desvalorada aquélla hasta el grado de concebirla engaño o ilusión, todos los impulsos de comunicación humana parecen minados por su base. Sólo parece destinada a subsistir una última forma de participación simpatética: el amor a una Humanidad en abstracto, ser ideal, meta lejana para regular mi acción, objetivo final del Progreso. Así principia, con el hombre moderno, el lento proceso de ensimismamiento que habrá de culminar con el apogeo de la era burguesa.

En tanto que un objeto es término capaz de manejo o de dominio, se nos presenta como un "haber", como una posesión. Es algo desprendido de nosotros que, por estarnos alejado, podemos manejar con la técnica o utilizar como objeto poseído. Al arrancarse de la naturaleza para dominarla, el burgués empieza a ver todas las cosas como términos de posesión y de dominio. Podrá este dominio ser directo, en tanto las cosas se presentan como enseres de posesión individual; o podrá tomar una forma indirecta, como "administración" o manejo. Y no en balde los principios de propiedad privada y libre empresa son los fundamentos de la economía burguesa. El hombre actual típico, creación de la clase más emprendedora de la historia, parece poseído de una mentalidad dirigida a la utilización de sus posesiones.

Su vida es un perpetuo levantar el inventario de sus reducidos u opulentos haberes. El burgués es el hombre que todo lo posee: posee una familia, posee bienes materiales, posee dignidad y cualidades y —sobre todas las cosas— posee sus derechos, sus sacrosantos derechos, intangibles porque son...

"propiedad privada". Tiene derecho a la vida, a la salud, derecho a gozar de lo propio, a la consideración ajena; hasta tiene derecho a una muerte apacible y a un decoroso entierro. Pero, sobre todo, tiene el supremo derecho de que nadie toque a sus derechos, de que nadie atente a sus posesiones.

Si todo lo juzga en plan de haberes, nuestro hombre juzgará también al prójimo como una especie de viviente receptáculo capaz de poseer. Entre las distintas personas, se establecerá una mera relación externa de sujetos poseedores; relación siempre de escisión, de separación de campos por un límite común. El contrato es su expresión; no hay en él participación de personas sino escisión de derechos. Entre un objeto de posesión y su dueño no habrá término posible de participación simpatética, como no lo hay entre el señor y su esclavo. Ni tampoco será muy fácil que lo haya entre dos sujetos poseedores que separan celosamente sus haberes. Debilitadas, socavadas en su base las posibilidades de participación en lo otro, el hombre moderno se ve empujado a encerrarse en sí mismo.

Y no es casual que a este tipo social de hombre haya correspondido, como su expresión filosófica, el idealismo. La naturaleza sólo es dominable por un sujeto universal que sea capaz de dictarle sus leyes. El Yo Trascendental, sujeto del idealismo, válido para todo hombre, legislador de la naturaleza, otorga a ésta regularidad y forma. El hombre, en tanto sujeto universal y potencia técnica, aparece como la única fuente de orden y organización del mundo. Por el Yo Trascendental, la experiencia se desprenderá de su existencia empírica concreta para elevarse al terreno de lo objetivo y lo universal. En ese terreno, la separación entre sujeto y objeto parece irreductible. Todo el mundo se encuentra frente a mí, objetivado, regulado según mis propias leyes. En el Yo Trascendental la naturaleza, como realidad independiente con sentido propio, queda definitivamente rechazada, puesto que sólo es naturaleza aquello que el sujeto del conocimiento crea al dictarle sus propias leyes. Pero lo más grave es que el mismo sujeto personal, concreto, queda relegado fuera de la esfera del conocimiento objetivo. El sujeto del conocimiento científico es necesariamente impersonal. Es todos a la vez y nadie concretamente; es un sujeto anónimo y universal. El sujeto individual, el hombre de carne y hueso, resulta, ante aquel Yo Trascendental, un objeto más de laboratorio. Se convierte en un material capaz, él también, de ser dominado por la técnica y medido de arriba abajo por la ciencia. En el plano del conocimiento objetivo, tanto la persona propia como la persona ajena no pueden verse más que como objetos entre otros objetos. El sujeto impersonal de la ciencia nos explica perfectamente según determinaciones generales precisas, sean éstas económicas o psicológicas. Pues los únicos sujetos capaces de comunicación personal, las existencias concretas, quedan fuera de su alcance.

El sujeto del idealismo es universal. Y como tal no conoce el "yo" y el "tú" individuales. Y frente al Yo, el mundo, el No-Yo, aparece como lo extraño, lo indefectiblemente separado, aquello en cuya existencia el Yo no puede interiorizarse ni participar. Pero al propio tiempo que está cercenado del sujeto en cuanto a su modo de ser, el No-Yo aparece centrado en el Yo, como el satélite en la órbita del planeta. Las cosas en sí, que constituyen el No-Yo, son pasivas, inertes, sin razón. No tienen más sentido que el que yo mismo les presto. De mí dependen, sólo de mí reciben orden, inteligibilidad y significado. Ellas mismas sólo son masas frías, vacías. Inexpresivas de por sí, siempre que quieren decir algo me envían a mí mismo, como espejos en que contemplara mi propia imagen. Así, encuéntrome encerrado en un cinturón de objetos silenciosos que apuntan hacia mí incesantemente. En la tela de los fenómenos, que carece de solución de continuidad, no pueden dibujarse más que mis propios signos. Y tal parece, a primera vista, que me fuera imposible traspasar ese cerco. Pues toda realidad se revela siempre como fenómeno ante mi conciencia y, como tal, sólo por mi propia conciencia adquiere significado. La tela me envuelve por todos lados, nada puede presentárseme que no forme parte de la tela misma, que no sea objeto ante mí y por mí constituido; nada podría presentárseme con un sentido que yo mismo no le hubiera conferido. Por eso las cosas en-sí se pegan, viscosas, en torno mío; porque de mí penden y de mí reciben su sustento, cual si fueran enormes parásitos muertos. Así, como último paso en mi proceso de escisión del mundo, se me hace por fin consciente la cárcel que yo mismo me he creado.

Y en el seno del cerco, la existencia concreta se vuelve sobre sí misma. Inmerso en el Yo universal, el sujeto individual, el hombre de carne y hueso, se capta como algo totalmente extraño a él. Encerrado entre los muros de la objetividad, se siente extranjero en ese mundo. Sin poder escapar a la tela compacta de los fenómenos en que ella misma se ha encerrado, sin encontrar acogida en un sujeto impersonal que la objetiva, la existencia capta, por primera vez, su radical abandono. Frente al Espíritu Absoluto de Hegel, Kierkegaard, el pastor danés, experimenta el sentimiento lacerante de su absoluta soledad. Al propio tiempo, gracias a ésta su experiencia fundamental, se revela a Kierkegaard la existencia en su autenticidad. Que únicamente cuando me conozco en soledad experimento mi originalidad, mi singularidad irreductible, la infinita distancia que separa mi existencia del modo de ser de cualquier otra realidad. Cuando el sentimiento de mi soledad llega a su extrema agudeza todo parece evadirse, todo se me torna ajeno, postizo, indiferente. Arrojado en un mundo extraño, me conozco como lo único, la excepción, lo innombrable.

Y, de golpe, hace presa en mí la angustia como conciencia de mi libertad. Sartre ha visto admirablemente esta relación originaria entre el sentimiento de mi ajenidad al mundo y mi conciencia de libertad. Retrocedo ante el mundo de los seres en-sí, de las cosas mudas y sin razón. Por ese movimiento las pongo como lo entitativamente ajeno a mí, como aquello que yo no soy. Me aíslo de los objetos por una envoltura de nada. Son ellos lo que yo no soy ni podré ser; la nada nos separa; nada hay entre ellos y yo. La existencia se encuentra en un mundo que no es ella, el mundo fenoménico y objetivado; pero, al experimentar su extrañeza, se siente capaz de desprenderse de él por impulso propio; se sabe totalmente libre. Por esta negación de lo que ella no es, sostiénese la existencia en su libertad. Así, libertad y soledad se acompañan mutuamente. Al saberme solo, me conozco libre. La existencia abandonada debe sostener sus actos en sí misma. La libertad se mantiene sobre las cosas, desprendida de ellas. No se deja coger por éstas, pues dejarse agarrar sería enajenarse, esclavizarse, perderse como tal libertad. La libertad se revela como mi total desamparo y, al propio tiempo, como mi total autosuficiencia. Me basto para sostener mi acto; pues si no me bastara, caería preso en las cosas y me perdería en ellas. Si no fuera suficiente para mi acto mi propia libertad, si precisara de un móvil para determinar mi acción, ya no habría tal libertad. Elevándose por encima de cualquier motivo, sosteniéndose a sí misma en su propia suficiencia, la libertad rechaza cualquier fundamento otro que ella misma. Y detrás de cada acto plenamente libre vemos dibujarse una evanescente silueta: la soberbia. Más allá de la conciencia de la total autosuficiencia de mi acto, el orgullo satánico se dibuja siempre.

Pero hay algo peor aún que la soberbia. Y pienso que si Adán pecó, fue porque por un instante se miró a lo más hondo de sí mismo y se encontró horrorosamente solo. En soledad nació su pecado, como en soledad nace todo pecado del hombre. No porque la soledad sea determinante del pecado, sino porque siempre lo precede como su anuncio... Estoy ante el abismo. Puedo en cada momento caer, y se apodera de mi ser el vértigo. No porque el precipicio fuera a tragarme, sino porque en cada momento puedo arrojarme en él libremente y ante mi acto que se anuncia, nada ni nadie podrá ayudarme. Nadie podrá detenerme en lo alto del precipicio, nada podrá forzarme a no dar el salto. Estoy solo ante mi acto. Por mí mismo, en soledad, habré de elegir entre caer o sostenerme. Por eso me angustio. Porque ni siquiera en mi propio pasado encontraré refugio. La decisión que haya tomado hace un instante, deberé reanudarla ahora, y otra vez al siguiente segundo. Nada pueden mis actos anteriores sobre el presente; porque ningún acto pasado puede coartar mi libertad. Aunque mil veces haya logrado sostenerme sobre el abismo, nada me indica que ahora lo lograré igualmente. Cien veces puedo haber tomado la misma decisión; pero ahora sé que todas éstas son impotentes; no me bastan; contra ellas o con ellas, podré arrojarme al abismo. Que aun ante mí mismo estoy solo en cada uno de mis actos. Y así se mantiene mi existencia, en vilo, sosteniéndose en sí misma, abandonada de los otros, solitaria ante su propio pasado. Y no sólo ante el pecado, también ante la salvación se encuentra solo mi acto. Solitario marcha Abraham camino de la montaña de Monja. Va a cumplir el sacrificio y su corazón queda mudo. Nada puede decir, pues nadie podría comprenderlo; ni siquiera Isaac, el hijo bien-amado, podría leer en su espíritu. Porque su acto no obedece a razones universales ni a motivos precisos. Su acto no está constreñido por un móvil determinable; es absurdo, al igual que su fe es absurda. Él no sigue la ley universal, que seguramente habría de condenarlo; su ley es solitaria, única. Por eso está su acto más allá de la ética; por eso establece lo individual sobre lo universal. Abraham obró según su fe, cuando todas las razones y motivos le impulsaban a no obrar en tal forma. Obedeció contra toda razón, porque su fe estaba más allá de cualquier razón. En libertad absoluta eligió su acto; sostenido en sí mismo, en angustia y soledad, se arrojó a la salvación. En abandono pecó Adán, en abandono salvó Abraham su promesa. Porque para la salvación y la condenación estamos solos sin remedio.

Así la soledad se me revela en una doble faceta. En la cara que mira a la existencia, me aparece como libertad; en aquella que mira a las cosas en-sí, como la tela compacta y muda de los fenómenos que me aprisiona. Y parezco condenado a morir entre hierros.

Pero he aquí que en el momento mismo en que parecemos poder captar nuestro total desamparo, algo nos hace un signo decisivo y, desde nuestra más radical soledad, empieza a hacer presa en nosotros su exacto término contrario. Que parece que la condición propia de las situaciones extremas fuera la inestabilidad. Incapaces de mantenernos largo tiempo en una extrema situación, bastará un pequeño cambio de signo para trastrocar ésta en su contraria: la moneda presenta entonces su reverso, y el juego de la existencia puede reanudarse. Y sólo quien llegue al límite de una situación será capaz de captar en plenitud su contraria. Bien podemos conocer la existencia del aire sopesándolo, pero más plenamente la captaremos sin duda si por un momento sentimos ahogarnos, inmersos en una cámara de vacío. El vacío y nuestro ahogo serán los mejores detectores de su antípoda: el aire. Así, sólo en el momento de pasar por la más extrema soledad, empezamos a sentir la fascinante presencia de una evanescente y extraña compañía.

Scheler ha creado un curioso personaje en cuyo rostro creemos descubrir a veces cierto aire de familia. Imaginémonos —nos dice— un Robinson de nacimiento, un hombre que nunca hubiera conocido hombres semejantes y que jamás hubiese podido inferir, de ninguna experiencia, la existencia de sus prójimos. Pues bien, nuestro desamparado Robinson empezaría a sentir cierta extraña y pertinaz desazón que poco a poco iría creciendo en una obsesión agobiante. Sería una curiosa sensación de "no estar lleno", de estar mutilado o deforme, una conciencia de que algo le faltara. Entonces, nuestro hombre pensaría en términos parecidos a éstos: "Yo sé que hay comunidades y que pertenezco a una".[1] Y su afirmación se basaría en una intuición precisa e indubitable: la conciencia del vacío, de la no existencia de actos intencionales hacia un prójimo. El Robinson solitario busca, sin saberlo, lo radicalmente distinto de él, *lo otro*. Pues la existencia está vuelta siempre hacia lo otro, es apetencia de lo otro, y cuando éste no se presenta, siéntese el dolor de una cruel mutilación.

Pero ya hemos visto que en el mundo fenoménico sólo encontramos objetos que señalan hacia nosotros mismos; no hallamos en él lo radicalmente otro de nosotros mismos. Para alcanzarlo parece indispensable evadirnos de nuestra propia cárcel, romper el cerco de la objetividad y encontrar una

---

[1] Max Scheler, *Esencia y formas de la simpatía*, Losada, Buenos Aires, 1943, p. 327.

perforación en la tupida tela del fenómeno. ¿Existirá acaso ese hueco por donde pudiéramos alcanzar lo radicalmente distinto de nosotros? ¿Podremos trascender lo fenoménico y lo objetivo, para alcanzar una realidad que ya no esté ante nosotros como inerte masa en espera de que le otorguemos sentido?

Para resolver el problema deberemos partir de los finos análisis de Gabriel Marcel sobre la objetividad y la persona. Distingue Marcel, en nuestro modo de relacionarnos con los otros, entre un *tú* y un *él*. Veamos de cerca esta distinción. A primera vista, la relación de conocimiento sujeto-objeto parecería constar de dos términos. En realidad, estamos frente a tres términos en juego. El *objeto* es aquello acerca de lo que puedo conversar con un interlocutor real o ideal. Mi dialogante es siempre o yo mismo o un *tú*. El tercer término del que hablo con éste será un *objeto* si se trata de una cosa, o un *él* si es un semejante. El tercer término —ya sea cosa o él— se presenta siempre como una simple fuente de informes o medio de comunicación para los dialogantes.

El conocimiento científico es siempre un diálogo del sujeto consigo mismo. Parecería que el hombre de ciencia pregunta al objeto para que éste dé respuesta. Pero no hay tal. El objeto en cuanto tal es mudo. En realidad, el investigador se plantea a sí mismo una pregunta, una hipótesis; no pregunta al objeto, sino que se pregunta a sí mismo *acerca del objeto*. Éste se le aparece entonces como una simple fuente de información que, una vez cumplido su papel, hará a un lado cómodamente. Al disociar por la electrólisis el agua en sus dos componentes, el científico se está preguntando a sí mismo acerca de la constitución del agua; todos los objetos presentes ante él en su experimento sólo le servirán de término de información.

Igual sucede cuando nos referimos a una persona tratándola como objeto. Andamos perdidos en una ciudad y preguntamos al primer transeúnte: "¿Dónde queda la oficina de Correos?". "¿Voy bien por esta dirección?". *Él* nos responderá. Con su informe, su papel queda agotado para nosotros; nada nos interesa ya; *él* es un informe y nada más. En realidad, igual hubiéramos podido preguntar a un objeto cualquiera… una guía de la ciudad, pongamos por caso.

Él es simplemente un repertorio; un fichero que consulto o que lleno al igual que cualquier objeto. Como tal, *él* puede ser objeto de mis juicios. Juzgar es siempre clasificar correctamente; hacer corresponder cada cosa con su categoría adecuada; colocar cada objeto en su casillero para que todo quede en orden y no sea preciso revisar a cada instante el fichero. El hombre de la técnica, el del saber objetivo, trata a la naturaleza como un inmenso fichero por clasificar, como una sapientísima ventanilla de informes. Y así también solemos tratar ordinariamente a nuestros prójimos: como algo que deberá llenar ante nosotros su correspondiente esqueleto, y que nada será fuera de lo que en él declare. Cuando capto al otro como *él,* no salgo pues del cerco de mis objetos. *Él* no es más que el intermedio en un diálogo que persigo conmigo mismo.

Pero —y aquí está el paso importante— supongamos otro ejemplo. En un viaje me encuentro con un desconocido. Conversamos acerca de los recientes espectáculos, de la situación internacional, de mil fruslerías. Al poco rato conozco algo de su biografía y de sus ideas. "Es un hombre culto, reservado, un poco vehemente", me digo caracterizándolo objetivamente. Me interesa su modo de ver las cosas, algunas opiniones acertadas en política, algunas útiles experiencias; de él puedo conseguir quizás algo: una noticia, un punto de vista que se me había escapado, o un rato de distracción simplemente. Hasta ahora *él* es sólo el tercer término, que clasifico y determino exactamente, que me sirve de fuente de información o de esparcimiento. Pero puede suceder que poco a poco vaya interiorizándome más y más en mi interlocutor, que vaya interesándome por él, no por las noticias o las lecciones que me pudiera suministrar. Entonces veo que empieza a escapar a mis acotaciones. Ya no es exactamente "vehemente", ni responde estrictamente al tipo del hombre reservado. Sus actos y discursos no concuerdan exactamente con las motivaciones que yo les había prestado y con las cuales había creído poder determinarlo. Un gesto, una palabra, no se presentan ahora con el sentido que yo pretendo darles. Todo él se escapa a mis conceptuaciones y determinaciones; se independiza ante mi vista. Ya no lo acoto, y tengo la impresión de que en cada momento puedo esperar de él lo más inesperado. Entonces me voy interiorizando en él como en un sujeto; va desapareciendo ante mí en su carácter de objeto. Por simpatía, empiezo a captar sus actos y palabras no con la significación que tienen en mi mundo, ni con aquella que yo mismo les presto, sino con el sentido propio que él les otorga. Empiezo a captar su mundo como suyo, no como mío. A la vez, voy haciendo mía su suerte; ante sus penas siento impulsos de ayudarlo, ante sus alegrías, de compartirlas. En ese momento, ya no es tercer término en mi diálogo; es, por el contrario, aquel con *quien* dialogo, *acerca* de mil objetos distintos. Todas las demás cosas a nuestro derredor se van convirtiendo en tercer término, en término de comunicación o informe para *nosotros*. Mi interlocutor, de *él*, se ha convertido en *tú*.

Pero el *tú* no se me presenta más que en la relación de simpatía o amor. Mientras el juicio habla siempre de un *él* cualquiera, el amor habla en *tú*. Sobre el *tú* me siento incapaz de formular juicios. No puedo clasificarlo, pues siempre escapa a mis acotaciones. No se identifica nunca con los informes que me proporciona, ni siquiera con sus cualidades o sus defectos. De él ya no me interesa que pueda responder a mis preguntas, o arrojar luz sobre mis propias preocupaciones, sino que me atrae su propio e irreductible sentido. *Yo* y *tú* forman la estructura permanente de la *comunión*. Y ésta es el núcleo originario de toda auténtica comunidad.

A *él* lo determino fácilmente. Al clasificarlo, lo limito sin remedio, lo coagulo en sus propios actos. Sus posteriores actuaciones no me serán ya secretas: puedo conocerlo perfectamente, tal y como conozco la actuación del oxígeno en mi laboratorio. Sé de sus síntomas objetivos, de sus reacciones psicológicas, de sus complejos ocultos que puedo colocar en su casillero correspondiente. Él es un haz concatenado y preciso de fenómenos; sólo podrá exigir de mí una desapasionada y filantrópica terapéutica. El *tú*, en cambio, me resulta siempre imprevisible, y es ésta su eterna capacidad para lo inesperado lo que en él me fascina. El ser captado en amistad o en amor, escapa a todo juicio; no puedo caracterizarlo, ni aun siquiera describirlo. Por ello no se confunde nunca con sus apariciones concretas; no puedo acotarlo o reducirlo a sus reacciones psíquicas fenoménicas. El ser comprendido en simpatía o amor no es el simple acerbo de sus cualidades, ni la sucesión de sus reacciones y complejos; pues no es eso lo que amo o comprendo en simpatía, sino la libre fuente que los sustenta. Y aquí aparece la palabra clave: mientras *él* me aparece como pura serie fenoménica, el *tú* se revela como *libertad*.

El acto de simpatía o amor descubre la total trascendencia de la persona respecto de sus concretos estados afectivos. El *tú* trasciende a sus especificaciones aparentes; queda fuera de la superficie continua de los fenómenos. Esto no quiere decir que capte al otro como un objeto más de intuición, que estuviera ahí junto a los fenómenos; pues si tal hiciera lo convertiría en un fenómeno más. Lo aprehendo tan sólo como aquella constante trascendencia a las significaciones que yo le presto. Se me aparece como una constante ausencia de sus propias manifestaciones fenoménicas. La persona no está *allí*, en ese gesto de la mano o esa entonación de la voz; trasciende a estos fenómenos, no se reduce a ellos. Pero sólo en *ese* gesto y esa entonación se me revela como *trascendencia* a esos dos hechos concretos, como *negación* de ellos. El *tú* se me aparece en un doble papel: como *negador* de sus propias manifestaciones externas, y como *otorgador de sentido* a éstas. Al *tú* no puedo limitarlo por mis propios conceptos o significaciones. Él me entrega su propio sentido y significación; o, en otras palabras, no es como cualquier otro objeto un satélite en mi propia órbita, no me envía a mí mismo para explicarse; es lo *radicalmente otro de mí mismo*.

Scheler ha dejado definitivamente sentado que los fenómenos de simpatía y amor no nos entregan la identidad de las personas. Por el contrario, su característica consiste en captar la diversidad real de lo otro. "La función de la simpatía genuina —nos dice (y esto rige igualmente para el amor)— es justamente suprimir la ilusión solipsista, para aprehender la realidad del *alter* en cuanto *alter*".[2] Y aquí se nos permitirá introducir una distinción que, si bien a alguno pudiera parecer de escolástica sutileza, parécenos a nosotros de capital importancia. Tanto el *tú* como el No-Yo se me presentan como lo *otro* de mí. Sin embargo, la alteridad de ambos términos difiere esencialmente, hasta el punto de parecer totalmente equívoca. Esta mesa, este papel blanco que tengo frente a mí se me aparecen como ajenos. Su ajenidad consiste en que tienen un modo de ser diverso del mío, con el que jamás podré participar. Por eso mi único modo de conocerlos será incardinarlos en mi propia malla de conceptos y significaciones. En lo que tienen de ajeno, en su modo de ser propio, independiente de mí, me serán siempre ocultos. Por eso son un círculo compacto con el que topo sin poder abandonar mi soledad. El *tú* nada tiene en su ser que tan sólo provenga de mí. Es una fuente propia de valor y sentido, irreductible a mi yo. Es, por ello, lo radicalmente otro de mí mismo. Mientras la inteligibilidad y sentido de la cosa en sí radican en lo que tiene de mío, la inteligibilidad y sentido del tú radican en lo que tiene de distinto a mí. Pero, paradójicamente, en su modo de existir me es

---

[2] *Ibid.*, p. 97.

semejante, pues tanto él como yo somos fuentes de sentido. Por eso, mientras no puedo participar en la alteridad de la cosa en-sí y sólo puedo convertir a mi imagen para conocerla, si puedo participar en el *tú*, sin tener para ello que transformarlo a mi semejanza. El No-Yo es lo mudo y lo diverso de mí en su modo de ser; el *tú* es lo locuaz y lo común a mi modo de existencia. Mientras el mundo de los objetos es lo *extraño*, el del *tú* es lo *próximo...*, el *prójimo*.[3] Entre objetos me encuentro en un mundo extranjero y hostil, que sólo hago habitable sustentándolo con mi propio sentido; por eso me hallo solitario. En el tú percibo en cambio el aire de mi propia patria, por eso puedo interiorizarme en él. Pero —notémoslo bien— si tal sucede, es precisamente porque el *tú* es la única *realidad* irreductible a mí, es lo único que no puedo sujetar a mi propio yo, que no puedo conformar a mi capricho.

Captando al otro en tanto otro nos liberamos de la cárcel egocéntrica. Perforamos entonces la malla de la objetividad. El *tú* es esa fisura que buscábamos para evadirnos de la tela fenoménica. Se presenta, efectivamente, como trascendente al mundo de objetos y fenómenos: y el signo más claro de esta trascendencia es su liberación de la forma misma que estructura los fenómenos: el espacio-tiempo.

El *tú* no conoce las distancias. Puedo estar infinitamente alejado de una persona aunque se encuentre a mi lado, y la inversa es igualmente posible. El término de nuestra simpatía, en cuanto tal, no está aquí ni allí, está simplemente *presente*. La *presencia* es su modo de relación conmigo, y en ella se manifiesta la trascendencia al espacio-tiempo. Cuando digo que mi amigo está *presente* en mi adversidad, no digo que se encuentre allí frente a mí, como un cuerpo más entre otros: quiero expresar más bien que siento que está conmigo. Su presencia se me revela en un ademán, una mirada, un inteligente silencio quizás. Este *conmigo* no está lejos ni cerca; no puedo reducirlo a un lugar; simplemente me *acompaña*.

Hemos visto ya también cómo captamos la persona del otro como trascendencia a sus cambiantes determinaciones y apariencias. El *tú* es algo permanente que dura a través de sentimientos y acciones. Y la dirección al otro

---

[3] Las lenguas clásicas poseen términos distintos que podríamos emplear para designar estas dos clases de alteridad. *Alter* designaría aproximadamente el tipo de alteridad del tú; *altus*, el de la cosa-en-sí.

en tanto permanencia implica una *fidelidad*. Pero no puedo ser fiel más que a una realidad que trasciende lo pasajero del instante. Mi voto tácito de amistad o amor se dirige a una realidad que sé perdurará a través del tiempo; pues mi fidelidad sólo es posible sobre el fondo de un compromiso de una realidad permanente para con otra. Vivimos ambos en el seno de una realidad que trasciende nuestros específicos instantes temporales. Esa realidad es nuestra comunión, nuestra presencia mutua.[4]

Tal parecería, pues, que en el tú hubiera nuestra soledad de alejarse definitivamente para dar paso a la seguridad del acto en la trascendencia. Tal al menos parece decirnos la lógica, pues que si hemos encontrado la fisura que nos lleva hacia lo otro, la soledad parece superada. Trascendencia del círculo de mis fenómenos en lo otro, evasión del cerco de mi yo en el tú, es igual, en buena lógica, a desaparición de mi soledad... En buena lógica, sí, y sin embargo... Miremos más de cerca.

Al trascender espacio y tiempo, transitamos a otro terreno en donde los familiares conceptos de nuestro entendimiento no parecen ya estrictamente aplicables. El mundo de los objetos, con sus entes perfectamente discernidos, cercenados entre sí a seguros golpes de seguro, va esfumándose lentamente ante nuestra vista. Nuestras categorías usuales, destinadas a aplicarse sobre un espacio-tiempo universalmente verificable, hechas para clasificar y dividir, para generalizar y determinar objetos, no pueden ya hacer presa. Estamos en un plano más profundo que la ciencia y que la lógica, entramos en el reino de la paradoja y del enigma.

Hemos dicho que en el amor capto lo otro en su sentido propio. Esto quiere decir que lo capto en la autenticidad y originalidad de su existencia. "Cuanto más profundamente penetramos en un ser humano a través de un conocimiento comprensivo guiado por el amor a la persona —nos dice Scheler— tanto más inintercambiable, individual, único en su género,

---

[4] Y afirmar nuestra mutua presencia ¿no supone también, en su límite, afirmar nuestra victoria sobre la muerte? Pues morir consiste en el aislamiento completo, en la ruptura de todo enlace, de todo contacto con los seres. Si en el término de la muerte fuera ésta compartida por otros, si aun después de ella perdurara la presencia del ausente en la fidelidad del otro, la muerte no sería tal y quizá gracias a su comunión el yo quedaría reafirmado. Así la trascendencia del otro se me revela siempre como un índice que apunta hacia toda trascendencia.

irreemplazable e insubstituible se torna para nosotros".[5] Es totalmente distinto de mi propio mundo, de todo lo que yo conozco; su sentido es diverso y extraño; no puedo hacerlo plenamente mío, porque siempre hay algo en él que se me escapa. La persona ajena permanece siempre detrás de aquello que capto en ella. Y es que la conozco como libertad, y —como tal— nunca puedo determinarla, prever sus actos plenamente, apresarla cabalmente en mis significaciones. Siempre subsiste más allá de todo eso, como la permanente posibilidad de lo espontáneo, de lo inesperado. Y no puedo captar la fuente misma; no alcanzo a la libertad desde ella misma, desde su "interior", por así decirlo, sino sólo desde sus manifestaciones externas, a través de sus fenómenos, como simple *negación* de éstos. En eso consiste precisamente su radical alteridad frente a mí. Y esta alteridad es irreductible. Siempre permanecerá como una fuerza que me rechaza, ante la que fracasarán todos mis intentos por apresarla. Y es precisamente esa irreductible alteridad la que amamos. Que aquí tocamos la suprema paradoja del amor. Es éste, deseo de interiorizarse plenamente en el otro ser, de participar totalmente en él; es ansia de desprenderse para siempre de la propia soledad para unirse en la trascendencia; y toda la existencia se distiende en este impulso *ciego* de participación. Pero siempre, en cada momento, encuentra un límite infranqueable a la unificación, se topa con una realidad irreductible que la rechaza. Y es precisamente este rechazo el que provoca su amor; lo que atrae es aquello que permanece irreductible a la participación; pues lo que atrae es lo radicalmente otro. Que si todo en la persona se entregara a la participación, se convertiría ella misma en un correlato más del yo; ya no poseería un sentido irreductible al mío; desaparecería lo radicalmente Otro y recaeríamos en la inicial soledad. Y así como la soledad llevada a su límite extremo nos revelaba la comunidad, así también, si lleváramos a su límite la comunión, recaeríamos en la soledad. El amor lleva a apropiarse del otro, pero, al propio tiempo, exige que el otro permanezca independiente; pues si por un momento dejara de ser irreductible, la participación amorosa desaparecería; ya no serían dos alteridades frente a frente, sino uno en soledad. Asimismo, el sujeto desea entregarse plenamente, y, sin embargo, sólo sostiene su amor lo que en él queda de originalidad frente al otro, de resguardo inviolado, de intimidad;

---

[5] Scheler, *op. cit.*, p. 168.

que sólo mantiene la comunión lo que aún permanece en soledad. Y así, la más plena comunión lleva larvada en su seno la profunda soledad.

"Imán que al atraer repele" llamó Machado al amor, y captó su esencial paradoja. Al aprehender el *tú*, no abandono mi soledad, sino que la afirmo frente al otro. Y tanto más me atrae el ser amado cuanto más me repele; porque lo pongo a él más firmemente como único en soledad. Así luchan en el amor dos soledades frente a frente: dos soledades que se quieren mutuamente como tales y se mantienen en su estado recíprocamente.

Luchando contra todo impulso de esclavizar, al otro lo mantengo en su libertad, lo quiero en la solitaria angustia de su elección. Entonces mi intervención en su acto se transforma en llamado, en *invocación*. Nada puedo para determinar al otro, no puedo convertirme en motivo eficiente de su acción. Su libertad permanece intacta, y habrá de elegir en angustia y en absurdo. Sólo puedo exhortarlo, invocar en él su libertad para que responda. Mi exhortación será siempre un llamado a que mantenga su libertad sin enajenarla, sin evadirla. Por eso mismo, mi llamado nunca podrá ser determinante de su acto; siempre podrá él desoírlo, rechazarlo. Por eso el amor no suprime nuestra angustia, antes bien, nos confirma en ella. Ninguno de los dos podrá forzar el acto ajeno. La invocación impulsa al otro a que se salve, pero a que se salve libremente, en soledad y en angustia. "Sé más plenamente tú mismo; mantente irreductible, original, realiza *tu propia* salvación", dice sin palabras. Así los seres que participan en la comunión sostiénense mutuamente en una perpetua invocación.

Si la participación total en el otro se transformara en su signo inverso, la soledad, la comunión exigiría, para poder realizarse, la permanente irreductibilidad de los términos en relación. Esto quiere decir que la comunión sólo se sostiene en el constante fracaso de la unificación total a la que tiende espontáneamente. Bien lejos está de una situación estable y segura que negara para siempre mi radical abandono. Consiste más bien en esa oscilación constante e insegura entre la conciencia de mi total autosuficiencia y mi humilde prendimiento en el otro. Puente tendido entre mi inmanencia y deyección y la Trascendencia Absoluta, que nunca se apoya firmemente en ninguno de los dos extremos. La fisura abierta a la trascendencia nunca nos entrega ésta plenamente. A medida que aumenta nuestra seguridad de alcanzarla, con mayor persistencia escapa a nuestras manos y el impulso nunca cesa; incansablemente, por encima de todos sus fracasos, la existencia persiste en su anhelo, apuntando siempre, como objetivo final, hacia una Trascendencia Absoluta. Y, *en esperanza*, sospechamos encontrar en ella la síntesis de nuestra esencial paradoja. La comunión apunta a realizarse plenamente en esperanza. Es presentimiento de una unidad entre seres que permanecen distintos y que tienden indefinidamente el uno hacia el otro, manteniendo su original diferencia; es nostalgia de lo *Uno*, en que todo ser encontraría la conciliación definitiva de sus contrarios en lucha. Uno somos en esperanza, distintos en realidad.

Así, la comunión nos hace patente el desgarramiento propio de la existencia. Pendiente entre dos mundos, vese el hombre arrojado en el abandono de su mundo caído, mientras, por el otro lado, se siente impulsado a romper para siempre su propio cerco. Pero la trascendencia huye constantemente ante él y, a medida que parece hacerse más precisa, más patente se le hace también su propio abandono. Y sólo en el infinito puede la existencia afirmar la Trascendencia Absoluta, como término final de su amor y de su fe.

Entre dos abismos, de deyección el uno, de infinitud el otro, pende la existencia, manteniéndose en vilo sobre sí misma. La inestabilidad es su condición, la inseguridad su estado propio. Oscilando perpetuamente entre posiciones extremas inasequibles, sin poder fijar seguro la planta, en angustia y temblor transita el hombre. En angustia y temblor, sí... Pero ¿que no también en *fe* y en *esperanza*?

2

Lo indígena como principio oculto
de mi yo que recupero en la pasión[*]

En el indigenismo contemporáneo, el mestizo no abandona el intento reflexivo por captarse a sí mismo; antes bien, ahonda en esa dirección. Pero ahora es otra su situación ante el indígena. Separado de la clase "mestiza" que representaba el antiguo indigenismo, el mestizo-indigenista contemporáneo busca la unión con el indio. Éste no es ya lo separado, lo ajeno. Sino que, por el contrario, se asume como algo propio. Ya no hay captación del Yo a través del reconocimiento del Otro, pues aquí el indio ya no es estrictamente el Otro frente a mí sino un constitutivo de mi propio espíritu. El indio está en el seno del propio mestizo, unido a él indisolublemente. Captar al indígena será, por lo tanto, captar indirectamente una dimensión del propio ser. Así, la recuperación del indio significa, al propio tiempo, recuperación del propio Yo.

También ahora el mestizo-indigenista, al tratar de poseer su propio Yo, ve su realidad escindida. Pero la escisión no es ahora externa a él, sino interna, reside en el propio espíritu. La duplicidad del Yo y del Otro se traslada al interior del mismo Yo. El Yo no se busca ya a través del Otro; sin pasar por éste, vuelve directamente sobre sí. Pero, naturalmente, no puede fijarse a sí mismo como algo hecho y firme, cual si fuera una cosa objeto. Trata de determinarse como objeto, pero siempre escapa el espíritu ante su propio movimiento reflexivo. Desdóblase la conciencia reflexiva al volver sobre sí misma. Es, por un lado, el Yo en cuanto movimiento reflexivo que

---

[*] En Luis Villoro, *Los grandes momentos del indigenismo en México*, México, FCE, 1950, pp. 225-231.

se enrosca sobre sí mismo; por el otro, el mismo Yo en cuanto término de ese movimiento, en cuanto objeto ante la reflexión. Y nunca pueden ambos coincidir plenamente. Queda siempre un trasfondo incógnito, irracional, inaprehensible e inexpresable por la reflexión. El Yo no puede poseerse y desespera por no llegar a ser él mismo. De ahí su conciencia de inseguridad y de desequilibrio internos, de lucha íntima y de inestabilidad. Así el intento del mestizo por captar la "mexicanidad" —como diría Yáñez— aboca a la conciencia de sí mismo como una realidad escindida. El mestizo ve su propio espíritu como el asiento de la contradicción y la lucha.

En el intento por encontrar el propio ser, el movimiento reflexivo es patentemente de raigambre occidental. Occidental es su lenguaje, su educación y sus ideas, occidentales incluso sus métodos de estudio e investigación. Lo indígena, en cambio, no aparece reflexiva y nítidamente a la conciencia. Permanece oscuro y recóndito en el fondo del Yo mestizo. Lo indígena es profundo y arcano, no se hace nunca plenamente presente, permanece cual "misteriosa fuerza"[1] en el espíritu, esperando su despertar. Nos estremecemos ante su secreto y, a la vez, nos atrae su abismo sin fondo. Frente a la claridad luminosa de la reflexión, lo indígena, oscuro y denso, atrae a la vez que atemoriza. Por otra parte, el principio occidental se erige siempre en juez. Él es quien mide y juzga. El principio indígena en el seno del mestizo, en cambio, nunca dice su propia palabra, nunca juzga a los demás. Desde el momento en que trata de decir algo tiene que hacerlo a través de la reflexión y, por lo tanto, a través de los conceptos, temas y palabras que vienen de Occidente. El mestizo, por más que quiera, no puede resucitar el tipo de reflexión indígena ni puede expresarse "en indio"; si quiere juzgar, toma los conceptos occidentales; si quiere mirar, debe hacerlo a través de sus ojos. Lo indígena es una realidad que debe ser revelada, iluminada por la reflexión, en el seno del espíritu mestizo; pero ella, a su vez, nada revela en otras realidades. Es juzgado por lo occidental y no lo juzga a su vez.

Así, inconscientemente, el mestizo asimila el movimiento reflexivo del Yo a lo occidental; y el trasfondo de su ser que permanece oculto a lo indígena. Lo occidental simbolizará la luz reflexiva, lo indígena el magma inapresable,

---

[1] Héctor Pérez Martínez, *Cuauhtémoc, vida y muerte de una cultura*, México, Espasa Calpe, 1948.

hondo y oscuro que trata de iluminar esa luz. Lo indígena sería un símbolo de aquella parte del espíritu que escapa a nuestra racionalización y se niega a ser iluminada. De ahí todas esas comparaciones de lo europeo con un traje que no se presenta cortado a la medida, con una realidad inadaptada, incapaz de captar exactamente nuestra propia realidad.[2] Con ello se simboliza quizá la labor infructuosa de la reflexión (de raigambre europea) para cubrir perfectamente el espíritu, para adaptarse a todas sus sinuosidades, para iluminar todos sus trasfondos. Se califica entonces a lo europeo de "inadaptado" o "cismático", cuando es, en el fondo, la reflexión del mestizo la que se da a sí misma ese apelativo, ante el fracaso de su intento.

De ahí también que, a la inversa, se ligue siempre lo indígena a lo ancestral, a lo hereditario. Se habla de él como de un legado que está en nuestra sangre más que en nuestra razón. Se siente como una fuerza colectiva y ancestral, como el principio telúrico que nos liga a la naturaleza. Es una especie de fuerza o poder oculto que nunca se hace plenamente manifiesto, pero que el mestizo cree sentir en lo hondo, latente y terrible. Es siempre grito de la sangre, impulso vago o fuerza ciega y, a la vez, es símbolo de elementos de la situación: la comunidad, el pasado ancestral, la tierra. Lo indígena preséntase, pues, íntimamente enlazado con elementos inconscientes o puramente vividos, con fuerzas supraindividuales, con potencias biológicas y naturales. Se refiere a esa esfera del Yo que constantemente escapa a aquella reflexión que parecía "inadaptada", esfera no iluminada por la conciencia tética. Así, parece el mestizo simbolizar los elementos de su espíritu escindido, con nociones de sus componentes raciales. Y lo que hemos llamado "paradoja" del indigenismo expresaría esa dualidad de lo uno. El principio indígena *es* el espíritu mestizo, en cuanto está ahí como trasfondo inapresable; *no lo es*, en cuanto no se hace tético a la reflexión, en cuanto no puede poseerse.

El indigenismo aparece como expresión de un momento del espíritu mexicano, en que éste vuelve la mirada sobre sí mismo para conocerse y descubre en su interior la inestabilidad y la contradicción. El indigenismo contemporáneo es una expresión simbólica de esa inestabilidad por medio de conceptos raciales.

---

[2] *Cfr.* Samuel Ramos, *El perfil del hombre y la cultura en México,* México, Robredo, 1938; Leopoldo Zea, "En torno a una filosofía americana", en *Cuadernos Americanos,* núm. 3, 1942.

El mexicano ve su ser, tanto personal como social, escindido y vacilante: lo indio y lo occidental, componentes históricos de su realidad, simbolizarán perfectamente su desgarramiento. Intentará escapar a su inestabilidad: la acción en la sociedad será una de sus vías para lograrlo, el conocimiento amoroso de sí mismo será la otra. El indigenismo expresa igualmente estas dos tentativas. Responde, por lo tanto, a un proyecto del mexicano actual por escapar al desgarramiento e inestabilidad que siente en su ser personal y social, adquiriendo, por fin, estabilidad sustancial. Se trata de un intento por captarse como algo seguro y pleno, rotundo y sin contradicciones. Ese proyecto se traduce fundamentalmente en el movimiento del Yo por poseerse a sí mismo.

La reflexión fracasa en su intento por poseer el Yo. En ella no puede el mestizo reconocerse a sí mismo. El espíritu intenta entonces otras dos vías para poseerse. Será la primera la acción, el amor la segunda.

El mestizo se reconoce a sí mismo en la praxis. Pues el Yo, después de su fracaso reflexivo, sí puede encontrarse en tanto se ve a sí mismo realizándose en el mundo; al comprometerse en él por su acción, se reconoce en sus conductas, en su comportamiento y en los entes mismos en que su acción queda impresa.

Al arrojarse a la acción, el nuevo indigenista no toma la misma postura que el "mestizo" anterior, sino su inversa. Ya no está frente a él en la lucha ni lo sojuzga; ahora se encuentra en la situación de explotado; y junto a él ve al indio en una situación similar. Su acción será, pues, común. El mestizo encuentra así unidos en la esfera de la praxis lo occidental y lo indígena que escindían su espíritu; y, en su actuación común, se reconocerá a sí mismo. Logrará la acción, la que la reflexión no alcanzaba. Indígena y occidental quedan unidos indisolublemente en la empresa común. El ser indígena asumido por el espíritu del mestizo y que no podía manifestarse por la reflexión manifiéstase ahora por la acción. En ésta, indio y mestizo se confunden; su comportamiento, en tanto clases explotadas, es similar, su reacción fundamental ante una situación semejante es la misma. Pero si el indígena se manifiesta por la acción, ésta lo revelará tan sólo en tanto ser activo en la sociedad. Por eso se manifestará en el seno de la "clase". Al transferir su cuidado a la acción se expresa el mestizo en términos de clase; ella, garante también de lucha racial, es la realidad en que se encuentra a sí mismo, pues que en ella ve al fin unificados por la acción los principios que actuaban en él desunidos.

El mestizo indigenista se especifica junto al indio frente al Otro, que ahora toma la figura del explotador extranjero o criollo. Se pone como distinto a él en cultura, en situación social, en raza. Su ingreso a la acción supone, pues, un primer momento de especificación y de alejamiento frente al Otro; supone una primera negación, la negación del Otro. Por eso se tilda al criollo o al mestizo occidentalizante de "desarraigado", de "imitador", de "cismático". Pero este movimiento primero de especificación sólo se lleva a cabo con el fin de anular en lo futuro todo movimiento semejante. Se asume su desigualdad y distinción frente al Otro, sólo para llegar a negar después toda desigualdad y toda distinción.

Porque, en la praxis, capta el mestizo indigenista su propio proyecto y expresa, él también, su mito propio. Apelo al mestizaje futuro en que desaparecerán las distinciones y desigualdades entre las razas actuales. Postúlase la desaparición en el advenir del indio, del blanco y del mestizo actual; desaparición —se entiende— no en lo biológico, sino en aquello que hace a una raza considerar a la otra como inferior o desigual. Al momento primero de la especificación, sucede el de la negación de ésta, la negación de la primera negación. Vendrá el momento en que no haya jerarquías en las razas ni dominio de una sobre la otra; en que todas las que ahora se diversifican se reconozcan recíprocamente. Así, en el momento mismo en que el mestizo se encuentra, postula su propia destrucción como tal mestizo para advenir a una sociedad sin separaciones de castas. Sólo se encuentra a sí mismo para perderse voluntariamente. Pero esta pérdida será ya una negación libre y una consagración plena. Se pierde para ganarse y, en su renunciamiento, se recuperará al fin definitivamente. Porque sólo por su medio logrará el recíproco reconocimiento entre los hombres.

Mientras en el periodo anterior la idea del mestizaje significaba afirmación del mestizo, aquí significa su negación. Por eso allá el mito del mestizaje expresaba la estabilización del presente, su consolidación definitiva; ahora, en cambio, expresa la transformación total del estado actual, la revolución hacia el futuro. Para el explotador, el mestizaje era imagen de su propia autonomía; para el explotado es anuncio de su propia negación como explotado y símbolo del futuro reconocimiento recíproco entre los hombres.

De ahí también que, en el periodo anterior, se centre el indigenismo en el presente social y económico, mientras que, en este otro, se encuentre pendiente del futuro. Porque lo que ahora le da sentido es sólo su anuncio profético. Su valor lo recibe de aquel fin humanista a que tiende. Sin él, carecería de todo sentido; con él, se organiza y se orienta.

El indigenismo actual se nos aparece como un momento dialéctico destinado a ser negado. Sólo existe para destruirse. Se afirma lo indígena como valor supremo, para poder negarlo después en una sociedad donde se reconozcan mutuamente el indio y el blanco. Es, pues, un tránsito y no una meta. Como tal, el indigenismo es forzosamente parcial y negativo. No abarca la realidad toda porque no sólo no pretende abarcarla, sino que intenta incluso negarla. Sólo ve un aspecto de la realidad, porque sólo afirmando un aspecto en contra del opuesto es posible llegar a sintetizar ambos. Parcial y todo, es quizás el único momento que conduzca a la integración final de todos los elementos de nuestra realidad comunitaria. Al reivindicar el valor de la raza y grupo social que resulta más sojuzgado y despreciado, se prepara la eliminación de todo vasallaje y desprecio futuros. Al luchar por su propia liberación, el indio (al igual que el negro o cualquier otra raza "inferior") lucha simultáneamente por la liberación de todos los grupos sociales y raciales menos explotados por él. Porque si él, el peor esclavo, logra el reconocimiento y el respeto, habrá de lograrlo también para todos los hombres. Y el mestizo, al unirse con él en su lucha, labora igualmente por una comunidad sin esclavitud a través del único medio para llegar a ella.

Así, para salvar al indio habrá que acabar por negarlo en cuanto tal indio, por suprimir su especificidad. Pues que en la comunidad sin desigualdad de razas, no habrá ya "indios", ni "blancos" ni "mestizos", sino hombres que se reconozcan recíprocamente en su libertad. Las designaciones raciales perderán todo sentido social porque, aunque subsistan las razas, ya no serán obstáculos para las relaciones humanas. El indigenismo debe postularse para perecer; debe ser una simple vía, un momento indispensable, pero pasajero, en el camino. Sólo en el momento en que llegue a negarse a sí mismo, logrará sus objetivos; porque ese acto será la señal de que la especificidad y distinción entre los elementos raciales ha cedido su lugar a la verdadera comunidad. Y, de parecida manera, sólo logrará el indio su reconocimiento definitivo por todos los hombres, su reconciliación final con la historia, en el momento en que pueda negarse a sí mismo. Entonces cesará para siempre su lucha con la historia universal y la condena que le agobiara desde la conquista. La hora de su libre renuncia marcará para él la del triunfo definitivo; el instante en que acepte y logre perderse como indígena, destruyendo su especificidad para acceder a lo universal, señalará su liberación definitiva.[3]

Pero aquí —como ya habremos visto— el "indígena" se convierte en "proletario". Gracias a esa conversión, se universaliza. En efecto, cuando el mestizo recupera al indígena en la praxis, no lo recupera propiamente como raza, sino como clase. Por otra parte, al postular la comunidad futura sin distinción de razas, asume en la acción la universalidad de lo humano; pues actúa por la liberación de todo hombre, sea de la raza que sea.[4]

Sólo al "pasar" al proletariado queda el indígena, por fin, asumido en la universalidad de lo humano y congraciado con ésta. Al aceptar el peso de lo universal, logra borrar definitivamente los vestigios de su pasada culpa, que

---

[3] Parece sometido el indio a dos movimientos de renuncia de sí mismo. En la conquista se manifiesta su ser "externo" como culpable; debió asumir, pues, esa culpabilidad supraindividual y expiarla, destruyéndose como tal pueblo culpable para acceder al pueblo nuevo ya reconciliado. Pero su conversión no fue completa. Permaneció en el seno del pueblo nuevo lejano, escindido, según lo revelará el "mestizo"; nunca acabó por negarse plenamente a sí mismo y nacer a vida nueva. Y, al aparecer como lejano, su antigua mancha parece revivir, revelándose ahora bajo otro aspecto: el de la esclavitud. Ésta se manifiesta al considerar al indio en el seno de la comunidad que lo trasciende; como antaño la culpa, el estigma de esclavitud no pertenece a la esfera de su intención sino a su ser efectivo, ante-la-historia. Y por segunda vez, deberá asumir ese ser si quiere salvarse. Lavar la mancha de la esclavitud lo logrará, también ahora, renunciando a sí mismo, destruyéndose en su especificidad de esclavo para advenir a la sociedad nueva en que no existen diferencias de razas. Al asumir lo universal —en el proletariado— y negarse como indio, no hace más que repetir su movimiento de expiación y reconciliación con lo supraindividual comunitario, llevándolo a su término.

[4] La clase campesina, a la que pertenece la mayoría de los indígenas, es de suyo la clase menos universal. Ella es la fuente de todos los particularismos y regionalismos y por sí misma no llegaría nunca a la conciencia de una solidaridad humana universal. Para que el indio adquiera conciencia de universalidad y, por lo tanto, pueda proseguir su lucha libertaria, debe "pasar" a la clase más universal de la historia: el proletariado. Ese "paso" será una negación de la limitación del indígena a su conciencia y vida regional y particularista, a la vez que una conservación de los valores espirituales del indio, que quedarán asumidos por el proletariado. Para asumir la universalidad de lo humano sobre las distinciones de razas, precisa, pues, renunciar en cierta forma a sí mismo y adquirir la conciencia universalista del proletariado; cosa que logrará al proletarizarse o al dejarse dirigir conscientemente por esta clase.

fue manifestada al chocar con el curso universal que seguía la humanidad. Pues su pecado fue quizás el aferrarse perdidamente a sí mismo (a su locura religiosa, a su ceguera espiritual) y su salvación será, tal vez, desprenderse totalmente de sí, renunciar por fin, voluntariamente, a su mundo exclusivo y egoísta, para revestirse con lo universal. Pues quizá sólo pueda librarse quien esté dispuesto, en cambio, a arriesgar definitivamente su propio yo.

Pero la vía de la acción no es la única por la que intenta el Yo del mestizo recuperarse a sí mismo. Otra hay más íntima y sutil, más auténtica y personal, más sabia aún y generosa. Dirígese el mestizo al pasado indígena. Pero ahora ya ha asumido al indígena como dimensión real de su espíritu; el pasado al que tiende es ya *su* pasado. Quiere captar un elemento de su propio ser y lo ve expresado en el ayer: es, pues, su ser mismo el que allá se expresa. Reconoce en el pueblo desaparecido un jirón de su propio espíritu; *se* reconoce en él. El pasado no es algo extraño, pétreo y alejado (como fuera en Orozco); es cosa propia, constitutiva del Yo. Porque es tan sólo la expresión viva de una dimensión oculta del espíritu. De objeto-cosa transfórmase el pasado en existencia.

¿Cómo se presentará el hecho histórico a quien está animado por temple de ánimo tal? Creemos que pueden ya revelársenos dos actitudes posibles ante la historia que se han manifestado todo a lo largo de este ensayo. Según la primera actitud, nos acercamos al signo o dato histórico en un inicial estado de expectativa o perplejidad. No sabemos aún lo que nos va a decir, ni el mensaje que nos va a revelar; ni siquiera conocemos si nos hablará en nuestra lengua o en otra bien distinta. El hecho, por lo pronto, calla, y no sabemos aún si tenemos los instrumentos para descifrarlo: es un "enigma", un signo. No pretendemos determinarlo según leyes ya conocidas, sino que esperamos impacientes lo que él, según su propio sentido, quiere sugerir en nosotros. Se trata, pues, de una actitud de inicial entrega ante el signo; de renuncia a las tablas verificativas adquiridas por el espíritu. Esa perplejidad inicial es una expectativa ante un salto libre, espontáneo, imprevisible del hecho histórico. Esperamos que, en el curso del suceso histórico, aquel signo humano vaya apuntando a sus significados propios que, mientras no se revelen, no podemos aún prever. Así, en el esperar comprensivo, revivimos al hombre pasado como trascendencia, porque, ante nuestros ojos, el enigma apunta a sus significados propios y se rebasa hacia ellos. En realidad, es nuestra propia trascendencia la que el signo histórico ha despertado. Él ha sido el estímulo, el impulso que ha actualizado determinadas posibilidades significativas nuestras. Es en nosotros donde el hecho revive, en el seno de nuestro espíritu. Al pasar por nosotros, lo puramente fáctico recobra su trascendencia. Y decimos *su* trascendencia porque es aquélla que él por virtud propia ha despertado; el historiador, en perplejidad y entrega, no imponía al enigma ningún cauce, sino que a él se los pedía. Él solo completará la dirección que el signo señale; como el mortal que escucha los augurios de un oráculo.

Según la segunda actitud, en cambio, nos acercamos al hecho histórico con una estructura formal lista para abarcarlo. Nos interesa encontrar en él lo que buscamos, no lo que él libremente quiera darnos. El hecho ya no es un enigma con sentido propio aún incógnito, sino un "problema", un conjunto de datos resolubles por despejar según métodos que ya dominamos. Pues el enigma señala a *su* significado y es él mismo quien lo indica; el problema, en cambio, nada señala; es una masa de hechos que precisan recibir un sentido desde fuera; mientras el método científico no despeje la "x", mientras no encuentre una aplicación al problema dado, no tendrá éste ningún significado. En la historia "enigmática", cada signo tiene su vía propia de patentización; "adivinamos" su sentido y su método propio de comprensión, no lo "resolvemos". En la historia "problemática", en cambio, no encontramos más que lo que previamente hemos querido encontrar; no se nos abren significados nuevos, ni nuevas vías de comprensión; sólo se nos presentan aplicaciones concretas y aportaciones particulares en la estructura metódica y sistemática que ya poseemos. Las dos actitudes son opuestas: la primera supone entrega ante el ser pasado, la segunda dominación; la primera es vidente en su perplejidad, la segunda ciega en su inquisición. Orozco y Berra se colocó frente al problema. La dimensión "espiritual" del indigenismo se coloca —en gran parte al menos— frente al enigma.

Pero todo esto tiene una importante consecuencia. El "problema" histórico, una vez resuelto, queda convertido en un puro objeto ante nuestra vista: el hecho está ahí, perfectamente determinado y regulado. Queda, por lo tanto, definitivamente alejado de mí, como cosa externa entre las cosas. El "enigma", en cambio, después de indicar su mensaje, vive en nuestro espíritu como dimensión propia de él. Porque debe manifestarse en mis propias posibilidades significativas; y él es tan sólo el movimiento significativo mismo que despierta en nuestro espíritu. El pasado renace en el ser del historiador, incorporado a su existencia, proyectado, como ella, hacia sus posibilidades significativas futuras.

Aprópiase así el indigenismo el ser del indio, dirigiéndose al pasado y repitiéndolo en su propio espíritu. Apropiarse el ayer significa, pues, hacerse de su propia realidad, recuperar una dimensión oculta de su propio Yo. Así, el indigenismo logra por una segunda vía recapturar lo que a la reflexión se le escapaba. Por la historia enigmática, el ser indígena latente en el espíritu mestizo se manifiesta en cuanto que él mismo señala sus significaciones propias y revela su íntimo sentido. Mitígase la escisión del propio espíritu. Y aunque la recuperación del Yo no podrá nunca ser completa, lógrase descubrir el infinito camino que a ella conduce. Camino, no de la actitud dominadora e inquisitiva, sino de la entrega vidente de que hablábamos. Por esa entrega, y sólo por ella, se apropia el ser pasado y oculto a quien se entrega. Entrega perpleja y vidente que se apropia el ser a quien se dona, ¿qué es ella sino amor? Por el impulso amoroso hacia lo indígena lo respetamos en su enigma; sólo porque precede nuestra entrega, aparece éste como misterio con significado personal. Por eso, a la captación del pasado como dimensión de nuestro ser deberá preceder el cuidado amoroso.

El allegarse al pasado como un enigma hace posible, por fin, su recreación. En ella no reiteramos el ayer tal cual era; por el contrario, lo ponemos en condición de abrirse de nuevo a todas sus posibilidades originarias y, por lo tanto, de transformarse. Al existir el pasado en nosotros, sólo lo comprendemos como adviniendo desde el futuro. Recupera así el horizonte de sus posibilidades; podrá ahora realizar aquellas que antaño quizá no realizara, podrá rechazar otras que quizá antes aceptara. El amor, lejos de reiterar lo indígena como objeto definitivamente realizado y muerto, lo recrea como existencia, como posibilidad permanente de lo inesperado.

El mestizo indigenista busca recuperar su ser por un movimiento de dos dimensiones: la acción es la una, el amor la otra. Y, lejos de oponerse, ambas se complementan; más aún, se exigen mutuamente. Porque la acción sin amor arriesgaría hacer violencia al indio, tratarlo como objeto, dirigirlo desde fuera sin respeto para su libertad. Y el amor sin acción podría caer en la inercia improductiva de una tierna añoranza o, lo que es peor, en la complicidad, por omisión, con aquellos que al indio explotan. Así, la actividad deberá ir acompañada de emoción y el amor de actividad. Pero acción y amor, integrados en el mismo movimiento, dan un nombre al impulso que los une: *pasión*. Pasión es amor explayándose en actividad, es actividad transida de emoción.[5] Y así como, según veíamos, su acción llevaba al indigenismo a postular su propia destrucción en aras del reconocimiento futuro del indio; así también, en el movimiento apasionado hacia su propio ser, presidido por una vidente entrega, logrará el mestizo recuperarse a sí mismo, salvándose de su interior desgarramiento; según la sabia palabra kierkegaardiana: "El que se pierde en su pasión, pierde menos que el que pierde su pasión"; pues éste, con la pasión, todo lo pierde; aquél, en cambio, en su renuncia, lo recupera todo.

---

[5] El carácter "apasionado", según la conocida caracteriología de René Le Senne, se distingue, entre otros caracteres, por reunir las dos "potencias" de actividad y emoción. René Le Senne, *Traité de Caractériologie,* París, Presses Universitaires de France, 1946.

3

La significación del silencio[*]

Cuando los griegos quisieron definir al hombre lo llamaron *zoon lógon éjon*, lo que, en su acepción primitiva, no significa "animal racional" sino "animal provisto de la palabra". La palabra, en efecto, es patrimonio que el hombre no comparte con ninguna otra creatura. El mundo humano llega hasta donde alcanza el lenguaje; y éste no sería nuestro mundo si no se conformara a las significaciones que el lenguaje le presta.

Para estudiar el lenguaje muchos filósofos suelen partir de la proposición y limitar el habla al lenguaje predicativo, conforme a reglas lógicas y provisto de significaciones invariables. Todo lo que tuviera sentido podría ser traducible a ese lenguaje. Así se tiende a reducir la esfera de la significación a la del lenguaje discursivo; cualquier otra forma de expresión sólo significaría en la medida en que pudiera transportarse a ese lenguaje.

Pero para explicar la palabra discursiva es menester admitir una posibilidad *previa* de la existencia: la posibilidad de comprender el mundo en torno aludiendo a él significativamente. Y esta referencia significante al mundo en torno es anterior al lenguaje predicativo: se encuentra ya en la percepción, en la conducta práctica, en el gesto. No necesito de palabras para significar; cualquier conducta dirigida al mundo puede hacerlo. Por ello dirá Heidegger que las significaciones no resultan de las palabras, las preceden. "A las significaciones les brotan palabras, lejos de que a esas cosas que se llaman

[*] Luis Villoro, *La significación del silencio*, Casa de la Cultura Jalisciense, Guadalajara, 1960.

palabras se las provea de significaciones".[1] El lenguaje discursivo es sólo una de las actualizaciones de una actitud significativa previa que Heidegger llama el "habla". La mímica y la danza, la música, el canto y la poesía son modos del habla; y, como veremos, también lo es el silencio.

Posibilidad originaria del habla es tanto el decir como el callar, escribe Heidegger.[2] Entre esos dos extremos se tenderá toda forma de lenguaje. Podemos preguntar: ¿qué relación guardan esos dos términos en el seno del lenguaje? En particular: si el silencio es ausencia de palabra, ¿cómo puede ser una posibilidad del habla? No pretendemos resolver aquí estos difíciles problemas. Tan sólo expondremos algunas reflexiones —provisionales aún— que ayudarán, esperamos, a mejor plantearlos.

Dirijamos primero nuestra atención a la palabra discursiva. Como todo lenguaje, la palabra discursiva intenta designar el mundo circundante. ¿En qué medida, al designarlo, lo altera?

Antes del discurso, estamos en contacto directo con las cosas, las experimentamos y manejamos, nos conmovemos con ellas o en ellas actuamos; pero siempre necesitamos de su *presencia*. Sin el lenguaje no podríamos referirnos al mundo en su ausencia. Con la palabra aparece la posibilidad de desprendernos de las cosas y de referirnos a ellas sin contar con su actual existencia. La palabra pone a distancia las cosas y a la vez mantiene nuestra referencia a ellas. Según Wundt y su escuela, habría que colocar el inicio del lenguaje en el momento en que el hombre no acierta a aprehender una cosa para manejarla y se limita a señalarla. La indicación supliría el acto fallido de prensión e iniciaría el lenguaje; trato de agarrar algo pero, por alguna causa, noto que está fuera de mi alcance; entonces lo indico, primero con el dedo, luego con un sonido articulado que reemplaza al objeto inmanejable. Se ha descubierto, en efecto, que en muchas lenguas primitivas las primeras palabras fueron demostrativas.[3] La palabra brotaría así, de un intento fallido de manejo; supliría la presencia inmediata del objeto con la simple referencia a él. Con ese intento se abre una posibilidad exclusiva del hombre, de poseer

---

[1] *Sein und Zeit,* § 34 (Seguimos la traducción de Gaos, *El ser y el tiempo*, México, FCE, 1951).
[2] *Idem.*
[3] Véase Ernst Cassirer, *The Philosophy of Symbolic Forms*, Yale, vol. I, pp. 180 y ss. y 202 y ss.

las cosas de un modo más sutil que la prensión: poseerlas en figura, por medio de un signo que las mantenga ante la conciencia como término de referencia.

Al vincular un fonema con un objeto, podemos dirigirnos a éste en su ausencia. El fonema indica primero el objeto (como el gesto del dedo índice), pero luego —y éste es el paso decisivo— toma sus veces, lo suplanta; entonces se ha convertido en "símbolo". La función simbólica, esto es, la posibilidad de referirnos a las cosas por medio de signos que las suplan, constituye la esencia del lenguaje discursivo. Gracias a ella puede el hombre aludir al mundo entero sin estar obligado a sufrir su presencia. Y esta posibilidad sólo pertenece al hombre. Muchos animales pueden asociar a objetos determinadas palabras; mas las utilizan como *señales* de la presencia de esos objetos, no como *símbolos* que los suplan. Vinculan *dos hechos* distintos de su campo perceptivo; igual que los perros de Pávlov asociaban el sonido de la campana a la presencia del alimento. Siempre un hecho existente remite a otro igualmente existente; es señal, no símbolo, del otro. Observemos cómo reacciona un perro al escuchar el nombre de su amo: de inmediato para las orejas, olfatea el aire, alerta, para *buscar* al amo. El fonema está asociado a la presencia del amo, a los olores y formas que lo acompañan, es, en último término, un elemento más en el complejo de cualidades ligadas habitualmente con la percepción del cuerpo del amo. El perro vincula un fonema con un contenido olfativo y visual, no "comprende" una palabra.

Es probable que también en el hombre pase primero el lenguaje por una fase semejante. Pero después la rebasa; el fonema se convierte entonces en símbolo. Si en una conversación se menciona el nombre de "Sócrates", a nadie se le ocurrirá buscarlo por el cuarto. La palabra no funge aquí (aunque a veces, en un uso circunstancial, pueda asumir esa función) como un fonema asociado a una presencia, sino como un signo colocado "en lugar" de ella. "Comprender" un símbolo quiere decir: poder referirnos a un objeto sin tener necesidad de percibirlo. El símbolo "representa" la cosa; literalmente: provee una presencia que suplanta a otra.

De ahí la función liberadora de la palabra. Gracias a ella tuvo el hombre aquello de que el animal carecía: el poder de referirse a las cosas sin estar esclavizado a percibirlas, de comprender el mundo sin tener que vivirlo personalmente. El hombre, con la palabra, creó un instrumento para sustituir el mundo vivido y poder manejarlo en figura.

Por eso, el ideal del lenguaje discursivo sería suplir las cosas de modo tan perfecto que la estructura de las palabras correspondiera a la estructura de las cosas que reemplaza. Un lenguaje de ese tipo es la meta regulativa de todo lenguaje discursivo coherente. El lenguaje preposicional, ha dicho Wittgenstein, es una "figura" o un "modelo" de la realidad.[4] El lenguaje "figura" el mundo en el sentido de traducir en una estructura de signos una estructura de objetos. Wittgenstein nos da un símil: el lenguaje reemplaza la realidad al modo como la notación musical sustituye una sinfonía, y las irregularidades de las rayas del disco gramofónico sustituyen una y otra.[5] La estructura entera de la sinfonía queda traducida, en la partitura y en las ondulaciones físicas del disco, por otras estructuras. Cada estructura "figura" o "modela" la otra. Pero no nos dejemos engañar por el símil. Esta capacidad figurativa del lenguaje no debe entenderse como si cada palabra duplicara un rasgo de la realidad. No es la lengua una especie de "dibujo" o "imitación" de las cosas. Más bien hay que pensar en dos formaciones paralelas —la de los signos lingüísticos y la de la realidad— que pueden traducirse entre sí según reglas determinadas, pero ninguna de las cuales "copia" a la otra. Se trataría de la proyección de una formación en la otra, en el sentido en que los matemáticos emplean esa palabra. Cualquier forma geométrica puede figurarse en signos algebraicos y, a la inversa, cualquier ecuación puede proyectarse en una figura geométrica; para hacerla basta conocer las reglas específicas que regulan esa proyección. Pero no podemos decir que los componentes de la ecuación "copien" o "dibujen" los elementos de la forma espacial, sino más bien que la estructura del álgebra es convertible en la de la geometría y viceversa. Así también el lenguaje sería una "proyección" de la realidad que, al figurarla en una estructura distinta, podría reemplazarla. Y la lógica sería el conjunto de reglas que rigen esa proyección. Un lenguaje alógico no podría pues "figurar" la realidad.

Pero para traducir la figura geométrica, la ecuación algebraica tiene que prescindir de su modo propio de existencia, el espacio intuitivo; ninguna cualidad meramente perceptiva del espacio puede traducirse. Así también el discurso: con tal de figurarlas en una estructura simbólica, la palabra discursiva hace abstracción de la presencia actual de las cosas; al prescindir de

---

[4] *Tractatus Logicus-Philosophicus*, 4.01 y 4.011.
[5] *Ibid.*, 4.014.

su presencia, tiene que olvidar todas las cualidades vividas ligadas con ella; y sólo gracias a este olvido puede comunicar la realidad en figura. Porque el disco hace abstracción de la vivencia actual de la orquesta, puede comunicar la sinfonía; porque la ecuación prescinde de la percepción espacial, puede enseñar la forma geométrica.

Para cumplir con su fin, un lenguaje discursivo debería estar constituido de significaciones *invariables* y *objetivas*; de tal modo que el interlocutor pueda en todo momento proyectar con exactitud la misma realidad que ese lenguaje haya figurado. En un lenguaje discursivo perfecto no cabría la menor ambigüedad, el menor equívoco. Ninguna lengua existente cumple, por supuesto, con ese ideal; pero todas, en la medida en que son instrumentos para figurar y comunicar la realidad, tienden a él. Los lógicos modernos han tratado de indicar las características de una lengua ideal. En ella no habría lugar para las vacilaciones significativas que dependen de las circunstancias cambiantes de la experiencia personal. Las palabras del lenguaje cotidiano que Russell llama "egocéntricas" y Husserl "ocasionales", tales como "yo", "tú", "aquí", "ahora", "esto", "aquello", deberían descartarse, pues hacen referencia a contenidos de experiencia variables con cada individuo y, por lo tanto, incapaces de ser comprendidos sin esa experiencia. Por otra parte, todas las significaciones subjetivas, que dependen de la perspectiva personal, deberían igualmente omitirse. Así, un lenguaje discursivo puro sólo constaría de significaciones invariables y objetivas.

Tal es, sin duda, el lenguaje científico. De él quedan eliminadas todas las significaciones variables y subjetivas. En lenguaje científico no se diría, por ejemplo: "veo ahora un meteoro", sino "un meteoro es visible a las 8 p.m. del M. G., a tantos grados de latitud norte y tantos otros de longitud oeste". Ni tampoco: "un prado alegre" y "esa trágica noche", sino "un prado cuya visión se acompaña en la persona X de un sentimiento de alegría" y "la noche en que la persona Z fue protagonista de un acontecimiento trágico".

Por último, la palabra elimina el carácter singular con que las cosas aparecen y, por ello, tranquiliza. Antes del lenguaje todo para el hombre es nuevo; nada, habitual ni previsible. Conforme se desarrolla un lenguaje, el asombro que primero le producen las cosas va cubriéndose de un tenue velo de familiaridad; y sólo entonces empieza a sentirse seguro en su mundo. Cuando el niño ve u oye algo desusado, lo primero que hace es preguntar por su nombre. Una vez que lo sabe, aunque no lo comprenda, empieza a tranquilizarse. Porque ya sabe que "aquello" tiene un nombre y no es, por lo tanto, algo absolutamente insólito: si tiene un nombre puede reconocerse. Algo sin nombre es insufrible pues no podría jamás saber a qué atenerse con ello; si tiene un nombre, en cambio, puede clasificarlo, hacerlo un poco suyo, manejarlo por medio de su símbolo. El niño quiere saber cómo se llaman todas las cosas para poder hacérselas hospitalarias. Para los primitivos, poseer el nombre de una cosa o de una persona es ya, en cierto modo, apropiársela. Y aun entre nosotros no hay mejor prueba de confianza que descubrir al amigo el nombre propio y permitir que lo emplee a su gusto.

Asombroso es siempre lo insólito, es decir, lo que sólo se da una vez y no sabemos cómo ni cuándo podrá repetirse; asombroso es "lo que no hay", lo inesperado y singular. Y el nombre permite reconocer cualquier objeto. Nombrar algo es identificarlo con otro fenómeno que ya ha aparecido y, a la vez, poder reconocer sus ulteriores apariciones. La recognición elimina la alteridad absoluta, la singularidad de lo insólito, y convierte en habitual el mundo en torno. Además, con cada nombre están ligadas ciertas notas fijas y excluidas otras. Nombrar es pues proyectar el objeto en una estructura lógica que determina las cualidades que sean compatibles con él. Por ello elimina las posibilidades inusitadas e imprevisibles.

En suma, un lenguaje discursivo perfecto, para poder figurar y comunicar la realidad con exactitud, tendría que prescindir de la perspectiva personal del observador: para ello habría de hacer abstracción de la presencia de las cosas con todas sus notas vividas, así como de su carácter insólito y singular. Porque el lenguaje discursivo no habla de un mundo vivido sino de un mundo representado.

Por él sé que el sol que cada día se levanta es siempre el mismo e irradia en toda hora una luz semejante. Pero en mi mundo vivido, anterior al discurso, ese disco luminoso es nuevo cada día y cobra en momentos fulgores de esplendor inesperado.

El lenguaje discursivo encubre mas no elimina la extrañeza del mundo ni suprime la capacidad de asombro. Debajo de las palabras las cosas siguen siendo singulares e imprevistas. Todo puede ser novedoso, aun lo más cotidiano. ¿Hay algo más extraño que el suave tintineo de una copa de cristal corriente entre las manos? ¿Hay algo más sorprendente que la lengua de fuego que surge de pronto, vivaz, en la estufa cotidiana? Cualquier cosa puede ser a la vez algo habitual, representable en el discurso, y una presencia viva e irrepresentable. Y ambos caracteres no se contradicen, porque dependen de la actitud con que signifiquemos el mundo en torno y de la forma de habla que empleemos para expresarlo. En la primera actitud significamos el mundo tal como es "en sí", independientemente de las emociones o valoraciones que en nosotros suscite; en la segunda, trataríamos de significarlo tal como se presenta "para nosotros", revestido de todas las notas que acompañan su mera presencia. Al primer modo de significar el mundo corresponde el lenguaje discursivo; al segundo la poesía y, en propiedad, el silencio.

"El mundo está escrito en lenguaje matemático", decía Galileo. Es cierto: la estructura total del universo podría proyectarse en unas cuantas fórmulas, en una breve estructura simbólica que la figurara adecuadamente. Esos símbolos encerrarían todo lo que del mundo pudiera predicarse objetivamente. Los signos que llenan una pequeña libreta supliendo la presencia del universo: tal sería el ideal de la ciencia. Mas también Pascal tenía razón cuando exclamaba: "El silencio de los espacios infinitos me espanta". Porque el mundo es a la vez palabra discursiva y presencia silenciosa, claro sistema matemático y asombroso portento.

Supongamos ahora que queremos expresar y comunicar a los demás esa presencia vivida del mundo. El habla originaria tendrá que buscar una forma de lenguaje distinta a la discursiva. Inventará varias, pues es rica en recursos. Desde la piedra burda con que erige sus edificios hasta el sutil ademán de la danza, todo podrá servirle de signo para nuevos lenguajes. Pero también tendrá otra posibilidad que aquí nos interesa particularmente porque nos pondrá sobre la traza de nuestro tema central, el silencio: podrá significar el mundo vivido, mediante la negación de las significaciones invariables y objetivas del lenguaje discursivo. Es decir, intentará utilizar el lenguaje discursivo a modo de negar justamente su carácter discursivo. Significará por un rodeo: mostrando cómo las palabras reducidas a significaciones objetivas son incapaces de significar cabalmente lo vivido. Nacerá entonces un lenguaje paradójico basado en la ruptura, en la destrucción de los significados habituales del discurso. Y así como el lenguaje objetivo perfecto era el ideal de toda palabra discursiva, así este lenguaje paradójico será, en el fondo, el límite a que tiende toda verdadera poesía.

Un ejemplo bastará: son los días de la canícula. El sol está en el cenit. Es el momento del mediodía. El lenguaje discursivo nombra lo que ve: si quiere designar cosas reales dirá, por ejemplo: "El sol es visible en el cenit a tal hora del M. G. y en tal lugar preciso"; si desea designar el simple dato de percepción, tal vez diga: "En el centro de la semiesfera celeste se ve un disco luminoso de color amarillo claro". Habrá captado todo lo que el fenómeno tiene de objetivo y podrá suplantar su presencia vivida. Pero un poeta, refiriéndose al mismo fenómeno, dirá:

Coronado de sí el día extiende sus plumas.
¡Alto grito amarillo,
caliente surtidor en el centro de un cielo
imparcial y benéfico![6]

El mismo fenómeno es a la vez un astro en determinada posición sobre el horizonte y un "alto grito amarillo" en un cielo "imparcial y benéfico".

¿Qué ha tratado de designar el poeta? En primer lugar, la presencia concreta del fenómeno tal como es *vivido* en ese instante privilegiado. Por ello no pudo hacer caso omiso de las notas que su situación y enfoque personales revelaban en él. El lenguaje poético *no* ha hecho abstracción de las cualidades que la emoción o la fantasía muestran en el objeto: al contrario: ha tomado el objeto en toda la riqueza de contenido que presenta. Porque no ha tratado de significar el objeto "en sí", sino el objeto tal como se muestra "para el hombre".

Esto se hará más claro al observar el cambio de significado que se opera al intentar traducir el lenguaje poético en lenguaje objetivo. "Alto grito amarillo", por ejemplo, ocultaría una significación objetiva que expresaría alguna frase como ésta: "Mancha de color amarillo, situada a gran altura respecto del observador, tan brillante que puede asociarse a un sonido de tono muy agudo". A primera vista parece que las dos frases difieren por su forma y eufonía mas no por su significado. Con todo, por poco que las comparemos, nos percatamos de que la traducción discursiva no sólo altera la forma verbal del poema, sino también su significado. Las dos frases no dicen lo mismo.

---

[6] Octavio Paz, "Himno entre ruinas", en *Libertad bajo palabra*, México, FCE, 1949.

"Alto grito amarillo" designa una unidad de cualidades vividas en la que están ligados datos de percepción, datos de fantasía y cualidades emotivas, referidos al mismo objeto; su traducción discursiva, en cambio, designa una multiplicidad de hechos objetivos (la mancha amarilla, el sonido agudo, la asociación entre ambos), no necesariamente vividos por nadie. El sentido inherente al simple enunciado es, por ello, distinto en uno y otro caso. Del sentido pleno de la frase poética forman parte notas emotivas, "subjetivas" por lo tanto, que están ausentes del sentido de la frase discursiva.

En segundo lugar, la palabra poética suple una presencia para tratar de *revivirla* de inmediato en la imaginación y emoción de otra persona. Sólo sirve de fugaz intermediario entre dos experiencias. En efecto, puesto que la expresión poética no ha prescindido de las cualidades vividas del objeto, sólo será plenamente "comprendida" al revivir esas cualidades. Su traducción objetiva, en cambio, puede ser comprendida sin acudir a una nueva experiencia, justamente porque su sentido carece de notas "subjetivas". La significación poética dota de un uso distinto a la palabra: no sólo pretende figurar una realidad para comunicarla, también intenta suscitar de nuevo en el oyente todas las cualidades inherentes a su presencia.

Pero para poder hacer esto el poeta ha tenido que emplear las palabras a modo de negar sus significaciones invariables y objetivas: "Alto grito amarillo" ha llamado al sol. Más que decir lo que es, alude a lo que no es; se trata de un "grito" distinto de cualquier grito conocido, pues designa algo que a ningún sonido podría convenirle. Según su significado objetivo, un sonido no puede tener color ni estar, cual una cosa, elevado en las alturas. "Amarillo" no responde tampoco a ningún color reconocible; pues ningún color habitual es cualidad de un elevado sonido. Es un "amarillo" capaz de estallar en gritos; un color que consiste en no ser como todo color; designa una cualidad singular y única. Así, "amarillo" y "alto" niegan la significación objetiva de "grito" y viceversa; por esta negación, las palabras usuales del lenguaje discursivo adquieren un nuevo significado en el contexto poético. El poeta ha dotado a las palabras de un nuevo sentido que se construye justamente por la negación de su sentido objetivo. Y este sentido poético es indefinible, es decir, es intraducible a otras palabras provistas de significaciones objetivas; pues brota de la contraposición de significaciones que se rechazan recíprocamente y queda constituido por esa negación recíproca.

Por ello, los significados poéticos no pueden estar ligados en forma invariable a determinadas palabras, surgen en el contexto, de modo inesperado, de la distorsión de los significados objetivos. Son significaciones insólitas que en rigor nunca podrán repetirse en otros contextos. Y sólo así puede hablar el poeta de algo singular e irrepetible.

Si era propio de la palabra discursiva permitir la recognición de un objeto y adscribirle ciertas notas fijas, el poeta ha roto esa función normal del discurso; su lenguaje es una negación de las significaciones invariables de la palabra. Designa lo extraordinario y dice a la vez que la presencia insólita de las cosas es indecible para el lenguaje discursivo. Y en verdad toda metáfora tiende a decir lo mismo, en la medida en que rompe la significación precisa que el discurso exige; toda metáfora es ya un principio de negación de la palabra. Pero a menudo fracasa y sólo el gran poeta logra efectivamente significar con un lenguaje negativo.

No obstante, también la distorsión de la palabra tiene un límite. Si prolongáramos hasta el fin la negación de las significaciones del discurso, cesaría la palabra. La negación total de la palabra es el *silencio*. Y tal vez, desde esta perspectiva, la poesía podría verse como un habla en tensión permanente entre la palabra y su negación, el silencio. En rigor, sólo podría realizarse plenamente en la total negación del discurso; mas entonces desaparecería como habla... ¿Desaparecería efectivamente? ¿No habría un habla del silencio?

Con esta pregunta tocamos el punto crucial de estas breves reflexiones. El intento de mostrar el mundo tal como es vivido conducía a la negación de la palabra y ésta, en su límite, al silencio. Pero ¿es capaz de indicar algo el silencio?

Ante todo, debemos descartar de nuestra consideración el silencio como simple ausencia de todo lenguaje. El mutismo nada dice. No pertenece al habla sino a su carencia y no puede aquí interesarnos.

También descartaremos otro aspecto del silencio lleno de posibilidades y sugerencias, pero que aquí no debe detenernos. Nos referimos al silencio como *señal* de determinadas vivencias psíquicas: la reserva que distingue a un alma grave o recogida; el silencio manso que oculta una actitud humilde o el altivo silencio que anuncia orgullo y desprecio: el noble silencio de quien escucha y el silencio farisaico de quien juzga. En estos casos el silencio es índice de una actitud espiritual o de un estado de ánimo y puede ofrecer una ventana abierta para el estudio de la intimidad ajena. Pertenece a un estilo de conducta, al modo como el hombre se muestra exteriormente, ante los demás o ante él mismo. Está emparentado con el gesto y la fisonomía. Igual que un ceño airado o un ademán impulsivo, puede ser signo de un acontecer psíquico, mas no significa, no designa nada acerca del mundo en torno. Aquí no nos concierne; ahora sólo nos interesa el silencio como componente de un lenguaje capaz de referir al interlocutor a cosas distintas de él mismo; nos interesa como elemento significativo.

En primer lugar, hay un silencio que acompaña al lenguaje como su trasfondo, o mejor, como su trama. La palabra lo interrumpe y retorna a él. Parece surgir de su seno, llenarlo mientras se pronuncia y hundirse en él cuando cesa. Sin un fondo uniforme y homogéneo en que se destaquen, las palabras no podrían separarse, conjugarse, dibujar una estructura. Este silencio es la materia en que la letra se traza, el tiempo vacío en que fluyen los fonemas. En otras formas de expresión tiene también su equivalente: en la pintura, es el fondo sin color ni forma que permite, por ejemplo, el matiz del claroscuro; en la arquitectura, los vanos y el vacío que separan y enlazan las masas tectónicas.

Este trasfondo de la palabra tiene también su lugar entre los signos materiales que emplea el lenguaje. La escritura cuenta con los signos de puntuación para señalarlo, y en la notación musical hay signos que llevan justamente el nombre de "silencios". Las pausas, el ritmo, que encuadran la palabra oral, la subrayan o destacan, son signos lingüísticos, al igual que los fonemas. Pero todos ellos sólo fungen como la trama o el linde de los elementos propiamente significativos del lenguaje. En este sentido, son signos que no se refieren a nada, sino que sólo permiten la organización de los otros elementos del lenguaje. Ellos mismos no significan aún nada.

Sin embargo, en casos determinados, los silencios del lenguaje parecen rebelarse contra ese papel acompañante y querer, también ellos, significar algo. Por lo pronto su pretensión es modesta: sólo quieren designar palabras que los suceden en la trama del lenguaje. Antes de aparecer una palabra, puede haber un silencio que la anuncie. Hay pausas que indican claramente la inminencia de una frase desconcertante o imprevista; oradores y actores saben hacer buen uso de ellas. Semejante papel pueden desempeñar en la escritura los puntos suspensivos o los dos puntos y, en la música, algunos silencios tensos que indican la inminencia de un clímax o de una melodía particularmente expresiva. En estos casos es obvio que el silencio no sólo enlaza elementos significativos del lenguaje, también a él empieza a brotarle una vaga significación propia. Indica algo distinto de él, se refiere a otra cosa. ¿A qué? A la palabra u oración que viene. Pero no significa una palabra u oración cualquiera, sino una palabra que tenga cierto carácter sorpresivo. En forma vaga e imprecisa, parece balbucir: "¡Atención! ¡Algo digno de nota va a pronunciarse!". Indica, en suma, una palabra tal que de algún modo no es la que fácilmente podría adivinarse o esperarse del anterior contexto. El silencio empieza a anunciar la cualidad sorpresiva de las cosas, aunque sólo sea por lo pronto de las meras palabras.

En este nivel, el silencio es aún simple accesorio, apéndice del contexto que lo precede de inmediato; prolonga la palabra que antecede y, sólo por ello, puede anunciar la que viene. Así, el sentido de la "suspensión" de los puntos suspensivos depende de la palabra que los precede; el de la pausa musical de la frase que acaba de silenciarse. Por otra parte, es patente que no muestra nada fuera del lenguaje mismo; la función de mostrar cosas aún le está vedada.

Pero pasemos a otros casos. Ahora el silencio suplanta a una palabra u oración y toma sobre sí la función significativa que ésta tendría que pronunciarse. Allí donde el contexto o la situación del diálogo exigiría una palabra, aparece un silencio. La palabra está "implícita", "sobreentendida" en él y el interlocutor comprende con el silencio lo mismo que comprendería si la palabra se expresase. Estos silencios son muchos y sus significaciones varían al infinito. Hay silencios cómplices que sin palabras dicen lo que el otro quería escuchar. Hay silencios que reprueban y condenan, y otros que otorgan y entregan. Hay silencios tímidos que expresan, sin querer, la palabra que no quiere pronunciarse y silencios perplejos que vacilan en ofrecer una palabra. En todos estos casos, es evidente que el silencio no solo señala el estado de ánimo de la persona (su reprobación o disgusto, su pudor o su duda), también significa algo acerca de una situación objetiva: significa lo mismo que en cada caso significaría la palabra que reemplaza. Por ello su significación es variable, ocasional, depende siempre del contexto en que se encuentra.

Pero al través de todos sus significados variables, ¿no habrá una función significativa común a todos esos silencios, sea cual fuere el contexto en que se encuentren? Sólo si la hubiera podríamos decir que el *silencio mismo* significa.

De lo contrario, sería la palabra implícita en el silencio, no formulada pero capaz de ser comprendida o adivinada por el oyente, la que propiamente significaría; el silencio no añadiría ningún matiz propio a la significación de esa palabra. Para investigar este punto tenemos un fácil expediente: reemplazar el silencio por la palabra correspondiente que sugiere y, si obtenemos exactamente la misma significación, podremos decir que el silencio no ha añadido a la palabra que reemplaza ningún matiz significativo propio. Pero si, por el contrario, la palabra no dice exactamente lo mismo que el correspondiente silencio, habremos descubierto la significación propia de éste.

Daremos un par de ejemplos. Primero: contemplo con un amigo alguna obra de arte, él desea mostrar sus conocimientos y profiere alguna observación que, al querer ser profunda, sólo acierta a ser pedante o cursi. Me mira buscando mi respuesta; yo guardo silencio. El silencio reemplaza una palabra de reprobación cortés. Con todo, sentimos que si lo sustituyéramos por esa palabra, algo de la significación quedaría perdido. Pues no sólo significa que las palabras de mi amigo son impertinentes, esto es que no están adecuadas al objeto presente a que se refieren; también significa que ante esa situación lo mejor es callarse, esto es, que mis propias palabras tampoco serían adecuadas. Vagamente expresa mi silencio: "Lo que has dicho no es pertinente. Pero si te lo dijera, yo mismo diría otra impertinencia. Ante eso, lo mejor es callarse". Dirá alguien que entonces podríamos suplir el silencio justamente por estas palabras que acabo de escribir. Tampoco. Porque estas palabras que intentan traducir lo que dice el silencio, no dicen lo mismo que éste. Decir que ante algo más vale callarse, es decir algo, algo que a su vez es improcedente; quien lo diga no dirá lo mismo que quien calle; quien lo diga formulará también un juicio inadecuado sobre lo que contempla, puesto que no cumplirá con el requisito de callarse. La prueba es que esa frase puede sonarnos tan pedante, tan impertinente como cualquier otro encomio semejante.

Es el mismo tipo de silencio que podría presentarse si alguien me indicara algún hecho digno de asombro y yo respondiera con un silencio. Sin palabras, mi interlocutor escucha claramente: "No hay palabras para expresar eso". Mas si pronunciara esta frase tampoco diría palabras que expresaran eso. Por ello, lo único capaz de significarlo cabalmente es la negación de toda palabra. Así, el silencio significa, además de la palabra que reemplaza, la circunstancia de que esa palabra no es adecuada para figurar la situación objetiva en cuestión, o —a la inversa— que la situación presente no puede proyectarse en la estructura del discurso.

Pero pasemos a un ejemplo contrario: el silencio que aprueba o consiente. Alguien solicita un favor; yo callo y él comprende mi asentimiento; ¿no dicen que quien calla otorga? Mi silencio reemplaza ahora una afirmación, pero no significa lo mismo que ésta. Significa también que esa afirmación no debe ser dicha. Dice que es una afirmación reservada, reticente, una afirmación a medias. Concede y a la vez niega esa concesión. "Te otorgo lo que pides", dice; mas al no pronunciar esas palabras, significa también que ellas no se adecuan al género de asentimiento otorgado; al callar dejo sentado que otorgo pero que no asumo mi asentimiento. En suma, significo que mi afirmación no se adecua a la situación objetiva, no responde a mi íntima voluntad ni describe la verdadera situación de nuestras relaciones personales.

Si analizáramos otros ejemplos semejantes, veríamos siempre una situación parecida: el silencio significa en cada contexto algo distinto, pero además añade a ese significado un matiz propio: que la palabra no es adecuada al modo como las cosas en torno se presentan, que no puede figurarlas con precisión. Ésa es la significación propia del silencio. Vemos que propiamente se refiere al lenguaje en cuyo contexto aparece: deja comprender una palabra y, al mismo tiempo, la cancela al mostrarla inadecuada a la realidad que pretende denotar. Así, significa que la palabra es algo limitado y que la situación vivida la rebasa. Porque, al significar los límites de la palabra, muestra indirectamente algo de las cosas: el hecho de que rebasan las posibilidades de la palabra. El silencio se refiere inmediatamente a la palabra; pero, al negar la palabra, muestra el hiato que separa la realidad vivida del lenguaje que intenta representarla. El silencio es la significatividad negativa en cuanto tal: dice lo que no son las cosas vividas; dice que no son cabalmente reducibles a lenguaje. Mas esto tiene que decirlo desde el seno mismo del lenguaje.

No es extraño que, en el seno de determinados contextos expresivos, aparezcan silencios que designen directamente lo singular, lo portentoso, lo "otro" por excelencia. El silencio indica entonces una presencia o una situación vivida que, por esencia, no puede traducirse en palabras; algo incapaz de ser proyectado en cualquier lenguaje. Aun en el mundo cotidiano, doquiera asome un dejo de fantasía, se encuentran estos silencios: sobre un alambre tendido en la altura baila una pequeña figura. El tambor resuena; de pronto, un silencio. Las miradas se fijan en el frágil hombrecillo. El silencio *señala* la angustia de la espera, además *significa* la inminencia del portento. Algo inesperado, maravilloso va a hacer aquel hombre. El silencio nos ha abierto de nuevo al asombro ante el mundo.

Todo lo inusitado y singular, lo sorprendente y extraño rebasa la palabra discursiva: sólo el silencio puede "nombrarlo". La muerte y el sufrimiento exigen silencio, y la actitud callada de quienes los presencian no sólo señala respeto o simpatía, también significa el misterio injustificable y la vanidad de toda palabra. También el amor, y la gratitud colmada, precisan del silencio.

El silencio, por fin, ha sido siempre el habla para designar lo extraño por antonomasia: lo Sagrado. "Yahvé está en su templo sagrado —dice el profeta Habacuc—; ante Él guarde silencio el mundo".[7] El mundo entero se mantiene en suspenso; sólo al detener su algarabía puede hablar de su Creador. Por ello, los gnósticos designaban a Dios con la palabra *Sigé*, silencio. Y cuando los hindúes desean significar el primer principio, el *Brahma*, sólo pueden decir que es aquello que ninguna palabra puede significar.

En un *Upanishad* que sólo conocemos por referencias se narra la siguiente historia: un joven pregunta a su maestro por la naturaleza de Brahma, el maestro calla. El discípulo insiste; idéntica respuesta. Por tercera vez, ruega: "¡Señor, por gracia, enseñadme!". Entonces el maestro contesta: "Te estoy enseñando, pero tú no entiendes: Brahma es silencio".[8] El callarse significa aquí algo más que esta palabra "silencio"; de lo contrario el maestro no hubiera preferido callar a pronunciarla. El silencio significa que ninguna palabra, ni siquiera "silencio", es capaz de designarlo absolutamente otro, el puro y simple portento. Mas en qué consista esto no lo dice el silencio; sólo muestra "algo" como pura presencia, incapaz de ser representada por la palabra.

Por paradójico que a primera vista parezca, en todos estos casos nos vemos obligados a admitir cierta función significativa propia del silencio. No debemos olvidar empero que éste sólo puede significar en el contexto de un lenguaje; y sólo el contexto determina cuándo un silencio resulta significativo. Un silencio separado de toda palabra no diría nada; su condición de posibilidad —en

---

[7] Habacuc, II, 20.

[8] Citado por Shankara, comentario a las *Vedanta Sutras, The Vedanta Sutras*, Oxford, Clarendon Press, 1890, I, 1.2.

cuanto significación— es la palabra. Porque el hombre es un "animal provisto de la palabra", puede guardar un silencio significativo. En la medida en que el silencio signifique, es, pues, un elemento del lenguaje, al igual que la palabra discursiva, del cual no podemos prescindir al tratar de definirlo.

Pero es el elemento más rebelde al análisis. Los símbolos lingüísticos figuran la realidad para poder representarla; el silencio significativo, en cambio, no figura ni representa nada. Sólo muestra una presencia tal que no puede ser representada por el símbolo. Por una parte, señala los límites esenciales de la palabra; por la otra, indica la pura presencia ahí, inexplicable, de las cosas. No suministra conocimiento alguno acerca de *cómo* sean las cosas, sólo dice que las cosas son, y que este su ser es inexpresable por la palabra. De Dios, de la muerte, del sufrimiento, del amor, del hecho mismo de que algo exista no puedo dar cuenta con palabras, sólo puedo mostrar su incomprensible presencia.

Por otra parte, el silencio es una posibilidad del habla que, de realizarse, suprimiría al habla misma: es la posibilidad de su propia imposibilidad. Pero es una posibilidad que constituye al habla, de la que ésta no puede prescindir. Al igual que la muerte es una posibilidad que constituye la vida y no le es ajena —de tal modo que no sobreviene desde fuera, sino que está entrañada en el hecho mismo de nacer y desarrollarse—, así también el lenguaje lleva en sí su propio límite. Tampoco el silencio suprime desde fuera la palabra; es, por lo contrario, un carácter esencial del lenguaje.

El silencio no puede ampliar el ámbito del mundo que el hombre puede proyectar en un lenguaje objetivo. Sólo puede mostrar los límites de ese lenguaje y la existencia de algo que por todas partes lo rebasa. Así muestra el silencio que —por más que las significaciones verbales se enriquezcan— siempre en el mundo habrá algo de lo que el hombre no puede dar cuenta con su vano discurso: la presencia misma del mundo en torno.

Con todo, el hecho de que el silencio sea intrínseco al lenguaje indica con claridad una capacidad inherente a la misma palabra: la del lenguaje negativo. De él dependería, en último término, la posibilidad de todos los lenguajes no discursivos, de la poesía, por ejemplo, que ocupa un lugar intermedio entre la palabra y el silencio.

Vemos cuán poco hemos adelantado en dar respuesta a las preguntas con que iniciamos esta indagación. Sólo hemos logrado, a la postre, plantear un

LA SIGNIFICACIÓN DEL SILENCIO

nuevo problema: el silencio sería el caso extremo de una posibilidad significativa más general, y a ella nos remitiría: la negación. Pero *¿cómo es posible
que la negación, en general, signifique?*

Con esta pregunta podemos terminar nuestras reflexiones. Pues una reflexión filosófica no concluye cuando formula una respuesta sino cuando es
capaz de plantear un nuevo interrogante.

4

La mezquita azul:
una experiencia de lo otro[*]

A Alejandro Rossi

Este apartado comprende tres partes claramente separadas por sus propósitos y su lenguaje. La primera describe una experiencia vivida. La segunda la somete a un examen racional, con objeto de responder a una pregunta: ¿qué credibilidad podemos concederle? La última parte reflexiona sobre la relación entre las dos anteriores: ¿qué puede hacer la razón con aquella experiencia?

DESCRIPCIÓN

Las calles congestionadas y sucias desembocan, de pronto, en una gran extensión abierta. En el fondo reposa la mezquita azul, erigida por el sultán Ahmed. Sus piedras, de un gris blanquecino, se destacan sobre el cielo. Encima de los altos muros, la profusión de las cúpulas de distintos tamaños. En ritmos regulares, se escalan y suceden en planos ascendentes, hasta alcanzar los amplios semicírculos que encuadran y parecen sostener la gran cúpula del centro. Las ondas circulares se continúan, se responden entre sí, se conjugan, al fin, en su culminación: la forma perfecta, plena, en lo más alto. La gran esfera central reposa sobre la diversidad, reúne los múltiples círculos armónicos en su unidad cumplida. Todo es equilibrio. La plenitud de la esfera, una y diversa, todo estaría en acabado reposo si no fuera

---

[*] En *Vuelta*, núm. 106, septiembre de 1985, pp. 17-28.

75

por la ágil línea de los cuatro minaretes que apuntan al cielo. En torno a la forma acabada de la esfera, señalan el cambio, el movimiento continuo hacia lo alto. Pero las flechas no luchan con la esfera, la completan en un equilibrio nuevo. La plenitud integra el movimiento.

Atravieso una pequeña puerta: se ha abierto otro espacio. El patio rectangular, blanco, con columnatas que repiten la misma nota, despojado de todo adorno, puro, igual a sí mismo. La fuentecilla del centro permite notar la soledad del espacio limitado. Es un todo circunscrito, desnudo, vacío, no ha menester de nada, está completo en sí mismo. Recuerdo algunos jardines de arena blanca de los monasterios zen. Vacío colmado. Plenitud es vacío. Los reclamos de los vendedores de tarjetas empiezan a dejar de oírse, se escuchan lejanos, en sordina, sólo está presente el silencio del gran espacio abierto.

El patio es un pasaje. Tras la pesada cortina, la mezquita. Ante la primera mirada, resplandece, se agranda, se explaya, huye de nosotros hasta encontrar su límite perfecto en la curva de la cúpula. El espacio circular reposa sobre los cuatro inmensos pilares. Los ritmos sucesivos de las curvas convergen en lo alto. Las imágenes de objetos han desaparecido. Sólo hay colores y formas, azules, verdes, rojos, dorados. Todas las superficies están cubiertas, sin falla, por las filigranas de líneas que se cruzan, se entrelazan, se juntan, se separan, vuelven a encontrarse, se tejen y destejen en un movimiento interminable de líneas y colores. La complejidad máxima queda ordenada en la perfecta geometría de las cúpulas. El lugar de las imágenes lo han ocupado los signos. Todo son cifras, rasgos que hacen señales, que hablan en silencio. El espacio mismo es un gran signo. Tengo la impresión de un movimiento progresivo ondulante, un cántico espiral que se dirige a lo alto y se concentra. Recuerdo una sensación semejante en las catedrales góticas, de tan distinta traza, sin embargo. Aquí y allá es el ritmo que conduce al ascenso y alcanza plenitud en lo alto; aquí y allá es la diversidad que se conjuga en la unidad despojada del espacio. Todo movimiento circular se congrega en el centro más alto. De él surgen unos rayos que conducen la mirada a unos caracteres arábigos que dicen: "Dios es la luz del cielo y de la Tierra". Pienso en la energía resplandeciente que surca el universo, pienso en los cúmulos de estrellas y en la fuerza primigenia que estalla en las galaxias. El origen, la fuente, la vida. Recuerdo a san Buenaventura: "La luz es la sustancia de la Deidad".

Ante la pared de mármol unos hombres oran, inmóviles, ensimismados. La algarabía impertinente de los turistas se convierte en un susurro. Una tosca valla de madera separa el lugar reservado a los fieles musulmanes del que pueden ocupar los visitantes. Es el mediodía. Poco a poco el lugar dedicado a la oración empieza a llenarse de fieles. Descalzos, no se oyen sus pasos, se inclinan varias veces con reverencia, se recogen en silencio. Los turistas se han desvanecido. Ahora, adelante de la valla que no me atrevo a traspasar, sólo percibo a una muchacha blanca sentada en posición de flor de loto, que parece meditar, inmóvil. Todo está quieto. Recuerdo unas palabras: "Dios habita en su templo sagrado, guarde silencio el mundo". Me arrodillo.

El silencio se ha roto suavemente por la voz ronca del *mullah*. Su cántico va surgiendo en oleadas, va subiendo por las columnas hasta la cúpula azul. La voz es pausada, llena de emoción contenida. Es una imploración, tal vez, o mejor, una alabanza. Poco a poco va destacando una sola nota, sostenida por varios segundos; todo parece detenerse en suspenso. Recuerdo una nota aguda en una cantata de Bach. Es la belleza transparente, absoluta. Nadie se ha movido. Los fieles sólo se inclinan o alzan la cabeza, atentos a la plegaria. Pese a la pequeña valla que me separa de ellos, siento que somos uno y la muchacha blanca también, en flor de loto. Soy musulmán, budista, cristiano, y no soy de religión alguna. Ahora todos somos una sola voz que se eleva como las flechas de los minaretes. Sé que soy uno de tantos, pequeño, insignificante en el mar de la humanidad en alabanza que en todos los tiempos se ha elevado a lo sagrado. Mi voz se confunde con todas las voces de todos los hombres. Es la humanidad entera que una y otra vez atraviesa otro espacio hacia una plenitud otra. Pero mi vanidad está aún presente. Me miro a mí mismo y registro mis palabras. Me percato de que pienso en lo que iré, tal vez, a escribir sobre este momento. Entonces ruego: "Permite que se aleje mi orgullo, que se destruya mi inmensa vanidad, que se borre por fin mi egoísmo". Y sólo en ese momento siento, sólo entonces veo en verdad. "Todo se vuelve para siempre transparente, todo es puro, detenido en suspenso, sereno y pacífico, todo está a salvo. El yo se ha perdido, pequeño, trivial, olvidado. ¡Qué magnífico que así sea! ¡Que todo sea en el todo, que todo sea uno! ¡Que esplenda para siempre la luz del universo!

La voz del *mullah* ha callado. Los fieles, con el mismo recogimiento con que oraron, se van retirando. La muchacha en meditación ha desaparecido.

Me levanto. Pienso: sé que vuelve mi egoísmo; sé que ya empiezo a poner en duda, de nuevo, lo que acabo de vivir con certeza. ¡Dios mío! ¿Qué puedo hacer para no darte la espalda de nuevo, para dar testimonio de tu gloria? Muy poco tengo para dar. No soy poeta, ni tengo la visión certera y la palabra evocadora del buen narrador. Tampoco tengo el alma pura y estoy muy lejos de la santidad. No soy capaz de hacer de mi propia vida un testimonio. Sólo me queda algo mucho más torpe y burdo: puedo pensar. Y ese puede ser mi pequeño homenaje. Porque he recibido el don del pensamiento.

Como un torpe camello en el desierto trazaré caminos en la tersa plenitud de la arena, cortaré en franjas el espacio, llenaré de aristas y planos el vacío, como un mono ridículo convertiré en gestos disociados la gracia de la danza, cortaré el cántico fluido, al romper en conceptos lo indecible. Al hacerlo, volveré a gozar de la vanidad de escucharme y de la vergüenza de ser visto. Me sentiré de nuevo falso y ése será el precio que habré de pagar. Engendraré, así, una caricatura, tallaré una máscara. Pero ella también será un sigilo. No sé hacer más. Pero eso, al menos, he de hacerlo.

ANÁLISIS

Las páginas anteriores narran una experiencia. ¿Cuáles son las notas que la caracterizan frente a cualquier otra? No es la existencia de algún contenido extra o parasensorial, pues no se menciona ningún dato que no responda a estímulos físicos o psíquicos, ni se habla de ninguna facultad intuitiva extraordinaria. Tampoco es la presencia de algún hecho incomprensible. No se describe la aparición de ningún fenómeno u objeto que no estuviera sujeto a las regularidades del mundo percibido. Se trata, más bien, de un cambio que afecta al conjunto de los hechos y objetos.

Se presenta como una serie de tránsitos sucesivos. Cada uno es una ruptura. El tránsito es, a la vez, interior y externo. La presencia de la mezquita al otro lado de la plaza es ya aparición de una unidad y armonía frente a la dispersión y el desorden. La transgresión de la puerta que comunica con el patio es una segunda negación de la algarabía exterior y un ingreso a un espacio distinto, depurado y silencioso. La entrada a la mezquita es acceso a otro ámbito circunscrito, donde prevalece integración y proporción de formas. La valla, por fin, marca un último paso posible, que se franquea en espíritu, al participar en la actitud común de recogimiento. La experiencia es vivida como un abandono del mundo cotidiano, constituido por cosas individuales y múltiples, en dispersión, y una introducción a un orden extraño a ese mundo. El tránsito supone también un cambio en los estados y conductas internos. Al interés dirigido a hechos y objetos externos particulares sucede el interés centrado en ciertos valores. Es, primero, recogimiento. Abandono de una actitud de "diversión" en ruidos, imágenes, acontecimientos, y concentración en la contemplación de lo que se percibe como valioso. Se traduce en un comportamiento en consonancia con el de la comunidad de los fieles. Los presentes se unen en un propósito colectivo de meditación y de oración. Del movimiento a la quietud, de la locuacidad al silencio.

El recogimiento da lugar a un comportamiento de reverencia. Tiene dos facetas: por una parte, pérdida del apego al yo; por la otra, afirmación del valor superior de algo que lo rebasa.

El cambio en la conducta intencional coincide con el paso a un espacio físico distinto. Son dos dimensiones del mismo tránsito, que se influyen recíprocamente. La contemplación del patio vacío incita a rechazar los estímulos externos, esta depuración interna, a su vez, prepara a la experiencia más intensa de una unidad, al ingresar a la mezquita. Así, el tránsito afecta a la vez la experiencia del mundo en torno y de los estados internos.

Terminada la experiencia, el camino de regreso recorre por igual ambas dimensiones. Vuelve a dispersarse la atención hacia la multiplicidad de los objetos, aparece de nuevo el apego al yo.

El tránsito —tanto exterior como interior— se vive como el acceso a datos de experiencia con características contrarias a las que muestra el mundo cotidiano. Para describirlos se echa mano de oposiciones (algarabía-silencio, multiplicidad-vacío, dispersión-unidad, movimiento-quietud, etcétera) en las que el segundo término es sólo la negación de una nota de la experiencia ordinaria. Los predicados referidos a lo dado en la nueva experiencia no pueden describir con claridad esa "otredad". Son sólo aproximaciones, porque aplican a ella términos que, en el lenguaje ordinario, suelen ser usados para describir experiencias que carecen de esa cualidad de extrañeza. En el párrafo final de la narración se expresa esta dificultad, como una inadecuación entre la fluidez y homogeneidad de lo vivido y la fragmentación y heterogeneidad a que se le somete al tratar de analizarlo con conceptos.

Para intentar describir el carácter "otro" del contenido de la experiencia, no se utilizan sólo enunciados de cualidades, sensibles o de propiedades físicas, se emplean también enunciados que incluyen predicados de valor. Éstos expresan cualidades de los objetos en cuanto son término de actitudes afectivas. Por ello no pueden reducirse a notas sensoriales. Puesto que la nueva experiencia supone un doble cambio, del mundo exterior y de los estados internos, las notas con que trata de describirse tienen esa doble referencia: a cualidades de los objetos y a estados de ánimo subjetivos. Aunque toda enumeración resulta artificial, intentaremos resumirlas en cuatro rubros: integración-unidad, plenitud, realidad, totalidad.

1) En la base de la experiencia hay sensaciones múltiples: de color, de luz, de formas y sonidos, sobre todo, de espacios. En todas se presentan dos constantes: *1)* percepción de la integración de una multiplicidad en una *unidad* (en el juego de las formas circulares, en el patio vacío, en los motivos ornamentales, en el espacio interior de la mezquita); *2)* percepción de un movimiento aparente de *elevación* (los minaretes, la conjugación de las medias cúpulas en lo alto, el canto del *mullah*). Ambas percepciones, de unidad y de elevación, se integran en un momento: al contemplar la convergencia de lo múltiple en la forma homogénea de la cúpula central.

Algo semejante sucede con las sensaciones auditivas. De la multiplicidad de ruidos externos se pasa al silencio del patio y luego del templo. La heterogeneidad de sonidos converge en la elevada nota única del cántico del *mullah*.

La percepción está impregnada de sentimiento. Los datos no se organizarían de esa manera sin una disposición emotiva peculiar. Las emociones son varias. En este primer nivel, predominan dos: *1)* un sentimiento estético (belleza de los espacios, del canto, sensación de armonía, equilibrio, elevación); *2)* con un matiz de extrañeza, de misterio. Hay la impresión de abandonar un mundo rutinario y de ingresar en un ámbito en que predominarían cualidades contrarias.

2) Ese mismo paso se percibe como tránsito de lo deleznable y carente a lo acabado, cumplido. La mezquita, el patio, el mundo en torno se manifiestan como impregnados de pureza y plenitud. Tampoco aquí es posible disociar la modalidad con que se perciben los objetos, del temple de ánimo de quien los percibe. Distintas frases expresan este aspecto: expresiones de ascenso, de energía unas, de serenidad y paz otras, acompañadas todas de un sentimiento de cumplimiento. Este último sería imposible de distinguir de los sentimientos de belleza y extrañeza que descubríamos antes.

La experiencia culmina en una emoción constante de *plenitud*, donde no se advierte falta. Se tiene entonces la sensación de la detención del tiempo en un momento perfecto ("Todo está en paz", "sereno y pacífico").

3) Acompaña a la experiencia un sentimiento de seguridad, sensación de "estar a salvo", de que "todo está bien", "en su lugar". Sólo podríamos describirlo como un sentimiento de *realidad*. No "realidad" en un sentido metafísico, como opuesto a "apariencia" o "ilusión", sino en un sentido valorativo y afectivo, como aquello que presta un asidero firme, que da máxima seguridad y confianza, aquello en lo que cualquier cosa podría sostenerse. Frente a esa realidad, todo lo demás pierde importancia, deja de tener "consistencia". La afirmación de la realidad de lo otro se acompaña de la conciencia de la insignificancia e inconsistencia del propio ego.

4) Varias veces se repite la percepción y el sentimiento de una *totalidad* limitada (el edificio visto desde el exterior, el patio, el interior de la mezquita). Se tiene la progresiva sensación de una anulación de las particularidades en un todo: los sentimientos de unidad, plenitud y realidad se refieren a ese todo. En la parte final de la experiencia se rompe la última dualidad: la del yo y el mundo exterior.

Los sentimientos anteriores culminan en un estado de elación, en que se tiene la sensación de estar en comunión con todo, al abandonar el apego al yo y afirmar una plenitud cuya imagen es la "luz". Al mismo tiempo, el mundo en torno parece transfigurado en expresión de esa realidad plena. Unidad, plenitud, realidad no están fuera ni dentro del sujeto, están en el todo, vacío de cualquier diversidad.

En suma. El tránsito no ha consistido en la aparición de hechos nuevos, sino en un nuevo modo de experimentarlos. Presenta dos facetas. Por una parte, la totalidad de los hechos se percibe en una organización distinta e "impregnada" de un valor que no mostraba antes. Por la otra, varía también la actitud interior. El cambio atañe, pues, al contenido de la experiencia tomado globalmente, tanto a los fenómenos exteriores como a los estados internos. Los mismos hechos, en su totalidad, han sufrido una transformación.

Los datos sensoriales son los mismos antes y después de los tránsitos sucesivos. Son su organización y su valor los que difieren. Podrían desaparecer de nuevo y la experiencia ordinaria volver en cualquier momento, sin que disminuyera la suma de los hechos percibidos. De hecho, la experiencia ordinaria subsiste por un tiempo junto a la nueva. En el patio, primero, en la mezquita después, la dispersión de sensaciones lucha aún con el recogimiento. Al terminar el momento de elación, la experiencia ordinaria regresa paulatinamente. La percepción de unidad, plenitud y realidad empieza a desvanecerse, sin que desaparezca un solo fenómeno del mundo. El tránsito no consiste, pues, en un aumento en la suma de hechos y objetos que pueblan el mundo. Podría compararse, más bien, a la observación del revés de una trama o a la percepción del relieve de un grabado. En el mismo conjunto de fenómenos se muestra, por un momento, una dimensión de realidad y valor que antes no era patente, para volver a ocultarse de nuevo. El mismo mundo vivido es, a la vez, este mundo ordinario y una realidad otra.

Hasta aquí, hemos resumido las características de la experiencia, sin incluir la manera como espontáneamente se interpreta a la luz de creencias previas. Pero es obvio que ninguna experiencia se da en un vacío. La percepción misma está ya orientada por un aparato conceptual; además, es interpretada de acuerdo con otras experiencias semejantes anteriores y con el sistema de creencias de cada persona. En la situación descrita, no se reflexiona aún sobre lo que se está viviendo, pero acuden a la mente asociaciones con situaciones anteriores y conceptos filosóficos y religiosos. Se formulan algunos juicios que no se limitan a reseñar lo dado en la experiencia, sino que lo interpretan, se evocan también imágenes asociadas a los contenidos de la percepción; unos y otras generan nuevas emociones, que refuerzan las anteriores.

La contemplación de ciertos espacios suscita el recuerdo de otras percepciones con cualidades semejantes (los jardines zen, las catedrales góticas), el cántico del *mullah*, el de otra melodía. En la experiencia actual, se reconoce así una realidad ya contemplada antes. Entonces, el mundo en torno percibido se interpreta como "signo" de algo que podría manifestarse igualmente en otras experiencias particulares ("Todo son cifras…"). Sentimiento e imaginación ya no tienen por objeto intencional los mismos objetos percibidos sino algo más a lo cual señalan. Para designarlo acuden conceptos filosóficos y religiosos ("luz", "fuerza cósmica", "origen", "Dios", "sagrado"). Estos conceptos sirven entonces para juzgar la experiencia vivida.

Nos encontramos así con algunos enunciados que no se limitan a describir lo vivido, sino que lo interpretan como signo de una realidad pensada e imaginada que se revela en él. Designan un ente que no está dado como tal, pero que podría mostrarse en varias experiencias. Podríamos decir que se refieren a una realidad "trascendente", con tal de no usar esa palabra en ningún sentido arcano u oscuro. "Trascendente" es un objeto intencional que no se identifica con ninguno de los objetos de percepción circunscritos en un espacio y tiempo determinados ni tampoco con la totalidad de ellos, pero que puede ser captado a través de cualidades de esos objetos percibidos. A él se dirigen las plegarias de los fieles de la mezquita.

Antes describimos la experiencia de lo otro como una manera distinta de captar la totalidad del mundo en torno. El paso a concebirla como signo de algo trascendente no es producto de una reflexión teórica, separada de la experiencia; pero sí de una interpretación espontánea de lo percibido, al "leerlo" con conceptos del entendimiento. Los enunciados que describen las características de la experiencia vivida y los que la interpretan como manifestación de algo trascendente podrían requerir de justificaciones distintas. Ésta es una cuestión que examinaremos en la última parte del ensayo.

CRÍTICA

Preguntamos ahora: ¿qué grado de credibilidad podemos conceder a esa experiencia? ¿Está justificada la creencia a que da lugar? Ambas preguntas están ligadas. En efecto, podemos decir que una experiencia es "creíble'" o "confiable" en la medida en que justifique la verdad de las creencias que origina.

Ninguna pregunta se hace en el vacío. Una pregunta sólo es pertinente en ciertas situaciones. Para entender sus alcances, conviene indagar primero la circunstancia en que puede ser formulada. Esas preguntas no podían plantearse mientras durara la experiencia. En esos momentos comprobábamos, por nosotros mismos, una realidad que no poníamos en duda. Para confirmar si la creencia estaba realmente justificada hubiéramos tenido que examinar la experiencia vivida y ponerla a prueba; pero, en ese instante, habríamos dejado de vivirla. La pregunta empieza a ser pertinente sólo cuando dejamos de estar involucrados en la experiencia. Se refiere, por lo tanto, a una experiencia pasada.

Sólo quien desconfía de su convicción pasada puede tener necesidad de preguntar si estaba realmente justificada. ¿Pero qué pregunta entonces? No pregunta si está convencido de la realidad de su experiencia, pues la respuesta no podría ser sino afirmativa. Su duda no versa sobre el hecho de haber tenido ciertas vivencias, ni sobre la convicción que aún le acompaña, sino sobre las justificaciones racionales de su creencia. Lo que se cuestiona es si, una vez desaparecida la experiencia, puede aún justificar en razones válidas tanto para él como para los demás, la creencia en la realidad que se mostró en ella. En otras palabras, pregunta si su convicción personal puede considerarse también una certeza o probabilidad racional, esto es, si puede aducir un fundamento sólido de conocimiento o sólo responde a un estado de ánimo pasajero.

La creencia en la realidad de lo "otro", originada en la experiencia descrita, se funda en dos tipos de razones. En primer lugar, en la experiencia misma. La pregunta deberá conducir a su crítica, esto es, al examen de la validez que podemos conceder al testimonio de esa experiencia, una vez transcurrida. En segundo lugar, la misma creencia podría justificarse también en razones distintas a la experiencia que la suscitó (otras creencias, otras experiencias, por ejemplo). La pregunta deberá conducir al examen del proceso de justificación, dentro de un amplio sistema de creencias, de lo afirmado con base en aquella experiencia.

Examinemos primero la validez de la experiencia descrita. Sólo la experiencia puede suministrarnos una aprehensión directa, sin intermediarios, de la realidad. Pero una sola experiencia aislada no puede ser garantía suficiente de alcanzarla. Cabe la posibilidad de su distorsión por causas subjetivas, que reemplacen la realidad por una ilusión. Para aceptar una experiencia como fundamento de una creencia verdadera requerimos, primero, descartar las posibilidades de distorsiones subjetivas que pudieran falsearla; segundo, comprobar que el contenido de esa experiencia puede ser confirmado por otras.

Si una vivencia singular altera o rompe las reglas a que obedece la experiencia ordinaria del mundo en torno, en la cual estamos habituados a confiar, tendríamos una primera razón para vacilar en otorgarle confianza. No es el caso de la experiencia que nos ocupa. No hay en ella ningún elemento que nos permita suponer una alteración de nuestras facultades normales. Tampoco se registra ninguna percepción para o extrasensorial ni se narra la aparición de hechos u objetos distintos a los que puedan normalmente percibirse. Nada en la experiencia descrita rompe las regularidades que rigen la percepción ordinaria. Presenta los mismos contenidos sensoriales, ordenados en el espacio y en el tiempo, los mismos objetos perceptibles en otras circunstancias, con relaciones normales de permanencia, causalidad, acción recíproca. El sentimiento de extrañeza se refiere a ciertas cualidades específicas que afectan a la totalidad de los hechos, pero éstos no dejan de observarse sujetos al ordenamiento regulado de cualquier percepción normal.

Otra razón suficiente para poner en duda el testimonio de una experiencia sería la indicación de causas patológicas, físicas o psíquicas, que influyeran en ella. Cuando alguna experiencia singular no sigue las reglas generales de la experiencia ordinaria, solemos suponer la existencia de factores causales que pudieran haber alterado las facultades del sujeto. A la inversa, la detección de factores fisicoquímicos o psíquicos susceptibles de alterar la percepción normal es razón suficiente para poner en duda su testimonio. Es el caso de las alucinaciones patológicas o de las "visiones" producidas por la ingestión de drogas, el ayuno prolongado o fuertes estímulos senso–motores. En la experiencia descrita no se presenta ningún dato que permitiera suponer la existencia de causas distorsionantes de la percepción normal. No tenemos acceso, por lo tanto, a ninguna razón en qué basarnos para negar a esta experiencia el mismo grado de confiabilidad que estaríamos dispuestos a conceder a cualquier otra experiencia normal. Los mismos criterios por los que nos parece razonable aceptar la validez de cualquier experiencia ordinaria del mundo exterior se aplican a la descrita.

Sin embargo, podría alegarse que la experiencia narrada está necesariamente condicionada por ciertos cambios subjetivos que podrían alterar la percepción de la realidad. Hemos visto, en efecto, que supone una transformación en la actitud interior. Sin embargo, el condicionamiento subjetivo de una experiencia no es argumento suficiente para negarle veracidad. De hecho, toda experiencia depende de condiciones subjetivas. Lo que puede variar es la amplitud y el carácter de ellas.

El saber objetivo, sea científico o precientífico, comprobable por todos los sujetos de una comunidad racional, verifica sus proposiciones en experiencias que requieren múltiples condiciones subjetivas comunes a esos sujetos.

No sólo supone un aparato sensorio-perceptivo y disposiciones de retención e imaginación comunes, también requiere un aparato categorial, susceptible de ordenar los datos sensoriales, y esquemas conceptuales, capaces de interpretar lo dado dentro de ciertas líneas. Esos esquemas conceptuales están condicionados, a su vez, por la sociedad a que pertenecen los sujetos y pueden variar de una comunidad histórica a otra. Ninguna experiencia puede salirse de sus condicionamientos subjetivos e históricos. Pero ello no afecta su verdad, porque la verificación del saber sólo puede darse dentro de esos marcos.

La diferencia entre la experiencia descrita en las páginas anteriores y las que verifican un saber objetivo no consiste en que la primera esté sujeta a condiciones subjetivas y las otras no, sino en la amplitud y características de esas condiciones. La experiencia examinada requiere, además de las condiciones generales de cualquier experiencia ordinaria, condiciones de otro género. Se trata, en efecto, de una experiencia "global", que compromete todas las facultades del sujeto y no sólo sus capacidades perceptivas e intelectuales. Supone una actitud afectiva y valorativa específica, que da libre curso a emociones y voliciones intensas. Compromete, pues, todas las disposiciones internas de una persona, las afectivas y volitivas tanto como las intelectuales. No se asemeja, por lo tanto, a las experiencias que verifican las proposiciones de un saber objetivo, sino a las que podrían servir de fundamento a otros tipos de conocimientos no científicos.

Pensemos, por ejemplo, en el conocimiento de una personalidad individual. La comprensión de las características singulares de un individuo es resultado de reiteradas percepciones de su comportamiento que requieren en el observador una sensibilidad especial para captar los matices singulares del "alma" ajena, y aun una actitud afectiva abierta al prójimo, como cierto grado de "identificación", "complicidad" o "simpatía" hacia él. Cualquiera que se interese por descubrir lo más peculiar de una individualidad ajena sabe que ésta sólo muestra sus secretos a quien sea capaz de una reacción emotiva frente a ella. Hay realidades cuyo conocimiento requiere de capacidades subjetivas más amplias que las puramente intelectuales.

Otro ejemplo, el conocimiento estético. "Conocedor" de una obra de arte es sólo quien, además de comprender los rasgos culturales que expresa, saber de su técnica, etcétera, está dotado de la sensibilidad y del gusto requeridos para apreciar su valor y gozarlo. Cierta disposición afectiva y valorativa hacia el objeto es condición necesaria para que se manifieste como bello.

También el conocimiento de los valores morales podría requerir, además de capacidad de juicio, de una cierta sensibilidad y disposición emotiva en el sujeto, para percibir en un acto ajeno cualidades tales como "benevolencia", "dignidad", "humildad", "compasión". La dimensión valorativa de la realidad, en cualquier conocimiento, sólo puede revelarse a quien accede a ella orientado por ciertas actitudes.

El condicionamiento subjetivo de la experiencia no basta para negarle valor de conocimiento. En efecto, la aprehensión directa de cualquier cualidad real supone en el sujeto condiciones adecuadas a ella. Sin disposiciones subjetivas estaríamos imposibilitados de captar las distintas dimensiones de la realidad. Cuando las condiciones subjetivas se limitan a los supuestos generales de la percepción y al marco conceptual, la misma experiencia puede ser comprobada por cualquier sujeto racional normal que participe de las mismas categorías y esquemas conceptuales. La experiencia puede justificar entonces un *saber objetivo*, comprobable por una amplia comunidad racional. Es el caso de la ciencia y de muchos conocimientos técnicos precientíficos. En cambio, cuando los requisitos subjetivos de la experiencia abarcan también condiciones afectivas y valorativas, esa experiencia sólo es comprobable por sujetos que tengan actitudes semejantes. La experiencia sólo puede justificar entonces un *conocimiento personal*. Se trata, sin duda, de dos tipos diferentes de conocimiento, cuyas vías de fundamentación son también distintas. El saber objetivo se basa en razones comprobables por cualquier sujeto normal, que comparta ciertos supuestos conceptuales. El conocimiento personal se basa en experiencias directas, comprobables por los sujetos que compartan, además, disposiciones afectivas comunes. Pero ambos tipos de conocimiento suponen condiciones subjetivas.[1]

No obstante, la objeción no ha sido refutada. Podría aceptarse que el conocimiento de lo real no excluye estar condicionado por estructuras de la percepción y aun por esquemas conceptuales, que pueden ser intersubjetivos, pero sí por estados afectivos, pues éstos varían de un sujeto a otro. Podría suponerse que la aparente percepción en los objetos de cualidades condicionadas por estados emotivos es el resultado de la "proyección" en ellos de esos estados. Sería el caso de los "conocimientos personales" mencionados. En la captación de cualidades psicológicas en una personalidad ajena, ¿no hay el riesgo de que la "simpatía" hacia el otro distorsione sus intenciones, al proyectar sobre su comportamiento nuestros propios sentimientos? En el "conocimiento" estético, ¿se trataría efectivamente de un conocimiento o de una atribución a los objetos de tonalidades anímicas que ellos despiertan en nosotros? ¿Y podemos decir que las cualidades morales están presentes en un comportamiento intencional observado o que se le atribuyen al juzgarlo conforme a ciertos criterios del observador? Todos esos casos, que nosotros hemos puesto como ejemplos de "conocimiento personal", podrían interpretarse como "proyecciones" sobre el mundo de estados internos del sujeto, quien atribuiría así a los objetos propiedades que habría puesto en ellos. Con mayor razón, en el caso de la experiencia que ahora examinamos, puesto que el condicionamiento emotivo es aquí aún más evidente. Después de todo, sería semejante a otras experiencias triviales, bastante comunes. ¿No hemos pasado todos por estados de melancolía que nos hacen aparecer el mundo triste y anodino? ¿No hemos tenido momentos de intensa alegría en que todas las cosas parecen rientes y exultantes? ¿Y quién negaría que en esos casos son nuestros estados de ánimo los que cubren la realidad exterior con un velo sentimental?

Para responder, tenemos que atender, ante todo, a la manera como las cosas se dan en la experiencia misma. Si así hacemos, no será difícil distinguir entre los casos en que las cualidades valorativas se muestran, en el mundo en torno, como características de las cosas mismas, y aquellos otros en que su carácter objetivo no es patente.

---

[1] He desarrollado la diferencia entre estos dos tipos de conocimiento en *Creer, saber, conocer*, México, Siglo XXI Editores, 1982, capítulos 9 y 10.

Sin duda, comprobamos en ocasiones que el mundo nos parece "teñido" a semejanza de nuestros estados de ánimo. Pero es raro que no podamos percatarnos cuándo se trata efectivamente de una apariencia, de un "aura" emotiva que reviste los objetos sin pertenecerles. En esos casos no captamos esa apariencia como una cualidad que se muestre en las cosas. Sólo un esquizofrénico —o su contraparte teórico, un solipsista— sostendría que las cosas son realmente "tristes", al invadirle la melancolía, y "exultantes", en sus momentos de alegría. En tales casos, sólo podemos atribuir con sentido a las cosas predicados de emociones, para significar una relación causal o analógica. Podemos querer significar que las cosas son causas de ciertos estados de ánimo subjetivos (la tarde sombría origina en nosotros, por ejemplo, un estado de melancolía), o bien establecer una analogía entre una propiedad del mundo y una cualidad emotiva, que reconocemos puramente anímica (la oscuridad de la tarde, por ejemplo, como analogía de nuestra íntima tristeza). Pero en cualquiera de esos usos, los adjetivos emotivos carecen de sentido referidos a propiedades *reales* de cosas físicas.

En los conocimientos personales que hemos mencionado se presenta, en cambio, una situación del todo diferente. En ellos, la percepción de estados internos en el sujeto no excluye que las cualidades experimentadas se muestren en las cosas mismas, como propiedades que les son inherentes. No sólo los colores, texturas, relaciones espaciales son percibidos en los objetos externos, también las cualidades estéticas o morales. La "gracia" es *de* tal frase musical, la "proporción", *de* tal forma arquitectónica, la "compasión", *de* tal conducta. Esas propiedades no se muestran en las cosas, claro está, de la misma manera que las cualidades sensoriales: no son propiedades singulares, localizables en puntos espaciales y temporales, al lado de un color, de un sonido o de un volumen, aparecen, más bien, en la traza y disposición en que se dan esas propiedades singulares dentro de un conjunto. La "gracia" no es una cualidad sonora más, se muestra en la serie acabada de los sonidos; la "proporción" no es la propiedad de un muro o de un vano, se revela en la estructura de la fábrica completa; la "compasión" no es un rasgo de un ademán, se expresa en la totalidad de un comportamiento. Hay propiedades de las cosas que pueden captarse en sus partes singulares, hay otras que sólo pueden mostrarse en la disposición que guarda un todo limitado. Pero ambas se perciben como cualidades *de las cosas*, de las que puede carecer el sujeto (la "gracia" es atributo de la melodía, no de quien la escucha, etcétera).

De parecida manera, en la experiencia de lo otro. Aunque la experiencia de "tránsito" comprende un cambio interior paralelo al del mundo en torno, al narrarla, distinguimos entre los estados anímicos y las cualidades que muestran las cosas. Las notas principales que destacamos en la experiencia tienen una referencia a cualidades captadas como reales en el conjunto de los hechos. La integración de la multiplicidad en una unidad, el carácter acabado, pleno, de lo que se muestra, la consistencia y realidad con que aparece, su relación con una totalidad, son notas que creemos ver, sentir, en las cosas mismas, y que no confundimos con los estados análogos de "recogimiento", "reverencia" o "desinterés por sí mismo". Sólo en el estado de elación final hay una sensación de unión entre la persona y las cosas externas: las propiedades que antes se predicaban de las cosas, se predican ahora de una totalidad que abarca al sujeto mismo, pero entonces no se vive una experiencia de "proyección subjetiva" hacia los objetos, sino justo lo contrario: una inmersión del yo en la realidad, en la que se anulan las cualidades puramente "subjetivas". Más aún, toda la experiencia afirma la máxima realidad de lo extraño a uno mismo y al mundo cotidiano, que sólo se da en el interés dirigido a la totalidad. La narración da testimonio de una experiencia exactamente contraria a una "proyección" del sujeto sobre el mundo, describe una vivencia de la realidad de lo ajeno al sujeto, captada en una "desubjetivización" de éste.

Pero, se insistirá, es posible que la captación de cualidades valorativas en las cosas sea una ilusión y obedezca, en realidad, a una proyección *inconsciente* de sentimientos subjetivos sobre el mundo. Cierto, cabe esa posibilidad. El problema es que no podemos, por principio, verificarla. En las experiencias en que captamos en *los objetos* cualidades condicionadas por actitudes del sujeto, éste puede comprobar que su aprehensión de esas cualidades es simultánea con la existencia de estados de ánimo en él, pero no puede imaginar ninguna situación que pudiera dirimir con certeza entre dos posibilidades: primera, las cualidades captadas son reales; segunda, son "proyecciones" ilusorias de estados subjetivos. En efecto, para comprobar la realidad objetiva de lo percibido, en la primera posibilidad, cualquier experiencia requeriría de las condiciones subjetivas necesarias para percibirla; no podría, por lo tanto, verificar que las cualidades percibidas pertenezcan realmente a los objetos, con independencia del sujeto. A la inversa, en la segunda posibilidad, cualquier experiencia de una "proyección" subjetiva de cualidades sólo en apariencia objetivas, tendría que captar esa proyección *en los objetos mismos*; sería incapaz, por lo tanto, de dirimir si una cualidad pertenece en realidad exclusivamente al sujeto. Por principio, es pues imposible *a priori* una experiencia que estableciera la verdad de una de esas dos posibilidades frente a la otra.

Estamos ante uno de esos casos en que los mismos datos admiten dos "lecturas" distintas, sin que sea posible acudir a una experiencia decisiva para determinar cuál es la correcta. En tales casos, ¿cuál sería el criterio adecuado para elegir entre ellas? Sólo podría ser la adecuación a las cosas mismas. Puesto que no podemos señalar una situación que pudiera verificar una de las dos "lecturas", lo racional es aceptar aquella que se acerque más a una descripción, sin prejuicios, de lo dado, en los límites en que esté dado.

Ahora bien, la aceptación del carácter objetivo de las cualidades percibidas se basa únicamente en la reseña del modo como se ofrece directamente el mundo a una experiencia. En cambio, su interpretación como "proyecciones" subjetivas es contraria al testimonio espontáneo del observador. No tiene el carácter de una descripción de lo dado, sino de una hipótesis de tipo causal que trata de explicarlo. En efecto, sólo si negáramos veracidad a los datos, tendríamos necesidad de recurrir a la postulación de un proceso causal, para explicarlos como apariencias engañosas producidas por un mecanismo de "proyección", cualquiera que éste sea. De las dos posibilidades que señalábamos, la elección de la primera se basa en la confianza espontánea en los datos experimentados. La segunda, en una hipótesis explicativa inconfirmable. Pero el peso de la prueba recae sobre la hipótesis. Mientras no se pueda demostrar, lo razonable es atenernos a lo que se muestra.

Parece pues que, hasta ahora, carecemos de razones suficientes para negar crédito al testimonio de una experiencia personal. Sin embargo, tampoco hemos presentado razones suficientes para rechazar la posibilidad de que se trate de una ilusión. La única manera razonable de excluir que una experiencia personal sea engañosa es ponerla a prueba. Esto sólo se logra comprobando el testimonio de esa experiencia con el de otras semejantes. Podemos asegurar que una experiencia no es engañosa si lo que nos muestra puede ser comprobado por otras, sea por el mismo sujeto en otro momento o por distintos sujetos. Pero las formas de comprobabilidad serán diferentes para las experiencias que justifican saberes objetivos y las que fundan conocimientos personales.

Si lo dado en una experiencia es real, *existe* con independencia de los sujetos, aunque su captación requiera de ciertas condiciones subjetivas. Luego, es, en principio, comprobable por cualquiera que tenga acceso a los mismos objetos o situaciones experimentados y posea las condiciones necesarias para experimentarlo, aunque pudiera no haber sido comprobado, de hecho, por nadie, por no haberse dado el caso. Si otro sujeto (o el mismo sujeto en otro momento) tiene acceso a los mismos objetos y no capta en ellos las mismas cualidades, cabría suponer que carece de alguna condición requerida para experimentarlas. Pero si un sujeto, pese a contar con todas las condiciones requeridas, no comprueba con su experiencia los mismos dalos, esto sería una razón suficiente para dudar de su realidad. Así, el contenido de una experiencia confiable debe ser comprobable, en principio, por quienes tengan las condiciones requeridas para ello: y éstas, hemos visto, varían según el tipo de experiencia.

En el caso que examinamos, podemos inferir del comportamiento de los fieles en la mezquita una actitud semejante. De hecho, todos participan de una conducta intencional colectiva de reverencia. Podemos deducir, pues, que la experiencia no es privativa de una persona sino comunitaria. Tenemos razones para suponer que, así como los otros pueden participar de la misma actitud, así también pueden captar en la realidad cualidades semejantes.

Por otra parte, la experiencia de lo otro tiene por objeto una totalidad cuyos componentes podrían variar. De hecho, en la narración se recuerdan vivencias similares en circunstancias distintas, que pertenecen al mismo tipo de experiencia (en jardines zen, en catedrales). En todas ellas habría la captación de una dimensión de "otredad" en el todo, aunque los objetos singulares sean diferentes. Es ese contenido común el que sería comprobable en varias experiencias. Por último, podrían aducirse vivencias y actitudes similares, reveladoras de parecidos trazos en el mundo, narradas en la literatura religiosa de todas las épocas, tanto de Oriente como de Occidente.

Tenemos razones para aceptar, por lo tanto, que el contenido de la experiencia narrada es comprobable, en principio, por otros sujetos que posean las condiciones adecuadas y por el mismo sujeto en otras circunstancias. Sin embargo, no estamos en posición de precisar con exactitud en qué condiciones tendría necesariamente que ser comprobado. En efecto, tenemos que admitir la posibilidad de que otros sujetos, pese a tener acceso a los mismos objetos y situaciones, dieran un testimonio diferente de lo que les muestra su experiencia. En ese caso, podríamos suponer que no tienen las condiciones subjetivas necesarias para captar los mismos datos: no son capaces de asumir la actitud adecuada, carecen de las disposiciones requeridas, etcétera. Pero no tenemos manera de demostrar ese supuesto. Si alguien alegara tener las actitudes que nosotros describimos, albergar las mismas disposiciones afectivas y valorativas, y no captar los mismos datos, no podríamos refutarlo... aunque nuestra convicción íntima pudiera persuadirnos de que se engaña. A la inversa, si alguien diera testimonio de confirmar el contenido de nuestra experiencia con la suya, tampoco podríamos saber si sus estados internos, afectivos y valorativos, coinciden con los nuestros. En suma, la dificultad en este tipo de experiencias no consiste en que su testimonio sea *incomprobable*, sino en que no es posible *precisar* las condiciones de su comprobación, ni, por lo tanto, las de su falsación.

Podemos llegar a algunas conclusiones:

1) No hemos encontrado razones suficientes para negar credibilidad a la experiencia descrita, menos aún para sostener que se trata de un engaño o ilusión. Todos nuestros conocimientos personales se basan, en último término, en experiencias directas: suponen, por lo tanto, una confianza espontánea en el modo como las cosas se muestran. La convicción que acompaña a la experiencia de lo otro se basa en una mostración del mundo, sin intermediarios. Nada nos permite aseverar con seguridad que esa convicción fuera falsa. Es razonable, por lo contrario, atenerse a lo que ofrece una experiencia, mientras no haya razones suficientes para rechazarla.

2) Tenemos razones para creer que la experiencia no es individual, sino compartida por las personas que participan en el mismo acto, con una actitud común. Podemos aducir también otras experiencias del mismo tipo, propias o ajenas, en las que se harían patentes datos semejantes. Lo que se muestra en esta experiencia es, pues, en principio, comprobable.

3) Sin embargo, nos es imposible precisar las condiciones de su comprobabilidad. Luego, no cumple con los requisitos de justificación de un saber objetivo. Al no poder establecer las circunstancias en que su

testimonio fuera verificado o falseado, esa experiencia no puede dar lugar a un conocimiento al abrigo de la duda: sólo puede originar una creencia razonable, justificada en razones compartibles por los sujetos que tengan ciertas condiciones subjetivas. Queda siempre abierta la posibilidad de negarle crédito.

4) La diferencia entre creencia razonable y conocimiento no es tajante sino gradual. Entre una y otro no pueden establecerse fronteras precisas. El conocimiento es sólo el término al que tienden las creencias justificadas.[2] Una creencia es tanto más razonable cuanto mejores justificaciones de su verdad puedan aducirse. La creencia basada en la experiencia que examinamos no tendría nunca las características de un saber objetivo, pero se aproximará a un conocimiento personal, en la medida en que su testimonio sea comprobado por otras experiencias semejantes, propias o ajenas.

Puesto que la experiencia aislada no funda, por sí sola, un conocimiento seguro ni elimina la posibilidad de duda, la creencia a que da lugar tratará de justificarse en otras razones que rebasan la experiencia misma. Para decidir si debemos o no prestarle crédito acudiremos a otras creencias racionales, otros conocimientos, o incluso, tal vez, al testimonio de formas de vida. Sólo a la luz de un sistema global de creencias podrá decidirse, en definitiva, el grado de probabilidad que concedamos a lo que nos había mostrado la experiencia pasada. De hecho, igual procedemos con cualquier creencia: el proceso de justificación de cualquiera de ellas la pone en relación con un conjunto más amplio del que forma parte. Esto es lo que veremos en el siguiente parágrafo.

JUSTIFICACIÓN

En el apartado anterior hemos considerado una experiencia aislada. Pero en realidad se da en un conjunto complejo de creencias y experiencias. La justificación de la creencia a que da lugar no puede separarse de ese contexto más amplio. En la justificación de cualquier creencia intervienen otras

---

[2] Sobre este punto, puede verse Luis Villoro, *Creer, saber, conocer, op. cit.*, p. 174.

creencias, más o menos justificadas, conocimientos y experiencias diversas. Una experiencia singular, al insertarse en ese sistema complejo, puede dar lugar a una creencia, cuya justificación depende tanto de la experiencia misma como de su coherencia con otras creencias del sistema, y está en función, por lo tanto, del grado de justificación del conjunto.

Veamos nuestra experiencia en ese contexto más amplio. Mientras es actual, ella basta para justificar la creencia en la existencia de lo otro. Sólo requiere de una aceptación confiada en lo que se muestra. No se acompaña de reflexión ni, por ende, de duda. La creencia no requiere de más justificación que la experiencia vivida. Pero al desaparecer la vivencia se abre paso también la desconfianza. La razón aducida (la experiencia misma) ya no basta. Tiene que someterse a crítica y contrastarse con el resto de nuestras creencias, para ver hasta qué punto es consistente con ellas.

Por una parte, pueden ahora volverse patentes otras razones que intervienen en la justificación de la creencia en la realidad de lo otro. Algunas de ellas estaban incluso presentes antes de que ocurriera la experiencia; entonces sirvieron para interpretarla y, ahora, para justificarla. Son creencias filosóficas y religiosas previas. Pueden estar basadas, a su vez, en otras experiencias personales, propias o ajenas, en argumentos racionales más o menos convincentes o, simplemente, en opiniones transmitidas por la educación o la presión social. En cualquier caso, constituyen un conjunto de opiniones que sirven de trasfondo a la experiencia singular y engloban a la creencia derivada de ella.

Por otra parte, están todas las demás creencias razonables, científicas, morales, etcétera, sobre el mundo. La creencia en lo otro no puede permanecer aislada. Si resultara inconsistente con el sistema de creencias de la persona, produciría una "disonancia" insoportable. Sólo podrá justificarse si muestra su carácter razonable, susceptible de integrarse en la concepción del mundo del sujeto. Pasada la experiencia, la creencia fundada en ella se apoyará también en la concepción global del mundo de la que pasa a formar parte y resultará más o menos justificada según sea su coherencia con ella.

Al analizar nuestra experiencia, vimos cómo se la interpreta de inmediato dentro de un marco conceptual que corresponde a una cultura determinada. Lo que se da como realidad "otra" no sólo intenta describirse, también se califica de "luz", "origen", "Dios", "sagrado", conceptos que forman parte de una tradición filosófica y religiosa. Por ello, en el análisis, distinguimos entre lo estrictamente presente y una interpretación que supone otras creencias generales. Está presente en la totalidad de los hechos algo otro a cualquier hecho, que se muestra como plenitud de realidad y valor e integra mundo y sujeto. Pero desde que empieza a describirse con palabras es inevitable interpretarlo. Aun así, podemos distinguir entre un nivel de interpretación mínima, en que se emplean principalmente enunciados descriptivos, y otro en que se juzga lo dado con conceptos que lo rebasan, derivados de una determinada concepción del mundo.

Nos referimos a lo otro como "sagrado". Este término procede de la interpretación de la experiencia religiosa por algunos autores (Otto, Van der Leeuw, Eliade). Sin embargo, puede tener un uso descriptivo, si por "sagrado" entendemos justamente lo captado como realidad y valor sumos, extraños al mundo cotidiano o "profano". En este sentido puramente descriptivo lo usaremos en las páginas siguientes; será sinónimo de "lo otro", término expresamente negativo que se limita a designar aquello que presenta notas contrarias a las de la experiencia ordinaria.

Pero lo "otro" se califica también de "origen" y de "Dios". Lo sagrado se interpreta entonces como trascendente, susceptible de revelarse en el mundo sin confundirse con él. Lo dado se ve como "signo" de esa trascendencia. Esos conceptos no se limitan ya a describir una experiencia, corresponden a una concepción monoteísta. En efecto, los aspectos de unidad, integración, plenitud de realidad, etcétera, podrían comprenderse como inherentes a la totalidad del mundo experimentado y no como manifestación de algo trascendente. La experiencia no dirime si lo otro del mundo profano es algo "trasmundano" o una dimensión distinta de ese mismo mundo. En la primera interpretación interviene una concepción religiosa.

Nadie podría dejar de interpretar, en el marco de sus creencias previas, la experiencia vivida; no hay otra forma de comprenderla. En este caso la interpretación es consistente. En la experiencia se muestra la realidad y el valor sumos como algo otro a cualquier ente singular y que no se identifica con ningún hecho: esto corresponde a la manera de concebir la divinidad en una tradición cultural. Las características con que se percibe la realidad transfigurada son semejantes a las que muchas concepciones religiosas atribuyen a lo divino; es legítimo, por lo tanto, interpretarla como su manifestación. La interpretación religiosa permite comprender mejor lo que se muestra, al asociarlo a concepciones previas; a la vez, enriquece y refuerza, con las emociones que despierta, la actitud afectiva que condiciona la experiencia.

Ahora bien, esa concepción de la divinidad puede aducir otras razones distintas a la experiencia que interpreta: testimonios, pretendidas revelaciones, argumentos filosóficos o teológicos, etcétera. Esas razones pueden otorgar a la concepción religiosa un mayor o menor grado de probabilidad, en todo caso, la creencia en lo otro, fundada en la experiencia personal, queda ahora reforzada por su coherencia con aquella concepción. Así, la relación entre ambos tipos de creencias es doble: por una parte, la concepción religiosa interpreta lo dado en la experiencia y permite comprenderla mejor, por la otra, presta una justificación suplementaria para confiar en ella, al mostrar que su testimonio es consistente con otras creencias, fundadas en otras razones.

Sin embargo, es posible distinguir entre lo que se muestra en la experiencia, como tal, y los atributos que le adjudicamos, al juzgarlo conforme a una u otra concepción religiosa. Lo que aparece es neutro frente a las distintas doctrinas filosóficas o religiosas que ayudarían a conceptuarlo. En la experiencia descrita, en lugar de los conceptos con que se interpreta, cabrían otros, derivados de tradiciones culturales diferentes. Si el observador tuviera otro marco general de creencias, hubiera tal vez acudido a su mente un esquema interpretativo diferente. Y éste podría haber sido igualmente comprensivo e iluminador de lo dado. Por ejemplo, podría haber comprendido la experiencia a la luz de una concepción primitiva de lo sagrado como "mana", fuerza impersonal inmanente en todo. La experiencia no hubiera consistido entonces en la mostración —en signos— de una divinidad trascendente, sino en la manifestación de la fuerza oculta que actúa en el fondo de todo, tanto en el sujeto como en la naturaleza. O bien, quien perteneciera a una cultura oriental más compleja, hubiera podido interpretar una experiencia semejante de otra manera: como percepción de la "no-dualidad", más allá de la ilusión de lo múltiple, y como vivencia de la identidad entre "eso" y "yo". Y cabrían otras interpretaciones conceptuales. La experiencia no dirime entre ellas. Todas rebasan el ámbito de lo que se muestra. En la medida en que una religión positiva implica una concepción general del mundo, la experiencia que ahora consideramos no podría, por lo tanto, aducirse como verificación de ninguna religión positiva. Pero muchas de ellas podrían ayudar a comprenderla, pues la misma realidad puede ser interpretada según distintos marcos conceptuales. Cabría suponer que, en la base de todas las concepciones religiosas del mundo, se encontrarían experiencias de lo sagrado semejantes a la descrita. Por su parte, algunas doctrinas metafísicas, ligadas a sistemas religiosos, podrían tener como primer origen el intento de interpretar con conceptos la realidad, tal como se ofrece en experiencias directas de lo otro. Habría pues que distinguir, en nuestro caso, entre lo sagrado, como aquella realidad y valor que se muestra en la experiencia, y las distintas concepciones que se le superponen.

Así, cualquiera que sea la interpretación de lo sagrado, podemos distinguir entre la aportación de concepciones del mundo, que varían de una cultura a otra, y una creencia básica, común a todas ellas, que podría justificarse en una experiencia personal. ¿Cuál sería esa creencia derivada de la experiencia descrita, que podría estar en la base de varias interpretaciones posibles? Si recordamos nuestro análisis anterior, podría, tal vez, resumirse en tres enunciados: *1)* existe una realidad como plenitud de valor o a la inversa, el valor más alto es; *2)* esa realidad no es un hecho o un objeto, se manifiesta en el todo de los hechos, con caracteres contrarios a los de la experiencia ordinaria (es lo "otro"); *3)* esa realidad se muestra como término de una actitud de desapego del yo y de interés en lo otro. Estas tres notas describirían el núcleo de la creencia básica en lo sagrado, fundada en una experiencia personal como la descrita.

Pero, dijimos, la creencia en lo otro no sólo tiende a justificarse por su integración en una concepción previa de carácter religioso, sino también por su compatibilidad con otras creencias no religiosas. Así, debemos examinar el lugar que ocupa en un conjunto de creencias razonables.

La creencia básica en lo sagrado tiene una función especial en el contexto de un sistema global de creencias. Puesto que se refiere a la realidad de todo, puede suministrar un supuesto a otras muchas creencias acerca de un sector o una parte de la realidad: puesto que versa sobre el conjunto de los hechos, puede servir de trasfondo a otras creencias referidas a hechos singulares. Los mismos hechos u objetos pueden ser interpretados de diferente manera a la luz de una creencia básica que concierne a la totalidad.

Según se acepte o no la existencia de lo otro, cualquier hecho o secuencia de hechos podrá aparecer en relación con un valor y sentido absolutos o, por lo contrario, sin esa referencia. Cada fragmento de una vida personal, de un acontecer histórico o del decurso natural variará, según se destaque o no sobre el fondo de aquella creencia básica, no porque ella postule la existencia de otros acontecimientos distintos, sino porque los ve todos ellos bajo una dimensión determinada de valor y de sentido. Quienes aceptan y quienes rechazan la creencia pueden tener acceso a un mismo mundo, constituido por los mismos hechos y objetos y, sin embargo, leerlos en forma diferente, por variar en ellos los rasgos con que se muestran. La creencia en lo sagrado, basada en una experiencia personal, puede abrir a una dimensión peculiar de las cosas. Sin referirse a la aparición de ninguna cosa particular, puede orientar la manera de "leer" significaciones en el mundo y en nuestra relación con él sin imponerle ninguna significación específica. Pertenecería a lo que John Hick ha llamado una "interpretación total".[3] Una interpretación total no consiste en una creencia sobre un objeto o conjunto de objetos, ni sobre un conjunto de relaciones, constituye un supuesto general, conforme al cual puede interpretarse cualquier objeto y cualquier relación entre objetos. Una interpretación total no da a conocer hechos nuevos, ofrece una nueva comprensión de los mismos hechos, permite narrar otra historia de los mismos acontecimientos.

Puesto que la experiencia personal de lo otro no da lugar a un conocimiento firme ni elimina la posibilidad de duda, la aceptación final de la creencia que la acompaña dependerá de la posibilidad de conformar sobre ella una interpretación consistente de todo y de iluminar con ella distintos acontecimientos.

Los enunciados sobre la existencia de lo sagrado (en cualesquiera de sus conceptuaciones religiosas: "mana", "Dios", "Uno", "origen", etcétera) pueden verse como expresiones de una interpretación total de la realidad. Puesto que no se refieren a la existencia de hechos singulares, ninguno puede verificarlos o falsearlos; puesto que no enuncian relaciones causales ni forman parte de teorías explicativas, su confirmación no sigue tampoco el esquema de las proposiciones generales explicativas. Porque su función cognoscitiva es diferente.

Su justificación podría ser semejante a la de otros enunciados interpretativos menos generales, que se emplean en otros campos. Pensemos, por

---

[3] John Hick, *Faith and Knowledge*, Ithaca, Nueva York, Cornell University Press, 1957, capítulos 6-8.

ejemplo, en algunas interpretaciones históricas. En historia, nos encontramos a menudo con un tipo de enunciados generales que no son reducibles a proposiciones explicativas: son los que tratan de revivir el "espíritu" de una época, su sensibilidad, su manera de comprender el mundo y la vida; por lo general se refieren a creencias, valoraciones, actitudes e ideales compartidos. Mediante ellos, el historiador intenta trazar un cuadro general de la época, que le permite comprender sus productos específicos y conectar entre sí sus diversas manifestaciones. De una misma época pueden ofrecerse varias interpretaciones globales, varios marcos generales de referencia: entre ellos, resultará más verosímil el que nos procure una comprensión mayor. Así, cada caso concreto, cada producto singular, cada idea o actitud que podamos comprender mejor sobre el fondo de la interpretación global, comprueba su validez, aunque ninguno la verifique de manera concluyente.

Igual sucedería con las interpretaciones morales o estéticas. Un juicio moral se "confirma" de un modo muy distinto a un enunciado sobre propiedades físicas. Al destacar el valor y el sentido de las conductas, los enunciados morales permiten poner varios comportamientos en relación con sus motivos y sus consecuencias, en diferentes circunstancias. Establecen así patrones generales de referencia para los actos humanos, que nos permiten percibir nuevas cualidades en ellos y comprenderlos mejor. En la medida en que un comportamiento particular queda iluminado por una interpretación moral, a la luz de ciertos valores, en esa medida podemos decir que ese comportamiento "confirma" la interpretación moral, en el sentido lato de volverla verosímil. De parecida manera, en la medida en que una interpretación artística nos orienta para ver una nueva cualidad en una obra de arte y nos permite gozarla mejor, esa interpretación se vuelve más iluminadora y, por ende, más aceptable. En ninguno de los dos casos estamos ante una verificación de una proposición general, pues no tendría sentido decir que los hechos verifiquen enunciados de valor. En ningún caso podemos sostener tampoco que la "confirmación" de la interpretación sea convincente para quien no la comparta. En ambos casos, sin embargo, la probabilidad de la interpretación aumenta, para quien la acepta, al comprobar su capacidad para hacer comprensibles los hechos y revelar nuevas cualidades en ellos.

Pues bien, la creencia en lo sagrado diferiría de esos casos en su grado de generalidad (se refiere a la totalidad), pero sería semejante a ellos en su modo de justificación. En efecto, esa creencia no explica ningún hecho, pero puede comprenderlos todos en su conexión con un supuesto general: la existencia de una realidad y un valor absolutos. Cada lectura de un hecho o de un fragmento del mundo iluminado por esa creencia aumenta su probabilidad para quien cree, aunque la misma lectura sea imposible para quien no la comparta. Sin embargo, un acontecimiento que se muestra revelador para quien cree puede ser opaco para el descreído. Porque su perfil es distinto en uno y en otro caso, al ser diferente el supuesto de realidad sobre el cual se destaca.

Pero hay otra característica importante de este tipo de creencia que comparte también, tal vez, con las creencias morales y estéticas. La creencia en lo sagrado no sólo cumple la función de orientarnos en la comprensión del mundo, también de dirigir nuestro comportamiento en él. Vimos cómo la experiencia que examinamos está condicionada por una actitud afectiva y valorativa. Pero ésta no es ajena a la vida intencional; asumirla supone una intervención de la voluntad. En efecto, la actitud no sólo condiciona el modo como el mundo se muestra, también da lugar a disposiciones para actuar en él. Estamos, pues, ante un tipo de experiencia que no puede desligarse de la práctica intencional.

En la descripción de la experiencia se señala un cambio de actitud, paralelo a la nueva manera de ofrecerse el mundo. El cambio de actitud propicia que el mundo se muestre de cierta manera; el cambio en la mostración del mundo refuerza, a su vez, la nueva actitud personal. Pasada la experiencia, nos preguntamos si algo ha cambiado en nosotros, esto es, si podemos mantener en forma permanente la nueva actitud. En efecto, la mostración de lo otro y la creencia básica que suscita no sólo pueden orientar en una manera de ver el mundo, también incitan a asumir un comportamiento ante él; éste, a su vez, puede abrir a nuevas experiencias. La persistencia en la actitud de reverencia, el mantenimiento de interés vital dirigido a lo otro motivarían a abrazar una forma de vida. Ésta puede percibirse, ella misma, como valiosa. Ahora bien, podríamos decir que una creencia que dispone a un comportamiento es "validada" si ese comportamiento resulta valioso.

Detengámonos un momento en este punto. Un criterio para determinar la verdad o probabilidad de un enunciado descriptivo sobre la realidad es la práctica. Si una creencia es verdadera será conforme a la realidad; por lo tanto, permitirá que nuestra acción se adecue a ella y tenga éxito. Tenemos interés en que nuestras creencias correspondan a la realidad porque queremos que nuestras acciones logren sus fines. Una muestra segura de que sabemos es precisamente que acertamos. El saber objetivo es guía seguro en la práctica. De parecida manera, el conocimiento de lo valioso orienta nuestro comportamiento, al otorgarle un sentido. En este caso, los enunciados que lo expresan no pretenden describir propiedades de la realidad comprobables por cualquiera, sino rasgos que se muestran a quienes se abren al mundo con determinadas actitudes. En analogía con los enunciados descriptivos, podríamos tal vez decir que una garantía de la validez de un enunciado valorativo es el éxito de la acción guiada por él. Pero en este caso el éxito de la acción no se mide por el logro de un fin concreto (llegar a un lugar, producir un objeto, etcétera), sino por el carácter valioso de sus resultados. No tendría sentido decir que los frutos de una forma de vida son criterio de *verdad* de las creencias que la rigen, pero sí que las hacen aceptables, atestiguan su capacidad de dar sentido, confirman su *validez* como orientadoras de vida. En efecto, una creencia que conduce a una forma de comportamiento es más convincente, en la medida en que son valiosas sus obras. Por sus frutos se conocen también las creencias. La aceptación o rechazo de una creencia de ese tipo dependerá, entre otros factores, de su capacidad para dar lugar a formas de vida valiosas. Así como el éxito en nuestra acción, al transformar la realidad, nos confirma la verdad de nuestras creencias sobre ella, así también el acierto en nuestro comportamiento, al lograr una vida valiosa, nos asegura de la validez de los juicios de valor que lo guían.

Podríamos distinguir entre dos especies de creencias y conocimientos, según el interés que los promueve y la función que cumplen en la vida. La primera correspondería al interés en conocer, para que nuestras acciones se adecuen a la realidad y puedan dominarla. Para ello necesitamos saber cómo suceden realmente los hechos, conforme a sus propias reglas, con independencia de nuestro querer. Sólo así una acción intencional tendrá garantías de incidir en la realidad y de poder cumplir con los fines que se proponga. Pero hay otras creencias que responden a un interés distinto: descubrir el valor y el sentido, para orientar por ellos nuestra existencia. Para ello necesitamos conocer la dimensión valorativa de los acontecimientos y la manera como están referidos a un todo. No importa entonces cómo sería la realidad con independencia de nuestro querer, sino cómo se muestra ante nuestra afectividad y nuestra voluntad.

A las dos especies de creencias corresponden dos tipos diferentes de experiencias. La primera especie de creencias se basa en la captación de las propiedades de los hechos que resisten a la influencia de nuestra voluntad. La segunda acude a experiencias de cualidades valorativas que se descubren en un conjunto de hechos, considerado en relación con nuestro querer. En el primer tipo de experiencias se ponen a prueba las hipótesis que formulamos para *explicar* la realidad: su función consiste en la verificación o falsación de proposiciones teóricas. En el segundo tipo de experiencias se ponen a prueba los juicios valorativos con que intentamos *comprender* el sentido del mundo: su función principal consiste en la selección de maneras de interpretar la realidad y en la validación o invalidación de formas de vida. Así, uno y otro tipo de experiencias forman parte de conjuntos de creencias que tienen funciones distintas y responden a intereses diferentes. Las unas prestan una base a la técnica y a la ciencia, dominadoras del mundo, las otras, a formas de sabiduría, rectoras de la vida. Entre estas últimas se encuentran las experiencias morales, estéticas, religiosas. La estudiada en estas líneas forma parte de ellas.

La confusión entre una y otra especie de creencias conduce a falacias opuestas. En nuestro caso, pueden aparecer en la manera de interpretar la experiencia descrita. La primera falacia es el dogmatismo. Se manifiesta al interpretar como saberes objetivos, comprobables por cualquiera, lo que en verdad son creencias o conocimientos personales, válidos para ciertos sujetos que comparten condiciones determinadas. De allí la tendencia del dogmático a exigir a los demás la adhesión a las propias creencias, como si éstas debieran imponérseles.

Una postura dogmática no puede justificarse en la experiencia analizada en estas páginas. Vimos cómo ella no confirma ninguna doctrina particular ni ninguna religión establecida. Forma parte de un sistema personal de creencias y no puede confundirse con las experiencias que comprueban un saber objetivo. Frente a una experiencia personal no cabe el adoctrinamiento, sólo es posible el testimonio y la invitación a los demás a colocarse en disposición de acceder, por sí mismos, a vivencias semejantes.

Frente al dogmatismo existe la falacia contraria. Se manifiesta en el rechazo de toda creencia y conocimiento personales que no puedan reducirse a un saber objetivo. Puede expresarse en la negativa a conceder confianza a una experiencia como la descrita, por el hecho de mostrar cualidades no reducibles a propiedades físicas y en el rechazo de toda forma de creencia no comprobable universalmente. Sin embargo, la negativa a aceptar lo que se muestra en los límites en que se muestra y a conceder verosimilitud a creencias no confirmables universalmente, no por hacerse "a nombre de la razón", resulta racional. Detrás de ella puede vislumbrarse un prejuicio común a nuestro tiempo: el cientificismo. Podríamos entender por él una forma de escepticismo que consiste en limitar los conocimientos válidos a aquellos que estén fundados al modo del saber científico y en considerar "irracional" cualquier pretensión de conocimiento diferente. Pero ese prejuicio forma parte de una ideología tan escasamente "científica" como las doctrinas aducidas por los dogmatismos.

Dogmatismo religioso y escepticismo cientificista, por contrarios que sean en otros aspectos, coinciden en un punto: ambos se niegan a reconocer la distinción entre formas de experiencia y procedimientos de justificación diferentes con características específicas cada uno, y ambos fundan su negativa, no en el examen de las razones invocadas por cada forma de creencia, sino en una doctrina sostenida por prejuicios.

Frente al dogmatismo y al escepticismo, la vía de la razón es otra: aceptar cada experiencia dentro de sus límites de validez y cada creencia con la probabilidad que le otorga su tipo de justificación, sin rechazar de antemano ninguna, ni juzgar toda pretensión de conocimiento según una única norma de saber.

Concluyamos

La creencia en la existencia de lo otro se justifica en un complejo de razones. Ante todo, en una experiencia personal. Una vez transcurrida ésta, se apoya también en su coherencia con un sistema de creencias. Ofrece una manera de interpretar el mundo que puede ser confirmada parcialmente por los acontecimientos particulares que ilumina. A la vez, abre a la elección de una forma de comportamiento, cuyos resultados pueden validarla.

Cualquier circunstancia puede ser interpretada a la luz de esa creencia; cada conjunto de hechos que vuelve comprensible aumenta su verosimilitud, pero ninguno puede servirle de verificación cabal. Por otro lado, la aceptación de la creencia está siempre sujeta al mantenimiento de una actitud, que puede faltar. De allí, la posibilidad permanente de ponerla de nuevo en duda.

Una experiencia como la que hemos examinado no puede servir de base a un saber seguro, pero tampoco podemos descartarla como una ilusión. Es una manera peculiar de captar en el mundo algo que se muestra en él. Permite un vislumbre de una dimensión donde estarían unidos valor y realidad plenos. Puede orientar nuestra comprensión del todo, invitarnos a una nueva forma de vida, pero no puede imponérsenos. Formula un reto a una interpretación global de la existencia, que puede ser aceptado o rechazado, confirmado o eludido.

En medio de la inseguridad, sin explicárnoslo, sin quererlo tal vez, fulgura por un momento, para volver a ocultarse, lo otro de nuestro mundo cotidiano: todo puede volver de nuevo a su estado anterior, todo puede también revestirse de valor y de sentido.

Reflexión final

Vuelvo a la última página de mi cuaderno de notas. ¿Dónde estoy? La mezquita azul, con su esfera perfecta, está presente, lejana en el recuerdo. Entre ella y yo se ha interpuesto el pensamiento. Durante mucho tiempo la reflexión me impuso un desdoblamiento. He examinado mis vivencias desprendidas de mí, como si fueran ajenas. Ahora me reintegro a mí mismo. Me pregunto ¿qué hecho de mi experiencia? El aspecto autobiográfico de la pregunta no interesa aquí; importa el problema que plantea: ¿qué puede hacer la razón con una experiencia de este tipo?

Veamos primero, qué ha pasado con mi creencia. ¿Tengo todavía la misma convicción que tuve entonces? No, ahora es de otro género. He convertido una convicción irreflexiva, cargada de emoción, en una creencia razonable. La operación ha sido ambigua. Por una parte, el discurso racional ha despojado a la realidad de la riqueza vivida. No hay maravillas ni esplendores para el pensamiento. Al hacerlo, he perdido la emoción original y, con ella, la confianza. Pero sólo así podía asimilar esa experiencia. La pérdida de seguridad y riqueza son el precio de la aceptación. El pensamiento ha mostrado que la creencia en lo otro es compatible con un conjunto racional de creencias; así, la ha vuelto vivible para mí, aceptable para los demás. Eso es lo que puede hacer la razón con una experiencia extraordinaria: quitarle su carácter disruptivo para poder asimilarlo. ¿No es justamente lo que la filosofía ha hecho siempre con las convicciones religiosas?

Pero queda otra pregunta: ¿qué clase de hombre requiere de una operación semejante? Porque no tendría necesidad de ella quien viviera lo sagrado como una dimensión de su vida cotidiana, quien participara de un medio social donde la experiencia de lo otro no fuera un fenómeno esporádico y aislado. Esa necesidad sólo puede plantearse a quien pertenezca a una sociedad y a una época de las que está ausente lo sagrado. Sólo un hombre dividido entre la nostalgia por lo sagrado y la mentalidad racionalista, científica, que comparte con su época, puede sentir la urgencia de justificar su creencia en lo otro, porque sólo así puede hacerla consistente con su concepción del mundo y presentarla como aceptable para otros hombres. Sólo en una sociedad donde lo sagrado, expulsado de la vida colectiva cotidiana, debe manifestarse en soledad en momentos inusitados, puede plantearse el problema de someterlo a una crítica racional, para poder mantener su presencia.

La labor del pensamiento ha sido "profanizar" la creencia en lo sagrado, mostrar que no infringe los criterios de racionalidad exigidos por nuestra época y que es capaz de coexistir con el conjunto de sus creencias sobre el mundo. Lo ha hecho en dos sentidos: despojándola de su carácter disruptivo e integrándola en una visión del mundo, que podría permanecer y operar la vida posterior. Profanizar lo sagrado en esos dos sentidos es un requisito para que pueda aceptarlo quien no vive habitualmente en él. Y ésa ha sido siempre la obra del pensamiento, en su ejercicio filosófico. Su empeño paradójico ha sido convertir en razonable lo indecible. ¿Pero en qué otra forma podría la razón dar testimonio de aquello que la rebasa?

5

Vías de la razón ante lo sagrado[*]

LENGUAJES RELIGIOSOS

Reflexionar sobre las relaciones entre fe y razón da lugar a un tema específico de las religiones basadas en una Revelación, el cristianismo y el Islam.
Sin embargo, podemos considerar que expresa, con conceptos propios de
un momento de la teología de esas dos religiones, un problema más general:
la relación entre la adhesión personal a una creencia, la confianza en una
persona y en un testimonio y la voluntad de seguir una forma de vida, por
un lado, y la justificación racional de esa creencia de la veracidad de ese
testimonio y de la corrección de esa forma de vida, por otra parte; relación,
en suma, que podría resumirse entre una actitud subjetiva (que el cristianismo llamaría "fe") y su justificación objetiva (¿"razón"?). Así expresada
esa cuestión es propia de todas las religiones. Me parece, por lo tanto, de
un interés filosófico mayor.

   ¿Cómo se justifica racionalmente la adhesión personal a una creencia
religiosa? Podemos considerar varios niveles de justificación. En el común
de los fieles de cualquier religión, la adhesión personal está basada en la
confianza en una doctrina heredada y en las personas e instituciones que
la transmiten: es una actitud de aceptación de una tradición que se perpetúa
en la educación recibida y se consolida en las reglas de convivencia de una

---

[*] En Jorge Issa González (coord.), *Fe y razón hoy*, México UAM-Iztapalapa/Plaza y
Valdés, 2002, pp. 19-35.

sociedad determinada. No es separable de las costumbres de la moralidad social vigente y de las formas de vida consensuadas.

La justificación racional de esas formas de vida y creencias tradicionales puede ser de carácter práctico: la necesidad de mantener la cohesión social, el deseo de pertenencia a una comunidad y de ser reconocido en ella. O bien pueden aducirse otras razones morales: el cumplimiento de las virtudes comunes, heredadas de la tradición, la solidaridad, más aún, la comunión, con una forma de vida comunitaria.

De allí, lenguajes religiosos variados que expresan esa racionalidad práctica. Se han señalado, en efecto, muchos usos del lenguaje religioso. No todo lenguaje es descriptivo de alguna pretendida realidad. Hay lenguajes religiosos que cumplen otras funciones; muchos discursos religiosos no pretenden describir ni aseverar una realidad sino suscitar emociones o estimular acciones.[1] Muchos enunciados religiosos, a semejanza de los morales, tienen por función expresar la intención de actuar de determinada manera, conforme a una forma de vida específica; otros invitan a tomar decisiones o a asumir determinadas actitudes. No todo lenguaje religioso tiene, pues, una función cognoscitiva. Sería improcedente, por lo tanto, buscar en esas formas de lenguaje una justificación racional de su verdad o falsedad.

Pero hay también discursos religiosos que sí pretenden cumplir una función cognoscitiva. Predican la existencia de una realidad. Esa función no está reñida con las anteriores. Un enunciado religioso puede a la vez incitar a una actitud personal y describir algo real. "Dios es amor", por ejemplo, o "El todo es vacío", cumplen esa doble función.

En estas reflexiones nos limitaremos a los lenguajes religiosos que tienen una función cognoscitiva. Sólo respecto de ellos tiene sentido preguntarnos por la justificación racional de su pretensión de verdad.

---

[1] Véanse John Hick, *Faith and Knowledge*, Cornell University Press, 1966; D. Z. Phillips, *The Concept of Prayer*, Londres, Routledge and Kegan Paul, 1965; Antony Flew y Alasdair Macintyre (eds.), *New Essays in Philosophical Theology*, Londres, 1955.

La experiencia de lo otro

Todas las religiones positivas consisten en un complejo sistema de creencias, valoraciones, normas, ritos, instituciones. Pero, por complejas que sean, remiten a un fundamento último en ciertas experiencias que suscitan una adhesión personal y son transmitidas, compartidas e interpretadas. En toda religión el fundamento es una experiencia inicial, directa o a través del testimonio de un personaje privilegiado, de lo Sagrado.

En las religiones primitivas, *sagrado* es lo otro del mundo usual, del entorno cotidiano. Todo lo insólito, raro, singular, lo monstruoso o demasiado perfecto es sagrado. Cualquier objeto, un hombre, acontecimiento o animal que destaque de lo habitual, que no sea comprensible por los conceptos en uso y nos sorprenda, es sagrado. Sagrado es lo extraño, lo incomprensible, lo "otro".

No toda piedra es sagrada, sólo aquellas especiales por su textura y color, por su particular tamaño o fortaleza. Los lugares que nos llenan de asombro son sagrados, en especial los parajes solitarios, como los desiertos, los bosques, la cima de las montañas cercanas al cielo; todo lo que produce un sentimiento de misterio y extrañeza y nos hace sentir insignificantes frente a ello.

Sagrados son también los lugares del espacio y los momentos del tiempo en que sucede algo extraordinario: el centro del poblado donde reside el poder y los márgenes que habitan los brujos y chamanes; el momento del nacimiento y el de la muerte. Sagrados son también ciertos hombres que parecen sobrehumanos, por su poder extraordinario o su santidad, por sus dones o aun por sus deformidades o lacras.

Lo sagrado se destaca sobre el fondo de lo habitual, de lo profano. Frente a lo que se repite, a lo que puede ser comprendido y manejado, lo sagrado es lo insólito, lo incomprensible, lo inmanejable. Se destaca porque manifiesta un valor inconmensurable: potencia extraña e indefinida de la naturaleza, de la vida en sus múltiples formas, de los hombres con poder indefinido y oculto. Sagrado es todo lo que tiene poder, fuerza incalculable, toda fuente de energía, de crecimiento, de vitalidad y también de destrucción y muerte. Por eso es objeto de pasmo, de estupor y, a la vez, de temor y atracción. Se expresa en sustantivos (algo es sagrado), en verbos (crear, dar fuerza, dar muerte es sagrado), o en adjetivos (hay estados, cualidades sagradas).

Muchos pueblos primitivos emplean términos específicos para designar lo sagrado tal como se muestra. Es la noción de *mana* de los melanesios, que Codrington convirtió en clásica. El mana no se restringe a una cosa determinada, es una potencia que se manifiesta en todo lo extraordinario. En lo habitual, lo normal, lo esperado, no hay mana. En lo que provoca asombro, rebasa nuestras expectativas, cuyo sentido ignoramos, se manifiesta mana.

Después de Codrington muchos antropólogos encontraron palabras con un sentido del todo semejante en muchos otros pueblos primitivos de Asia, América y Oceanía.

En las religiones superiores, pese a su mayor complejidad, el concepto de lo sagrado guarda características semejantes. En hebreo Él significa a la vez fuerza extraordinaria y *Dios* (*"Elohim"*). En los Vedas la voz Brahmán, con que se designa al máximo dios, proviene de la raíz *Brh*, que significa fuerza operante y rito eficaz.

Cualesquiera que sean las palabras con que se designe lo sagrado en las diferentes religiones: "dioses", divinidad", "principios", "camino", "demonios", lo sagrado sugiere siempre algo "otro" fuera de toda regla, objeto de pasmo y de estupor. Es potencia suma.

Pero no todo poder es sagrado: también hay poderes profanos; sagrado es lo que manifiesta un poder irresistible, inquietante, impredecible, que no podemos detener ni controlar, capaz de todo bien y de todo mal. Por ello causa horror y a la vez atracción. La reacción del religioso es ambivalente: trata de evitarlo, porque tal poder puede destruir o aniquilar; pero también le fascina y encanta, porque lo vive como fuente de creación, de vida, de plenitud.

Rudolf Otto definió lo sagrado experimentado con una frase inmejorable: "El misterio tremendo y fascinante".[2]

En todas las religiones se encuentran múltiples expresiones que describen la experiencia de ese misterio. Recordarán, sin duda alguna, las más notables. La experiencia de la grandeza de la divinidad que se manifiesta a través de la maravilla de sus obras, que sume a Job en el terror y lo obliga al silencio; o la vivencia del portento del universo en el que se manifiesta el poder inaudito del principio, origen y fin de todo, que acalla las dudas de Arjuna en la *Bhagavadgita*. Pero prefiero aducir un texto menos conocido. Lo elijo porque

---

[2] Rudolf Otto, *Das Heilige*, Múnich, Biederstein Verlag, 1947.

narra una experiencia sencilla, que está al alcance de todo hombre o mujer, al alcance de todos nosotros. Séneca la narra en una de sus cartas:

Llégate alguna vez a un espeso bosque con viejos y elevados árboles, cuyas ramas, al enlazarse unas con otras en variadas formas, ocultan el cielo: la elevada hermosura del bosque, el misterio del lugar, lo maravilloso de ese paraje de espesa y continuada sombra, no dejará de despertar en ti la creencia en el poder divino. Entra en una gruta que se clava profundamente bajo las rocas de la montaña, gruta no hecha por el hombre sino por las fuerzas de la naturaleza, creada con amplitud extraordinaria: entonces, en su interior, se suscitará una sospecha, un presentimiento de lo divino.

Y más adelante:

Ve a un hombre que no teme ningún peligro, que no afecta ningún apetito, dichoso en medio de los infortunios, tranquilo en el furor de la tormenta, un hombre que se siente más cerca de la divinidad que los otros hombres, ¿no lo mirarías con gran respeto? ¿No dirías... es un poder divino que inhiere en ese espíritu elevado y sereno, un poder que se siente muy por encima de todo lo terreno y que se ríe de todo lo que nosotros tememos y deseamos?[3]

En los dos casos, en la naturaleza y en el hombre, se barrunta la presencia de algo "otro" en el seno del mundo conocido. Experiencias semejantes están en la base de todas las religiones.

Las religiones comprenden un complejo de creencias custodiadas por grupos sociales o por instituciones, resultado del pensamiento de muchas generaciones de creyentes. Pero debajo de todas ellas podemos siempre descubrir una experiencia personal de lo sagrado: ella está en la fundación de la religión y se repite continuamente por sus seguidores. La experiencia de lo otro puede tener diferentes géneros de objetos. Los fenómenos naturales asombrosos son uno. Por ejemplo, debajo de la religiosidad china tanto como de la indoeuropea está la admiración del misterio, a la vez armonía y grandeza, del cielo, admiración que se conserva y renueva en sus doctrinas

---

[3] "Cartas a Lucilio", en *Epístolas*, 113, 16.

fundamentales. La percepción de la fuerza creadora y devastadora del sol es otro hecho asombroso en la base tanto de la religión egipcia como de la maya o la inca.

La experiencia del misterio suele ampliarse al todo. El universo puede mostrarse como un puro portento, manifestación de energía, derroche de complejidad y belleza, que causan estupor, pavor y fascinación. Es a la vez medible e incomprensible. Los sumerios y los mayas medían con precisión los movimientos de los astros y a la vez reverenciaban su aparición. "El mundo es un libro y está escrito en lenguaje matemático", decía Galileo; y Pascal exclamaba: "El silencio de los espacios infinitos me aterra". El primero es el lenguaje de la razón, el segundo la percepción del misterio. No se contradicen.

La iluminación del Buda se inicia con una experiencia de otro tipo: la del misterio del ciclo de la vida y la muerte, cuyo sentido oculto lo sume en perplejidad. Otra experiencia en el origen de muchas religiones superiores es el estupor ante personajes extraños, que rebasan nuestras expectativas y muestran "algo", por tan elevado, incomprensible. Moisés, Jesucristo, el Buda mismo. La presencia del misterio se renueva en la vida de otros hombres que siguen la misma vida extraña de esos personajes fundadores: los profetas de Israel, los santos del cristianismo, los *bodisattvas*. Algunas religiones presentan como su fuente una revelación. Pero ésta no hace más que consignar en un libro, la Biblia, los Vedas o el Corán, esas experiencias de lo otro.

La percepción de lo sagrado en la naturaleza, en la vida y muerte, en el hombre, no se contradice con la posibilidad de conocer racionalmente los hechos del mundo. Podemos, tal vez, llegar a explicar *cómo* son todos los hechos del universo, pero la existencia misma del universo, el hecho de que exista puede sentirse como el mayor, inexplicable, portento. "Milagros en el mundo hay muchos —decía San Agustín—, pero el milagro mayor es la existencia misma del mundo". Y Wittgenstein, siglos más tarde: "Lo místico no es cómo sea el mundo, sino que el mundo sea".[4]

---

[4] Ludwig Wittgenstein, *Tractatus Logico-Philosophicus*, Londres, 1961, p. 644.

La razón ante lo sagrado

Ahora ya podemos empezar a responder nuestra pregunta inicial: ¿cuál es la relación entre esa experiencia personal de lo sagrado y su posible justificación racional? Esta cuestión presenta dos puntos. Primero: podemos someter a examen racional la validez misma de la experiencia. ¿Es real? ¿Nos da a conocer algo que no sea ilusión subjetiva? Segundo: si aceptamos la validez de la experiencia, ¿qué es lo que realmente muestra? ¿Cómo podemos conocer y comunicar lo que esa experiencia manifiesta?

Digamos algo sobre el primer punto: ¿en qué medida podemos confiar razonablemente en las experiencias personales de algo sagrado?

Esas experiencias se dan en el ámbito de un mundo vivido. Forman parte de la *Lebenswelt*, en la terminología de la fenomenología. Es decir, son parte del mundo tal como se da directamente a un sujeto. El mundo vivido se muestra con cualidades valorativas, lleno de belleza o de fealdad, con datos repulsivos o seductores; es el término de actitudes personales que comprenden sentimientos y emociones. No se restringe al mundo material, objeto del saber físico, en el que se han desechado todos los datos condicionados por actitudes subjetivas y se consideran solamente los datos sensoriales en el marco de conceptos intersubjetivos. Ese mundo empírico, abstraído de toda actitud subjetiva de carácter emotivo, puede verificar las proposiciones de un saber objetivo, como el de la ciencia; el mundo vivido, en cambio, puede ser objeto de otro tipo de conocimiento, que he llamado un "conocimiento personal". Al conocimiento personal corresponde la percepción de los valores, entre ellos el de la experiencia religiosa. Las condiciones de verdad o de probabilidad de un conocimiento personal son distintas a las de un saber objetivo. En otros trabajos las he examinado.[5] Allí intenté someter las experiencias de un mundo vivido a una crítica racional. No pretendo repetir aquí ese examen. Me limitaré, pues, a resumir sus resultados.

La experiencia de los valores —entre ellos lo sagrado— se refiere a datos condicionados por actitudes subjetivas. La crítica de la experiencia puede

---

[5] Véanse Luis Villoro, *El poder y el valor*, México, FCE, 1997, capítulos 1 y 2; Luis Villoro, "La mezquita azul: una experiencia de lo otro", *Vuelta*, núm. 106, septiembre de 1985, pp. 17-28.

aceptarlos, si acierta a demostrar que la actitud no *causa* lo que se muestra, sino que sólo es una *condición* que permite que se muestre. Para ello tiene que eliminar los factores subjetivos que podrían distorsionar lo dado por sí mismo y obligarían a rechazar su realidad. Si se demuestra la inexistencia de esos factores distorsionantes lo más razonable en cualquier experiencia es atenerse a lo que se muestra en los límites en que se muestra.

He dicho "lo más razonable". A propósito, eludo el término "racional", porque es claro que, en este caso, la aceptación de la plausibilidad de la experiencia no se funda en una comprobación intersubjetiva, sino en un conocimiento personal que puede no ser compartido. No es, pues, incontrovertible como pretende ser un saber objetivo; siempre cabe la posibilidad de ser rechazado por otros sujetos situados en las mismas circunstancias. Da lugar, por lo tanto, a creencias fundadas en razones, el darse de las cosas mismas en la experiencia de un mundo vivido, pero no universalizables ni incontrovertibles. Podemos decir que da lugar a una creencia razonable que no suministra certeza.

Supongamos ahora que la crítica de la experiencia llega a la conclusión de que es razonable aceptar como válida una experiencia de lo otro. Es claro entonces que estarán justificadas razonablemente las creencias que puedan fundarse, directa o indirectamente, en experiencias. No lo estarán, en cambio, las que pretendan aducir como justificación las convenciones sociales, la tradición o la autoridad ajena. Si entendemos por "fe" la creencia confiada en lo declarado por una religión determinada, podemos distinguir entre una "fe" razonable y una irracional. La primera remitiría a una vivencia personal de lo sagrado; la segunda, al no poder justificarse en vivencias personales, sería irracional a la par que enajenante.

Respecto a las creencias razonables se plantea, entonces, una segunda pregunta: ¿qué es lo que realmente se muestra en la experiencia vivida? ¿Cómo podemos expresar en proposiciones y conceptos racionales aquello que se muestra?

En el mundo vivido, lo profano se experimenta como lo que está "a la mano", aquello que podemos determinar como conceptos y manejar para nuestros fines. Lo percibido se da en un marco conceptual que permite conjugar los datos en objetos, clasificados y ordenados. Rickert, siguiendo en este punto a Kant, hacía notar que la función de los conceptos es justamente establecer, en la heterogeneidad y continuidad de la experiencia, homogeneidad y discontinuidad. En efecto, los conceptos del entendimiento establecen corte en la continuidad espacio-temporal, al agrupar y separar los datos y constituir objetos. Para el entendimiento el mundo cotidiano está conformado por un conjunto de objetos y de relaciones entre ellos.

La filosofía, desde sus inicios, describió esa función discriminadora y ordenadora de los conceptos. En la India, el mundo cotidiano es el que resulta de la aplicación a la experiencia de *nama* y *rupa*, el nombre y la forma. En la filosofía griega, el *logos* tiene como objetos los *eida*, es decir, las formas permanentes.

Los objetos se encuentran en relaciones. El entendimiento se ocupa en descubrir regularidades en su comportamiento, que se repite. Gracias a esa operación del entendimiento podemos explicar y predecir los acontecimientos. El mundo deja de ser extraño e inhóspito. Podemos saber a qué atenernos en él; podemos incluso manejarlo y eventualmente dominarlo. Al discriminar en la continuidad de lo dado objetos reconocibles, al establecer reglas permanentes entre ellos, nos sentimos seguros en el mundo en torno. Ésa es una función de las palabras y los conceptos.

Lo sagrado, en cambio, es lo inusual, lo sorprendente, lo que no puede reconocerse ni determinarse por conceptos, ni obedece a reglas conocidas. No se presenta, pues, como un objeto discriminable entre otros objetos, sino como "algo" que se muestra en muchos ámbitos; no se manifiesta sujeto a las mismas reglas que las cosas; es, por principio, impredecible. Por eso, quien experimenta lo sagrado no puede manejarlo; no sabe a qué atenerse con ello. Si adujéramos términos heideggerianos, podríamos decir que frente al mundo de los objetos "a la mano" (*zuhanden*), lo sagrado se muestra en el mundo vivido "ante la vista" o simplemente "presente" (*vorhanden*).

En el mundo, tal como se presenta, la razón puede tener otra función: no sólo operar, para discriminar en lo dado, objetos, determinar reglas y así poder manejarlos, sino tratar de comprender lo que se muestra, como algo no determinable por nuestros conceptos y reglas usuales. Entonces, lo dado "a la vista" se manifiesta como signo de un valor no manejable. La operación del entendimiento no consiste entonces en determinar lo dado mediante conceptos: consiste en interpretar los signos. Se asemeja más a la razón que intenta establecer comunicación con lo otro, con el otro, que a la razón que pretende dominarlo. Lo dado en la experiencia de lo inusual y extraordinario no queda acotado en conceptos, ni explicado en reglas; guarda siempre, por lo tanto, un hálito de incertidumbre; siempre hay en ello algo incomprendido; sin darse a conocer plenamente, sugiere; como el oráculo de Delfos, "ni dice ni calla, sólo hace señales".

El lenguaje racional referido a los objetos del mundo profano habla de hechos y de objetos que constituyen los hechos; su ideal es estar compuesto de signos que expresen ideas claras y distintas y se refieran a objetos o a relaciones entre objetos. Las reglas de la lógica son el supuesto que hace posible ese lenguaje. Wittgenstein, me parece, dio sobre este punto formulaciones precisas. Si el mundo es el conjunto de hechos, compuestos de objetos, el lenguaje racional sólo tiene significado si es verificable por hechos y se refiere a objetos. Lo que se puede decir, sólo puede decirse en ese lenguaje.[6] Sin embargo, más allá de lo que puede decirse en ese lenguaje, hay lo que se muestra y no puede decirse. Eso es —dice Wittgenstein— "lo místico". "Hay ciertamente lo inexpresable, eso se muestra. Es lo místico".[7] De lo místico se puede decir *que es*, pero no *cómo* es. Lo sagrado no es determinable por los conceptos que usamos para tratar de objetos y de relaciones entre objetos; sin embargo, se muestra; puedo, por lo tanto, decir de él una sola cosa: que existe.

Frente al lenguaje que se refiere a hechos en el mundo, a objetos y a relaciones entre objetos, para hablar de lo que se muestra y no puede ser dicho claramente, sólo quedan dos posibilidades. La primera sería un lenguaje que tratara de expresar lo vivido sin determinarlo conceptualmente; un lenguaje que intentara comunicar la manera en que el mundo se manifiesta ante actitudes personales cargadas de emoción. No pretende hablar de una realidad objetiva, tal como sería para cualquier sujeto, sino comunicar la presencia de algo, en el mundo vivido, con el aura emocional con que se presenta. Ése es el lenguaje del arte.

Para expresar, sin desvirtuarlo con conceptos, lo que se muestra y no puede ser dicho, el hombre religioso recurre al lenguaje del arte: la poesía, en la que se rompen los significados instantáneos, las imágenes difusas, las alegorías, las parábolas, que sugieren algo "otro" a partir de lo cotidiano, los

---

[6] Wittgenstein, *op. cit.*, 6.53.
[7] *Ibid.*, 6.522.

movimientos de la danza y los gestos del rito, que evocan, insinúan, pero callan.

Pero si quiere ser más preciso, al hombre religioso sólo le queda otro recurso: emplear un lenguaje negativo. La palabra tiene entonces por referencia una x que no es un objeto determinado y de la que no puede predicarse nada específico; sólo afirmarse su existencia y predicar en ella lo que no es.

LA OBJETIVACIÓN DE LO "OTRO"

La imposibilidad de aprehender conceptualmente lo sagrado como cualquier cosa en el mundo no puede menos que causar angustia y temor. El hombre se siente inerme ante ello, no sabe a qué atenerse; para protegerse ante lo desconocido necesita tratar de encontrarlo. Recurre entonces a la misma operación del entendimiento que utiliza para comprender y manejar los objetos en el mundo profano. Quiere determinar con conceptos lo no concebible, sujetar lo insólito a regularidades. El misterio innombrable queda objetivado como algo reconocible, discernible por el nombre y la forma, en suma, como una cosa más en el mundo. Lo sagrado en la tormenta, en el océano, no es ya esa fuerza extraña y oculta que se manifiesta sin poder darle un nombre; ahora es alguien, tiene un apelativo, podemos invocarlo, responde al nombre de Zeus o de Poseidón.

Al personificar lo sagrado impersonal, al convertirlo en un ente definido dentro del mundo, podemos comprenderlo, entrar en comunicación en ello, asegurarnos frente a su amenaza. Porque ahora es posible entrar en tratos, propiciar sus respuestas, adelantar sus acciones, incluso establecer con lo sagrado alianzas. Por obra del entendimiento, por la acción del hombre y la forma (*nama* y *rupa*), de lo sagrado informe han nacido los dioses. Los dioses son la "otredad" de lo sagrado coagulada, apresada y distorsionada por el entendimiento discursivo. Lo que sólo se muestra, pretende ser dicho. Para ello la razón discursiva ha convertido lo indeterminado sin atributos nombrables en un objeto entre objetos, al que pueden predicársele atributos.

Los dioses siguen siendo diferentes de las cosas profanas, pero ya no son enteramente extraños. Podemos concebirlos como entes de algún modo "análogos", aunque no idénticos, a los entes profanos. Los atributos con que juzgamos a los objetos en el mundo profano pueden también aplicarse a los dioses por seme-janza o analogía. Lo enteramente otro ha sido conjurado; los dioses abren la vía para poder tener "a la mano" el innombrable portento. El entendimiento los ha constituido en objetos descriptibles como cualquier objeto del mundo profano.

Con el paso al monoteísmo, no cambia en lo esencial esa operación del entendimiento discursivo. Uno entre los múltiples dioses se concibe como único; puede ser un dios de la naturaleza, como el Sol, que desplaza a los de-más, en el primer monoteísmo, el de *Akhenatón*, o bien el dios de un pueblo que se concibe como universal, en el caso de Israel. De cualquier modo, lo sagrado sigue siendo concebido como un dios, así sea trascendente.

En las religiones superiores, la teología positiva da un paso hacia una mayor abstracción, pero sigue en la misma dirección. La razón sólo piensa lo sagrado, convertido en un ente por analogía con los entes profanos. Fija lo que carece de nombre y de forma, lo que no puede ser apresado por ningún concepto en un sujeto de predicados. A él se le pueden atribuir, por analo-gía, las cualidades de los objetos profanos, con tal de llevarlas a su perfección extrema. Es sabio, pero no como cualquier persona sabia, es "omnisapiente"; tiene fuerza semejante a cualquier objeto potente, pero él es "omnipotente", y así sucesivamente.

Cuando el pensamiento analógico toma en serio la otredad de la Divini-dad frente a toda criatura, llega a su límite y se destruye. En efecto: enton-ces la analogía pretende establecerse entre un ente finito y su negación, lo infinito. Se dice que la Divinidad no tiene las cualidades que se le atribuyen propiamente sino "eminentemente" (*eminenler*). Pero esas cualidades sólo tienen sentido y son verificables en los objetos finitos; pierden su sentido al aplicarse a lo que no es ente ni finito. La teología analógica linda entonces con la teología negativa, de la que hablaré enseguida.

La teología positiva pretende decir lo que sólo puede mostrarse. Convierte el misterio indescriptible en un ente susceptible de tener cualidades descrip-tibles. El portento indescifrable es ahora *logos*, razón ordenadora del mundo. La fuerza inconmensurable es ahora juez y dictador de normas. Lo sagrado ha sido racionalizado a la medida del hombre; ha sido convertido en objeto de la misma razón discursiva que opera en el mundo profano. Podríamos decir que los dioses, el Dios, son el resultado de la profanación de lo sagrado por la razón humana.

RECUPERACIÓN DE LO SAGRADO

Pero la historia no es tan simple. Frente al pensamiento que intenta comprender lo sagrado aplicándole los conceptos destinados a hablar de lo profano, en todas las religiones ha subsistido siempre otra dirección del pensamiento: la que ha querido expresar el misterio, sin alterarlo. Ese pensamiento sigue las condiciones siguientes: *1)* no puede captar lo sagrado como un ente, al lado de otros entes; *2)* sólo puede aseverar de él su existencia; no puede decir en qué consiste; *3)* no puede concebirlo sujeto a reglas establecidas por el entendimiento; *4)* por consiguiente, sólo puede determinarlo por lo que no es.

Los *Upanishads*, en la India antigua, consideran divino aquello que se manifiesta en todo, que es principio y sentido de todo y que, por ello mismo, no puede concebirse como un ente en el todo, como una cosa o como un dios. Lo divino no son los dioses, o el Dios, sino el principio de todo, indecible e irrepresentable. "Lo que no puede ser expresado por la palabra, aquello por lo cual la palabra es expresada en Brahma y no lo que aquí se honra como tal", dice el *Kena Upanishad*.[8]

Es el principio de un pensamiento que expresa el misterio cósmico de la única manera en que no lo desvirtúa, mediante la afirmación de su existencia y la negación de lo que no es. Lo sagrado sólo puede expresarse mediante la superación de toda palabra discursiva. "Eso (el principio sagrado) sólo quien no lo conoce, lo conoce; quien lo conoce, no lo conoce. No es comprendido por quien lo comprende; es comprendido por quien no lo comprende".[9] "No puede captarse por la palabra, ni por la mente, ni por la vista. ¿Cómo puede ser comprendido si no es por quien dice: es?".[10] "Eso" no puede ser conocido por conceptos, como si fuera un objeto; sólo puede ser comprendido cuando superamos toda comprensión por conceptos (cuando "tiramos la escalera", diría Wittgenstein).

Ese pensamiento adquiere gran sutileza y complejidad en la teología del *Advaita-Vedanta*. Guadapada, por ejemplo, al referirse a lo sagrado, nos dice:

---

[8] *Kena Upanishad*, 1, 5, en *The Principal Upanishads*, Radhakrishnan (ed.), Londres, Allen and Unwin, 1953.

[9] *Ibid.*, 11, 3.

[10] *Ibid.*, 11, 3, 12.

"Es, no es, es y no es; no es verdad que no sea; es móvil e inmóvil, tan móvil como inmóvil, ni móvil ni inmóvil; ese lenguaje lo oculta a los necios".[11] Shankarakarya, el mayor filósofo del medioevo hindú, para hablar de lo divino sólo puede emplear la negación: no es esto, ni aquello, *"neti... neti"*. Existe, pero no se identifica con ente alguno. Por eso, en lugar de atribuirle el ser, prefiere llamarlo con la doble negación: es "no no-ser".

El budismo, en sus inicios, es ateo. El principio de todo no puede ser objetivado ni determinado. Lo sagrado es, en último término, "vacío", vacío que no es la nada; al contrario, es el fondo en que todo es uno.

Sin influencia conocida del pensamiento hindú, en Grecia aparece un movimiento en una dirección semejante. En Anaximandro el principio de todo sólo puede determinarse por la negación: es justamente lo indeterminado, el *a-peirón*. Jenófanes rechaza todo pensamiento de analogía para hablar de lo divino. "Si los bueyes, los caballos y los leones tuviesen manos y con ellas pudiesen dibujar y realizar obras como los hombres, los caballos dibujarían figuras de dioses semejantes a los caballos, y los bueyes a los bueyes". Pero la divinidad "no se asemeja a los hombres ni por el cuerpo ni por el pensamiento". Según Aristóteles, Jenófanes sólo decía que "lo Uno es Dios".[12]

Esas ideas alcanzan su mayor desarrollo en el platonismo. Ya en Platón lo "Uno" está más allá de toda determinación. En toda la corriente neoplatónica, el principio último es "ser"; pero "ser" no tiene el sentido de "ente"; por ello prefieren llamarlo "lo uno" y lo uno está más allá de toda esencia (*epekeina tes ousias*), por lo tanto, de toda determinación.

En las religiones monoteístas, centradas en la creencia en un Dios trascendente, que puede pensarse en analogía con los entes, la corriente negativa no es la predominante. Sin embargo, desde sus inicios está presente.

Aun en Israel, Yahwé es la divinidad que no puede ser nombrada ni representada. De ella sólo se dice que es. En varios salmos y en el libro de Job la divinidad se muestra como la pura maravilla, misterio de insondable grandeza, cuya potencia y sentido somos incapaces de entender, ante el cual

---

[11] *Mandhayuda Karika, Mystique d'Orient et Mystique d'Occident*, París, Payot, 1951, p. 39.
[12] Aristóteles, *Metafísica*, 1, 5, 986b, 20.

sólo cabe callar. Isabel Cabrera, en un lúcido trabajo,[13] ha mostrado cómo el libro de Job está dominado por la controversia entre dos concepciones: la personificada por los amigos de Job, que piensan que la voluntad divina obedece a reglas morales cognoscibles, y la revelación de la Divinidad misma, que se muestra incomprensible por nuestras ideas, más allá de toda norma.

La misma oposición entre un Dios que se pretende a la vez razón y juez moral del mundo y el *Deus abscondilus*, el misterio incomprensible, se encuentra en el cristianismo, desde la Patrística. En Gregorio de Nysa, por ejemplo: "Dios no es esto ni aquello, como las cosas múltiples. Dios es lo uno"; ante Él sólo cabe "comprender que es incomprensible", "ver que es invisible". Y san Juan Crisóstomo: "El verdadero conocimiento de Dios consiste en comprender que es incomprensible".

En los grandes místicos se continúa la misma línea de pensamiento. Lo sagrado es vivido; no puede determinarse; sólo podemos balbucir torpemente, al ver sus vestigios en el mundo y en el alma. Meister Eckhart va más allá de Dios. La Deidad (*Gotlheit*) no es ningún ente; es un abismo originario. Desierto, desnudez, vacío. Está tan lejos de Dios como éste de las criaturas. "Escuchadme: la Deidad y Dios son realidades tan distintas como el cielo y la tierra. Es cierto que Dios está a miles de leguas de altura. Pero Dios mismo deviene y pasa".[14] Lo otro absoluto está más allá de todo Dios concebible.

La muerte de los dioses

Llegamos al final de estas breves, frágiles reflexiones. Recapitulemos.

Partimos de una pregunta: ¿cuál es la relación de la experiencia de lo sagrado con la razón? En la historia de las religiones encontramos dos vías de respuesta.

Lo más fácil: aplicar a lo sagrado experimentado los mismos procedimientos que el entendimiento y la razón emplean para conocer los hechos que se dan en el mundo profano. Entonces, pensamos lo sagrado como un ente, lo

---

[13] Isabel Cabrera, *El lado oscuro de Dios*, México/Buenos Aires/Barcelona, Paidós, 1998.

[14] *Traités et Semon*, París, Aubier, 1942, p. 245.

objetivamos, lo comprendemos en consonancia con las reglas que establece nuestra razón. Pero entonces la razón se salta los límites de la experiencia posible; concibe un ámbito supraempírico donde residen los dioses. Los dioses primero, el Dios único después, son lo sagrado objetivado. No son producto de lo irracional; al contrario, son el resultado de aplicar a la experiencia de lo absolutamente otro los conceptos y reglas con que podemos conocer el mundo profano. Son el resultado de pensar lo "otro" como si perteneciera al campo de lo "mismo"; son el producto de un error en el uso del lenguaje, tratar de decir lo que sólo puede mostrarse, y en el uso del entendimiento: tratar como un ente lo que no puede ser objeto.

Pero, con el pensamiento moderno, la razón cobra conciencia de sus límites. Comprende que sus proposiciones sólo son verificables si se aplican en los límites de la experiencia posible; y los dioses están fuera de esos límites. Los entes en que se coagula lo sagrado no están dados en el mundo vivido; nada de lo que se diga de ellos es verificable en la experiencia. La crítica de la razón primero, del lenguaje después, anuncian la muerte de los dioses, la muerte de Dios.

Después de la muerte de los dioses se nos abre una alternativa. Una vía es admitir que toda experiencia lo es de un mundo profano, no ver en ese mundo que lo "otro" ya estaba presente, allí, como parte del mundo experimentado personalmente; y en la vivencia de ese misterio sólo había un "ello" inconceptuable; no había dioses: los dioses ya estaban muertos. La muerte de los dioses no altera esa experiencia posible de lo sagrado tal como se muestra, no fuera del mundo, sino en el portento prodigioso del universo y de la vida. La muerte de Dios permite comprender de nuevo, tal vez, que lo sagrado está en el todo, pero que no es nada en ese todo.

SEGUNDA PARTE

Conocimiento, racionalidad y verdad

6

Ciencia radical y sabiduría

(Notas sobre *La filosofía como ciencia rigurosa*, de Husserl)*

I. El ideal de ciencia radical implica universalidad y fundamentación absoluta. No puede cumplirse por ninguna ciencia particular, pues es propio de toda ciencia particular la limitación de su dominio objetivo y la falta de radicalidad en su fundamentación. Toda ciencia particular es "ingenua", dirá a menudo Husserl, en la medida en que no ha fundado sus propios supuestos. De hecho, cualquier ciencia, aun la matemática pura, ha podido desarrollarse sin alcanzar radicalidad última; a un saber científico particular le bastan, de hecho, fundamentaciones relativas y limitadas. De allí que no podamos tomar como modelo de ciencia radical ninguna ciencia positiva.

Tampoco la "teoría de la ciencia" existente responde, para Husserl, al ideal de ciencia radical. En la *Lógica formal y lógica trascendental* calificará de "ingenua" a la lógica formal porque no efectúa una crítica de sus propios límites ni pregunta por su fundamento constitutivo. Tampoco en las *Meditaciones cartesianas* concederá radicalidad a la lógica.

El ideal de una ciencia universal de fundamentación absoluta sólo podría cumplirlo el saber primero: la filosofía. Las ciencias particulares —y entre ellas habría que contar a la lógica formal— sólo podrían acercarse a ese ideal en la medida en que esclarecieran sus propios supuestos y postularan una disciplina de los fundamentos últimos. Mas esa tarea rebasaría los objetivos particulares y limitados de cada ciencia. De cumplirla, las ciencias particulares

---

* En Luis Villoro, *Páginas filosóficas*, Xalapa, Universidad Veracruzana, 1962, pp. 177-182.

dejarían de ser tales para convertirse, por su universalidad y radicalidad, en fenomenología. Tal es lo que sucede de hecho, según Husserl, con la psicología eidética que, al intentar fundarse como ciencia radical, se confunde con la fenomenología misma.

Por consiguiente, la filosofía sólo podría ser ciencia en un sentido peculiar, que no es el de las ciencias particulares: en el sentido de un *saber de los orígenes*. Y ninguna otra ciencia puede tener ese sentido. Por su radicalismo, ya que no por su actitud teórica, el filósofo se separa de cualquier otro científico. Pues la filosofía quiere ser ciencia de un modo que no puede querer ninguna ciencia positiva: con *radicalidad* absoluta.

II. El intento de realizar la filosofía científica debe tomar el concepto de ciencia auténtica como simple idea directriz y aceptarla como "una conjetura a la que nos entregamos por vía de ensayo"[1] sin prejuzgar de la posibilidad de su realización. Ahora bien, para Husserl la idea de ciencia auténtica tiene —entre otras— las siguientes características: *1.* Está constituida por un enlace sistemático de proposiciones. Su esfera de conocimiento es, pues, la esfera *predicativa. 2.* Sus proposiciones se fundan —de manera mediata o inmediata— en una evidencia antepredicativa. "La evidencia predicativa —dice Husserl en las *Meditaciones cartesianas*— implica la antepredicativa"; y "las ciencias quieren llegar a predicaciones que expresen en su integridad y con adecuación evidente lo visto antepredicativamente".[2] Es, pues, *verificable* en una evidencia antepredicativa. *3.* Las proposiciones que la constituyen son válidas "una vez por todas"; su validez no depende de la existencia de hechos. Es, pues, *ideal.*

Pero la realización de un conocimiento con esas características presupone necesariamente: una teoría de la predicación, una teoría de la verificación antepredicativa y una teoría de la idealidad. Esta triple teoría sería un saber de los orígenes de toda ciencia; debería preceder, por lo tanto, a su realización efectiva. Y ahora podemos preguntar *nosotros*, frente a Husserl: esa triple teoría *¿sería a su vez ciencia?* Para serlo habrá de poseer las mismas características que constituyen la idea de ciencia auténtica. Lo cual, por supuesto, no está

---

[1] Edmund Husserl, *Cartesianische Meditationen*, Husserliana t. I, Den Haag, M. Nijhoff, 1950, p. 49.
[2] *Ibid.*, pp. 52 y 54.

excluido de antemano. Podemos formular de otro modo nuestra pregunta: ¿cuáles son las condiciones de posibilidad para que ese saber de los orígenes sea ciencia?

Para que el conocimiento que precede a toda ciencia auténtica fuera a su vez auténtica ciencia, como Husserl pretende, sería menester cumplir las siguientes posibilidades: *1.* Posibilidad de una teoría universal de la predicación que se fundara a sí misma de modo apodíctico; esto es, posibilidad de una *lógica formal pura. 2.* Posibilidad de fundar las evidencias predicativas en evidencias antepredicativas y de expresar éstas en proposiciones sometidas a las leyes de la lógica formal pura; esto es, posibilidad de una *teoría de la verificación* o de lo que más tarde llamará Husserl *"lógica genética"* (teoría de la génesis antepredicativa de toda predicación). *3.* Posibilidad de traducir la esfera antepredicativa a significaciones válidas "de una vez por todas"; esto es, posibilidad de una *ciencia eidética pura.* En suma: la realización de la filosofía como ciencia rigurosa está condicionada por la realización de esas tres disciplinas. No es, pues, una idea sin supuestos; la idea husserliana de la filosofía científica supone la validez de esas disciplinas y habrá de correr la misma suerte que ellas.

¿Y cómo decidir de la validez de esas disciplinas? Sólo por la crítica de sus *límites* y el examen de los datos *inmediatos* de que parten. El conocimiento primero tiene que descubrir los límites formales de toda predicación con sentido, para poder decidir de la autonomía y universalidad de una teoría formal de la predicación; debe explicitar en toda su riqueza la esfera de la evidencia antepredicativa para señalar hasta dónde es posible su adecuada expresión predicativa; tiene que esclarecer la génesis del conocimiento ideal, a partir de lo dado, para admitir la posibilidad de una ciencia eidética. Mas todo ello supone un conocimiento *inmediato* de la esfera de lo dado, tal como se presenta antes de toda predicación; y *éste rebasa el marco del conocimiento predicativo y eidético, propio* —según Husserl— *de la ciencia auténtica.* Por otra parte, un conocimiento de lo dado originariamente, antes de toda teoría científica, del mundo vivido previo a cualquier sistema enlazado de proposiciones ideales, es un saber del mundo tal como se presenta al hombre, inseparable de su referencia a la *persona.* El conocimiento del mundo inmediatamente dado es un requisito indispensable para decidir de los límites de la ciencia auténtica y por consiguiente de la posibilidad de una filosofía como ciencia. Y ese saber —a diferencia del científico— debe ser inmediato y personal. Sólo si la filosofía lo comprendiera carecería de supuestos y podría ser saber de los orígenes. Así, un saber de los orígenes, justo por serlo, rebasaría el marco señalado por la idea de ciencia auténtica. O, a la inversa, la conversión de la filosofía en ciencia la obligaría a renunciar al conocimiento de los orígenes.

Llegamos a una conclusión contraria a la de Husserl: la filosofía como ciencia rigurosa, para poder fundar su posibilidad, necesita de un conocimiento que no sea él mismo ciencia rigurosa; de lo contrario tiene que aceptar como punto de partida el triple supuesto de que hablábamos. Mas, de aceptarlo, dejaría de ser saber sin supuesto, ciencia radical. En suma, la filosofía tendría que elegir entre ser saber de los orígenes o limitarse a la función de ciencia rigurosa.

III. Ahora la distinción entre filosofía como ciencia y filosofía como sabiduría no nos parecerá tan tajante como Husserl la presenta. ¿Hasta qué punto la posibilidad de la filosofía científica se basa, en realidad, en una decisión no científica? ¿En qué medida la filosofía como ciencia cumple una pretensión de conocimiento no científico?

La elección de la filosofía como ciencia frente a la filosofía como concepción del mundo no puede ser dictada por la ciencia. La ciencia realiza tal vez —como dice Husserl— valores en cierto respecto superiores a los de la sabiduría.[3] Mas la decisión de realizar la filosofía como ciencia debe fundarse en la estimación preferencial de esos valores sobre los valores propios de la sabiduría. Podrá, sin duda, invocarse el carácter eterno de los valores científicos frente al carácter temporal de los valores sapienciales,[4] o la necesidad de sacrificar el interés personal al interés general,[5] y apelar a la "responsabilidad que tenemos hacia la humanidad";[6] de cualquier modo, la elección de la filosofía como ciencia implicará una decisión de saber y una estimación de valor previas a la realización de dicha ciencia y que, por lo tanto, no parten de ella. La decisión de preferir el valor eterno al temporal, el interés general al individual, ¿no supone acaso una estimativa personal? ¿Y no es éste asunto de sabiduría?

---

[3] Edmund Husserl, *La Philosophie comme science rigoureuse*, París, Presses Universitaires, p. 112.
[4] *Idem.*
[5] *Ibid.*, p. 115.
[6] *Ibid.*, p. 118.

Aunque la ciencia misma no tenga carácter de conocimiento personal, como justamente indica Husserl, su realización por el filósofo sí tiene ese carácter. De tal modo que pudiera sentirse llamado a ella por el afán de realizar, con la ciencia, *una forma de sabiduría*. La liberación de las falsas opiniones que nos enajena y la superación de la relatividad inherente a las concepciones del mundo es —para el filósofo— asunto personal. El acceso a la verdad absoluta es —para el filósofo— apertura a la verdad propia. Todo ello puede actuar —y seguramente actúa— como motivo de la elección de la filosofía como ciencia; y ese motivo ya no se justifica en ciencia sino en sabiduría.

Por supuesto que, de realizarse la filosofía como ciencia, esas motivaciones de sabiduría en nada menguarían la validez de la ciencia, pues no formarían parte de la estructura de *fundamentación* de la filosofía científica. Con todo, la realización de la filosofía como ciencia resultaría, a la par, *cumplimiento* de una forma de sabiduría. Si desde la perspectiva de la ciencia, la sabiduría puede verse como "realización imperfecta de la ciencia en el tiempo"; desde la perspectiva de la sabiduría, la ciencia podría considerarse como realización de una forma de sabiduría.

El propio Husserl, diez años después de la publicación de *La filosofía como ciencia rigurosa*, sostuvo una idea de la filosofía difícilmente compatible con la separación tajante entre ciencia y sabiduría. En la medida en que la filosofía sea ciencia radical —decía en *Filosofía primera*—[7] exige desprenderse de toda ingenuidad anterior, de toda falsa justificación de saber, de todo supuesto. Implica, por lo tanto, una "inversión universal" de toda convicción previa, especie de purificación liberadora del espíritu.

Mas esta consagración a un saber radical no es sólo una postura teórica, entraña la elección "con entera responsabilidad" de una forma de vida. El filósofo asume una tarea como vocación propia; al asumirla, orienta su vida continuamente hacia el valor absoluto; porque —a diferencia de otras tareas elegidas— la tarea filosófica consiste en la dedicación al valor supremo: la verdad última. Ante ella, todo valor distinto resulta relativo y deleznable; en ella, la vida queda fincada en lo absoluto. Elegir la verdad con radicalidad es, pues, elegirse a sí mismo como persona en trance de realizar el más alto valor.

---

[7] Edmund Husserl, *Erste Philosophie (1923-24). Zweiter Teil*, Husserliana t. VIII, Den Haag, M. Nijhoff, 1959, pp. 23 y ss.

El dilema entre un saber personal y vital (sabiduría) y un saber impersonal y objetivo (ciencia), queda aquí superado; la decisión de convertir a la filosofía en ciencia radical es, ella misma, consagración personal al valor absoluto y realización de la más alta forma de vida.

IV. Por otra parte, la sabiduría, en la medida en que es *filosófica*, implica un interés científico. En su límite ideal, toda sabiduría filosófica tiende a alcanzar validez incondicional y universalidad. Aspira a realizarse de tal modo que se convierta en verdad objetiva interpersonal y no sólo en verdad circunstancial. De allí que eche mano tan a menudo de las ciencias y quiera incorporar sus resultados, como el propio Husserl señala. De allí también que pretenda liberar de los juicios enajenantes y enfrentar al hombre directamente con su propia verdad, tarea a que accederá una ciencia auténtica. La sabiduría filosófica, en la medida en que es filosofía, no ha podido dejar de buscar el ideal de ciencia.

V. Parecería que en realidad fuera imposible despojar a la filosofía de su tensión entre las dos formas de saber que Husserl contrapone, tratando de excluirlas; de tal modo que ninguna de ellas pudiera darse aislada sin dejar de ser filosofía. Al menos como ideal, la filosofía ha querido ser una sabiduría científica y una sabia ciencia. En esa conexión, uno y otro término perdería algo de su sentido habitual. Sabiduría sin ciencia sería religión o mito, sentido común o conseja popular, apólogo o poesía, todo menos filosofía. Ciencia sin sabiduría sería teoría de una región objetiva, técnica, o simple juego teórico, mas no filosofía. Tal vez en la realización cabal de la ciencia se encuentre la sabiduría y a la inversa. La sabiduría, llevada a su fin, sería conocimiento universal y radical, por lo tanto, ciencia, aunque en un sentido distinto al de las ciencias particulares. La ciencia filosófica, llevada a su límite, sería acceso inmediato a la verdad propia y explicitación del mundo personal vivido, por lo tanto, sabiduría; aunque en un sentido diferente al de las otras formas de sabiduría.

La filosofía como ciencia da validez a toda sabiduría. La filosofía como sabiduría da sentido a toda ciencia. Validez y sentido último sólo puede darlos un saber de los orígenes. En cuanto saber de los orígenes, la filosofía ha pretendido ser un conocimiento anterior a la separación entre ciencia y sabiduría, tal como atestiguan los inicios de su historia. En su ideal regulativo se identificarían ciencia rigurosa y sabiduría última. Mas la síntesis podría ser en pureza inalcanzable y la filosofía consistir en un empeño paradójico.

7

Saber y verdad*

VERDAD, ORACIONES Y JUICIOS

A. Tarski, en su concepto semántico de verdad, logró precisar la noción tradicional de verdad como correspondencia.[1] Una oración cualquiera es verdadera si y sólo si existe el hecho al que se refiere o, en forma más breve: *"p"* es verdadera si y sólo si *p*. Pero ¿qué es *"p"*? Para evitar cualquier cuestión metafísica, Tarski la interpretó como una "oración (*sentence*) declarativa" perteneciente a un lenguaje específico;[2] *"p"* es una entidad lingüística, considerada con independencia de cualquier sujeto que la profiera. Con todo, es obvio que, al aplicar la noción de verdad a una oración singular, podemos aplicarla también a la clase de oraciones con el mismo significado que esa oración. Si "la nieve es blanca" es verdadera, también lo es *"la neige est blanche"*, *"snow is white"*, y cualesquiera otras oraciones con el mismo significado, formuladas en otro momento o lugar. Podemos entender, pues, por *"p"* la proposición, si por "proposición" no entendemos ninguna entidad psicológica o metafísica, sino sólo la clase de oraciones con el mismo significado que una oración dada.

¿Y qué se entiende por *p*? No puede ser el objeto de la creencia en cuanto creído por un sujeto, pues éste podría no existir realmente, con lo que *"p"*

---

* En Luis Villoro, *Creer, saber, conocer*, México, Siglo XXI Editores, 1982, pp. 176-196.

[1] Alfred Tarski, "The semantic conception of truth", en *Philosophy and Phenomenological Research,* vol. IV, 1944. Reeditado en Feigl y Sellars (comps.), *Readings in philosophical analysis,* Nueva York, Appleton Century Craits, 1949, pp. 52-84.

[2] *Ibid.*, p. 53.

sería falsa; lo que hace verdadera a la proposición, sólo puede ser el hecho real, tal como existe con independencia de cualquier sujeto que lo crea. En el concepto semántico de verdad, la verdad es una relación real entre dos términos: oraciones y hechos. En ella no aparecen para nada los sujetos. La verdad de "*p*" no depende del testimonio de nadie; "*p*" podría ser verdadera, aunque nadie lo sepa, incluso aunque no exista ningún sujeto que la juzgue. Corresponde a una noción de verdad que podríamos llamar "absoluta", esto es, considerada como una relación diádica entre lenguaje y realidad, con independencia del conocimiento que algún sujeto tenga de ella.

La situación es distinta cuando tenemos que pensar la verdad en relación con el conocimiento. Si bien en la definición de "verdad" podemos prescindir del sujeto, no podemos excluirlo del concepto de "saber". El saber es un estado interno de alguien. Si nos referimos a una verdad "sabida", el sujeto debe aparecer en los dos términos de la relación de verdad. Veamos el primero.

"*P*" es una oración declarativa o clase de oraciones (proposición). Pero lo que convierte a un conjunto material de trazos o sonidos en oración declarativa de un lenguaje, no es ninguna propiedad física de esos trazos o sonidos, sino el que sean usados para referirse a un hecho y describirlo. Los trazos o fonemas que componen la oración singular son sólo un conjunto de moléculas sujeto a leyes físicas; no se refieren a nada, mientras no sean utilizados por alguien para ese propósito. Por lo tanto, para poder aplicar a un conjunto determinado de trazos físicos el predicado de verdaderos, es menester suponer que ellos se refieren a un hecho existente; tenemos que suponer, entonces, que alguien *juzga* con ellos ese hecho. Luego, para que llamemos verdadera a una oración concreta, debemos considerarla no sólo como un conjunto de trazos en un papel o serie de fonemas proferidos en un orden, sino como signos usados por un sujeto concreto para referirse a un hecho y describirlo, como una oración aseverada. Podemos llamar a la oración aseverada "aseveración" o "juicio"; corresponde al término *statement* en lengua inglesa, mientras que la palabra *sentence* puede traducirse, en castellano, por "oración" o "enunciado". La aseveración es el resultado de algo que hace un sujeto con una oración, al juzgar que existe o no existe un hecho. En la aseveración o en el juicio no podemos prescindir de *quien* juzga. Como señaló J. L. Austin, "una aseveración (*statement*) se hace y su hacerla es un acontecimiento histórico, la locución por cierta persona que habla o escribe de ciertas palabras (una oración) dirigida a una audiencia con referencia a una situación histórica, a un acontecimiento o a lo que sea".[3] Una oración está constituida por palabras que pertenecen a una lengua determinada, es un arreglo de signos; una aseveración o un juicio es un uso que alguien hace de esos signos para referirse a algo (para "alcanzar la realidad", como decía el Wittgenstein del *Tractatus*). la misma oración puede servir para expresar juicios diferentes (por ejemplo, "el actual presidente de México es prudente", afirmada hoy o hace seis años); a la inversa, el mismo juicio puede expresarse con oraciones distintas: una vez con palabras castellanas, otra, con palabras inglesas, por ejemplo. Para saber si una oración determinada es verdadera, es menester conocer cuál es el juicio que con ella se hace. Así, sólo si suponemos que alguien asevera algo con una oración, podemos aplicar a esa oración el predicado de verdadera. Sólo sabemos que un hecho concreto p hace verdadera a "p" si suponemos que "p" está aseverando este hecho, esto es, si por "p" entendemos el juicio de que p, no la simple oración.

Pero para que se dé un juicio verdadero, es menester suponer el o los sujetos históricos a juicio de los cuales es verdadero. Si la existencia real de p es *condición de la verdad* del juicio "p", la existencia de un sujeto para el que es verdad "p" es *condición de la posibilidad* del juicio verdadero "p". No afirmamos que —si "p" es verdadera— el hecho p *no exista* con independencia de todo juicio, sino que no puede ser juzgado, ni sabido, con independencia de todo juicio. Podemos, sin duda, *definir* la verdad como una relación diádica, en la que hacemos abstracción de todo sujeto, pero no podemos *aplicar* esa definición a ninguna verdad sabida, manteniendo la misma abstracción. En el momento en que alguien sabe que "p" es verdadera, juzga sobre la verdad de "p", y la verdad ya no consiste sólo en la relación entre una oración y un hecho, sino entre una aseveración y su referencia.

---

[3] J. L. Austin, "Truth", en G. Pitcher (comp.), *Truth*, Englewood Cliffs, Nueva Jersey, Prentice-Hall, 1964, p. 20.

VERDAD Y JUSTIFICACIÓN OBJETIVA

Pasemos ahora a considerar el hecho que hace verdadera la proposición, en la relación de conocimiento. Debe aceptarse que, si "*p*" es verdadera, *p* existe con independencia de cualquier sujeto. Pero lo que *existe* con independencia de cualquier sujeto no puede *ser sabido* con la misma independencia. No es contradictorio que alguien conozca un hecho que existe con independencia de su conocimiento, pero sí es contradictorio que alguien conozca con independencia de su conocimiento un hecho que existe. Luego, no puedo *saber* que algo es verdadero, con independencia de mis modos de aprehender la verdad. Si para saber que *p* se exigiera que el hecho *p* estuviera desligado de cualquier aprehensión de un sujeto, nadie podría saber, porque nadie podría poner en relación ese hecho con el enunciado que asevera su existencia. Ahora bien, razones para saber son justamente todo aquello que le permite a un sujeto basar su juicio en la realidad, "alcanzarla" con su juicio. Luego, para que cualquiera sepa, es menester que sus razones basten para garantizar la existencia real de *p*; pero, entonces, el juicio sobre la verdad de "*p*" depende de esas razones.

Tenemos que distinguir entre la definición de "verdad" y el enunciado de las condiciones que permiten que un sujeto cualquiera tenga una proposición por verdadera; hay que distinguir entre *verdad y criterio de verdad*. X es criterio de la existencia de y cuando la presencia de x es señal decisiva de la existencia de y, su ausencia señal decisiva de la inexistencia de y, y x es conocido en forma más inmediata y clara que y. Criterio de la verdad de "*p*" debe ser una señal que garantice para un sujeto la existencia real de *p* y que sea conocida de manera más inmediata que la misma *p*. Ahora bien, llamamos "razones objetivamente suficientes" o "justificación objetiva" a lo que asegura, para cualquier sujeto, que el objeto de su creencia no sólo tiene existencia para él, sino también tiene existencia real, independiente de su propio juicio. Las razones objetivamente suficientes bastan, por lo tanto, para que un sujeto pueda aseverar que su creencia es verdadera y que sabe; son, pues, criterio de verdad; fuera de ellas nadie tiene otro acceso a la verdad.

Para distinguir entre "creer" y "saber" no interesa tanto que en un caso se alcance la realidad y en el otro no. De hecho, también con la mera creencia podemos alcanzar la realidad, como el viajero del *Menón* llega a la ciudad de

Larisa con su creencia cierta. Lo que realmente importa es tener "amarrada" la posibilidad de acertar, no alcanzar la realidad por un acto irrepetible y azaroso, sino poder controlar nuestros aciertos; en suma, lo que nos interesa, al saber, es poseer una *garantía* para acertar. Las razones objetivamente suficientes son un criterio de verdad tal que *garantizan* que nuestras creencias no fallarán la realidad.

J. L. Austin sostuvo que hay un uso "realizativo" (*performative*) de "sé", semejante al de "prometo"; al saber me porto garante de la verdad de lo que afirmo. "Cuando digo 'yo sé', *les doy a otros mi palabra: les doy mi autoridad para decir* que '*S es p*' ".[4] Sería, sin duda, un error reducir "sé" a ese uso realizativo; también tiene un uso descriptivo, el cual constituye el concepto epistémico que nos ha astado ocupando. Pero la observación de Austin es perspicaz: señala un componente esencial del saber: quien sabe puede presentar credenciales seguras (las razones objetivamente suficientes) que "autorizan" la verdad de lo que afirma; saber es poder dar garantía de la verdad. Héctor-Neri Castañeda, por su parte, indica como criterio de saber la "confiabilidad" (*reliability*): "La máxima confiabilidad del que sabe requiere que las creencias del que sabe (llamémoslas o no razones) garanticen de una manera muy fuerte la verdad de lo que él cree y sabe".[5]

Las razones objetivamente suficientes son garantía de la verdad para el que sabe porque, con todas las razones de que dispone, puede inferir que no hay ninguna que contravenga su creencia. Ni para él ni para ningún otro sujeto epistémico pertinente es concebible la falsedad de lo que creen, dadas las razones de que disponen. En el caso de las proposiciones necesarias es también inconcebible la falsedad de lo que creen, con base en cualquier otra razón no accesible a su comunidad epistémica. Pero no es el mismo caso en los enunciados empíricos; respecto de ellos no se excluye que pudiera concebirse la falsedad de su creencia, dadas *otras razones* no accesibles a la comunidad epistémica a que pertenecen. En ese caso, la justificación objetiva, aunque sea la más fuerte garantía que podamos tener de las verdades empíricas, no

---

[4] J. L. Austin, "Other minds", en J. O. Urmson y G. J. Warnock (comps.), *Philosophical papers,* Oxford, Clarendon Press, 1961, p. 67.
[5] Héctor-Neri Castañeda, "La teoría de las preguntas, los poderes epistémicos y la teoría indéxica del conocimiento", en *Didnoia,* núm. 25, México, UNAM, 1979, p. 131.

las implican con *necesidad*, porque es relativa al número de razones accesibles a una comunidad epistémica y éstas están históricamente condicionadas. Nunca podemos tener una seguridad *absoluta* de que no pudiera haber razones para *otra* comunidad epistémica, a las que no podemos tener acceso, que revocaran nuestro actual saber acerca de hechos empíricos. Si esa posibilidad no estuviera abierta, todo saber sería infalible.

Así, la garantía de verdad, para los enunciados empíricos, es relativa a un tiempo y a una sociedad histórica. Las razones que pueden ser suficientes para una comunidad epistémica C_1 en el tiempo t_1 pueden ser insuficientes en el tiempo t_2 para otra comunidad C_2. Sólo los enunciados necesarios escaparían a esta relatividad puesto que, por definición, serian verdaderos "para todo mundo posible". Pero todo saber empírico es falible. Cualquier análisis de "saber" debe incluir un criterio de verdad en un sentido fuerte y, a la vez, dejar abierta la posibilidad de ser corregido.

El criterio de verdad permite atribuir verdad a una proposición, puesto que es una señal de la cual podemos inferir la verdad. Para esa atribución no necesitamos de nada más; si necesitáramos de algo más tendríamos un acceso a la verdad aparte de las razones objetivamente suficientes; pero esto es absurdo, porque por "razones objetivamente suficientes" entendemos justamente las que nos demuestran el carácter objetivo de nuestra creencia.

La justificación objetiva supone la noción de verdad en dos sentidos. En primer lugar, la noción de "verdad" y su correlativa de "realidad" son necesarias para *comprender* el concepto de "objetividad". Una justificación sólo es objetiva si permite a cualquier sujeto aseverar que el objeto de su creencia tiene existencia real y le garantiza, por ende, la verdad de lo que cree. No podemos hablar con sentido de "razones", de "justificación" y, por lo tanto, de "saber", sin suponer esas nociones.

Por otra parte, las nociones de "realidad" y de "verdad" son indispensables para *explicar* la objetividad de la justificación. Según vimos, la objetividad supone la coincidencia de juicios de una comunidad de sujetos epistémicos. En lo que respecta a los juicios de hechos, la mejor explicación de esa coincidencia es la existencia real, independiente de los sujetos, de los hechos juzgados. De lo contrario, la intersubjetividad sólo podría explicarse por extravagantes hipótesis. Podríamos pensar, ¿por qué no?, en alguna divinidad que actuara en todo sujeto haciéndole aparecer como real lo que sólo es efecto de su propia *maya*, o en una "armonía prestablecida" entre las mentes, por la que todos los juicios concordaran sin darse cuenta. En el primer caso, echaríamos mano de una hipótesis arbitraria, del todo inconsistente con el resto de nuestras creencias. Todas ellas tendrían que reformarse si admitiéramos ser en verdad juguetes de un dios ilusionista. En la segunda hipótesis, sólo daríamos un nombre a la intersubjetividad epistémica, sin salir de nuestra perplejidad, ni ofrecer explicación. La admisión de un mundo real, común a todo sujeto, base de la verificación de todo juicio empírico, es la única explicación concluyente, completa y coherente con todos nuestros conocimientos. La verdad, como correspondencia de nuestros juicios con esa realidad, resulta así la única explicación racional suficiente de la objetividad de nuestras razones.

Esto quiere decir que sólo a partir de la justificación objetiva podemos juzgar acerca de la verdad de "*p*" y no a la inversa: a partir de la verdad de "*p*" determinar el carácter objetivo de la justificación. Para emplear una terminología escolástica: si bien en el orden del ser, el concepto de verdad es anterior al de justificación objetiva, porque sólo *es* objetiva la justificación si hay verdad; en el orden del conocer, el concepto de justificación objetiva es anterior al de verdad, porque sólo *sabemos* que algo es verdadero si está objetivamente justificado.

Esta posición no conduce a idealismo alguno. Toda postura idealista implica confundir la verdad con el criterio de verdad, es decir, confundir las condiciones que garantizan la verdad de un juicio para un sujeto, con las condiciones de verdad de ese juicio. Pero una proposición sólo es verdadera cuando lo es *con independencia* de cualquier juicio que se formule. Del hecho de que cualquier sujeto deba tener razones objetivamente suficientes para aseverar la verdad de una proposición, no se sigue que lo aseverado sólo tenga verdad *en relación* con ese sujeto; por el contrario, puesto que las razones sólo son *objetivamente* suficientes cuando garantizan la verdad de la proposición con independencia de todo juicio particular, se sigue que la verdad de esa proposición, independiente de todo juicio, es condición para explicar que las razones sean objetivas.

Una definición inaplicable de "saber"

Podemos ya proceder a justificar nuestra reforma al análisis tradicional de "saber". Que en el análisis de "*S* sabe que *p*" no debe incluirse expresamente "*p* es verdadera" puede concluirse, creemos, de tres argumentos.

Primer argumento. En la definición tradicional de "saber", la segunda condición ("'*p*' es verdadera") presenta una forma distinta a las otras dos. Mientras éstas mencionan el sujeto del saber, la segunda no lo hace. La definición no es precisa mientras no *mencione quién* juzga la verdad de "*p*". ¿Debe entenderse que "'*p*' es verdadera" es aseverada por *S*, o por cualquier sujeto posible? Veamos la primera posibilidad. Si es *S* quien juzga la verdad de "*p*", el enunciado "'*p*' es verdadera", aseverado por *S*, está implicado necesariamente en "*S* juzga tener razones suficientes para creer que *p*". En efecto, *S* sólo puede juzgar "'*p*' es verdadera" por las razones que él considera suficientes. Sería inconsistente que juzgara sus razones suficientes para establecer la verdad de "*p*" y mantuviera que "*p*" es falsa. Pero "*S* juzga tener razones suficientes para creer que *p*" es condición de "*S* está cierto de que *p*", no de "*S* sabe que *p*", puesto que otro sujeto cualquiera puede juzgar sus razones insuficientes. Luego, si es *S* quien asevera la verdad de "*p*", en la segunda condición, "'*p*' es verdadera", no es condición de "*S* sabe que *p*".

Pasemos a la segunda posibilidad. Si, en la definición en cuestión, no es *S* quien juzga "'*p*' es verdadera", ¿quién asevera la verdad de "*p*"? ¿Cualquier otro sujeto pertinente que considere "*p*"? Entonces, el juicio "'*p*' es verdadera", está implicado necesariamente en "*S* tiene razones objetivamente suficientes para creer que *p*". En efecto, las razones de *S* sólo pueden considerarse "objetivamente suficientes" si son suficientes para cualquier sujeto epistémico pertinente. Con otras palabras, el enunciado "'*p*' es verdadera", incluido en la definición de "saber", sólo tendría como función indicarnos que "*S* tiene razones suficientes para creer que *p*" no debe entenderse como "*S* juzga tener razones suficientes…", sino como "*S* tiene razones *objetivamente* suficientes…", es decir, "suficientes para cualquiera". Eso es lo que dice expresamente la segunda condición de nuestro análisis; por lo tanto, en él, la segunda condición del análisis tradicional ("'*p*' es verdadera") sale sobrando.

Pero se dirá que esa condición no enuncia quién juzga verdadera "*p*", porque sólo establece que el hecho *p*, al que se refiere la creencia de *S*, existe realmente con independencia de cualquier sujeto. Sólo así la segunda condición sería, en realidad, independiente de la tercera. Pero entonces la oración que expresa la verdad de "p" no es aseverada. La segunda condición establecería la verdad absoluta de "p", como una relación diádica entre una oración (o proposición) y un hecho. Entonces debemos suponer que no hay nadie que juzgue la existencia de esa relación. En efecto, en el momento que admitiéramos que alguien la juzga, la juzgaría por sus razones, y estaríamos en una de las dos posibilidades antes examinadas. Interpretada la relación de verdad como verdad absoluta, independiente de las razones aducidas por un sujeto, no puede aplicarse a ningún juicio de un sujeto. Así, la segunda condición se enunciaría de tal manera que, por principio, nadie puede aseverarla y, por consiguiente, nadie puede juzgar que S sabe. En efecto, nunca se puede *saber* que una oración es verdadera y, por ende, que alguien sabe, más que por el criterio de verdad, esto es, por razones.

Por consiguiente, si la segunda condición es independiente de la tercera, no es aplicable a ninguna proposición ni a ningún sujeto; en cambio, si es aplicable, no es independiente de la justificación, mencionada en la tercera condición. El análisis tradicional de "saber", al incluir la verdad absoluta de lo sabido, nos da una definición de ese concepto, que no es falsa sino inaplicable. Un concepto inaplicable carece de uso, es vacío. Debe preferirse otro análisis que enuncie las condiciones de aplicación del saber. En un análisis de "saber" aplicable, la condición de verdad no debe ser aseverada con independencia de la de justificación. Al enunciar que S tiene razones objetivamente suficientes para creer que p, afirmamos que podemos inferir de esas razones, con seguridad, que "p" es verdadera con independencia del juicio de S. Luego, en la definición tradicional la condición 2 es superflua, si formulamos la condición 3 como "tener razones *objetivamente* suficientes...".

Segundo argumento. Si "S sabe que p" incluye ""p' es verdadera" y "verdadera" se entiende en el sentido de la verdad absoluta, entonces sólo sabríamos las proposiciones infalibles. En efecto, si S sabe que p y "p" es verdadera en sentido absoluto, cualquier razón que pudiera aducirse posteriormente en contra de "p" es falsa por principio y debe ser descartada por S. Luego, "p" es incólume a cualquier razón a la que aún no tenga acceso S. La misma observación había hecho ya G. Harman, siguiendo una sugerencia de S. Kripke: "Si sé que h es verdadera, sé que cualquier razón (*evidence*) en contra de *h* es razón en contra de algo verdadero, sé pues que esa razón es engañosa (*misleading*). Pero debo descartar razones que sé que son engañosas. Así, una vez que sé que *h* es verdadera, estoy en posición de descartar cualquier razón futura que parezca contradecir *h*".[6] Pero si esto es así, se restringiría el concepto de "saber" de modo inaceptable.

El concepto de "saber" tiene de hecho, tanto en el lenguaje ordinario como en el científico, un significado mucho más amplio. Puedo saber algo sin tener que rechazar de antemano cualquier razón posterior en contra. Harman intenta superar la paradoja en la siguiente forma: "Ahora sé que cualquier razón que parezca indicar algo en contra de lo que sé es engañosa. Esto no me justifica en descartar simplemente cualquier razón suplementaria, puesto que tener esa razón suplementaria puede cambiar lo que sé" y, al cambiarlo, sabré entonces que no era engañoso aceptarla. Según Harman, tener la nueva razón puede hacer verdadero que ya no sepa lo que antes creía saber. Su observación es justa, pero entonces no puede seguir admitiendo la definición tradicional de "saber", porque no puede seguir incluyendo en ella la verdad infalible de lo sabido. Si, como sostiene Harman, al saber no rechazo de antemano las razones suplementarias que pudieran más tarde demostrar que mi actual saber es falso, entonces, que ahora sepa implica que tenga ahora razones objetivamente suficientes para juzgar "*p*" verdadera, pero no implica que "*p*" sea verdadera con independencia de esas razones. Basta entonces nuestra segunda condición. En cambio, si saber implica la verdad absoluta de lo sabido, en el caso de los saberes falibles nunca estaría justificado en afirmar que alguien sabe, sino sólo que cree saber. Si queremos aplicar el concepto de "saber" a saberes objetivamente justificados pero falibles, no podemos incluir en él la verdad absoluta de lo sabido.

LOS EJEMPLOS DEL TIPO GETTIER

Tercer argumento. La definición tradicional de "saber" es también inadmisible porque no resiste a ciertos contraejemplos y cualquier definición aceptable de "saber" debe poder dar cuenta de ellos.

---

[6] Gilbert Harman, *Thought,* Princeton University Press, 1973, p. 148.

En un breve artículo publicado en 1963, Edmund Gettier presentó un par de ejemplos que refutaban el análisis tradicional de saber. En ambos se daba el caso de una persona que cumplía con las tres condiciones señaladas en dicho análisis y, sin embargo, no se podía sostener que supiera. Después de ese artículo, ejemplos semejantes han pululado en la literatura filosófica, poniendo en crisis la definición tradicional. Llamaremos a esos ejemplos "del tipo Gettier", en honor a su primer exponente.

Pese a sus variantes, todos los ejemplos del tipo Gettier tienen una estructura lógica semejante. En todos ellos, un sujeto S cree en dos proposiciones distintas:

1) Una proposición "p". "P" está justificada para S pero es *falsa*.
2) Una proposición "q". "Q" se infiere de "p" y, por ello, está también justificada para S. Además, "q" es *verdadera*, pero no por las razones que justifican "p" para S, sino por otras razones.

Podemos aseverar entonces las tres condiciones del análisis tradicional: "S cree que q", "'q' es verdadera" y "S tiene razones que justifican q". Sin embargo, nadie diría que S sabe que q, porque S ignora las razones que hacen verdadera a "q" y cree por razones falsas.

Veamos uno de los ejemplos del tipo Gettier donde la estructura de que hablamos aparece clara. Se encuentra en el libro de Keith Lehrer.

Supongamos que un profesor se pregunta si un miembro de su clase posee un Ferrari y, además, tiene razones (*evidences*) sólidas de que un estudiante, un tal señor Nogot, posee un Ferrari. El señor Nogot dice poseerlo, maneja uno, tiene papeles que certifican su propiedad, etc. El profesor no tiene ninguna otra prueba de que alguna otra persona en su clase posea un Ferrari. De la premisa de que el señor Nogot posee un Ferrari, concluye que al menos una persona en su clase posee un Ferrari. Así, puede estar tan completamente justificado en creer esta conclusión como lo estaba en creer que el señor Nogot posee un Ferrari. Ahora, imaginemos que, de hecho, pese a las razones en contrario, el señor Nogot no posee el Ferrari. Se había propuesto engañar a su profesor y a sus amigos para mejorar su estatus social. Con todo, otro estudiante de la clase, un tal señor Havit, sí posee un Ferrari, aunque el profesor no tiene ninguna prueba (*evidence*) o sospecha de ello. En este caso, el profesor estará en lo cierto en su creencia de que al menos una persona de su clase posee un Ferrari, sólo que no es el señor Nogot, como él cree, sino el señor Havit. En este caso, el profesor tendría una creencia verdadera y completamente justificada cuando cree que al menos una persona de su clase posee un Ferrari, pero no podría decirse que sabe que eso es verdadero, porque está en lo cierto debido a la buena suerte más que a una buena justificación.[7]

Notemos:

1) La proposición "*p*", "el señor Nogot posee un Ferrari", es falsa; pero, según Lehrer, está "completamente justificada" para *S*.

2) La proposición "*q*", "al menos una persona de mi clase posee un Ferrari", es verdadera y está "completamente justificada" para *S*, porque se infiere de "*p*", la cual está "completamente justificada". Sin embargo, no podemos decir que *S* sepa que *q*, porque "*q*" se funda en razones *distintas* a las que tiene *S*: se funda en la proposición "*r*", "el señor Havit posee un Ferrari", la cual es verdadera, pero *S* lo ignora.

Siguiendo la línea de los ejemplos que presentó Gettier, pueden imaginarse otros, incluso en el campo de creencias fundadas en juicios de percepción. Roderick M. Chisholm inventa uno sugerente:

Supongamos que "veo una oveja en el campo" es una proposición falsa, "*p*", que está justificada para *S* (*S* confunde un perro con una oveja); entonces, "hay una oveja en el campo" (proposición "*q*") también estará justificada para *S*. Supongamos además que de hecho hay una oveja en el campo, que *S* no ve. Es obvio que esta situación no justifica que digamos que *S* *sabe* que hay una oveja en el campo; no obstante, satisface las condiciones de nuestra definición, puesto que *S* cree que *q*, "*q*" es verdadera y "*q*" está justificada para *S*.[8]

[7] Keith Lehrer, *Knowledge,* Oxford, Clarendon Press, 1974, pp. 18-19.
[8] Roderick M. Chisholm, *Theory of knowledge,* Englewood Cliffs, Nueva Jersey, Prentice Hall, 1966, p. 23n.

Tenemos aquí una estructura del todo semejante a la del ejemplo anterior, aunque este caso verse sobre un conocimiento perceptual:

1) La proposición "*p*", "veo una oveja en el campo", es *falsa* pero está justificada para *S*.
2) La proposición "*q*", "hay una oveja en el campo", es *verdadera* y está justificada para *S*. Sin embargo, su verdad se basa en razones distintas a las que tiene *S*; por eso no podemos decir que *S* sepa que *q*.

Notemos que los ejemplos citados refutan el análisis tradicional de "saber" porque, en éste, la condición 2, " '*p*' es verdadera", y la condición 3, "*p* está justificada para *S*", son independientes. En efecto, todos los ejemplos del tipo Gettier admiten dos posibilidades:

1) La proposición supuestamente sabida puede cumplir con la condición de verdad *por razones distintas* a las que la justifican para *S*, incluso por razones ignoradas por *S*. La condición de verdad puede establecerse, por lo tanto, con independencia de la condición de justificación.
2) La condición de justificación no implica la verdad de la proposición supuestamente sabida. Se formula en términos de estar "completamente justificada", pero por ello se entiende "justificada para *S*" y no "objetivamente justificada" o "justificada para cualquiera". Por eso puede ser falsa para otro sujeto. Luego, la condición de justificación puede establecerse con independencia de la de verdad.

Los ejemplos del tipo Gettier no podrían, en cambio, refutar un análisis de "saber" que no admitiera esas dos posibilidades. No servirían de contraejemplos a una definición que entendiera por "completamente justificado" una justificación tal que implicara la verdad de lo sabido. Veamos esto con mayor cuidado.

SOLUCIÓN DE LOS EJEMPLOS DEL TIPO GETTIER

Para lidiar con los ejemplos del tipo Gettier varios autores coinciden en proponer una estrategia: añadir una cuarta condición a la definición de "saber". Lehrer añade la condición (4): "*S* está completamente justificado en creer que *p*, de alguna manera que no dependa de ninguna aseveración falsa".[9] Esta condición puede formularse también en términos de "incontrovertibilidad": "*S* está completamente justificado en creer que *p*, de alguna manera que no es controvertida (*defeated*) por ninguna aseveración falsa". Esta propuesta da solución a los ejemplos del tipo Gettier. En los dos citados, ya no podemos afirmar que *S* sabe que *q* porque "*q*" depende, para su justificación, de una proposición "*p*" que es falsa; o, en términos de incontrovertibilidad: *S* no sabe que *q* porque la proposición falsa "*p*" controvierte la justificación de *S*.

Sin embargo, al añadir esta cuarta condición tampoco se logra una definición de "saber" válida para todos los casos. Imaginemos, en efecto, la situación siguiente; durante mucho tiempo los arqueólogos estuvieron convencidos de que una ciudad antigua, llamada "Acan Altepetl",[10] fue fundada por los toltecas. Hay sólidas razones para sostenerlo: un códice guardado en Viena registra la fundación de la ciudad, las esculturas y cerámicas encontradas son de la cultura tolteca y ningún otro hallazgo permite poner en duda esa creencia. El arqueólogo *A* sostiene esa tesis, en un erudito trabajo sobre los toltecas. Nadie puede pretender que su tesis no esté plenamente justificada; la fundación de la ciudad por los toltecas se da entonces por una creencia correcta. Pero sucede que el arqueólogo *B* hace un descubrimiento inesperado. Excavando los cimientos de un templo, encuentra vestigios de una civilización más antigua, diferente a la tolteca: sus jeroglíficos no son muy claros, pero *B* les da una interpretación sugerente: se llamaban a sí mismos "ixmecas" y fueron los verdaderos inventores de las artes que luego se atribuyeron para sí los toltecas. *B* lanza una hipótesis: la ciudad fue, en verdad, fundada por los ixmecas; los toltecas, invasores posteriores, fueron civilizados por aquel pueblo más antiguo. Con todo, el arqueólogo *A* se niega tercamente a considerar los nuevos descubrimientos; recuerda antiguas reyertas que lo enfrentaron a *B* en la Escuela de Antropología y está convencido de que cualquier cosa que *B* sostenga

---

[9] Keith Lehrer, *op. cit.*, 1974, p. 21.
[10] El conocido nahuatlista Miguel León-Portilla fue quien logró descifrar el nombre de la ciudad. A él debemos este dato.

sobre los toltecas lo hace por fastidiarlo. Su humor negro le impide siquiera considerar los argumentos que aduce "ese farsante de *B*". ¿Diríamos ahora que *A* sabe? No. En este momento nadie puede sostener, con seguridad, que la tesis de *A* sea la verdadera, por sólidas que sean sus razones. Nadie puede saber, en efecto, quién fundó Acan Altepetl mientras la hipótesis de *B* no sea puesta a prueba.

Imaginemos ahora que años más tarde, muerto ya su maestro, un joven discípulo de *A*, el estudiante *C*, analiza con cuidado todas las pruebas aducidas, pone de relieve un párrafo de una crónica antigua que habla de los ixmecas e interpreta en forma concluyente los hallazgos arqueológicos de *B*. En su tesis de grado, *C* arroja luz definitiva sobre el asunto. Efectivamente Acan Altepetl fue fundada por los toltecas; *B* estaba equivocado; los ixmecas existieron, pero fueron traídos prisioneros a la ciudad por los toltecas; como muchos pueblos vencidos, inventaron un mito que les hiciera soportable su cautiverio: según sus relatos, apañados por sus sacerdotes, ellos habrían sido los dueños originarios de la ciudad; su falsificación de la historia estuvo tan bien fraguada que logró engañar, muchos siglos más tarde, incluso a *B* y a sus seguidores. El viejo *A* tenía razón después de todo. Pero ¿podemos decir que sabía?

Llamemos "*p*" a la proposición "los toltecas fundaron Acan Altepetl". Respecto a la creencia de *A* en *p* se dan las cuatro condiciones de saber requeridas por Lehrer: *1)* *A* creía que *p*; *2)* "*p*" es verdadera (según demostró, a la postre, *C*); *3)* *A* estaba justificado en creer que *p* (tan lo estaba que nadie, antes de los descubrimientos de *B*, ponía en duda su tesis), y *4)* la creencia de *A* no depende, para su justificación, de ninguna aseveración falsa, puesto que sus razones eran todas verdaderas (ni siquiera *B* llegó a ponerlas en duda) y la falsa hipótesis de *B* no controvierte (*defeats*) la creencia de *A*. Con todo, *A* no sabía que *p*, porque se negaba a examinar las razones suplementarias, aducidas por *B* contra su tesis y, mientras éstas no fueran refutadas, nadie podía inferir que "*p*" no podía ser revocada.

El ejemplo parece alambicado. Reproduce sin embargo una situación que no es infrecuente en historia y aun en ciencias más seguras: la de una teoría sustentada en sólidas razones y universalmente aceptada que, después de haber sido impugnada severamente, vuelve a reivindicarse. En una situación semejante, mientras la tesis es impugnada con fuertes razones, no puede sostenerse que sus partidarios sepan y, sin embargo, se dan las cuatro condiciones pedidas por Lehrer.[11]

En nuestro ejemplo, podemos decir que C sabe que Acan Altepetl fue fundada por los toltecas pero que A no lo sabía. La diferencia no estriba en que la justificación de A dependa de alguna razón falsa, sino en que era objetivamente insuficiente porque no incluía la consideración de las razones suplementarias aducidas por B. Las razones de C, en cambio, sí son objetivamente suficientes, incluso para los antiguos partidarios de la interpretación de B. Para que pudiéramos decir que A sabía era menester que hubiera sostenido la verdad de "p" por las mismas razones que la garantizan después de la tesis de C y no por otras que resultaban insuficientes.

La falla que los ejemplos del tipo Gettier muestran en el análisis tradicional de "saber" no consiste tanto en la verdad o falsedad de las proposiciones de que depende la justificación, cuanto en que ésta se base en *razones diferentes* a aquellas que garantizan la verdad de la creencia. Para que S sepa que p es menester que lo sepa por las razones que hacen "p" verdadera y no por otras.

Todo el problema que plantean los ejemplos del tipo Gettier surge de considerar la justificación con independencia de la verdad de la proposición. Por eso, en los ejemplos del tipo Gettier pueden darse, por un lado, creencias "completamente justificadas" que son falsas y, por el otro, proposiciones verdaderas basadas en razones distintas a las que las justifican para el sujeto. El concepto de "justificación completa" se entiende como justificación para el

---

[11] Nuestro ejemplo tiene una estructura semejante al del "robo del libro", expuesto por el propio Lehrer y Paxson Jr. en "Knowledge: undefeated, justified, true belier", *The Journal of Philosophy,* núm. 66, 1969, pp. 225-237, con una diferencia esencial: en el ejemplo del robo del libro, las razones que podrían revocar la creencia son falsas; por lo tanto, se cumple el requisito de que la justificación no sea controvertida por ninguna razón falsa; en cambio, en el ejemplo de la fundación de Acan Altepetl, las razones del arqueólogo B, que pueden controvertir la justificación de A, no son todas falsas.

Para salvar el análisis de Lehrer frente a nuestro contraejemplo, podríamos sostener que A no sabía, porque su justificación no era "completa", al no haber examinado las razones aducidas por B. Pero entonces tendríamos que modificar la definición de "justificación completa" propuesta por Lehrer, e incluir en ella la condición de "irrevocabilidad" de la creencia por razones suplementarias; lo cual conduce a nuestra definición de "justificación objetiva" y vuelve innecesaria la cuarta condición propuesta por Lehrer.

sujeto, aunque resulte injustificado para otro sujeto cualquiera; los conceptos de "verdad" y "falsedad" se entienden, en cambio, como propiedades de la proposición, independientes de todo juicio del sujeto. Esta dificultad no desaparece al añadir una cuarta condición a la definición.

Queda pues una segunda estrategia para resolver las dificultades planteadas por los ejemplos del tipo Gettier. En lugar de complicar el análisis de "saber" añadiendo nuevas condiciones, simplificarlo, entendiendo la "justificación" de manera que no sea independiente de la condición de verdad. Pero entonces, no puede entenderse como justificación sólo para el sujeto, sino como justificación para cualquiera. Llegamos así a nuestro análisis de "saber". Con este análisis pueden solucionarse los contraejemplos aducidos.

En todos los ejemplos del tipo Gettier, la creencia de S en q no puede considerarse "saber" porque no está justificada en razones objetivamente suficientes. Se infiere de otra proposición "p", la cual se basa en razones insuficientes desde un punto de vista distinto al de S. En el ejemplo aducido por Lehrer y citado más arriba es claro que el profesor en cuestión no sabe la proposición "q" ("al menos una persona de mi clase posee un Ferrari") porque las razones en que se basa (las pruebas que tiene de que el señor Nogot posee un Ferrari) son objetivamente insuficientes. En efecto, que en realidad el señor Nogot no posee ese auto se le hubiera hecho patente al profesor con sólo haberse informado con otras personas que lo conocían mejor y que tenían acceso a otras razones suplementarias que él no se había detenido a considerar. Si el profesor hubiera puesto a prueba su creencia, interrogado a otras personas, analizado las pruebas que poseía, emprendido, en suma, una pequeña investigación sobre el caso hubiera descubierto la insuficiencia de sus razones.

En el segundo ejemplo, el aducido por Chisholm, el caso es aún más patente. El enunciado "veo una oveja en el campo" no está objetivamente justificado y eso basta para que no podamos afirmar que S sabe. En efecto, para cualquier otro sujeto en una posición de observación distinta, o para el mismo S desde una situación más cercana al objeto, la confusión entre un perro y una oveja hubiera sido imposible. S no tiene el cuidado de considerar otros puntos de vista diferentes al suyo, que le darían razones suplementarias (en este caso, percepciones más confiables), las cuales bastarían para mostrarle la insuficiencia de sus razones actuales. Por eso, no porque sus razones dependan de una proposición falsa, no sabe.

En todos esos ejemplos puede comprobarse que el sujeto no sabe porque siempre pueden aducirse razones suplementarias que mostrarían que la justificación aceptada por el sujeto era objetivamente insuficiente. Es lo que tratamos de resaltar con la fábula de la fundación de Acan Altepetl. No podemos afirmar que el arqueólogo A sepa, aunque ninguna de sus razones sea falsa, porque no ha considerado las razones suplementarias aducidas por B y por C. Mientras no lo haga, su justificación no es objetivamente suficiente.

FALIBILIDAD DEL SABER

Nuestro análisis de saber permite proponer una solución a la paradoja Harman-Kripke. "S sabe que p", aseverado por un miembro de una comunidad epistémica C_1, no es inconsistente con "S no sabe que p", aseverado por un miembro de otra comunidad epistémica C_2; es decir, el saber es falible. Si S sabe que p, no puede ahora —con *estas* razones —juzgar que no p, pero sí podría mañana —con *otras* razones— hacerlo. S sabe que p sólo implica que S tiene, en ese momento, razones para aseverar su verdad, suficientes para cualquier sujeto de su comunidad epistémica, pero no implica que no pueda tener acceso, en otro momento, a razones contrarias. Luego, si encuentra una razón que refutara "p", no debe descartarla: ello indicaría que sus razones anteriores resultaban insuficientes a la luz de la nueva, y estaría, por lo tanto, obligado a considerarla. La historia del conocimiento humano está llena de estos casos. La corrección de un saber basado en nuevas razones no implica necesariamente que no estuviéramos justificados en nuestro saber, antes de tenerlas.

¿Sabían los físicos del siglo XVII que la luz tenía siempre una trayectoria rectilínea? ¿Sabían los matemáticos antiguos que por un punto exterior a una recta sólo podía trazarse una paralela a esa recta? Ahora nosotros *sabemos* que ellos sólo *creían* saberlo, porque ahora tenemos razones que nos muestran que esas dos proposiciones no son verdaderas. Sin embargo, pese a ser falso lo que creían, ellos, para juzgar que sabían, tenían la misma garantía que ahora tenemos nosotros para juzgar que sabemos otras proposiciones de la ciencia contemporánea, las cuales más tarde, a la luz de razones que ahora nos son inaccesibles, podrían mostrarse equivocadas. En efecto, en ambos casos, juzgar que se sabe sólo implica aseverar que a partir de las razones disponibles se puede inferir que no hay otras razones accesibles a nuestra comunidad epistémica, susceptibles de revocar nuestro saber, pero no implica que no pudiera haber otras razones, accesibles a *otras* comunidades epistémicas, capaces de revocarlo.

Llamemos "p" a la proposición "la trayectoria de la luz es siempre rectilínea". Ahora bien, el juicio "Descartes sabe que p", aseverado por Mersenne en el siglo XVII, es verdadero, aunque "p" pudiera ser falso. En efecto, Descartes y Mersenne pertenecían a una comunidad epistémica (llamémosla C_1) en la que nadie podía tener acceso a razones suplementarias que retocaran su creencia en "p"; por lo tanto, ambos tenían razones objetivamente suficientes para descartar esa posibilidad; estaban justificados en juzgar que sabían. Sin embargo, el juicio "Descartes no sabía que p (sólo creía saberlo)", aseverado por un físico del siglo XX, también es verdadero. Ante las razones imprevisibles a que él tiene acceso, las de Descartes se muestran insuficientes. En efecto, a los físicos actuales les son accesibles los mismos datos que consideró Descartes, comprenden las mismas alternativas teóricas y comparten los mismos supuestos ontológicos básicos, pero también pertenecen a una comunidad más amplia, porque pueden aducir razones diferentes, a las que no pudieron tener acceso los miembros de C_1. La aseveración, por un miembro de C_2, "Descartes sabía que p" sería falsa, porque le atribuiría a la creencia de Descartes razones incontrovertibles, cuando que cualquier miembro de C_2 puede disponer de razones adicionales que controvierten esa creencia. Por eso, "Descartes no sabía que p", aseverado por un sujeto perteneciente a C_2, no es inconsistente con "Descartes sabe que p", aseverado por un sujeto perteneciente a C_1.

Lo anterior sólo es posible si el concepto de "saber" no incluye la verdad absoluta de lo sabido, con independencia de las razones, sino sólo el requisito de que, de acuerdo con todas las razones disponibles en el momento de aseverarlo, cualquiera esté en situación de concluir la verdad de lo sabido. Los enunciados "S sabe que p" y "p es falso" son inconsistentes aseverados por la misma persona en el mismo momento, pero no lo son afirmados por personas que pertenecen a diferentes comunidades epistémicas.

Aunque esta noción de "saber" no corresponda estrictamente a su significado en el lenguaje ordinario, sí hace justicia a la mayoría de sus usos. No precisamos estar seguros de la verdad infalible de lo que sabemos, para usar con propiedad "saber". Lo aplicamos correctamente a muchas creencias que más tarde resultarán falsas, con tal de estar seguros de tener una justificación objetiva para sostenerlas. Si ahora decimos que sabemos algo porque comprobamos tener garantías objetivas para asegurarlo y, por alguna razón insospechada e imposible de prever, descubrimos más tarde que estábamos en el error y que, en realidad, sólo creíamos saber, no diremos que nos equivocamos al juzgar que sabíamos; antes bien, pensaremos que, aunque antes estábamos justificados en afirmar que sabíamos, ahora ya no lo estamos.

Por otra parte, en la gran mayoría de nuestros saberes podemos tener la seguridad de que nunca serán corregidos. Esto es válido de las verdades necesarias, pero también de muchas verdades empíricas, tanto de la vida cotidiana como del saber científico. Si sé que ahora estoy aquí, si sabemos que la tierra nos atrae, que el sol brilla, que los gatos ronronean y las plantas crecen, nadie pensará que haya la menor posibilidad real (aunque sí lógica) de que más tarde se muestren esos saberes equivocados. Aun en los conocimientos científicos tenemos que admitir un enorme cuerpo de saberes, establecidos de una vez para siempre: que el sol es esférico, el metal se dilata al calentarse, el agua está compuesta de oxígeno e hidrógeno, hay eritrocitos en la sangre, existió Felipe II y mil y una verdades de ese tipo. Las razones en que se fundan bastan para eliminar, de una vez por todas, cualquier razón en contra; con todo, no eliminan la posibilidad *lógica* de que esos saberes fueran corregidos. Siempre acechan los argumentos escépticos (tal vez estemos soñando o todo sea un cuento contado por un loco), pero carecemos de toda razón para considerar plausibles esas hipótesis. Tenemos la garantía de verdad que necesitamos para actuar y orientarnos en el mundo.

En la práctica, la posibilidad de corregir nuestros saberes se reduce a los casos en que, sin llamado a la irracionalidad, resulta concebible que en un tiempo futuro pudieran aducirse datos o hipótesis teóricas contrarios. Tal no es el caso de la mayoría de los saberes que nos guían en la vida diaria, ni aun de muchos saberes técnicos y científicos; sólo afecta a aquellos que dependen de la admisión de teorías empíricas complejas, rectificables por principio (como el saber de Descartes, que adujimos como ejemplo), o a los que descansan en testimonios ajenos (como las verdades históricas).

Notemos por fin: aun para explicar la falibilidad del saber, tenemos que admitir las nociones de realidad y de verdad independientes de los sujetos.

Que las razones objetivamente suficientes en un momento puedan mostrarse insuficientes en otro, sólo se explica si existe una verdad absoluta, independiente de dichas razones. En efecto, supone que siempre puede haber otras razones a que el sujeto no tiene acceso; esto implica, a su vez, que siempre podrá haber una discrepancia entre el saber de una comunidad epistémica y una realidad que la rebasa. La realidad que permite rectificar nuestras creencias es, pues, una condición de posibilidad de la falibilidad del saber.

La relativización de la noción de objetividad a condiciones históricas y sociales de una comunidad epistémica no implica relativización de la verdad. La verdad absoluta es una condición del consenso, por razones objetivas, de una comunidad, y del tránsito de una comunidad epistémica a otra. Porque la existencia de una realidad independiente de los sujetos, a la que puedan adecuarse sus juicios, es la única explicación racional, tanto de la coincidencia de las justificaciones objetivas de una pluralidad de sujetos, como del progreso del saber. La verdad absoluta no es plenamente alcanzable por sujetos históricos; su acceso a ella siempre será parcial y estará limitado por condiciones fácticas. Sin embargo, la adecuación plena de nuestros juicios a la realidad es una idea regulativa de la razón a la que se aproxima progresivamente, en etapas sucesivas, el conocimiento de la especie.

La relativización de la noción de objetividad a condiciones históricas y sociales es, en cambio, la única alternativa real frente al escepticismo. En efecto, si para calificar a una creencia de "saber" exigiéramos la verdad absoluta de lo sabido, nunca podríamos afirmar que sabemos, sino sólo que creemos saber. Todos nuestros pretendidos conocimientos serían conjuntos de creencias dubitables. Por otra parte, si el concepto de "saber" no incluye un criterio preciso de verdad, no podríamos distinguir, en esas creencias, las que nos garantizan alcanzar la realidad.

8

Hacia una ética de la creencia[*]

TÉRMINOS EPISTÉMICOS Y TÉRMINOS EVALUATIVOS

Hemos llegado a una concepción de la creencia y del conocimiento como disposiciones que cumplen una función en la práctica, tanto individual como social. Por abstracción pueden separarse de los fines elegidos, pero en concreto nuestras creencias están siempre en relación estrecha con quereres e intereses. Por eso, la teoría del conocimiento, al tratar de la función que desempeñan en la vida concreta creencias y conocimientos, tendrá que encontrarse con una teoría de los preceptos que regulan nuestras acciones conforme a fines. De allí que la epistemología tenga una relación estrecha con la ética. Tratemos de precisarla.

En el discurso ordinario, antes de cualquier análisis, solemos aplicar predicados de deber ser a términos epistémicos. En primer lugar, parecería existir un deber con respecto a la verdad. ¿No habría una obligación de aceptar las creencias verdaderas, de rechazar las falsas y de no dar por segura una opinión injustificada? Se supone que la verdad es un bien y, por lo tanto, *debe* seguirse. Ese deber no sería sólo individual, podríamos generalizarlo. ¿Acaso no tendríamos la obligación de procurar que todos accedieran a la verdad? Lo cual implicaría el deber de compartir nuestros conocimientos y de ayudar a los demás a alcanzarlos.

---

[*] En Luis Villoro, *Creer, saber, conocer,* México, Siglo XXI Editores, 1982, pp. 269-297.

A este deber cabría añadir el de la tolerancia, esto es, el de respetar las creencias ajenas, aunque no las compartamos. Estos dos deberes podrían entrar en aparente conflicto. La obligación de procurar para los demás el conocimiento podría inducir a forzar al otro a que abandone el error en que se encuentra y abrace nuestra verdad; podría chocar entonces con la obligación de respetar las creencias ajenas. A la inversa, la tolerancia hacia las creencias de los demás podría inhibir nuestra obligación de educarlos en la verdad e impedir ayudarlos a superar su ignorancia. El deber de procurar la verdad para todos no debería, sin embargo, eliminar el de tolerancia. Ambos deberes están presentes en toda situación de comunicación, de creencias y conocimientos. La educación, el adoctrinamiento, los procesos de aculturación de pueblos enteros plantean problemas éticos en la transmisión de conocimientos. Las comunidades más atrasadas tendrían el deber de acceder a conocimientos superiores y, a la vez, el derecho a que se respeten sus personales modos de pensamiento. ¿Hasta qué punto tendríamos derecho a presionar a los demás para que alcancen lo que nosotros consideramos verdadero? Sólo en el marco de una ética de las creencias puede plantearse ese problema.

La relación entre creencias y deberes aparece también en otro contexto. Se acepta generalmente un deber de que nuestras acciones (incluyendo las verbales) sean congruentes con nuestras creencias: obligación de ser veraces y de evitar el engaño. En algunas morales se presenta, además, el deber de creer, en principio, lo que el otro dice y el correspondiente derecho a ser creído por él. Encontramos deberes específicos de ese género en sistemas morales tradicionales: deberíamos creer en las enseñanzas de los padres, de los maestros; deberíamos prestar crédito a los amigos cercanos, a los hombres de honor, a las personas que amamos; deslealtad sería no hacerlo. Deberíamos creer, sobre todo, en la palabra de quien no puede, por su misma naturaleza, engañarnos. En muchas religiones, la fe en Dios y en la doctrina revelada es considerada el deber supremo, y el descreído es visto como un "necio", cuya dureza de corazón amerita condena.

La relación entre creencias y deberes cobra una importancia especial en nuestros días, cuando la fuerza omnipresente de las ideologías se introduce en nuestras mentes para manipular nuestras creencias e imponernos lo que ellas presentan como útil o verdadero. El derecho a la prosecución personal y libre de la verdad, el rechazo a la imposición de creencias ajenas, los deberes correspondientes de justificación y comunicación racionales de las creencias cobran, ahora, una nueva vigencia. Las viejas virtudes de autonomía racional, de veracidad y de tolerancia vuelven a requerirse con urgencia.

Pero la relación entre conceptos epistémicos y conceptos éticos es oscura. Varios autores la han abordado sin lograr esclarecerla. Una primera propuesta para aclararla sería buscar los conceptos éticos en el significado mismo de conceptos epistémicos. Dos variantes de este enfoque se encuentran en Ayer y en Chisholm. A. J. Ayer sigue el análisis tradicional de "saber", con un importante cambio: las condiciones necesarias y suficientes para saber que p serían: *1)* la verdad de p; *2)* estar seguro de que p, y *3)* "tener derecho a estar seguro de que p".[1] ¿Cuál es la diferencia —pregunta— entre quien cree con verdad cuál será el próximo número premiado en la lotería y quien lo sabe? La diferencia no estriba en ninguna característica de la persona, "sus procedimientos y su estado mental, cuando se dice que sabe lo que va a pasar, pueden ser exactamente los mismos que cuando se dice que sólo está tratando de adivinar. La diferencia es que decir que sabe es concederle el derecho de estar seguro".[2] La formulación de Ayer trata de dar cuenta de una intuición certera. Vimos cómo el saber se acompaña de una garantía de verdad; si sé, puedo mostrar "credenciales" que acreditan mi saber; luego, tengo cierto "derecho" a sostener esa verdad. Ayer presenta ese derecho en lugar de la condición de justificación objetiva; pero, en realidad, es consecuencia de ella: sólo porque tengo razones objetivas para sostener que p, estoy en mi derecho a sostenerla. El problema sería en qué sentido debemos tomar el término "derecho". ¿Expresa un concepto ético? ¿Se refiere a un *deber ser* o es simplemente otra manera de expresar que mi creencia está racionalmente justificada? Parece más bien lo segundo. En efecto, introducir un término ético en la definición misma de "saber" —como pretende Ayer— se enfrenta a dos dificultades decisivas:

1) Si el "derecho a estar seguro" forma parte de la definición de conocimiento, se descartan como *analíticamente* imposibles casos en que se diera un

---

[1] Alfred J. Ayer, *The problem of knowledge*, Middlesex, Penguin Books, pp. 31 y ss.
[2] *Ibid.*, p. 33.

derecho a estar seguro sin saber y viceversa. Sin embargo, esos casos son, por lo menos, concebibles sin contradicción; aunque fueran falsos. Pensemos, por ejemplo, en un creyente que juzgara "tener derecho a estar seguro de algún dogma de su fe" (más aún, según su religión tendría el *deber* de estar seguro de él), supongamos además que lo que cree resultara verdadero: se daría entonces un caso en que se cumplen las tres condiciones que señala Ayer para el saber: el sujeto cree en algo verdadero y tiene "el derecho a estar seguro"; por definición, tendríamos que aceptar que el creyente *sabe* y no sólo que cree, lo cual nadie estaría dispuesto a admitir. R. Chisholm ya había señalado este punto: en el análisis de Ayer, bastaría convertir el asentimiento a una opinión verdadera en un derecho o en un deber, para que esa opinión se convirtiera, por definición, en saber, aunque no estuviera suficientemente justificada; lo cual es absurdo.[3]

2) Los términos éticos "deber", "derecho" sólo pueden aplicarse, con sentido, a acciones voluntarias. Sólo podemos obligarnos a aquello que esté en nuestro poder ejecutar; sólo tiene sentido hablar de "derechos" respecto de acciones intencionales. ¿Es "estar seguro" una acción semejante? En el capítulo 5 dimos una respuesta negativa a esa pregunta.[4] Si "estar seguro" se refiere a la certeza, depende con necesidad de la justificación que tengamos. Nuestra certeza es proporcional a la fuerza de las razones consideradas. Nadie puede obligarse a tener certeza sin razones o viceversa. Si "estar seguro" se refiere, en cambio, a un sentimiento, más o menos vago, de confianza o seguridad interior, que puede acompañar a algunas creencias, se suscitan otras dificultades. Prescindamos incluso de la mayor de ellas: la ocurrencia de un sentimiento interior no puede ser condición para definir el conocimiento. Aun así, queda otro problema: al menos es discutible su carácter intencional y voluntario. ¿Está en nuestro poder suscitar o rechazar un sentimiento? ¿Podríamos hablar, por ejemplo, de nuestro "derecho" a sentir tristeza o de nuestro "deber" de estar confiados? Tal parece que los sentimientos, en gran medida al menos, se nos imponen; son estados que nos

---

[3] Roderick M. Chisholm, *Theory of knowledge*, Englewood Cliffs, Nueva Jersey, Prentice Hall, 1966, p. 12.

[4] NOTA DEL EDITOR: La referencia es al capítulo 5 "Motivos para creer", de Luis Villoro, *Creer, saber y conocer, op. cit.*

sobrecogen; antes que provocarlos, los padecemos. Si nuestra voluntad puede influir en ellos no es decidiendo tenerlos, sino tomando medidas indirectas para propiciarlos o atenuarlos. Si tal es el caso, podría quizás hablarse de un "derecho a tomar medidas para provocar un sentimiento de seguridad", pero no de un derecho a tener ese sentimiento. También podría intervenir la voluntad al adoptar los comportamientos exteriores que corresponden a un sentimiento, aunque no se lo tenga realmente. Entonces podría tal vez pensarse en un "derecho a comportarnos como si estuviéramos seguros", pero no en un "derecho a estar seguros". Cuando, en el lenguaje ordinario, usamos en ocasiones expresiones de deber referidas a sentimientos, solemos entenderlas en uno u otro de esos dos sentidos. Por ejemplo, si en un duelo recordamos la obligación de estar tristes o, en una situación angustiosa, la de mantenernos confiados, en ambos casos no pretendemos que se decida tener un sentimiento, sino que se procure propiciarlos con otros actos que están en nuestro poder, o bien que, con nuestros comportamientos externos, expresemos ante los demás ese sentimiento.

En ningún sentido parece, pues, que "estar seguro" tuviera las condiciones que permitieran aplicarle predicados que sólo pueden atribuirse, con sentido, a acciones voluntarias. No se descarta, en cambio, que esos predicados pudieran aplicarse a los actos en que la voluntad tiene una relación con el proceso de creer. La voluntad, dijimos, puede intervenir antes o después de la adopción de una creencia: antes, en el proceso de deliberación y justificación que conduce a ella; después, en la ejecución de las acciones orientadas por ella. Por lo tanto, otra posibilidad de aplicar términos evaluativos a las creencias sería incluirlos en la definición ya no de "saber", sino de "justificación". Es lo que intentó Roderick Chisholm en su *Perceiving*.[5]

Chisholm observó con acierto que muchos términos epistémicos como "adecuado", "aceptable", "razonable", "probable", etcétera, son usados "al apreciar el valor epistémico o cognitivo de las proposiciones". Los enunciados acerca de conocimientos o de creencias no serían meramente descriptivos,

---

[5] Roderick M. Chisholm, *Perceiving: a philosophical study*, Cornell University Press, 1957.

también expresarían una evaluación (*appraisal*).[6] Estableció así una analogía entre teoría del conocimiento y ética: características de enunciados éticos son aplicables también a enunciados epistémicos. "El razonamiento y el discurso epistémicos son muy semejantes al razonamiento y discurso éticos".[7] Esta analogía empieza en la definición misma de los términos.

Todas las nociones epistémicas pueden definirse a partir de una oración que permanece indefinida, en la cual aparece un término evaluativo: "*h* es más digno de ser creído por *S* que *i*" (donde *h* e *i* son dos proposiciones cualesquiera). Una de las tres condiciones de saber que *h*, sería "tener razones adecuadas (*adequate evidence*) para *h*". Ahora bien, "razones adecuadas (*adequate evidence*)" puede definirse en función de aquella primera oración indefinida. Así, "*S* tiene razones adecuadas para *h*" significa: "No sería razonable para *S* aceptar no *h*" "No sería razonable para *S* aceptar no *h*" significa, a su vez: "*h* es más digno de ser creído por *S* (*more worthy of S's belief*) que no *h*".[8] Chisholm puede afirmar entonces que "si no es razonable para *S* aceptar *h*, *S debe* abstenerse de aceptar o de creer *k*" (p. 13).[9] Así, los términos de "justificación" o de "razones adecuadas" nos remiten, *por definición*, a un término evaluativo ("digno de ser creído") que, a su vez, no puede ser definido por otros términos epistémicos. Preguntar si una proposición está suficientemente justificada, sería preguntar si esa proposición es "más digna de ser creída por *S* que su negación" y, por ende, si *S debe* creerla. Desde la definición de sus términos, la teoría del conocimiento puede ser interpretada como una "ética de la creencia".

Chisholm tiene razón en destacar la resonancia evaluativa de los conceptos epistémicos. Sin duda, una creencia "razonable", "justificada", nos parece más valiosa que otras que carezcan de esas características. Términos como "verdadero", "basado en razones suficientes", "adecuado", suscitan en nosotros una actitud favorable, mientras que la falsedad y el error despiertan nuestro rechazo. Pero el problema consiste en si esa resonancia valorativa obedece a que forme parte *del significado mismo* de los términos epistémicos,

---

[6] *Ibid.*, p. 4.
[7] *Ibid.*, p. 100.
[8] *Ibid.*, pp. 4-5.
[9] *Ibid.*, pp. 13.

esto es, si en su definición se incluyen términos valorativos. Es lo que hace notar Roderick Firth en una crítica a la "ética de la creencia" de Chisholm, que nos parece definitiva.[10]

De acuerdo con Firth, habría conceptos evaluativos *implicados* por conceptos descriptivos, sin que formen parte de la definición de esos conceptos. Por ejemplo, entre "el filete es suave" y "el filete es digno de comerse", o bien entre "Sócrates es osado" y "Sócrates es digno de admiración", hay una relación de "implicación causal": la osadía de Sócrates es *causa*, en ciertas circunstancias, de que sea digno de admiración, pero no puede *definirse* por esa evaluación positiva. Podríamos decir que el concepto descriptivo ("osado") implica, en algunos casos, el evaluativo ("digno de admiración"), pero no que éste forme parte de su significado.[11] Si así fuera, la relación entre esos conceptos sería analítica y un enunciado como "aunque Sócrates sea osado no merece nuestra admiración" sería lógicamente contradictorio; lo cual es falso. En efecto, en ciertas circunstancias ese enunciado podría ser verdadero: cuando la osadía implicara temeridad o denotara un carácter irreflexivo e imprudente. De parecida manera, las razones (*evidence*) adecuadas de una proposición pueden ser causa de que sea "digna de ser creída", pero no se definen por ese término evaluativo. La prueba es que los enunciados "aunque no tenga razones adecuadas para *p*, *p* es digna de ser creída" o "*p* está justificada para *S*, pero no *p* es más digna de ser creída por él" pueden ser *falsos*, pero no son lógicamente *contradictorios*. Chisholm cometería el error de descartar la posibilidad de una evaluación positiva de enunciados que no cuenten con una justificación adecuada. Pero es perfectamente concebible que alguien considere "dignas de ser creídas" proposiciones irracionales o insuficientemente justificadas. ¿No es ésa la postura de un Pascal, de un Kierkegaard, respecto de la fe religiosa? El valor de la fe, o de una creencia moral, podría medirse por características diferentes a su justificación racional. Por lo tanto —concluye Firth— no podemos sostener que los términos epistémicos se definan por términos

---

[10] Roderick Firth, "Chisholm and the ethics of belief", en *Philosophical Review*, 1959, vol. 68, pp. 493-506.

[11] Firth usa como ejemplo: "Sócrates es valiente". Nosotros lo cambiamos, porque el significado de "valiente" sí podría implicar una evaluación positiva; "osado", en cambio, no la implica necesariamente.

evaluativos, sino sólo que, "en ciertos contextos, pueden ser usados para hacer evaluaciones éticas y que, en esos contextos, implican enunciados éticos".[12] Tanto Ayer como Chisholm han percibido la existencia de una relación entre enunciados epistémicos y enunciados evaluativos, pero fallaron al concebirla como una relación analítica, fundada en la definición de los términos epistémicos.

Si los enunciados normativos referidos a creencias no pueden derivarse del significado de los términos epistémicos, cabe intentar otro camino: ciertos enunciados normativos podrían expresar condiciones para que las creencias tuvieran un carácter racional. En lugar de tratar de comprender nociones epistémicas a partir de términos evaluativos, como "digno de ser creído", podríamos cambiar de enfoque: comprender lo que sea "digno de ser creído" a partir de otro concepto: el de "racionalidad". Y ésta es justamente la perspectiva en que se sitúa el primer intento de establecer una ética de la creencia, el de John Locke. Empecemos, pues, recordando el *Ensayo sobre el entendimiento humano.*

La primera ética de la creencia: John Locke

En los capítulos 15, 16 y 19 del libro IV del *Ensayo* aparece la base de lo que podría ser una ética de la creencia. Locke concibe la creencia como un acto mental de "asentimiento": "La admisión o recepción de una proposición como verdadera". El asentimiento tiene grados, que varían desde una plena seguridad y confianza hasta la conjetura y la duda.[13] Ahora bien, si queremos que nuestras creencias sean racionales, debemos regirnos por un principio: dar a cada proposición un grado de asentimiento proporcionado a la probabilidad que le otorgan las razones en que se funda. "*La mente* —escribe— *si quiere proceder racionalmente, debe examinar todos los fundamentos de probabilidad* y ver cómo están más o menos *en favor o en contra* de cualquier proposición probable, antes de asentir o disentir de ella y,

---

[12] *Ibid.*, p. 499.
[13] John Locke, *An essay concerning human understanding*, Peter H. Nidditch (ed.), Oxford, Clarendon Press, 1979, p. 655.

después de un balance adecuado de la totalidad, rechazarla o aceptarla, con un asentimiento más o menos firme, proporcional a la preponderancia de los mayores fundamentos de probabilidad hacia uno y otro lado".[14] Locke no discute cuál sea la base de validez de ese "deber". Lo presenta simplemente como condición de un comportamiento "racional". *Si* elegimos proceder racionalmente, *entonces* debemos seguir dicho principio. Su validez es pues hipotética; depende del fin propuesto. Pero proceder racionalmente es también elegir alcanzar la verdad. Locke, en otro lugar, presenta el mismo principio condicionado al "amor a la verdad". Habría una "marca" de ese amor, a saber: "No considerar ninguna proposición con una seguridad (*assurance*) mayor de la que garanticen las pruebas en que se basa".[15]

La doctrina de Locke parece de sano sentido común. En efecto, sólo por motivos irracionales dejaríamos de aceptar cada proposición con el valor de probabilidad que corresponda a la fuerza de las razones en que se basa. Sin embargo, Locke formula su tesis en términos tales que resulta dudosa o, cuando menos, imprecisa. Supone dos cosas: que la creencia consiste en un acto mental de "asentimiento" y que ese acto tiene grados de intensidad variable. Pero ¿qué entiende por "asentimiento"? Se trata de un acto mental indefinible, que Locke concibe como semejante a un sentimiento de firmeza o de adhesión a una proposición representada; emplea, en efecto, a menudo, como sinónimos de "asentimiento", "seguridad" (*assurance*) y "confianza" (*confidence*). Pero no es concebible que un sentimiento semejante sea del todo voluntario, de modo que podamos decidir el grado de intensidad que le otorguemos. ¿Podríamos variar a voluntad nuestros sentimientos de seguridad o de confianza, dejar de sentirlos cuando queramos?

Por otra parte, los sentimientos de mayor o menor firmeza en nuestras creencias de hecho pocas veces corresponden al grado de probabilidad de las proposiciones creídas. Parecen estar, más bien, en relación con la importancia de la creencia para nuestra vida. Nuestras convicciones más profundas no suelen ser las más racionales, sino las que más a pecho tenemos. Se dirá que, aunque así fuera, *debería* ser al contrario; del hecho de que no hubiera

---

[14] *Ibid.*, p. 656.
[15] *Ibid.*, p. 697.

proporción entre los grados de nuestra seguridad y los grados de nuestra justificación no se seguiría que no *debiera* haberla. Pero esta tesis es discutible. Parece, por lo contrario, benéfico para cualquier persona poner mayor empeño y firmeza en sostener aquellas creencias que le son necesarias para la vida, aunque su justificación sea menor, pues su falta le ocasionaría un daño profundo. La convicción que acompaña a nuestras creencias vitales es una defensa, a menudo inconsciente, de la persona contra la desintegración que puede causarle su pérdida. ¿Sería razonable pedir que alguien se adhiriera a las verdades objetivas más obvias, con la misma firmeza y pasión que a las creencias valorativas que dan sentido a su vida? ¿Es irracional la entrega confiada a una creencia, por ser valiosa y significativa para el hombre, y no por estar rigurosamente fundada? ¿Merece acaso la matemática una mayor confianza nuestra que las opiniones discutibles que integran nuestra vida y por las que podríamos, tal vez, entregarla? Locke confundió dos conceptos que nosotros distinguimos con cuidado: convicción y certeza. Los sentimientos de seguridad y confianza corresponden a la primera: dependen de su mayor o menor importancia para la vida del hombre, no de su certeza.

Con todo, nuestro respeto por Locke podrá inducirnos a interpretarlo de modo más favorable. Aunque no hubiera empleado los términos adecuados, habría que entender sus grados de "asentimiento" como grados de certeza en relación con las proposiciones aseveradas. Por desgracia, esta interpretación no se sostiene. La certeza no parece ser voluntaria y, por ende, no estaría en nuestro poder otorgarla o rehusarla. La certeza no sería más que la disposición determinada por la proposición, con el grado de probabilidad con que ésta se nos presenta. Pero los grados de probabilidad corresponden a la proposición, no a la creencia: luego, no podemos menos de creer aquello que se nos presenta como probable. El propio Locke admite que, si tomamos "asentimiento" como la simple ponderación de la probabilidad de una proposición, no depende de nuestra voluntad. "Pienso que, en ese caso, la mayor probabilidad determinará el asentimiento: y un hombre no puede evitar asentir o tener por verdadera una proposición si percibe que tiene la mayor probabilidad, igual que no puede evitar saberla verdadera, si percibe la concordancia o discordancia entre dos ideas cualesquiera".[16] Pero

---

[16] *Ibid.*, p. 718.

si el asentimiento, en este sentido, no está en nuestro poder, no podemos tampoco tener deberes acerca de él.

Además, si el asentimiento se entiende como la simple aseveración de una proposición, ¿podemos adjudicarle grados? Éste fue, justamente, uno de los puntos de discrepancia entre Locke y el cardenal Newman; cuando asentimos a una probabilidad mayor o menor —sostuvo Newman— nuestro asentimiento es el mismo; las variaciones corresponden a los grados de probabilidad de la proposición aseverada, no a la aseveración. En resumen, si por "asentimiento" entendemos "certeza", sostener que debe ser proporcional a la probabilidad de la proposición sería un truismo, pues por "certeza" entendemos justamente el tener por más o menos verdadera una proposición, según la probabilidad con que se nos presenta. En ningún sentido de "asentimiento" podría, pues, aceptarse la tesis de Locke, tal como él la formula.

Sin embargo, no podemos menos de sospechar que Locke descubrió algo importante. Si nuestras creencias no fueran proporcionadas a su mayor o menor justificación, responderían a motivos irracionales: es *este* punto el que trata de subrayar Locke. Cualquier asentimiento que rebase la fuerza de las razones, escribe, "se deberá a algún otro afecto y no al amor a la verdad".[17] Es lo que sucede con quien pretende que se le reconozcan a sus opiniones una probabilidad que no está garantizada por sus razones. Sólo la pasión personal puede presentar esa exigencia; al presentarla, nos dejamos guiar por motivos, no por razones. El incumplimiento de la norma de Locke es signo de irracionalidad. Pero algo aún peor: al atribuir a nuestras creencias infundadas el carácter de conocimientos ciertos, tratamos de imponer a los demás nuestras opiniones como si fueran verdades objetivas, cuando que ellos sólo podrían aceptarlas por un acto de "sumisión ciega". El incumplimiento del principio de Locke es también marca de la intolerancia, esa forma de dominio sobre los demás contra la que tan apasionadamente luchó nuestro ecuánime filósofo. La norma que él proponía trataba de expresar no sólo una condición del pensar racional, sino también la garantía requerida "para mantener la paz... y la amistad, en la diversidad de opiniones, puesto que no podemos esperar razonablemente que cada quien abandonara pronta y obsequiosamente su propia opinión y abrazara

---

[17] *Ibid.*, p. 697.

la nuestra con una resignación ciega a una autoridad, lo cual no reconoce el entendimiento del hombre. Pues, aunque pueda a menudo equivocarse, no puede poseer otra guía que la razón ni someterse ciegamente a la voluntad y a los dictados de otro".[18] Locke se percató de la necesidad de una norma cuyo cumplimiento garantizara la comunicación, en una comunidad racional, entre hombres libres, y evitara la sujeción de unos hombres a otros por la imposición autoritaria de creencias. Siguiendo su espíritu, podríamos aproximarnos a una formulación más precisa de esa norma, que estuviera libre de las confusiones impuestas por su concepción de la creencia.

Condiciones de racionalidad y preceptos éticos

Los enunciados normativos sólo pueden versar sobre acciones intencionales. De una ocurrencia involuntaria no tiene sentido predicar que sea indebida, meritoria o indigna. Por lo tanto, sólo en la medida en que nuestras creencias tengan relación con nuestras intenciones y quereres, podrán tener una dimensión ética. La relación entre términos éticos y términos epistémicos resulta oscura si la creencia y el conocimiento se conciben como actividades contemplativas, desligadas de la práctica. Sólo al comprenderlas en su relación con fines y motivadas por intereses, tiene sentido preguntarnos si están sujetas a normas.

Términos como "razonable", "justificado", "probable" designan propiedades que nos parecen preferibles a sus contrarias porque nos permiten acercarnos al fin que nos proponemos al conocer: captar la realidad para orientar con acierto nuestras acciones. Lo justificado en razones nos parece "digno de ser creído" porque nos permite realizar un propósito: determinar por la realidad nuestras disposiciones. Un esquizofrénico que no pretendiera ese fin podría no considerar preferible, ni "digna de ser creída", una proposición fundada, frente a otra injustificada. A quien sólo deseara gozar de la contemplación de posibilidades, sin preocuparse por su adecuación a la realidad, le podría resultar indiferente la justificación de las proposiciones que examinare. Tiene, en cambio, sentido preguntarnos si hay algún deber

---

[18] *Ibid.*, pp. 659-660.

de procurar justificaciones suficientes para nuestras creencias, si nos proponemos "encadenarlas" a la realidad.

Ahora bien, los obstáculos que se nos oponen para lograr ese propósito son de diferente índole. Unos son exteriores a nuestra voluntad: las limitaciones de la condición humana, el peso de nuestra ignorancia, la torpeza de nuestra razón; otros, en cambio, atañen a nuestra propia voluntad. A lo largo de todo este trabajo se ha manifestado, en distintas formas, un conflicto. El conocimiento no se ha presentado como el resultado de una elaboración sosegada, sino como el producto de una lucha. Para llegar a su fin, la razón debe descubrir y combatir la influencia de los motivos personales que pretenden doblegarla. Vimos cómo deseos e intereses pueden intervenir en el proceso de deliberación para poner nuestras creencias a su servicio. El conocimiento sólo se alcanza, al vencer nuestra propia inercia mental, nuestro miedo a la inseguridad, nuestro afán de justificar, con nuestras creencias, nuestros deseos. El "pensamiento por deseo", las ideologías, son las formas más claras del antagonismo que opone un querer irracional a la tendencia a conocer. El conflicto se manifiesta como una lucha entre los intereses particulares y el interés general. Y esa lucha atañe a la voluntad.

Podemos entender por "racionalidad" la tendencia a lograr razones suficientes y adecuadas para nuestras creencias, que garanticen su verdad, y a procurar que nuestras acciones sean congruentes con esas creencias. La racionalidad sería el medio para que nuestras disposiciones a actuar alcancen efectivamente la realidad. Y éste es un fin que responde, según vimos, al interés general de la especie.

Hasta ahora el juicio de "deber" es sólo un juicio hipotético: señala el medio que tenemos que emplear para lograr un fin propuesto; "deber" no es pues un término ético, sino pragmático. Sin embargo, ese juicio hipotético puede dar lugar a un juicio categórico, bajo el supuesto de que la realización del interés general de la especie constituye una norma universal. Si aceptamos el valor último de realizar el interés general de la especie, entonces el juicio de deber relativo a nuestras creencias tiene un carácter categórico. Postulado de una ética es la obligación de perseguir el interés general y subordinar a él los intereses particulares que se le opongan. El interés general es, en efecto, el que atañe a todo hombre en cuanto tal y a la comunidad más amplia de la especie humana. La adquisición del conocimiento por cualquier individuo y por la comunidad, con el objeto de asegurar el acierto y el sentido en la acción para todos, está en ese interés. De ese postulado ético se deriva, pues, la obligación de racionalidad en la comunidad. Los preceptos de una ética de las creencias deben ser tales que su cumplimiento haga posible una comunidad en el conocimiento y asegure, así, la realización del interés general. Corresponden, por lo tanto, a una ética de dimensión social. Son congruentes con la interpretación del conocimiento como una actividad que implica una dimensión comunitaria y que tiende a justificarse intersubjetivamente, pues expresan condiciones para que existan "comunidades epistémicas" o "sapienciales", a las que debe apelar una fundamentación adecuada del conocimiento.

Meta regulativa de la acción es la realización de una comunidad que se guíe por la razón, en la adquisición, justificación y comunicación de las creencias. Lograr ese fin está en el interés de la conservación y perfeccionamiento de la especie humana. Los preceptos de una ética de las creencias enunciarán, a la vez, condiciones de racionalidad de nuestras creencias y normas para la supervivencia y perfeccionamiento de la especie. Para determinar las normas más generales deberemos fijarnos, por consiguiente, en las condiciones básicas que deben cumplirse para que se dé una racionalidad en la justificación y transmisión de las creencias.

La norma de justificación racional

La primera condición de racionalidad corresponde al principio de Locke; al igual que éste, no puede formularse como una norma de "creer lo verdadero", o algo semejante. Esa formulación carecería de sentido, porque no podemos estatuir por norma algo que no está en nuestro poder dejar de realizar. Si por "verdadero" entendemos "lo que un sujeto tiene por verdadero", entonces *siempre* creemos "lo verdadero", puesto que, por definición, creer es tener algo por verdadero; si por "verdadero" entendemos lo que corresponde a la realidad, con independencia de nuestras creencias, entonces no podemos establecer la obligación de creer en ello, porque no siempre está en nuestro poder lograrlo; sólo cuando tenemos una garantía suficiente de lo verdadero podemos creer en ello, pero entonces creemos aunque no queramos. Tampoco puede formularse esa norma como la de conceder mayor probabilidad a las creencias mejor justificadas, pues ya vimos que no está en nuestro poder concederle a una creencia una probabilidad distinta a aquella que deriva de sus razones, tal como nosotros las comprendemos. Una vez presentes las razones, no podemos menos que asentir a las creencias que justifican.

Pero si no está en nuestro poder creer o dejar de creer lo verdadero o lo probable, sí está en él dar a nuestras creencias una justificación más o menos racional. Trataremos, pues, de formular una norma de justificación racional en los siguientes términos:

Norma 1. Todo sujeto debe procurar para sus creencias una justificación lo más racional posible, de acuerdo con la práctica que esas creencias pretenden guiar y con el tipo de conocimiento que se propone alcanzar.

Una justificación es tanto más racional cuanto mayor es la garantía que suministra para alcanzar la realidad. Podemos procurar de varias maneras que la justificación de nuestras creencias sea lo más racional posible. En primer lugar, muchas creencias las aceptamos sin razones explícitas. Condición de racionalidad es comprobar si, puestas en cuestión, suministran una garantía de verdad, esto es, hacer reflexivas las razones implícitas en que pueden fundarse. Toda creencia debe poder justificarse en razones, explícitas.

En segundo lugar, la justificación debe corresponder a una ponderación adecuada de las razones. Si bien no podemos dejar de creer lo que nos parece probable, sí podemos investigar, recusar, contraponer razones más o menos probables, de modo de llegar a justificar ciertas creencias. La norma de justificación racional tiene una faceta negativa: deber de no detener el razonamiento en razones insuficientes para justificar una proposición, pese a los motivos personales que nos induzcan a hacerlo; y otra positiva: deber de ponderar todas las razones disponibles en la deliberación, y de proseguir el razonamiento hasta lograr una justificación suficiente.

Pero la racionalidad que debemos procurar para nuestras creencias está en relación con la práctica. En el capítulo 7 indicamos que el número de razones que debemos considerar para inferir de ellas la objetividad de nuestras creencias varía con nuestros fines.[19] La urgencia de realizar una

---

[19] NOTA DEL EDITOR: La referencia es al capítulo 7 "Razones para saber", de Luis Villoro, *Creer, saber y conocer, op. cit.*

acción puede obligarnos a aceptar creencias que no están cabalmente fundadas, porque su justificación plena requeriría aplazar la acción. Pensemos en un médico que tiene que decidir con premura una intervención quirúrgica. Debe considerar las mejores razones disponibles para llegar a un diagnóstico acertado, pero no puede esperar a contar con una justificación exhaustiva, pues, de hacerlo, no podría obrar con eficacia. Imaginemos también un político que, con tal de justificar cabalmente su apreciación de una situación conflictiva, aplazara tomar medidas, hasta resultar su acción ineficaz o inoportuna. En cambio, el pensamiento teórico debe llevar hasta su fin el proceso de justificación y de crítica, porque no busca garantizar el acierto de una práctica urgente e inmediata, sino el de cualquier acción que pueda realizarse a largo plazo y en variadas circunstancias. Muchos conflictos entre las decisiones del hombre de acción y las expectativas del teórico pueden deberse a estas distintas perspectivas. En todos los casos, la necesidad de la práctica propuesta determina el grado de racionalidad que estamos obligados a aceptar para nuestras creencias. En todos ellos debemos buscar el máximo de racionalidad compatible con la práctica cuyo éxito queremos asegurar, y rechazar la influencia de los motivos que se oponen a una justificación racional.

La justificación debe ser adecuada también al tipo de conocimiento que se pretende, porque cada uno tiene su peculiar garantía de verdad. No es razonable aceptar que un saber científico se base en conocimientos personales, pero tampoco exigir que el conocimiento personal tenga el mismo tipo de fundamentación que el saber científico. La sabiduría, basada en la integración de experiencias personales, no puede aducir razones compartibles por cualquiera, sin embargo, es indispensable para darle un sentido a la vida y orientarla en el mundo. Exigir de ella una justificación *objetiva*, al modo de la ciencia, sólo tiene un resultado: la pérdida del sentido de nuestra acción. Pero la ciencia está en su derecho de exigir razones suficientes para cualquiera, antes de aceptar en su discurso una proposición, porque su fin es garantizar para todos el acceso a una realidad objetiva. Tan poco razonable es el rechazo, en nombre del rigor científico, de toda creencia basada en una forma de sabiduría (moral, política, religiosa), como la intromisión de las opiniones personales en las creencias científicas. Porque a cada tipo de creencia corresponde su justificación adecuada. Entre la adoración filistea de la ciencia como única verdad y el oscuro entusiasmo por el conocimiento subjetivo, debe encontrar su camino, en cada caso, la prudencia.

El precepto de procurar para nuestras creencias una justificación racional adecuada sólo es un juicio *categórico* sobre el supuesto de cumplir con un interés general; por ello tiene una dimensión comunitaria. No se refiere sólo a las creencias individuales, sino a las compartidas por una comunidad y, en su límite, por la humanidad entera. Podemos pues universalizar la *Norma 1* en otra:

Norma 1*. Todo sujeto debe procurar que las creencias de la comunidad a que pertenece tengan una justificación lo más racional posible de acuerdo con la práctica que esas creencias pretenden guiar y con el tipo de conocimiento que se propone alcanzar.

La *Norma 1** es la ampliación al ámbito social de la *Norma 1*. Señala el deber de colaborar a que la comunidad se guíe en sus acciones por creencias justificadas y no por impulsos irracionales. Cada quien cumple con ese deber al comunicar a los demás sus conocimientos y hacerles ver las razones en que se basan.

Correlativo a este deber ante los demás, habría un derecho ante ellos: *Todo sujeto tiene derecho a comunicar y a que se le comuniquen las razones en que se justifican las creencias.* Este derecho fundamental se puede especificar en los derechos, de todo miembro de una sociedad, a la información, a la educación y a la transmisión libre de sus conocimientos.

En esta segunda norma se basa el deber de fundar el consenso en el conocimiento y no en la sujeción a una autoridad. El cumplimiento de la *Norma 1** obliga a que todo consenso colectivo tenga por base un saber compartible, justificado en razones objetivas, o un conocimiento personal basado en la libre adhesión a valores comunes; excluye, en cambio, el consenso basado en motivos irracionales, como el temor, la fascinación o el ciego entusiasmo.

LA NORMA DE AUTONOMÍA DE LA RAZÓN

La *Norma 1* no podría cumplirse sin otra implícita en ella. Podemos formularla así:

Norma 2. Todo sujeto tiene el deber de atenerse, en sus creencias, a sus propias razones, tal como a él se le presentan.

Si todo sujeto debe procurar una justificación racional a sus creencias, es claro que debe considerar y ponderar todas las razones a que tenga acceso y está obligado a darles el peso con que se presentan a su razón. Estas razones pueden diferir de las que otros disponen; pero cada quien no puede menos que atenerse a ellas. Lo cual implica que nadie debe aceptar las razones ajenas sin antes examinarlas personalmente, a modo de poder juzgar por sí mismo de su validez. Cada quien debe acceder a la autonomía de su propia razón y dejar de guiarse por las creencias que le impongan los otros.

Al igual que en la norma anterior, podemos universalizar esta norma en otra que expresaría su dimensión colectiva:

Norma 2★. *Todo sujeto debe respetar que los demás se atengan, en sus creencias, a sus propias razones tal como se les presentan, aunque él no las comparta.*

Deber de respetar las creencias ajenas, deber de no imponer a los otros nuestras propias razones, deber de consentir en los otros creencias que no compartimos, deber, en suma, de tolerancia. La tolerancia es la forma comunitaria de la autonomía de la razón.

Habría un derecho correlativo a ese deber: *Todo sujeto tiene derecho a que los demás respeten sus propias creencias.* Es el derecho a no aceptar la imposición de creencias que no se basen en las propias razones, derecho a que la sociedad consienta la discrepancia de opiniones, derecho a la libertad de creencias.

El cumplimiento de las *Normas 1★* y *2★* y sus correspondientes derechos, aseguran la promoción y difusión del conocimiento en la sociedad, guardando el respeto a las creencias de cada quien; proscriben, en cambio, la imposición de creencias mediante el poder. En la práctica, el cumplimiento de la *Norma 2★* puede entrar en un conflicto aparente con el de la *Norma 1★*. En efecto, la norma de procurar que los demás accedan a la verdad, puede interpretarse como obligación de rechazar en los demás las creencias erróneas e imponerles las que consideramos verdaderas. El celo por civilizar grupos o pueblos atrasados ha llevado a menudo a destruir las formas culturales que integran y dan sentido a sus vidas. Los pueblos de América, en nombre primero de su propia salvación, so pretexto luego del progreso, fueron así sojuzgados o aniquilados. Otras veces es la urgencia del educador político la que induce a perseguir las creencias atrasadas que impiden el acceso de la comunidad a un nivel superior. También aquí, el celo por hacer prevalecer una verdad social impide la tolerancia. En esos casos el conflicto de normas es sólo aparente. En efecto, la *Norma 2** no obliga a la aceptación pasiva de las creencias ajenas consideradas erróneas, tampoco a su difusión en la sociedad; obliga sólo a que todo proceso de adoctrinamiento o de educación se realice por el convencimiento y no por imposición. La *Norma 1** sólo entra en conflicto con la *Norma 2** si la obligación de comunicar el conocimiento se interpreta como obligación de imponerlo. La apariencia de conflicto de normas puede presentarse también en sentido contrario. Por amor a la tolerancia, puede dejarse en la ignorancia y el abandono a grupos sociales o a pueblos marginados. Una vez más, el conflicto es sólo aparente; sólo existe si la obligación de tolerancia se interpreta como desinterés y omisión ante el error y el atraso ajenos.

La unión de ambas normas, es decir, la obligación de transmitir el conocimiento sin violentar la libertad de creencia del otro, es un ideal ético de todos los procesos de educación y de aculturación racionales y, a la vez, libertarios. Establece el deber de comunicar el conocimiento de tal modo que el otro pueda hacer suyas las razones en que se funda y, después de ponderarlas, aceptarlas como propias. Compartir el conocimiento adquirido, no por autoridad sino por la presentación de las razones en que se justifica, de tal modo que el otro, al considerarlas, pueda llegar por sí mismo a la verdad: ideal de la educación y de la transmisión de cultura, roto innumerables veces por los métodos de adoctrinamiento represivos, al servicio de la dominación de unos hombres por otros.

LAS NORMAS DE VERACIDAD Y DE CONFIABILIDAD

Las dos primeras normas regulan la intervención de la voluntad en el proceso de justificación y comunicación de creencias, la tercera se refiere a la relación entre la disposición a actuar (creencia) y la acción efectiva. Podría formularse así:

Norma 3. Todo sujeto debe obrar de manera que su práctica sea congruente con sus creencias.

Este deber se refiere a cualquier acción externa en que se manifieste una creencia; entre ellas se cuentan las expresiones verbales; es, a la vez, deber de congruencia de la conducta con lo que se cree y de veracidad en la expresión.

Es claro que esta norma expresa una de las condiciones que aseguran que nuestra práctica se adecue efectivamente a la realidad.

Al igual que las normas anteriores, la norma de congruencia y veracidad no sólo se refiere a las creencias propias sino también a las ajenas. Sin embargo, en este caso no tendría sentido una generalización como "todo sujeto debe procurar que la práctica de los miembros de la comunidad a que pertenece sea congruente con sus creencias", pues no estaría en nuestro poder cumplir con ella. En cambio, sí es posible otra aplicación de la *Norma 3* a nuestra relación con las acciones ajenas. Se formularia de la siguiente manera:

Norma 3*. Todo sujeto debe suponer, mientras no tenga razones suficientes para ponerlo en duda, que las acciones de los otros son congruentes con sus creencias.

A la *Norma 3** correspondería el siguiente derecho: *Todo sujeto tiene el derecho a que los demás supongan, mientras no tengan razones suficientes para ponerlo en duda, que sus acciones son congruentes con sus creencias.*

Se trata del deber y del derecho a confiar en los demás, a no suponer, sin razones, incongruencia o engaño en su conducta. Por supuesto, ese deber y ese derecho no pueden entrar en contradicción con la *Norma 1*, a la que deben estar subordinados, la cual establece el deber de procurar una justificación suficiente y adecuada a nuestras creencias. De allí que sólo pueda observarse, mientras no exista una justificación suficiente para la creencia contraria.

La norma de confiar en las creencias ajenas suele expresarse en muchas ocasiones de la vida diaria. Admitimos que cualquiera tiene derecho a que se le crea mientras no se demuestre que miente; nos sentimos obligados a creer en nuestros amigos y parientes cercanos, en el testimonio de personas solventes, por la consideración que les debemos; y todos defenderíamos con energía nuestro derecho a que no se niegue crédito a nuestras afirmaciones, mientras no haya pruebas en contrario. Negar, sin fundamento, la confiabilidad de una persona es considerado agresión injustificada. En efecto, sin esas obligaciones y derechos no subsistiría el mínimo de confianza requerido para mantener una comunidad racional entre los hombres.

Por otra parte, sólo podemos saber lo que el otro cree, a partir de sus comportamientos externos (entre los que se cuentan sus expresiones verbales). Pero para poder inferir una creencia a partir de acciones observables, debemos suponer dos condiciones: *1)* que la disposición del sujeto esté determinada por el objeto o situación objetiva; *2)* que las acciones del sujeto sean congruentes con su disposición. No podríamos usar "creencia" para referirnos a disposiciones ajenas si no supusiéramos una tendencia general a que las acciones fueran congruentes con las creencias y éstas con la verdad, tal como a cada quien se le presenta. Sólo así puede darse un ámbito de comunicación racional y, por ende, de conocimiento colectivo.

Daniel Dennett ha señalado dos condiciones para la aplicación del concepto de creencia, que corresponden, con otras palabras, a las tres normas que hemos mencionado. "Para que el concepto de creencia encuentre aplicación —escribe— deben darse dos condiciones: *1)* en general, normalmente, con mayor frecuencia, si x cree que p, p es verdadera; *2)* en general, normalmente, con mayor frecuencia, si x asevera p, cree que p (y por (1), p es verdadera). Si no se dieran esas condiciones, no tendríamos sistemas racionales de comunicación".[20] Tenemos que reemplazar la condición 1 de Dennett por nuestras normas 1 y 2, por razones ya indicadas: no podemos estipular creer en la verdad, sino sólo justificar racionalmente nuestras creencias. Así modificadas, las condiciones de aplicación del concepto de creencia coinciden con las condiciones de una racionalidad colectiva.

¿Cómo debe interpretarse la norma de confiabilidad? No es un deber de creer lo que el otro crea; pues creer es un acto involuntario, al que no podemos obligarnos. Tampoco es el deber de manipular nuestros razonamientos a modo de obligarnos a aceptar razones suficientes para creer lo que el otro cree, pues esto iría en contra de las *Normas 1* y *1**. Nadie puede obligar a otro a aceptar ciegamente lo que él cree: por lo contrario, tiene el deber de someter su creencia al examen racional de otro. ¿Qué prescribe, entonces, la *Norma 3**? Deriva de la *Norma 3*, la cual establece el deber de congruencia y veracidad; prescribe, por lo tanto, que supongamos en el otro esa congruencia y veracidad, aunque no aceptemos lo que él cree. La prescripción subsiste, aun cuando no podamos creer lo que el otro cree. Para entender a una tribu primitiva debemos suponer que los comportamientos y expresiones de sus miembros son congruentes con sus creencias, aunque seamos incapaces de aceptar lo bien fundado de ellas. Creer en la veracidad de un loco, de un niño o de un adversario no me obliga a compartir sus ideas. La *Norma 3** prohíbe, así, las actitudes que impiden la comprensión

---

[20] Daniel Dennett, *Brainstorms*, Montgomery, Vermont, Bradford Books, 1978, p. 18.

de los demás y la comunicación con ellos. Su cumplimiento excluye el apresuramiento en juzgar al otro sin escucharlo, la desconfianza injustificada frente a él, la falta de apertura a sus razones, pero no excluye nuestro deber de juzgar libremente sus razones. La contabilidad en el otro está por eso sujeta a las *Normas 1* y *1**: confiar que el otro es congruente con sus creencias no exime el deber de no aceptarlas mientras carezcan de razones suficientes.

Interpretar la norma de confiabilidad, como la obligación de creer lo que el otro cree se encuentra, en cambio, en la base de toda política impositiva de creencias. Cualquier educación autoritaria se justifica en la obligación de creer, basada en la simple confianza en lo que dice el maestro; cualquier imposición cultural acude al pretendido deber de que los dominados crean lo que los dominadores dicen, por obligación de obediencia y respeto.

La norma de confiabilidad desempeña un papel muy importante en el saber testimonial y en el saber por autoridad. La confiabilidad debe ser adecuada a la naturaleza del asunto creído y al carácter del testigo. Si las consecuencias de no creer al otro fueran graves, la obligación de prestarle crédito es mayor. Un juez está obligado a darle crédito al inculpado, mientras carezca de evidencias claras en su contra; sólo sobre pruebas contundentes tendríamos el derecho a dudar de la palabra de quien defiende su honor con ella. En cambio, la obligación de confiar en el testimonio de un desconocido sobre un asunto trivial es prescindible.

Sobre todo, la norma de confiabilidad es relativa al carácter del testigo. Se acrecienta en proporción al valor moral y a la competencia de juicio que le concedemos. Confiar en nuestros amigos, en los miembros de nuestro grupo, prestar crédito a nuestros colegas o dirigentes en una empresa común, es muestra de que les concedemos valor; está ligado, por ello, a los deberes de solidaridad con los demás. Dejar de confiar en su palabra, sería muestra de repudio a sus personas, deslealtad, cuando no traición. La norma de confiabilidad permite mantener los lazos de estimación recíproca que unen a un grupo. La obligación aumenta con el valor moral que concedemos al testigo o a la autoridad. El testimonio de un hombre recto nos merece más confianza que el de un rufián, la palabra de una autoridad racional, más respeto que la de un tirano. La obligación de credibilidad respecto del hombre sabio y prudente, en asuntos de conocimiento personal, y respecto del científico o del técnico, en asuntos de su especialidad, es mayor, porque debemos reconocerles solvencia en su campo.

De allí el problema que esta norma suele suscitar en las religiones fundadas en un testimonio revelado. Dios es la instancia de valor moral y de competencia absolutos; luego, la obligación de creer en su palabra debe ser también absoluta y prevalecer sobre cualquiera otra. La mayoría de las religiones que creen en una revelación divina, presentan el deber de la fe en las palabras de Dios como una obligación suprema. No podría estar condicionada a ninguna otra, ni siquiera a la de justificación adecuada en razones propias. ¿Cómo no estar obligados a creer, por sobre todas las cosas, a quien es la fuente de toda verdad, de todo saber? ¿Qué otra creencia o razón podría oponérsele? La obligación de la fe no puede, a los ojos del creyente, estar subordinada a ninguna otra norma, porque Dios es el testigo absolutamente veraz. Pero quien esto sostenga suele pasar por alto que el deber de la fe sólo obligaría a quien previamente creyera que los testimonios que se consideran revelados son efectivamente expresión de la palabra de Dios. Y esa creencia no se puede basar ya en la confiabilidad, requeriría ser fundada en razones objetivas: exigiría, por lo tanto, la aplicación de la *Norma 1*. La falacia de la intolerancia religiosa consiste justamente en olvidar que la fe sólo obliga a quien justifique en razones objetivamente suficientes el carácter divino de la revelación. Pero esa justificación no puede darse. La imposición de una fe religiosa no puede, por lo tanto, aducir la norma de confiabilidad. La fe no puede obligar a nadie, es asunto de una libre elección.

Recapitulemos algunos puntos:

1) Las normas en que se expresa una ética de la creencia no se refieren a las creencias mismas, sino a los actos voluntarios que intervienen en el proceso de llegar a creer o en el de expresar lo que se cree.

2) La validez ética de las normas depende de la aceptación de un postulado: la prevalencia del interés general sobre los intereses particulares que se le opongan. Las normas establecen condiciones de que las creencias presten garantías para alcanzar la realidad; lo cual está en el interés general.

3) Podemos entender por racionalidad las características que debe tener una creencia para llegar a ser conocimiento. Los grados de racionalidad

de una creencia corresponderían a la mayor o menor medida en que esa creencia garantiza para un sujeto alcanzar la realidad. En este sentido, las normas pueden interpretarse como reglas para lograr racionalidad en nuestras creencias.

4) Si no se acepta el postulado ético, las normas expresan condiciones para lograr un fin: el de la racionalidad de las creencias. Tendrían entonces carácter hipotético. Su incumplimiento deliberado mostraría que quien las infringe ha elegido la irracionalidad en sus creencias.

DOGMATISMO Y ESCEPTICISMO: DOS FORMAS DE INTOLERANCIA

Dogmatismo y escepticismo se han presentado como escollos de la razón en su camino hacia el conocimiento; pueden verse también como posturas, de sentido contrario, que impiden la observación de las normas éticas acerca de la creencia. Podemos intentar imponer creencias insuficientemente fundadas como si tuvieran una justificación adecuada: es la actitud dogmática; podemos, por el contrario, rechazar creencias adecuadamente justificadas, por considerarlas insuficientemente fundadas: es la actitud del escéptico.

Tenemos una fuerte tendencia a hacer pasar por saberes nuestras opiniones inveteradas. El apresuramiento en el juicio, las ideas establecidas se ponen a menudo al servicio de nuestra arrogancia, para dar por verdades sabidas lo que sólo son opiniones personales. La fuente más común de dogmatismo suele ser la confusión de creencias basadas en experiencias personales, con un saber objetivo. Se exige entonces asentimiento universal a creencias que no están fundadas en razones objetivamente suficientes. El fanático político o religioso está convencido de que su creencia es objetiva y merece adhesión universal; si alguien se niega a aceptarla, sólo puede deberse a su empecinamiento en alguna especie de maldad. Lo que sólo podría pedirse de las verdades científicas, el dogmático lo exige de creencias basadas en experiencias personales intransferibles. Cierto que esas experiencias pueden dar lugar a un conocimiento personal, incluso a menudo a formas de sabiduría; el error del dogmático no consiste en adherirse personalmente a esas formas de conocimiento, sino en pretender para ellas un valor objetivo y, por lo tanto, una aceptación general. Todas las formas de intolerancia suponen esa confusión entre conocimientos o creencias personales y saberes comparables. En todos los casos se trata de presentar una doctrina fundada en creencias controvertibles o, en el mejor de los casos, en alguna forma de sabiduría, como si tuviera el carácter de un saber justificado en razones suficientes para cualquiera. El intolerante en materia de religión presenta su propia fe como si tuviera que ser patente para cualquiera, pues la considera obra de Dios; el rechazo a su doctrina lo atribuye entonces a ceguera demoniaca, orgullo o bajas pasiones, sin ver los motivos personales que conducen a su propia intolerancia. Las morales autoritarias presentan sistemas de valores, relativos a cada sociedad, como si fueran preceptos universales incontrovertibles. En las ideologías políticas es aún más clara esta operación. Característica esencial del pensamiento ideológico es justamente presentar como un saber universal, fundado en razones objetivas, creencias que expresan intereses de un grupo determinado. Las ideologías modernas tratan de presentar como saber científico lo que es, en realidad, un complejo de creencias históricas y sociales, basadas en razones controvertibles, hipótesis teóricas no del todo confirmadas y algunas proposiciones científicas. Al presentar ese complejo de creencias como una ciencia, adquiere la obligatoriedad de un saber intersubjetivo; puede entonces imponerse a todos los demás: cualquier negativa a aceptarlo podrá atribuirse a la influencia de intereses particulares. Este disfraz de una ideología bajo el ropaje de una ciencia aparece en muchas ideologías contemporáneas.

La intolerancia cumple un papel social: imponer y sostener un sistema de dominación sobre las mentes. Al presentar como saber objetivamente justificado opiniones controvertibles o, aun, formas de sabiduría personal, el dogmático puede exigir el deber de sumisión a sus propias creencias. Característica de la intolerancia es atribuir el rechazo de sus doctrinas a motivos subjetivos y tildar de perversidad moral o política a la actitud crítica ajena. Se cierra así un círculo: el ideólogo presenta, por motivos personales, creencias controvertibles como si fueran ciencia; de esta manera puede atribuir el rechazo de sus creencias a motivos personales del otro.

Si la intolerancia es parte indispensable de un pensamiento de dominio, la actividad crítica es el primer paso de un pensamiento de liberación. De allí la importancia libertaria de la actividad científica y del análisis filosófico: establecer los límites y fundamentos de un saber objetivo, frente a las creencias personales, permite revelar la maniobra del pensamiento dogmático. La ciencia y la filosofía crítica han cumplido ese papel desmitificador frente al fanatismo religioso y a la intolerancia moral, y deberán seguir cumpliéndolo frente al dogmatismo ideológico. Pero para comprender el dogmatismo es menester mostrar el carácter interesado de todo conocimiento, aun del científico. Sólo podemos oponer a la intolerancia ideológica el carácter universal del saber objetivo, si descubrimos debajo de ella los intereses particulares que la mueven y les enfrentamos el interés general en el conocimiento.

El dogmatismo tiene un contrario: el escepticismo. El primero acepta razones insuficientes so capa de incontrovertibles, el segundo rechaza cualesquiera razones que no sean incontrovertibles. El dogmático pretende hacer pasar por saber universal sus opiniones personales, el escéptico no deja pasar ninguna opinión personal que no tenga el carácter de saber universal. Si el primero peca por exceso, el segundo, por defecto. Escéptico no es quien se limita a poner en cuestión las justificaciones insuficientes de las creencias y exige para ellas una justificación adecuada, sino quien sólo admite como justificación deseable la que se base en razones incontrovertibles y descarta la legitimidad de cualquier otra creencia. Una de sus formas, la más extrema, es la duda universal; otra, más razonable, el cientificismo. Podríamos entender por "cientificismo" una postura que sólo concede validez de conocimiento a la ciencia, en sus formas más rigurosas, y rechaza el valor y la necesidad, tanto de las opiniones controvertibles como de un conocimiento personal. En nombre de la ciencia se recusan no sólo las creencias que carecen de una justificación objetiva, sino cualquier forma de sabiduría. Así como el dogmatismo subordina la auténtica ciencia a un conocimiento personal, esta forma de escepticismo destierra el conocimiento personal en nombre de la ciencia.

Vimos que entre creencias justificadas y saber no puede establecerse una frontera precisa. El saber, por estar fundado en razones objetivamente suficientes, es el límite al que tiende toda creencia que pretenda justificación, pero puede haber muchos grados de fundamentación, según las justificaciones se acerquen más o menos a ese límite. El cientificismo alimenta el prejuicio de considerar a la ciencia como una forma de conocimiento cualitativamente diferente a los otros saberes que rigen nuestra vida. Pero no hay tal: su diferencia está en el grado de objetividad que logra en su justificación, pero no en que sea un saber *por principio diferente* a los saberes no científicos. En el continuo de las creencias basadas en razones más o menos controvertibles, ¿dónde marcaríamos la frontera del saber objetivo? Si la distinción entre un saber objetivo y una creencia fundada en razones controvertibles es segura en sus extremos, se vuelve discutible en todos los casos intermedios.

Al establecer una demarcación estricta entre saber científico y creencias que no son del todo incontrovertibles, corremos el riesgo de rechazar la mayoría de las creencias que necesitamos. Porque sin todo ese abanico de creencias, que, sin ser injustificadas, no podemos asegurar que sean incontrovertibles, la vida sería imposible. La mayoría de las creencias que nos permiten orientar nuestra vida y lograr éxito en nuestras acciones no son científicas. Los conocimientos sobre la vida cotidiana, sobre las otras personas, sobre nuestra sociedad, no suelen fundarse en teorías comprobables por cualquiera, suelen ser creencias de cuya solidez no dudamos, pero que se basan en razones controvertibles o en conocimientos personales. De ellas depende nuestra supervivencia diaria.

Vimos ya cómo el número de alternativas pertinentes a considerar, para justificar una creencia, es relativo a la situación concreta y al fin que, en cada caso, ha de cumplir la creencia. Si nos proponemos garantizar el acierto de nuestras acciones en el plazo más largo y en las más variadas circunstancias, tenemos que examinar todas las alternativas pertinentes, antes de dar por suficiente la justificación, tal es el caso del conocimiento científico. Pero no sería razonable exigir el mismo grado de fundamentación para las creencias que nos orientan en las decisiones apresuradas de nuestra vida práctica. Proseguir, en esos casos, una indagación científica para fundar o recusar la creencia tendría por resultado el fracaso de la acción propuesta. El deber de dar una justificación suficiente y adecuada a nuestras creencias entraría aquí en conflicto con el deber de realizar otros actos. Tan poco razonable sería pedir una fundamentación exhaustiva para las creencias que rigen nuestra vida cotidiana, como dejar de hacerlo para las verdades de la ciencia. Exigir una justificación rigurosa para las creencias de la vida práctica, tanto individual como social, sería pedantería; no exigirla para las creencias científicas, diletantismo.

Convertir a la ciencia en el patrón con el cual medir cualquier otra forma de acceso a la realidad, lleva también a ignorar las vías de comprensión personal del sentido del mundo y de la vida, que no pueden, por principio, reducirse a un saber objetivo. El cientificismo contemporáneo es hermano de la actitud de desdeñosa arrogancia con que el "civilizado" contempla las creencias de los grupos humanos que no han accedido a determinado nivel de desarrollo técnico. El desprecio por las actitudes religiosas, por las morales particulares, por las ricas formas de sabiduría personal, que no pretenden competir con la ciencia, es una forma de intolerancia que no por ejercerse en nombre del conocimiento objetivo deja de utilizarse como un arma de violencia y de dominio. La expansión colonial de Occidente ha sojuzgado pueblos enteros, destruyendo sus culturas, con la pretendida justificación de introducirlos a la ciencia y a la técnica modernas.

Por otra parte, el cientificismo contemporáneo, al olvidarse de la dimensión personal del conocimiento, conduce a una deshumanización del saber. Ya Husserl, en *La crisis de la ciencia europea*, había señalado ese peligro.[21] Si la ciencia prescinde de todo juicio de valor, si aleja de sí todo interés vital e histórico, si permanece inconsciente a las actitudes y fines que le dieron origen, corre el riesgo de convertirse en un conocimiento desligado del hombre concreto y de su vida moral. Pero la ciencia tiene un valor moral justamente porque responde a intereses vitales de cualquier hombre y está al servicio de sus fines.

La ciencia misma no puede plantearse el conocimiento de valores ni la elección de fines. Ambos son asuntos de sabiduría. Y la sabiduría no se funda en razones objetivas, es el fruto de un conocimiento personal. La ciencia que rechaza toda sabiduría renuncia a contestar cualquier pregunta por el valor y por el sentido. El cientificismo pretende reducir todo conocimiento a un saber objetivo, del que está ausente cualquier postulación de valores. Por una parte, sostiene que la ciencia debe estar libre de toda valoración y de toda elección de fines, por la otra, que cualquier adhesión a valores sólo puede tener una validez individual. Así, el cientificismo invita a aceptar un saber carente de otro fin que el saber mismo; sin quererlo, reduce la búsqueda incesante del conocimiento a una pasión sin sentido.

El cientificismo puede tener un uso ideológico. Al rechazar, por dubitable, todo conocimiento de fines y valores puede llevar a ocultar la importancia

---

[21] Edmund Husserl, *Die Krisis der europäischen Wissenschaften und die transzendentale Phänomenologie, Husserliana*, vol. VI, La Haya, M. Nijhoff, 1954.

de los intereses que están bajo las creencias colectivas, incluyendo el mismo cientificismo. Éste puede ser utilizado también para desacreditar cualquier acción basada en creencias morales, políticas o religiosas, que supongan una adhesión a valores. Ahora bien, las creencias que plantean la necesidad de cambios sociales son de ese tipo. Cualquier actitud disruptiva tiene una dimensión de pensamiento inadaptado a la realidad y disconforme con ella. Cualquier programa de transformación social proyecta un orden humano que considera más valioso. Frente a él la actitud cientificista sostiene la necesidad de prescindir de todo juicio de valor o de fines en el conocimiento social, pues sólo así podría asegurarse un saber objetivo. Pero entonces, su negativa a proponer valores y fines, en nombre de la ciencia, puede enmascarar, bajo el compromiso con la objetividad, un compromiso con el orden social vigente. No suele haber peor enemigo de la inadaptación y rechazo del orden existente que el cientificismo; el "realismo" ante los hechos, la conformidad a ellos suele ser su lema. De hecho, forma parte de las ideologías de las sociedades altamente desarrolladas, destinadas a desacreditar el "voluntarismo" y el "utopismo" de los movimientos libertarios. El escepticismo frente a toda posibilidad de innovación y de cambio profundos se acomoda muy bien con el conformismo ante la situación existente y sus estructuras de dominación. No en balde los enfoques tecnocráticos y conservadores de la vida social suelen tratar de engalanarse con una postura cientificista.

CONOCIMIENTO Y LIBERACIÓN

Llegamos al final de un camino. El conocimiento no es un fin en sí mismo. Responde a la necesidad de hacer eficaz nuestra acción en el mundo y darle un sentido. Su logro es una meta regulativa en la realización y el perfeccionamiento de todo hombre y de la especie. Para alcanzarlo tenemos que superar varios impedimentos. El primero está inscrito en las limitaciones de nuestra propia naturaleza. Pero hay otros obstáculos que impiden el conocimiento: nuestros propios deseos e intereses. La mayoría no se generan en nuestra naturaleza, responden a situaciones históricas, son producto de relaciones sociales concretas. El conocimiento es, en gran medida, el resultado de una lucha contra los motivos que nos impiden alcanzar la realidad. Esa lucha puede tomar la forma de un conflicto entre los intereses particulares y el interés general, pues muchos intereses particulares propician formas de irracionalidad e intolerancia. Dogmatismo y escepticismo son las más importantes; ambas permiten sujetar las creencias colectivas a intereses de personas o de grupos. La ética de las creencias enuncia reglas para liberarnos de esa sujeción. Pero esas reglas son, al mismo tiempo, condiciones de un pensamiento racional.

Así, al final convergen varios temas, se encuentran: la realización del hombre por el conocimiento, su liberación, el acceso a una comunidad racional, las normas éticas para lograrla. La relación entre conceptos epistémicos y conceptos éticos se establece mediante dos nociones que les son comunes: racionalidad y liberación. El conocimiento sólo se obtiene al cumplir con las condiciones de racionalidad; éstas implican la liberación de las formas de dominio sobre las creencias que imponen los intereses particulares. La ética de las creencias, al elevar a normas de acción las condiciones de racionalidad, enuncia justamente esos procedimientos de liberación. Permite, así, formular un nuevo tema. Al análisis de los conceptos epistémicos debería suceder el de las formas concretas en que la persecución del conocimiento ha contribuido a acercarnos a la realización de una comunidad humana libre de sujeción. Queda planteada una pregunta: ¿qué papel desempeña la razón en la lucha por liberarnos de la dominación?

9

La noción de creencia en Ortega*

José Ortega y Gasset: para varias generaciones este nombre simbolizó la posibilidad de hacer filosofía en lengua castellana a la altura de los tiempos. Durante unos treinta años, de 1920 a 1950 aproximadamente, sus escritos confirmaban para muchos que la filosofía podía hacerse en español, con claridad y brillo, y gozarse, además, en una prosa castiza, llena de galanura. Los ensayos de Ortega fueron estímulo para muchos pensadores en todos los países de habla hispánica; su influjo no se restringió al ámbito académico; a través de ellos, la filosofía pensada en español alcanzó un público amplio. Sin embargo, a veintiocho años de la muerte de su autor, el impacto de su obra parece haberse desvanecido. En verdad, en los últimos años de su vida ya había disminuido el interés general por su pensamiento, desalojado por la atención creciente que reclamaba, de nuevo, en nuestros medios, la filosofía alemana y francesa primero, la inglesa después. Una causa de este abandono puede ser, sin duda, nuestra permanente proclividad a desdeñar la propia filosofía, si está escrita en castellano, y a valuar en exceso la ajena, con tal de que se origine en alguna metrópoli cultural. Pero hay también otras causas intrínsecas a la obra de Ortega.

Su pensamiento procedía por intuiciones globales, a veces profundas, pero también muy generales. No planteaba problemas circunscritos, sino grandes temas que repercutían sobre múltiples cuestiones específicas, por ejemplo: el fin del idealismo, la relación de la razón con la vida, del individuo con la

---

* En Luis Villoro, *José Ortega y Gasset*, México, FCE, 1984, pp. 41-76.

multitud, el origen del poder, la esencia de la historia. Percibía avenidas por las cuales orientar la reflexión, formulaba programas enteros de pensamiento, grandes hipótesis generales. Pensar era, para él, descubrir una nueva vía. Por eso sus escritos expresan a menudo el alborozo del hallazgo intelectual. Pero una vez encontrada una idea, no se detenía a analizarla ni llegaba a someterla a un examen minucioso. Lo suyo no era la argumentación ni la precisión conceptuales. Aunque "rigor" y "claridad" son palabras frecuentes en sus escritos, no solía someter a autocrítica sus hipótesis, ni plantearse con sistema dificultades y contraargumentos. Desarrollaba sus ideas por imágenes persuasivas; a las definiciones de conceptos prefería los ejemplos llamativos, las metáforas sugerentes, los hallazgos verbales; antes que lograr precisión, buscaba acunar la expresión redonda, brillante. Su género de expresión preferido fue, por ello, el ensayo, que él mismo definía como "la ciencia menos la prueba explícita".[1] Ese género se avenía a un estilo de pensamiento más dotado para las intuiciones intelectuales que para las distinciones de conceptos o los procesos argumentativos.

Estas características de la filosofía de Ortega fueron responsables, a mi juicio, de su escasa permanencia. Porque para que la filosofía en lengua española perdure se requiere no sólo profundidad y brillo, sino ante todo precisión, argumentación y crítica.

Pero al dejar de lado la filosofía de Ortega, por buscar filosofías más precisas, también perdimos la pista de aquellas amplias y profundas intuiciones intelectuales. De allí nuestra sorpresa al releerlo. De pronto nos salen al paso ideas que conservan una actualidad y una frescura inesperadas. Por lo general no se trata de reflexiones elaboradas, sino de vislumbres que aciertan con el concepto o con la vía de pensamiento adecuados. Son atisbos penetrantes, a menudo precursores de planteamientos que habrían de abrirse paso, con trabajo, más tarde. Son esos hallazgos los que mantienen viva gran parte de la obra de Ortega. Son ellos los que debemos recuperar. Al hacerlo, encontraremos un pensamiento vivo y lúcido, capaz de ayudarnos aún a situar problemas de hoy. Quisiera en esta ocasión recobrar uno de esos hallazgos: la distinción orteguiana entre "ideas" y "creencias".

---

[1] José Ortega y Gasset, *Meditaciones del Quijote*, Madrid, Espasa Calpe, Col. Austral, 1976, p. 23.

"Ideas" llama Ortega a las opiniones individuales de las que somos conscientes y que consideramos verdaderas o probables. Las ideas tratamos de justificarlas en razones; cuando éstas dejan de convencernos, las cambiamos; así, podemos sucesivamente sustentar una idea, ponerla en duda o abandonarla. Pero todas las ideas tienen un supuesto: ciertas "creencias", que suelen permanecer inconscientes. Son ellas nuestras convicciones más profundas y persistentes; sin embargo, de ellas no damos razones explícitas, no las discutimos ni las propagamos, ni siquiera solemos expresarlas. Al adoptar o abandonar cualquier idea, contamos con ese fondo permanente de creencias. Ortega expresa esta situación con una fórmula sugerente: mientras *tenemos* ideas, *estamos* en las creencias. "Con las creencias propiamente no *hacemos* nada, sino que simplemente *estamos* en ellas".[2] En efecto, mientras podemos fraguar "ideas" con las "creencias" nos topamos, son independientes de nuestra voluntad y de nuestro razonamiento. Las "ideas" son personales, las "creencias" forman parte de nuestra herencia social, son convicciones colectivas que compartimos sin darnos cuenta, están fuera de nuestro querer individual, como está nuestra vida misma. "La realidad, por decirlo así, tangible de la creencia colectiva no consiste en que yo o tú la aceptemos, sino, al contrario, es ella quien, con nuestro beneplácito o sin él, nos impone su realidad y nos obliga a contar con ella".[3] Mientras nos ocurre en la vida tener ideas, las creencias forman parte de esa vida en la que tenemos ocurrencias. "Esas ideas que son, de verdad 'creencias', constituyen el continente de nuestra vida y, por ello, no tienen el carácter de contenidos peculiares dentro de ésta. Cabe decir que no son ideas que tenemos; sino ideas que somos".[4] Así, en el acervo de opiniones que guían nuestro comportamiento, podemos distinguir entre dos clases, que cumplen una función distinta. Hay las que resultan de nuestro pensamiento, objeto, por lo tanto, del entendimiento: son las "ideas"; hay otras que fungen como un supuesto de todo pensamiento: las "creencias" propiamente dichas. "Conviene pues —escribe Ortega— que dejemos este término —'ideas'— para designar todo aquello que en nuestra vida aparece

---

[2] José Ortega y Gasset, "Ideas y creencias", en *Obras completas*, t. v, Madrid, Rev. de Occidente, 1951, p. 384.
[3] José Ortega y Gasset, "Historia como sistema", en *Obras completas*, t. vi, Madrid, Rev. de Occidente, 1952, p. 19.
[4] José Ortega y Gasset, "Ideas y creencias", *op. cit.*, p. 384.

como resultado de nuestra ocupación intelectual. Pero las creencias se nos presentan con el carácter opuesto. No llegamos a ellas tras una faena del entendimiento, sino que operan ya en nuestro fondo cuando nos ponemos a pensar en algo".[5] Vemos cómo Ortega dobla, sin decirlo expresamente, la distinción *ideas-creencias*, con otra: *intelecto-vida*. El intelecto se ocupa de forjar ideas, a él corresponden el razonamiento y la teoría. Aquellas "creencias", en cambio supuestas en todas las ideas, no las inscribe Ortega en el orden del entendimiento, sino en el de una fe no razonada que se hereda socialmente.

¿En qué consisten, en concreto, esas "creencias" de que habla Ortega? Si acudimos a los ejemplos aducidos por él mismo, nos percatamos de que no distingue entre tipos de creencias que pertenecen a niveles diferentes. Un ejemplo es la creencia en la existencia de la calle o, mejor aún, de la continuidad del espacio, más allá de la puerta del cuarto en donde estamos. La creencia en la continuidad del espacio, como otras del mismo género (por ejemplo la creencia en la solidez y persistencia del suelo, en la permanencia de las cosas en el tiempo, en la existencia del pasado, etcétera), permanece latente en nosotros sin que la hagamos expresa. Por otra parte, esas creencias son condiciones básicas de cualquier pensar sobre el mundo. Pertenecen, en realidad, a un conjunto de supuestos de *todo* pensamiento, de cualquier época o sociedad; corresponden a categorías fundamentales de la razón (unidad y pluralidad, continuidad en el espacio y en el tiempo, subsistencia, causalidad, etcétera), que son condiciones de posibilidad de todo pensamiento y de toda acción humanos.

Pero Ortega también aduce como ejemplo de "creencias" otras que no tienen el mismo nivel, porque no son propias de todo hombre, sino de ciertas épocas históricas. Así, la "fe en la razón" o "en la ciencia", que se volvería vigente en Occidente a partir del Renacimiento, la creencia en un mundo material o la fe en un Dios supremo. En estos casos Ortega ya no se refiere a categorías que hacen posible el ejercicio de la misma razón, sino a lo que en una época y en una sociedad se conviene tácitamente en aceptar como existente y como valioso. Son condiciones de una imagen del mundo, suministran un marco conceptual dentro del cual interpretar el universo y nuestra relación con él; a diferencia de las anteriores, no coinciden con los requisitos

---

[5] *Ibid.*, p. 385.

de cualquier forma de racionalidad, pues pueden variar de una civilización a otra. Como veremos, es este nivel de creencias el que más interesa a Ortega. Podríamos considerar que estos dos primeros tipos de creencias constituyen el supuesto de la configuración con que el mundo se presenta en una cultura y en una época, sobre el cual se levantan las demás creencias. Podríamos llamarlas, pues, "creencias básicas".

Sin embargo, Ortega extiende, a veces, el nombre de "creencias" a otro tipo de opiniones colectivas menos básicas. Lo aplica, por ejemplo, al consenso de los miembros de una sociedad sobre quién debe mandar o a las convicciones colectivas que constituirían el "alma de una nación".[6] Estas creencias suponen las anteriores, pero pueden variar sin que cambie aquel marco conceptual. Una revolución, un cambio de régimen político, la transformación paulatina de las costumbres de un pueblo son ejemplos de cambios en esas creencias, que no alteran aquellas otras que llamamos "básicas". Por otra parte, este último nivel de creencias está claramente ligado a una clase social o a un grupo dentro de la sociedad, no es necesariamente común a todos los miembros de esa sociedad. Forma parte, por lo tanto, de las ideologías de clase o de grupo. Por todo ello, parece conveniente restringir el concepto de "creencias" de Ortega a los dos primeros niveles.

La distinción de Ortega tampoco está libre de otras confusiones. En realidad, abarca bajo el mismo rubro tres distinciones diferentes que no se implican necesariamente. La más importante desde un punto de vista epistemológico es, a mi juicio, la distinción, en el seno del conjunto de opiniones de una persona, entre aquellas cuya verdad justificamos en razones (las "ideas" de Ortega) y aquellas otras que aceptamos sin aducir razones explícitas (las que Ortega llama "creencias"). Las razones que justifican las ideas se justifican a su vez en otras razones, hasta llegar, como supuesto de todas ellas, a las creencias básicas, que aceptaríamos espontáneamente sin dar de ellas razones explícitas. Ésta es una distinción epistemológica importante; implica sostener que la totalidad de nuestras opiniones descansaría, en último término, en un conjunto de creencias que aceptamos, aunque no seamos conscientes de las razones que puedan justificarlas. Apuntemos, sin embargo, una discrepancia

---

6 José Ortega y Gasset, "Del imperio romano", en *Obras completas*, t. VI, Madrid, Rev. de Occidente, 1952, pp. 61 y 101-102.

con Ortega: él parece suponer que esas creencias básicas carecen *de toda razón*, pero no demuestra este punto. Podríamos sostener, por el contrario, que las creencias básicas carecen de razones *explícitas*, mientras no preguntamos por ellas, pero que, si preguntamos por su verdad, encontraríamos razones *implícitas* que las justificaran. Por ejemplo, la creencia en la continuidad del espacio o en la persistencia del suelo: si se pusiera en cuestión, podríamos justificarla en nuestra experiencia pasada reiterada o aun en una necesidad lógica, la creencia en la materialidad del mundo o en la existencia de Dios nos invitaría a producir teorías y argumentos en su favor, y así sucesivamente. Podríamos sostener que las que Ortega llama "creencias" no son injustificables *por principio*. Así una misma creencia (en la continuidad del espacio, en la materia, en Dios, por ejemplo) puede fungir, en un caso, como una creencia básica, espontánea, en la que se fundan otras; en otro momento, en cambio, esa misma creencia puede ponerse en cuestión, entonces indagaríamos por las razones que nos llevaron a aceptarla y que no habían sido explicitadas antes.

Esta distinción epistemológica se mezcla con otra de carácter psicológico: la de creencias conscientes, profesadas por un sujeto (las "ideas" de Ortega) y creencias inconscientes, reales pero latentes (las "creencias" de Ortega). Pero Ortega parece no percatarse de que *cualquier* idea o creencia puede ser consciente o permanecer latente. Ya Platón había hecho notar que todas las creencias están en nosotros como disposiciones de las que podemos echar mano, y no como ocurrencias actuales.[7] La distinción entre opiniones profesadas y otras inconscientes puede aplicarse tanto a las "ideas" como a las "creencias" de Ortega. Mientras escribo estas frases, por ejemplo, tengo conciencia de creer en lo que escribo; a la vez, se encuentran en mí, inconscientes, la creencia básica en la continuidad del espacio o en la permanencia de las cosas, como también muchas otras opiniones sobre el mundo que Ortega llamaría "ideas" y que ahora no acuden a mi mente. A la inversa, al tratar de expresarlas, aquellas creencias básicas se vuelven conscientes, mientras dejan de estar presentes en mi mente las ideas que pensaba hace un momento. Luego, la ocurrencia en la mente no constituye un carácter específico de las "ideas", ni la latencia, de las "creencias".

Por último, la distinción entre ideas profesadas y creencias latentes no coincide tampoco con la de creencias individuales y colectivas. No todas las

---

[7] Platón, *Teetetes*, 197bc.

creencias vigentes en una sociedad son inconscientes, ni permanecen, como dice Ortega, "no discutidas", "no formuladas". Pensemos en creencias colectivas, como la creencia en Dios o en la materia, que pueden convertirse en objeto de discusiones religiosas, morales o metafísicas. A la inversa, hay también ideas individuales nunca expresadas por el sujeto.

Tenemos, pues, que reformular la distinción de Ortega para evitar esas confusiones. Nosotros llamaremos con el nombre genérico de "creencias", siguiendo el uso común, a *todas* nuestras disposiciones a tener algo por verdadero, sean o no conscientes, individuales o colectivas. En el conjunto de nuestras creencias hay algunas que cumplen tres condiciones: *1)* están supuestas en todas las demás; *2)* no se justifican en razones *explícitas*, aunque, puestas en cuestión, podríamos encontrarles fundamento en razones que permanecían *implícitas*; *3)* son colectivas, esto es, compartidas por la gran mayoría de los miembros de una sociedad. Éstas corresponderían, en la terminología de Ortega, a las "creencias" de que él habla. Al precisar así la distinción orteguiana, queda claro que no depende de características intrínsecas de dos tipos diferentes de creencias u opiniones —como parece indicar Ortega—, sino de la función que desempeñan en el conjunto de todas nuestras creencias. El propio Ortega parece dar lugar a esta concepción, cuando se pregunta por el origen de lo que él llama "creencias". Éstas fueron primero "ideas" que se les ocurrieron a algunos hombres y luego fueron aceptadas, sin discusión, por una sociedad, hasta convertirse en su legado incuestionado, son "ideas consolidadas", convertidas en "vigentes" para una colectividad.[8] Entonces, una idea justificada en razones explícitas para unos hombres puede fungir, en el sistema de creencias de otros hombres, como creencia básica, no justificada expresamente; esto sucede cuando deja de ser pensada y funge como un supuesto tácito, aceptado por gran parte de los integrantes de la sociedad.

No convendría, por lo tanto, hablar de dos tipos de creencias intrínsecamente diferentes, sino de dos *junciones* distintas que una creencia puede desempeñar en el sistema global de creencias. Y éste sería, a mi juicio, el verdadero hallazgo de Ortega: haberse percatado de que a la base de un sistema

---

[8] José Ortega y Gasset, "Ideas y creencias", *op. cit.*, p. 401; José Ortega y Gasset, "Historia como sistema", *op. cit.*, p. 19.

de creencias se encuentran algunas para las cuales no se aducen razones explícitas, y que permanecen como supuestos incuestionados. La importancia de esas creencias es, a la vez, sociológica y epistemológica. Sociológica, porque señalan un fundamento colectivo, históricamente condicionado, a cualquier sistema individual de creencias; epistemológica, porque pone a la base del proceso de justificación, creencias no justificadas en razones explícitas. En el concepto de "creencia" de Ortega, el problema de la justificación de nuestras opiniones toca con el de su condicionamiento social: esa conjunción es la que da particular relevancia a su hallazgo.

Veremos mejor el alcance del concepto orteguiano de "creencia" si nos preguntamos por el problema filosófico al que intenta responder. ¿Por qué se ve llevado Ortega a acuñarlo? ¿Qué lugar ocupa en su propio sistema de pensamiento?

Ortega vivió su obra bajo la admonición del cambio. En sus escritos abundan las referencias a reformas conceptuales, a innovaciones, a hallazgos. La reflexión filosófica es, para él, descubrimiento de tierras vírgenes. Se ve a sí mismo como anunciador, explorador de temas intocados, siempre al atisbo de horizontes desconocidos. Su reflexión, en opinión de Ortega, no sólo plantea problemas inusitados sino, sobre todo, está marcada por un cambio radical: responde al fin de una época y al inicio de otra. Desde *El tema de nuestro tiempo*, de 1924, inscribe su pensamiento en el marco de la "crisis más radical de la historia moderna".[9]

La época que entonces termina se inició, nos dice, con Galileo y con Descartes, hace tres siglos. Ese "ciclo" en la historia de Occidente participa de una imagen del mundo, la cual se levanta sobre una creencia básica: la fe en la razón y en su producto, la ciencia.[10] Ahora bien, Ortega cree percibir que en su tiempo esa fe empieza a perderse. Concede un gran alcance a la "crisis de los fundamentos" de la física, con la aparición de la física probabilística, las teorías de los quanta y de la relatividad, interpreta la aparición de las geometrías no euclídeas y la introducción del convencionalismo como una

---

[9] José Ortega y Gasset, *El tema de nuestro tiempo*, Madrid, Espasa Calpe, Col. Austral, 1968, p. 67.
[10] José Ortega y Gasset, "Historia como sistema", *op. cit.*, pp. 15-16; José Ortega y Gasset, "En torno a Galileo", en *Obras completas*, t. v, Madrid, Rev. de Occidente, 1951, p. 58.

crisis semejante en la matemática, y destaca el abandono del racionalismo en otros campos, como en la moral y el derecho. En algunos pensadores percibe signos de la misma desconfianza en la razón. En *La crisis de la ciencia europea de Husserl*, en el intuicionismo de Browder cree escuchar voces desencantadas de la razón científica.[11] No sin premura, concluye que "el hombre empieza a volverle la espalda a la ciencia".[12] Frente a la creencia en la razón como principio último, despunta otra que podría reemplazarla: la creencia en la vida. La era basada en la fe, en la razón físico-matemática habrá de dejar paso a una nueva, fundada en la "razón vital", o "razón histórica". Su obra es, después de los atisbos de Dilthey, la encargada de anunciarla. "El hombre necesita una nueva revelación y esa revelación sólo puede venirle de la razón histórica", proclama Ortega.[13]

Vivimos, pues, un cambio radical de los fundamentos. ¿Cómo conceptuarlo? ¿Qué es lo que cambia? Para designarlo, Ortega tiene que acuñar un término. Lo que cambia son las "creencias" de una época, mientras muchas "ideas" permanecen. La distinción entre unas y otras ha sido introducida para entender el cambio de época en que Ortega, antes aún de establecerla, inscribía su pensamiento. Hay que distinguir —escribe— entre "cambiar un mundo y cambiar algo en el mundo".[14] Las creencias son lo que cambia al "cambiar un mundo".

"Mundo" no es, en efecto, la suma de las cosas existentes sino el objeto global de nuestro pensamiento y nuestra acción. No es independiente de nuestras creencias, varía con ellas. "A esta arquitectura que el pensamiento pone sobre nuestro contorno, interpretándolo, llamamos mundo o universo. Éste, pues, no nos es dado, no está ahí sin más, sino que es fabricado por nuestras convicciones".[15] En otra ocasión llega más lejos: no acepta una realidad independiente de nuestras creencias, realidad es "lo que creemos ser la realidad".[16] Una época se caracteriza por la vigencia de un mundo.

---

[11] José Ortega y Gasset, *Sobre la razón histórica*, Madrid, Rev. de Occidente, 1979, pp. 180-187.
[12] José Ortega y Gasset, "Historia como sistema", *op. cit.,* p. 21.
[13] José Ortega y Gasset, *Sobre la razón histórica, op. cit.,* p. 237.
[14] José Ortega y Gasset, *En torno a Galileo, op. cit.,* p. 64.
[15] *Idem.*
[16] José Ortega y Gasset, "Ideas y creencias", *op. cit.,* p. 405.

Pero ¿qué distingue al mundo de una época del de otra? En *El tema de nuestro tiempo* colocaba a la base de la imagen del mundo una "sensación radical ante la vida". "Ésta es la que llamaremos 'sensibilidad vital', es el fenómeno primario en historia y lo primero que habríamos de definir para comprender a una época".[17] Años más tarde, en *Ideas y creencias*, la noción vaga de "sensibilidad vital" ha sido reemplazada por la de "creencia", que cumple la misma función explicativa.

El término "creencias" en Ortega no puede entenderse, pues, separado de "mundo" o, mejor, de "interpretación del mundo". Las "creencias" de Ortega serían los supuestos no mencionados de todas las demás creencias, sobre los que se levanta una interpretación del universo. Hoy hablaríamos, para evitar confusiones, del "marco conceptual" o de los "compromisos ontológicos" y "valorativos" supuestos en nuestras creencias acerca del mundo. Ellos establecen los límites dentro de los cuales se puede configurar un mundo, para una colectividad, en una época. Constituyen, pues, lo que podríamos llamar también la "figura del mundo" de una época.

El concepto de creencia está ligado al de cambio de mundo en un segundo sentido. Ortega, como observé antes, dobla la distinción ideas-creencias con otra: inteligencia-fe. Según él, las ideas son producto de una actividad intelectual, las creencias, objeto de una adhesión espontánea que semeja más una fe irracional. Al tocar las creencias alcanzaríamos un estrato más profundo que el entendimiento, llegaríamos a una forma de vida. El descubrimiento de un nivel de creencias básicas debajo de nuestras ideas es también, para Ortega, revelación de que la inteligencia no puede fundarse a sí misma si no descansa en un estrato vital más profundo. Mientras *tenemos* ideas, *somos* creencias. "El hombre, en el fondo, es crédulo o, lo que es igual, el estrato más profundo de nuestra vida, el que sostiene y porta todos los demás, está formado por creencias".[18] Así la distinción entre ideas y creencias forma parte, ella misma, de la creencia que inaugura una nueva época: la fe en la vida como fundamento de la razón.

---

[17] José Ortega y Gasset, *El tema de nuestro tiempo, op. cit.*, p. 13.
[18] José Ortega y Gasset, *Ideas y creencias, op. cit.*, p. 392.

Ortega ha vislumbrado una relación importante entre ciertas creencias básicas y lo que llama "vida". Pero ¿qué es esa "vida"? ¿Cómo puede la vida estar formada por creencias?

Pese a ser el concepto central de su filosofía, Ortega nunca define lo que entiende por "vida". Nos indica, desde luego, que no debe comprenderse en el sentido de "vida orgánica"[19] y se atiene al significado vago que tiene la palabra en el lenguaje ordinario. Vida es "lo que nos pasa", los "acontecimientos" que nos ocurren.[20] Siguiendo sus indicaciones, podríamos nosotros intentar precisar su concepto. En primer lugar, "vida" se aplica a la existencia humana en cuanto se opone al modo de existir de las cosas no humanas. Las cosas tienen una "naturaleza", la vida humana no es una cosa sino "un puro acontecimiento" o, con una expresión más imaginativa, "un drama".[21] Esta distinción entre naturaleza y acontecimientos sería válida si se concibe el mundo como un conjunto de "cosas", pero no lo es si se le concibe justamente como un conjunto de "ocurrencias" o "sucesos". No valdría, por lo tanto, en una ontología del tipo, por ejemplo, de la del *Tractatus* de Wittgenstein.[22] En realidad la concepción de "vida", como opuesta a "naturaleza", se inscribiría dentro de la corriente general del existencialismo; según ella, la diferencia entre el ser del hombre y el de la realidad no humana podría expresarse por la distinción entre "esencia" (o "naturaleza") y "existencia", o entre "ser para sí" y "ser en sí". El existencialismo expresaba así la idea de que, mientras el mundo no humano está constituido por cosas con propiedades fijas ("esencia") o por acontecimientos sometidos a regularidades necesarias ("naturaleza"), el hombre puede elegir sus propias cualidades ("existencia") y tiene un modo de ser, producto de su acción ("historia"). Entonces, lo que Ortega trata de captar con la noción de "vida" quedaría mejor descrito con los conceptos de "acción transformadora" o de "práctica". Vivir, escribe Ortega, es "encontrarse en determinadas circunstancias y tener que estar siempre haciendo algo para sostenerse en ellas".[23] En *El tema de nuestro tiempo*

---

[19] José Ortega y Gasset, *Sobre la razón histórica, op. cit.*, p. 18.
[20] *Ibid.*, p. 73.
[21] José Ortega y Gasset, "Historia como sistema", *op. cit.,* pp. 32-35.
[22] *Cfr. Tractatus Logico-Philosophicus*, Nueva York, Routledge and Kegan Paul, 1961: "(1): El mundo es todo lo que acontece".
[23] José Ortega y Gasset, *Sobre la razón histórica, op. cit.*, p. 69.

ya había indicado que era propio de la vida estar dirigida a la circunstancia por el deseo,[24] más tarde insistirá en que la vida es "quehacer", un actuar sobre la circunstancia, para asegurarse en ella y transformarla.[25] Si la vida es acontecimiento, cambio constante, no lo es de un modo pasivo sino a la manera de un agente transformador del entorno. Por ello puede calificarse, con propiedad, de "historia".[26] "Vida" sería, pues, un nombre para acción práctica, transformadora de la realidad circundante.

Pasemos ahora a nuestra segunda pregunta: ¿cómo es posible que la vida, si es acción transformadora, esté constituida por creencias? Sólo si la creencia es concebida, ella misma, como una práctica transformadora. Vivir es "tener que habérselas" con algo; para subsistir en su circunstancia, el hombre tiene que interpretarla; al hacerlo, configura un mundo. "Mundo o universo no es sino el esquema o interpretación que el hombre arma para asegurarse la vida. Diremos, pues, que el mundo es el instrumento por excelencia que el hombre produce, y el producirlo es una misma cosa con su vida, con su ser".[27] Pero ya vimos que el mundo es resultado de nuestras creencias básicas. Luego, las creencias son instrumentos que cumplen una función vital: interpretar la realidad a modo de poder sobrevivir en ella. Son productos de la vida, que producen a su vez el mundo en que la vida se desarrolla. Ortega emplea dos metáforas: las creencias, dice, son "el continente de nuestra vida",[28] esto es, el marco en que se desarrolla, y son "el suelo de nuestra vida", su base. Sólo porque la creencia no es entendida como una ocurrencia en la mente, sino como un útil que transforma la circunstancia en beneficio del hombre, puede verse como parte integrante de la vida, por cuanto ésta es actividad transformadora de la circunstancia.

Pero la noción anterior no es compatible con otra. Ortega sostiene también que la vida es "la realidad radical",[29] en consecuencia, las creencias son

---

[24] José Ortega y Gasset, *El tema de nuestro tiempo, op. cit.*, p. 68.
[25] José Ortega y Gasset, "Historia como sistema", *op. cit.*, p. 32.
[26] José Ortega y Gasset, *El tema de nuestro tiempo, op. cit.*, p. 83.
[27] José Ortega y Gasset, *En torno a Galileo, op. cit.*, p. 33.
[28] José Ortega y Gasset, *Ideas y creencias, op. cit.*, p. 38.
[29] José Ortega y Gasset, "Historia como sistema", *op. cit.*, p. 13; José Ortega y Gasset, *En torno a Galileo, op. cit.*, p. 95.

"la realidad misma".[30] Esta tesis podría entenderse en dos sentidos. En una primera acepción de "realidad", Ortega entiende por ella "aquello con que contamos, queramos o no; realidad es la contravoluntad, lo que nosotros no ponemos, antes bien, aquello con que topamos".[31] En este sentido, la realidad es "trascendente".[32] Pero si vida y creencias son la "realidad radical" *en este sentido*, ¿cómo podrían ser, al mismo tiempo, nuestra actividad, nuestra práctica transformadora? No se puede sostener que vida y creencias son actividades de nuestra vida, transformadoras del entorno y, al mismo tiempo, que son "trascendentes a nuestra voluntad". Decir que la vida es la realidad radical, en este sentido, no pasaría de ser, me temo, un recurso retórico, destinado a señalar que vida y creencias no se reducen a la actividad *consciente* del individuo, sino que la rebasan.

En un segundo sentido, la vida es la "realidad radical" porque "en ella va incluida toda otra realidad",[33] "en el sentido de que a ella tenemos que referir todas las demás, ya que las demás realidades efectivas o presuntas, tienen de uno u otro modo que aparecer en ella".[34] En el mismo sentido, las creencias son la realidad, porque toda realidad nos aparece conforme a nuestras creencias, "pues creer de verdad algo y sernos ese algo realidad, son una misma cosa".[35] En este segundo sentido, "realidad" ya no tiene una connotación ontológica (lo "trascendente" a mí) sino noseológica: se refiere a la condición para que algo se le aparezca a un sujeto. Entonces, decir que vida y creencias son "la realidad radical" significa que toda realidad coincide con sus modos de aparecerse. Lo cual nos conduce al problema de la relatividad del conocimiento.

Desde *El tema de nuestro tiempo*, y aún antes,[36] Ortega había propuesto la hipótesis del "perspectivismo", según la cual la realidad misma "consiste en tener una perspectiva; esto es, en organizarse de distinto modo para ser vista

---

[30] José Ortega y Gasset, *Sobre la razón histórica*, *op. cit.*, p. 24.
[31] José Ortega y Gasset, *Ideas y creencias*, *op. cit.*, p. 389.
[32] José Ortega y Gasset, *En torno a Galileo*, *op. cit.*, p. 95.
[33] *Idem.*
[34] José Ortega y Gasset, "Historia como sistema", *op. cit.*, p. 13.
[35] José Ortega y Gasset, *Sobre la razón histórica*, *op. cit.*, p. 24.
[36] *Cfr.* "Introducción" al *Espectador*, de 1916, en *Obras completas*, t. II, Madrid, Rev. de Occidente, pp. 18-19.

desde uno u otro lugar".[37] Las apariencias con que la realidad se presenta a cada sujeto son —sostenía— cualidades objetivas de lo real. Inspirándose en su interpretación de la teoría de la relatividad, mantenía que la realidad misma es relativa al sujeto que la considere. Pretendía con ello superar un relativismo del conocimiento: según su tesis, lo relativo no es el conocimiento sino la realidad misma. La verdad es que, con esa tesis, Ortega arriesgaba una nueva postura idealista. Al presentar la realidad como relativa a la vida de cada quien y no a su conciencia, parecía, además, darle a su idealismo un tinte irracionalista. Lo cual nos obliga a tratar un último punto: ¿en qué medida propende el pensamiento de Ortega a un nuevo irracionalísimo? ¿Es Ortega un heraldo más del "asalto a la razón"? Para contestar, tenemos que detenernos a examinar dos conceptos: razón y verdad. Veamos el primero.

Ortega emplea "razón" en dos sentidos. En un sentido amplio, "razón" es "toda acción intelectual que nos pone en contacto con la realidad, por medio de la cual topamos con lo trascendente. Lo demás no es sino... intelecto".[38] En este sentido, hay una "razón físico-matemática", pero hay también una "razón religiosa", una "razón histórica", etcétera. Todo conocimiento es obra de la razón. "Por razón entendemos la capacidad de pensar con verdad, por lo tanto, de conocer el ser de las cosas".[39] En este sentido lato de razón, no cabría, pues, ninguna forma de conocimiento propiamente "irracional".

Cuando Ortega habla de la "fe en la razón", que nuestra época empieza a perder, emplea "razón" en otro sentido más restringido. En El tema de nuestro tiempo la llama "razón pura" o "pura intelección"; más tarde, "razón física", "físico-matemática" o "naturalista". Ésta es sólo una parte o forma de la "razón" en sentido amplio.[40] Se trata de la razón considerada en abstracto, separada de la vida real. "Esa raison que pretende no ser una función vital entre las demás y no someterse a la misma regulación orgánica que éstas, no existe; es una torpe abstracción y puramente ficticia".[41] Es "nuestro entendimiento funcionando en el vacío".[42] Cabe, pues, otra forma de razón,

---

[37] José Ortega y Gasset, El tema de nuestro tiempo, op. cit., p. 146.
[38] José Ortega y Gasset, "Historia como sistema", op. cit., p. 47.
[39] José Ortega y Gasset, Sobre la razón histórica, op. cit., p. 228.
[40] Ibid., p. 236.
[41] José Ortega y Gasset, El tema de nuestro tiempo, op. cit., p. 42.
[42] Ibid., p. 31.

concreta, que nos suministre un acceso distinto a la realidad: tal es la "razón vital" o "razón histórica". Lejos de implicar alguna forma de irracionalidad, "la razón histórica —sostiene Ortega— es aún más racional que la física, más rigurosa, más exigente que ésta".[43]

¿Qué se entiende entonces por "razón vital"? Sería la razón entendida como "una forma o función de la vida".[44] La razón no actúa, de hecho, separada de las demás actividades vitales sino supeditada a ellas. La "razón vital" sería la razón tal como actúa en concreto respondiendo a motivos personales o —como prefiere decir Ortega— "sometida a la vitalidad, supeditada a lo espontáneo".[45] Éste es, a mi juicio, el planteamiento más valioso de Ortega: haber considerado el pensamiento en concreto, motivado por las necesidades y deseos de la vida práctica. "Esto quiere decir que los conceptos fundamentales no se los saca de sí mismo el intelecto o razón pura, sino que le vienen impuestos como necesidades vitales". Si el hombre busca conocer, no es por puro deleite contemplativo, sino porque "tiene —quiéralo o no— que acertar; le va en ello la vida".[46]

Notemos que esta concepción de la razón deja de considerarla como una facultad desinteresada, pero no implica necesariamente una postura irracionalista. En efecto, cabe sostener que nuestras creencias, aunque motivadas por intereses, tienen que justificarse en razones, para ser admitidas como verdaderas. Para ello tendríamos que comprometemos a dos proposiciones: 1) la distinción, en la explicación de nuestras creencias, entre motivos y razones; los motivos para creer influyen en la aceptación o rechazo de las razones, pero no se sustituyen a éstas; 2) todas nuestras creencias, aunque condicionadas por necesidades e intereses vitales, tienen que justificarse en razones, sean éstas explícitas o permanezcan implícitas mientras no las pongamos en cuestión. Sólo así podríamos sostener la subordinación de la razón a motivos prácticos sin caer en un irracionalismo. Es la tesis que por mi parte estaría dispuesto a sostener y que he defendido en otro trabajo.[47] Por desgracia, la opinión de Ortega no es clara en ese punto. Antes bien, parecería que él sí considera que la "razón

---

[43] José Ortega y Gasset, "Historia como sistema", *op. cit.*, p. 50.
[44] José Ortega y Gasset, *El tema de nuestro tiempo, op. cit.*, p. 56.
[45] *Idem.*
[46] José Ortega y Gasset, *Sobre la razón histórica, op. cit.*, p. 69.
[47] Luis Villoro, *Creer, saber, conocer*, México, Siglo XXI Editores, 1982.

vital" da lugar a creencias que no se justifican en ningún tipo de razones, sino que sólo están causadas por necesidades vitales. En efecto, opone la llamada "razón pura" a la "espontaneidad de la vida".[48] Parece que, a diferencia de las "ideas", las "creencias" serían "estados de fe".[49] Y "fe" tiene aquí un sentido opuesto al saber justificado en razones. Pero si la razón vital conduce a creencias espontáneas, no basadas en razones, ¿cómo podríamos considerar a esas creencias "racionales", y a la razón vital, "razón" en algún sentido? La pregunta nos remite al segundo concepto que prometí examinar: el de verdad.

Si nuestras creencias están determinadas por necesidades vitales y éstas son subjetivas y cambiantes, ¿no tendremos que relativizar el concepto de verdad? En *El tema de nuestro tiempo* Ortega pretende sostener una posición entre dos extremos: ni el "racionalismo", que renunciaría a la vida para salvar el carácter absoluto de la verdad, ni el "relativismo", que sacrificaría la verdad inmutable a la "movilidad de la existencia". Su postura pretende salvar ambos escollos.[50] Esboza entonces dos tesis diferentes. Por una parte, parece admitir que hay una verdad absoluta, aunque tenga una función biológica. "No puedo pensar con utilidad para mis fines biológicos si no pienso la verdad".[51] Esta idea apunta a una concepción de la verdad ligada a la práctica, que se queda sin desarrollar. Por otra parte, arriesga su idea del "perspectivismo", según la cual nuestro conocimiento alcanza una verdad en el sentido de que alcanza la realidad, sólo que esa realidad es ella misma cambiante y relativa, pues incluye la totalidad de las perspectivas. Según esta segunda idea, no podríamos hablar ya de una verdad válida con independencia de las distintas apariencias con que se presenta.

La misma ambigüedad de posiciones se encuentra en obras posteriores. Ortega no desarrolla una teoría de la verdad. Sin embargo, parece inclinarse a admitir la relatividad de la verdad respecto de un sistema de creencias y de un tiempo dados. "Verdad no es sino una peculiar calidad teórica —escribe en una parte—, quiere decir simplemente que ciertas prescripciones determinadas por la teoría se han cumplido en ella".[52] Y en otra: "Verdad es lo que ahora

---

[48] José Ortega y Gasset, *El tema de nuestro tiempo, op. cit.*, pp. 53-55.

[49] José Ortega y Gasset, "Historia como sistema", *op. cit.*, p. 19.

[50] José Ortega y Gasset, *El tema de nuestro tiempo, op. cit.*, p. 35.

[51] *Ibid.*, p. 39.

[52] José Ortega y Gasset, *Sobre la razón histórica, op. cit.*, p. 25.

es verdad y no lo que va a descubrir en un futuro inmediato".[53] A menudo compara la verdad de la ciencia a un producto de la "imaginación", al cual habría que oponer la "seriedad" de la vida.[54] Parece, así, desligar la acción, a la que sirven las creencias, del problema teórico de la verdad. Importaría que nuestras creencias fueran operativas y vigentes, antes que verdaderas.

Veamos que la nueva época proclamada por Ortega, la era del imperio de una nueva forma de razón, podría interpretarse como una revaloración de la espontaneidad de la fe y una renuncia a la posibilidad de acceder a una verdad objetiva. El irracionalismo en puertas, de nuevo.

Recapitulemos. Quisimos revivir una de las intuiciones más certeras de Ortega: su descubrimiento de que todo sistema de opiniones supone la adhesión a ciertas creencias básicas, colectivas, que constituyen la figura de un mundo. Preguntamos luego por el problema que llevó a ese descubrimiento y dimos con la preocupación central de Ortega: el cambio radical de época. La distinción entre "ideas" y "creencias" estaba destinada a explicar el tránsito de una era en agonía —la que se había iniciado, en el siglo XVII, bajo el dominio de la "razón pura"— a otra era, presidida por una forma distinta de razón. Podemos ahora preguntar: ¿hasta qué punto acertó Ortega en su vaticinio? ¿Era su obra, como él creía, un parteaguas entre dos épocas? Contestar a esta pregunta nos daría la situación histórica de su filosofía.

Mencioné los "vislumbres" de Ortega. Todo vislumbre es ambiguo. Es visión de una realidad, pero es una visión parcial, desenfocada, tal vez, o confusa. Ortega ve efectivamente que se inicia una nueva concepción de la razón en relación con la vida concreta. En este punto su discurso anticipa desarrollos posteriores de la filosofía contemporánea. Destaquemos tres de ellos.

Primero. Algunos filósofos ponen en cuestión, hoy, no la razón como tal, sino un modelo de razón: el inaugurado por Descartes. Esa manera de concebir la razón interpreta todo conocimiento seguro como un conjunto de proposiciones fundadas unas en otras, hasta alcanzar algunas proposiciones básicas, fundamento de todas las demás, que son verdades necesarias o, al menos, incorregibles. La estructura del conocimiento racional semejaría una

[53] José Ortega y Gasset, "Historia como sistema", *op. cit.*, p. 22.
[54] José Ortega y Gasset, *Ideas y creencias, op. cit.*, p. 394; José Ortega y Gasset, *Sobre la razón histórica, op. cit.*, p. 36.

pirámide, cuya base estaría constituida por verdades inconmovibles y su cuerpo por otras, deducibles lógicamente de las primeras. Todas las disciplinas formarían parte de una sola ciencia universal, pensaba Descartes, que cumple con ese modelo. Esa interpretación es "fundamentista" (porque remite a un fundamento último de toda verdad) y "deductivista" (porque sostiene que cualquier otra verdad debe deducirse del fundamento). Es ella la que ha hecho crisis en nuestra época y tiende a reemplazarse por modelos de la razón más complejos o menos rígidos. Tendemos ahora a pensar que los sistemas de creencias forman una red compleja en la que toda creencia se apoya en otras, sin que pueda señalarse un conjunto de proposiciones fundamentales que justificaran la verdad de todo el sistema. En la base de la red se encuentra a veces una creencia, a veces otra. Ninguna se justifica aislada del conjunto del que forma parte. "Holismo", en vez de "fundamentismo". Por ello, tendemos a redescubrir el papel que desempeña en la justificación del conocimiento la coherencia de unas creencias con otras, en el seno de un todo. La razón teórica ha dejado de identificarse con un solo modelo de razón, el cartesiano.

Segundo. El modelo tradicional de la razón ha entrado en crisis en un segundo sentido. Se intenta ahora ponerla en relación con los motivos, fines e intereses concretos que nos mueven. No se trata del ocaso de la "fe en la razón", sino del fin de su concepción como una facultad abstracta y desligada de la práctica. En este sentido, sería certera la afirmación de Ortega de que la razón está "al servicio de la vida", sólo que el concepto vago de "vida" debería precisarse en el de acción intencional, motivada por intereses y deseos y guiada por fines.

Tercero. Este doble cambio en el modo de concebir la actividad racional se manifiesta también en una nueva manera de ver la ciencia. No creo que podamos constatar un descrédito general de la ciencia —como pensaba Ortega—. Sus apreciaciones en este sentido reflejaban un momento particular de duda, en que llegó a hablarse incluso de "la bancarrota de la ciencia", el cual parece rebasado. Las "crisis de los fundamentos" que creía ver en la física y en las matemáticas eran más bien crisis de una forma de teoría y de un modelo de explicación científica. De cualquier modo, es discutible que pueda describirse nuestra época, de modo simplista, como un momento de desconfianza en la ciencia. Sin embargo, con el nuevo impulso recibido por la historia de la ciencia, debido a los trabajos de investigadores como Koyré,

Kuhn, Lakatos y otros, se ha abierto paso la idea de que las teorías científicas no evolucionan en forma autónoma, sino en estrecha relación con sistemas de creencias y adhesiones de tipo colectivo. El desmostrado cómo el conocimiento científico supone creencias y adhesiones de tipo colectivo. El descubrimiento de Ortega es una anticipación de esa concepción de la moderna historia de la ciencia. Anticipó también la creciente atención otorgada a la influencia de las ideologías en la evolución de las teorías científicas. La aceptación y rechazo de teorías resulta incomprensible sin la influencia de creencias colectivas, condicionadas socialmente.

Esta nueva sensibilidad para las complejas relaciones de la razón con la acción, por una parte, y con las convicciones colectivas por la otra, no inaugura necesariamente una etapa de irracionalismo. Al concebir su descubrimiento como una nueva era, sucesora de la "confianza en la razón", al describirlo en términos de "fe", de "vida", que tenían una resonancia irracionalista, Ortega confundió su propio hallazgo. Son su "vitalismo" y su "historicismo" los que ahora nos pueden parecer caducos; resabios del pasado, antes que anuncios del futuro inmediato. La novedad que percibió Ortega no era un pretendido ocaso de la razón científica ni su reemplazo por un vago conocimiento "vital" o "histórico"; la novedad que percibió era un cambio en nuestra interpretación de la función y del papel que cumple la razón. Cada vez nos es más difícil aceptar la razón como una actividad abstracta que daría lugar a un saber incorregible, a salvo del influjo de nuestros deseos e intereses; por eso, frente a una concepción de la razón teórica como actividad desinteresada, había que señalar su función concreta en la vida práctica; frente a la reducción de las creencias a la esfera individual, destacar su dimensión comunitaria. El tema de nuestro tiempo sería tal vez comprender cómo, al cumplir esas funciones, la razón puede también alcanzar con seguridad la realidad.

Ortega no alcanzó quizás a describir con precisión estos nuevos planteamientos acerca de la actividad racional, pero fue uno de los primeros en vislumbrarlos. ¿Podemos rendirle mayor homenaje que reconocer que su reflexión sí cumplió, después de todo, el destino que él había elegido para sí: anunciar el advenimiento de nuevas creencias?

10

Lo racional y lo razonable*

El siglo que acaba de terminar nos ha legado un motivo de alarma y de-sasosiego: la erosión del mayor logro del pensamiento moderno: la creencia en una razón capaz de señalar la vía para dar un fundamento seguro a todos nuestros conocimientos. La erosión ha afectado desde distintos ángulos la idea de la razón "ilustrada". Ha socavado su pretensión de alcanzar la certi-dumbre y de descansar en un fundamento inconmovible; ha puesto en duda su carácter universal; al someterla a la sospecha, la ha encontrado sometida a la voluntad y al deseo.

Al cabo de esos embates, la razón ilustrada pareció perder su entereza. Ya no era una razón inconmovible, una razón pura, desinteresada, universal. ¿Qué quedaba de ella? Algunos se apresuraron a diagnosticar su agonía. Para dejar sentado su repudio, se proclamaron "posmodernos".

Otros, sin embargo, más serenos, comprendieron que no había razones suficientes para despedir a la razón. Frente al irracionalismo en acecho, vis-lumbraron una alternativa: la reforma del concepto de razón. Un pensador de lengua española, Ortega y Gasset, ya había comprendido, en 1923, que ése era el "tema de nuestro tiempo": la razón al servicio de la vida, decía.[1] Pero Ortega amaba más los brillantes vislumbres que las laboriosas precisio-nes y no llegó a aclararnos cuál era esa "vida" a cuyo servicio debía estar la

---
* En Luis Villoro, *Los retos de la sociedad por venir*, México, FCE, 2007, pp. 205-222.
[1] José Ortega y Gasset, *El tema de nuestro tiempo*, en *Obras completas*, t. III, Madrid, Revista de Occidente, 1947.

razón y qué características tendría una "razón" que cumpliera con ese servicio. No habrá una alternativa al irracionalismo mientras no se aclaren esos puntos.

I

Intentaremos precisarlos. Para ello tendremos que plantear dos preguntas:

1) ¿Cómo "sirve" la razón a nuestra "vida"? O, en palabras más simples: ¿para qué queremos ser racionales?

2) ¿Qué características debería tener la razón para cumplir esa función?

Empecemos con la primera pregunta: ¿para qué ser racionales?

En el diálogo *Menón* Platón imagina la situación de dos hombres que quieren viajar a la ciudad de Larisa. Uno de ellos tiene razones que le permiten saber cuál es el camino a la ciudad; ha tenido informes fidedignos de viajeros, maneja un mapa de la región y deduce de esos datos el camino correcto. El otro viajero, en cambio, no conoce el camino y trata de llegar a su objetivo por puras conjeturas. Gracias a sus razones, el primero acierta y llega; guiarse por ellas le ha permito realizar su propósito. La razón es guía segura de la acción.

Pero supongamos que el segundo viajero por pura corazonada acierte con el camino a Larisa. ¿Cuál es la diferencia? Que nuestro segundo viajero, así como acertó esta vez, no tiene ninguna guía que le asegure que no fallará en la siguiente; tampoco puede garantizar a otras personas que podrán repetir su hazaña. A diferencia de la razón, la conjetura irracional, aun si llega a acertar, no nos suministra una vía segura, válida para cualquiera, de hacer eficaz nuestra acción y realizar nuestros propósitos. El primer viajero es el único en tener una garantía de que, tanto él como cualquiera, gracias a la razón, puedan llegar a Larisa… o a la Luna, o al fondo de la materia o a la ciudad perfecta.

A diferencia de la mera conjetura, la razón —dice Platón— es esa "atadura" (*desmós*) que sujeta nuestras creencias a la realidad; al hacerlo, asegura que nuestras acciones muerdan en ella y nuestros fines puedan realizarse.[2]

---

[2] Platón, Diálogo *Menón*.

Imaginemos ahora que nuestros dos viajeros no sólo se preguntan cómo llegar a Larisa, sino también por qué es conveniente ir a esa ciudad en lugar de quedarse en Atenas. ¿Qué valor, qué sentido tiene ir a Larisa? Antes se preguntaban por los medios adecuados para lograr su fin, ahora por la bondad del fin que da sentido al viaje. Ahora tienen que responder poniendo en relación ese acto con la función que cumple en sus vidas y, en rigor, en cualquier vida. Entonces uno de los viajeros podría intentar una respuesta evocando un deseo súbito de viajar o una motivación irracional cualquiera, basada en sus ganas personales. El viaje daría satisfacción a ese deseo subjetivo y pasajero, pero no podría responder a una necesidad objetiva, aceptable para todos. El otro viajero, en cambio, intentaría justificar en razones la conveniencia de hacer el viaje. Aduciría, por ejemplo, su pertinencia para el proyecto de vida que ha elegido, o aun para los fines colectivos que animan a la *polis*; podría incluso presentar la necesidad de realizar esos valores como un deber y el viaje como una obligación de cumplirlo. Justificaría, en suma, su acto en la realización de valores y deberes objetivos. Habría establecido mediante la razón práctica —hubiera podido decir Platón— una "atadura" con el mundo ideal objetivo.

En este caso la razón opera en otra forma, en relación con nuestros fines personales: ya no se limita a asegurar el éxito de nuestro viaje, garantiza su valor y su sentido. En una y en otra función, las razones han servido a la vida.

¿Para qué ser racionales? Preguntábamos. Para que no sea vana nuestra acción en la tierra, para que las creencias que determinan nuestro comportamiento sean conformes a la realidad y podamos así encontrar nuestro camino en el mundo y poder recorrerlo. La razón cumple en nuestra especie la función que en otras es prerrogativa del instinto: ser una garantía de la adecuación de nuestras creencias a la realidad y, por lo tanto, del éxito y el valor de nuestras acciones en el mundo.

II

Pasemos ahora a nuestra segunda pregunta: ¿qué características ha de tener la razón para poder servir a nuestra vida? Para llegar a Larisa el viajero tiene que acudir a las razones adecuadas para ese fin; entre las muchas razones, unas más generales que otras, que pueden justificar y orientar cualquier viaje, él tiene que retener aquellas que le sirvan para señalar la vía a esa ciudad y desdeñar las otras. Por otra parte, no precisa tener una certeza inconmovible sobre cualquier desplazamiento; el valor probante que requiere de sus razones es el suficiente para emprender ese viaje con cierta seguridad, sin perderse.

La razón puede cumplir su función en mayor o menor medida, según sea la situación en que se ejerza y el fin al que sirva. Las razones que aseguran el camino hacia Larisa tal vez sean menos certeras en señalar la manera de alcanzar la antigua Persia. Así, requerimos para nuestras creencias y acciones mayor o menor grado de fundamento racional, de acuerdo con el número de razones, su fuerza probante y su confiabilidad necesarias, en cada caso, para asegurar el éxito de una acción y el cumplimiento del propósito específico que la anima. Diremos entonces que las creencias y las acciones pueden ser más o menos "razonables".

Llamaré "racional" a toda creencia o acción que esté fundada en razones, abstracción hecha de su adecuación a la situación en que se ejerza, y "razonable" a esa misma creencia o acción juzgada en función del grado en que sirva, en una situación particular, a la realización del fin que nos proponemos. Lo "razonable" es pues una especie del género "racional".

Los términos "razonable" y "racional" pueden aplicarse a distintos tipos de sujetos lógicos: creencias y enunciados, acciones e intenciones y agentes de unos y otras.

En su análisis de conceptos, la filosofía suele partir de sus usos prerreflexivos en el lenguaje ordinario. Veamos primero qué solemos entender por creencias u opiniones "racionales" y "razonables". Decimos que una creencia u opinión es "racional" si puede justificarse en razones compatibles y no responde sólo a motivos injustificados. Como las razones compatibles son garantías de la adecuación de la creencia a la realidad, "racional" es una creencia con *pretensión* de verdad. Al hablar de creencias u opiniones "razonables", nos referimos a la medida en que esas razones son efectivamente *suficientes* o no para alcanzar la realidad y, por lo tanto, al grado en que pueden sostener una pretensión de verdad.

En el lenguaje ordinario, para llamar con sentido "razonable" a una creencia debemos suponer que cumple con dos condiciones: *1)* Estar basada en razones; ser, por lo tanto, racional. Lo razonable es opuesto a lo irracional.

No llamaré "razonable" a una suposición que carezca de razones. Diré, por ejemplo: "No es razonable pensar que el director sea culpable: no tenía ninguna razón para matarlo". O bien: "No es razonable creer en las brujas; eran sólo figmento del miedo". No juzgamos "razonables" convicciones incapaces de aducir pruebas o basadas en convicciones emotivas. Juzgamos "razonable", en cambio, una opinión que, aunque no sea totalmente cierta, puede aducir razones. Podemos decir con sentido, por ejemplo: "Es razonable suponer que el director es inocente; hay muchos indicios que lo atestiguan".

2) Pero, segunda condición, a la fundamentación en razones, el concepto de "razonable" añade una nota. Es usado si las razones no son infalsables; es decir si, en principio, pueden dar lugar a creencias falsas. Pretenden cierto grado de verosimilitud o probabilidad en lo que afirman, pero no certeza. Podemos decir con sentido: "No estoy seguro de que la edad sea la causa de la estupidez de mi abuela, pero es razonable suponer que lo sea". Puedo llamar "razonable" a una hipótesis, a una conjetura, si está respaldada en razones, aunque no pueda aseverar su verdad con seguridad. Incluso puedo aceptar varias hipótesis contrarias, todas ellas "razonables", para explicar un aconte- cimiento. Aun convicciones basadas en razones objetivamente insuficientes pueden considerarse "razonables" a la luz de otras creencias verosímiles. Tiene sentido decir: "Pese a la corrupción de los jueces, es razonable esperar en que prevalecerá la justicia". El concepto de razonable se aplica también a concepciones generales y sistemas de creencias, filosóficas, religiosas. Nos inclinamos por el carácter más o menos "razonable" de una concepción del mundo frente a otras.

Aun atribuimos razonabilidad a culturas extrañas, aunque no compar- tamos sus creencias, con tal de que se guíen por sus propias razones. Un antropólogo puede escribir con sentido: "Los ritos de los melanesios son razonables porque cumplen una función para la supervivencia de la tribu".

Lo razonable no tendría cabida en otra concepción de la razón: la que sostuviera que sólo hay una forma de racionalidad: una racionalidad desti- nada a suministrar un fundamento indudable, válido en toda circunstancia, a nuestras creencias. Ésa sería una razón al abrigo de las incertidumbres a que da lugar su condicionamiento a situaciones y fines variables.

En un trabajo anterior traté de demostrar que, en el conocimiento cientí- fico, no se puede establecer una demarcación precisa entre un saber infalsable y una creencia razonable.[3] El saber objetivo de la ciencia está fundado en razones incontrovertibles, es decir, en razones respecto de las cuales no podemos aducir otras razones existentes, en ese momento, en la comunidad epistémica en cuestión, que las controviertan. Pero no pueden pretender una verdad definitiva. Siempre está abierta la posibilidad de que surjan razones suplementarias, hasta entonces no consideradas, que las impugnen. El saber objetivo, fundado en razones incontrovertibles, es sólo un límite al que tienden las creencias razonables.

En el mismo trabajo propuse una definición de saber que no incluye la condición de verdad, sino su fundamento en razones objetivamente suficientes para creer, es decir, en razones que suministren una garantía de la "atadura" de la creencia a la realidad, pero que no son infalsables. Esta concepción separaba la racionalidad de la certeza. Rompía con la vieja idea cartesiana y leibniziana del fundamento de todo conocimiento en certezas indudables. Proponía, antes bien, el concepto de un conocimiento basado en una razón incierta. Sin embargo, no renegaba de la razón, porque para cumplir con nuestros fines no necesitamos de una razón indudable, sino sólo de razones capaces de orientarnos en el mundo, que nos permitan anclarnos en la realidad en torno.

No todo tipo de conocimiento requiere, para ese fin, del mismo grado de fundamentación racional. Razonable es buscar para cada campo de la realidad la cuantía y el género de razones que puedan sernos asequibles y que sean útiles para apoyar la verosimilitud de nuestras creencias. Para descubrir las leyes que gobiernan la materia, procuraremos acudir a razones incontrovertibles, pero para conocer las virtudes de una vida buena o de una sociedad bien ordenada no podemos aspirar a razones sin contradicción. Si aspiramos a encontrar algún sentido en nuestra vida o en el curso del mundo, en vano acudiremos a razones infalsables; tendremos que aducir supuestos "razonables". Como ya advertía Aristóteles, a la moral o la política (y a la religión, podríamos añadir) no conviene exigirle el mismo grado de fundamentación que a la ciencia.[4]

---

[3] *Cfr.* Luis Villoro, *Creer, saber, conocer*, México, Siglo XXI Editores, 1982, pp. 17 y ss.

[4] Por eso en *Creer, saber, conocer* distinguí entre dos tipos de conocimiento que corresponden a distintas maneras en que opera la razón, el "saber objetivo" y el "conocimiento personal".

Razonable es, en cada caso, una opinión o creencia que aduce el número y género de razones que requiere su ámbito de conocimiento, sin exigir para todos los campos el mismo grado de fundamentación. Tan poco razonable es una pretendida ciencia que no pueda aducir razones concluyentes para cualquiera, como una doctrina moral o religiosa que pretenda fundarse en razones indudables, que deberían ser aceptadas por todos. Razonables son, en cambio, las teorías científicas que, para ser admitidas, exigen pruebas indemnes a razones que las contradigan por parte de la comunidad epistémica correspondiente. Razonables son también las convicciones morales, políticas o religiosas que se atienen a un cuerpo limitado de razones capaces de dirigir nuestra conducta, sin pretensión de ser irrefutables.

Lo razonable no impone, por lo tanto, un paradigma de racionalidad. Admite que la racionalidad es múltiple, porque se ejerce con grados y géneros distintos en diferentes ámbitos de la realidad. Una racionalidad razonable no se refiere a una razón única y pura, sino a las distintas maneras como su ejercicio, en cada situación variable, permite acercarnos a cumplir con los fines que perseguimos.

III

El concepto de razonable no sólo se aplica a creencias, también puede referirse a las acciones intencionales y a las conductas dirigidas por fines. En el lenguaje ordinario, una acción suele ser calificada de "racional" cuando es consciente, se propone fines realizables y pone en obra los medios conducentes a realizar esos fines.[5] Podemos decir también que esa misma conducta es "razonable" si, dado el conocimiento que se tiene de las circunstancias, responde a la razón mejor fundada entre las razones asequibles, aunque pudiera haber, en teoría, otras razones tal vez más sólidas. Son comunes las siguientes expresiones: "Después de sopesar el pro y el contra, tomó la actitud más razonable en este caso"; "La ley aprobada es razonable porque evita, hasta donde es actualmente posible, un daño mayor"; "Es razonable

---

[5] Cfr. Jesús Mosterín, *Racionalidad y acción humana*, Madrid, Alianza Universidad, 1978.

aceptar ese precio: parece justo"; "Su propuesta es razonable: podría solucionar el actual conflicto"; "Una pena razonable debe ser proporcional al delito", etcétera.

Una acción o conducta razonable atiende a razones; en eso se opone a toda acción irracional; pero las razones a las que obedece son las que, en la situación en la que se encuentra, pueden dirigir, hasta donde sea posible, a la consecución del fin que, en cada caso, se propone la acción. Por eso, el grado y fuerza de las razones que deben fundar la conducta depende del fin propuesto. Si tenemos por fin asegurar el éxito de nuestras acciones para cualquier miembro de la especie y cualesquiera que sean sus intenciones, requeriremos basar nuestras acciones en razones lo más exhaustivas posibles y que no admitan contradicción en el estado actual de nuestros conocimientos. Es el caso de la ciencia. En cambio, si requerimos actuar en un contexto específico que nos exige una acción urgente, la acción razonable será la que se base en las razones a nuestro alcance en ese momento, que permitan una decisión rápida, sin pretender que sean concluyentes ni exhaustivas. El patólogo que busca la etiología de un padecimiento tiene que intentar llevar hasta el final la fundamentación de sus hipótesis científicas, en razonamientos lo más completos y concluyentes posibles. El cirujano, en cambio, que tiene que decidir en un momento si somete al paciente a una operación urgente, debe de atenerse a unas cuantas razones que se le presentan, aunque no sean totalmente concluyentes; si razonara como el patólogo en su laboratorio, no cumpliría su fin: salvar una vida. Así, las creencias racionalmente fundadas que se requieren para una conducta razonable varían en función de los fines. Una acción razonable no es siempre la que está justificada en el mayor número de razones probantes, sino la que se funda en las razones limitadas que se requieren para alcanzar un objetivo, en una situación determinada.

El grado de incertidumbre aceptable para que una acción sea razonable depende de los fines de esa acción. El patólogo en su laboratorio debe limitar al mínimo las incertidumbres, el cirujano, ante una intervención urgente, debe, en cambio, actuar con un grado mayor de incertidumbre.

En el concepto de lo racional, suele establecerse una separación tajante entre dos tipos de racionalidad: la racionalidad instrumental, que versa sobre los medios eficaces para un fin, y la racionalidad de fines, que concierne a los fines más valiosos. En el concepto de razonabilidad esa distinción tiende a difuminarse. En efecto, la conducta razonable sigue los dictados de una virtud epistémica: la prudencia (la *frónesis* aristotélica). Y la prudencia presenta dos caras: por un lado, procura elegir entre los fines posibles el más conveniente en una circunstancia dada; por el otro, determina los medios más adecuados para lograr ese fin, pero éstos son más o menos eficaces según el fin elegido; y la prudencia no puede, por consiguiente, pretender en todos los casos el mismo grado de eficacia.

IV

Las diferencias entre lo racional en general y lo razonable son aún más patentes en los dilemas de la razón práctica. Una decisión moral supone alternativas de acción posibles y, a menudo, conflictos entre conductas igualmente racionales. ¿Elegir una vida apartada para realizar una vocación intelectual o artística, por ejemplo, o convivir con las personas cercanas para contribuir a realizar una comunidad solidaria? ¿Cumplir con las responsabilidades de una situación de poder o renunciar a ellas por mor de la libertad? Cada conducta alternativa puede ser racional porque puede aducir justificaciones morales sólidas. En efecto, podemos llamar "racionales" en general a conductas que se justifican en razones y son realizables, aunque no determinemos cuál entre las acciones realizables sea preferible realizar. Por eso la conducta moral implica la deliberación entre razones contrarias.

Entre dos conductas racionales, porque las dos fundadas en razones, ¿cuál es la más razonable? Para resolverlo tenemos que acudir a dos criterios. En primer lugar, a nuestros proyectos generales de vida, a nuestras preferencias de valores. ¿Qué es preferible, por ejemplo, la autenticidad en el cumplimiento de una vocación individual o la solidaridad con los otros? Las preferencias contrarias sobre valores pueden ser ambas racionales; pero no pueden traducirse ambas en normas universalmente válidas. Están sujetas a decisiones personales de vida y éstas son forzosamente no universalizables. Para decidir, en segundo lugar, tenemos que atender a las circunstancias en que se da la conducta. En una situación puede ser razonable perseguir la soledad, cuando en otra circunstancia no sería razonable sacrificar a ella nuestra relación con los demás.

Racionales pueden ser los principios éticos que regirían un orden normativo universalmente válido, abstracción hecha de las circunstancias cambiantes en que esos principios pueden realizarse. Razonables serían los juicios que no se justificaran solamente en la norma universal, sino juzgaran de su realización posible en un caso concreto. Para ello, los juicios morales deben interpretar la norma general a la luz del caso en que se aplica.

Esta distinción es igualmente válida en el juicio jurídico. La tarea del juez no se limita a seguir el ordenamiento legal, su aplicación a cada caso le exige una interpretación de la ley aplicable. En uno y en otro campo, el moral y el jurídico, lo racional tiene que seguir, en su aplicación, criterios razonables. Descubrirlos y aplicarlos es, una vez más, obra de la prudencia.

En el orden de la razón práctica podemos concebir los principios universales que justifican la conducta, abstraídos de su realización en una situación y de las intenciones que animan al sujeto en esa situación. Ésta sería una racionalidad pura y abstracta. Ese concepto de racionalidad podría entonces oponerse al concepto de lo razonable. En muchos casos, a nombre de una razón pura, se vuelve la vida imposible. Si no nos atenemos a las circunstancias reales, los más elevados valores se vuelven irrealizables. Sólo la facultad de juzgar conforme a lo razonable en cada caso asegura la realización de lo valioso en nuestras vidas. No mentir puede formar parte de una norma universal de la razón práctica. Pero lo razonable puede ser, en un caso, mentir para salvar la vida de un amigo perseguido y, en otro, ser veraz para hacer honor a un contrato. El juicio sobre la aplicación de la norma racional, en uno o en otro caso, depende del fin más valioso en cada circunstancia y de los medios aceptables para lograrlo.

También en la razón práctica, una conducta razonable es contraria a un comportamiento irracional. Porque no basa la conducta en simples impulsos o emociones subjetivas; acude a justificaciones de la razón, que deben ser compatibles. Pero sujeta el ejercicio de la racionalidad a las actitudes generales ante la vida y al contexto particular en que opera. Es una racionalidad condicionada por los valores objetivos que elegimos y por nuestra apreciación de la manera en que se pueden realizar en una situación. Frente a una razón pura, su ejercicio razonable es impuro y, a la vez, concreto.

V

Lo razonable es igualmente importante en las conductas colectivas. Concierne también por lo tanto al uso de la razón en política. Racional es, en ese campo, una concepción de una sociedad bien ordenada o justa que valiera para toda asociación humana. Según los valores últimos que elijamos, podría haber varias concepciones de una sociedad bien ordenada teóricamente consistentes y con pretensiones de validez universal. Pero no siempre una concepción política racional en ese sentido es además razonable. Porque un diseño racional de la sociedad, válido universalmente, puede chocar con la realidad histórica y resultar en ella irrealizable o aun contraproducente. Para alcanzar una sociedad más justa no basta con establecer un diseño racional de justicia; para lograr la prosperidad común no es suficiente seguir procedimientos de intercambio dictados por una teoría económica consistente; para alcanzar una sociedad respetuosa del derecho ajeno no sirve imponer una legislación racionalmente impecable. Tratar de lograr a toda costa una sociedad racional puede incitar a una acción política y económica que, en lugar de perfeccionarla, la deteriore. Al intentar construir una sociedad racional diseñada en abstracto se ha logrado, a menudo, regresar a la peor barbarie. ¿No es esto lo que ha acontecido con la mayoría de las utopías, cuando han tratado de realizarse aquí y ahora? Muchas concepciones revolucionarias modernas, al tratar de cambiar la realidad, no fracasaron por ser irracionales sino, al contrario, por imponer en la realidad una estructura racional abstracta.

Un proyecto social de cambio sólo es razonable cuando se adecua a la situación existente, con todas sus limitaciones históricas, cuando toma en cuenta las consecuencias reales de las acciones políticas y económicas, cuando, en suma, pone especial cuidado en ejercerse conforme a las condiciones cambiantes que el contexto social impone.

Aquí resulta claro cómo un concepto de racionalidad pura y abstracta puede oponerse a lo razonable. Razonable, tanto en lo individual como en lo colectivo, es la conducta que no pretende imponer la razón en una situación irracional, sino adecuarla a la situación, justamente para poder cambiarla. Razonable es una política y una regulación económica que, por una parte, discrepa de un orden social irracional para racionalizarlo, pero, por la otra, no permite que su razón se aleje de la realidad que pretende cambiar, de modo de traicionar los fines que persigue. Así, una concepción y práctica política razonable discrepa del orden existente que juzga irracional; proyecta un orden ideal conforme al valor; en eso es plenamente racional. No es pues compatible con una posición conformista, que aceptara la irracionalidad de la situación existente sin proponer un cambio hacia un orden mejor. Pero si es razonable, esa concepción y práctica políticas sólo puede plantear la sociedad valiosa como una idea regulativa por alcanzar, sin pretender imponerla aquí y ahora. En eso consiste, también aquí, la prudencia. Prudente es disentir de la realidad irracional existente, prudente es también adecuar, en todo momento, el proyecto de una sociedad más racional a las posibilidades de cambio que ofrece la sociedad existente.

La distinción entre lo razonable y lo racional desempeña un papel importante en los procesos de diálogo para alcanzar acuerdos. En las relaciones entre varias personas, individuales o colectivas, la conducta razonable no impone razones, escucha las de todos, si quiere tener éxito. Entre varias posturas divergentes, todas ellas racionales, ¿cuál sería la actitud razonable? Aunque cada interlocutor esté convencido de tener la razón, lo razonable no es hacer prevalecer su posición a costa de los demás; lo razonable es llegar a algún consenso, respetando la racionalidad de todas las posiciones, y rechazando sólo las que sean irracionales. Al acuerdo sólo se llega por el diálogo. En el diálogo se miden entre sí varias posiciones que pueden pretender, todas, estar fundadas en razones; si quieren coexistir, tienen que mostrarse compatibles con las concepciones racionales ajenas. Eso es lo razonable.

Todas las concepciones acerca de la comunicación racional y del consenso referidas a la ética tienen que admitir esta distinción entre lo puramente racional y lo razonable. En esa distinción se basa, por ejemplo, la propuesta de John Rawls del "consenso traslapado" (*overlappitig consensus*) como requisito de una sociedad democrática.[6] La misma distinción está presupuesta —creo yo— como condición de la "comunidad ideal de diálogo", de Apel y de Habermas; pues sólo pueden valer en ella acuerdos sobre razones que puedan ser consensuados, de hecho, por todos los interlocutores.

---

[6] John Rawls, "The Idea of an Overlapping Consensus", *Oxford Journal of Legal Studies*, núm. 7, 1987.

Así, en el campo de las relaciones entre personas racionales, la racionalidad práctica sólo es razonable cuando no se atiene solamente a las deliberaciones de un sujeto moral, sino se basa en la contraposición de razones aducidas por diferentes sujetos, en un contexto de comunicación dado. Lo razonable se refiere a una racionalidad dialógica, en oposición al soliloquio de una racionalidad pura.

VI

Hasta ahora he considerado la aplicación del concepto de "razonable" a dos géneros de entidades: creencias y acciones. Pero también se aplica, en el lenguaje cotidiano, a las personas, en cuanto sujetos de esas creencias y agentes de esas acciones. Hablamos de una persona "razonable" para referirnos a alguien que tiene el hábito de pensar y de obrar, ejerciendo su razón de acuerdo con los requerimientos de la situación, aceptando sus límites y tratando de lograr a la vez, dentro de ellos, lo mejor. Ser razonable es una virtud. Un hombre o una mujer razonable no es quien sujeta su vida a principios universales, intocables; es quien trata de ejercer en todo momento la prudencia en el juicio, la ponderación en el razonamiento, la serenidad en el comportamiento. Es quien evita regirse por impulsos irracionales, pero también por principios racionales abstractos.

No todas las personas racionales son razonables. El sentido común sabe distinguir claramente entre quien obedece en sus creencias y en sus acciones a una racionalidad inflexible, segura y dominante, y quien utiliza su razón para hacer que la realidad se muestre más aceptante de nuestras necesidades vitales y más dócil a nuestros propósitos y deseos. Es común el estereotipo del hombre que sólo sigue una razón pura como un personaje suficiente en el resguardo de su saber, intransigente en sus certezas, severo ante los deseos y emociones humanas.

En oposición a ese estereotipo, estarían otras dos figuras. Una de ellas sería el hombre dirigido por el deseo o por el arbitrio de su voluntad. En contraste con el hombre puramente racional, la "máquina descante" se dejaría dirigir por sus impulsos vitales o por su voluntad de poder. La otra figura igualmente opuesta al hombre puramente racional sería el conformista.

215

Por comodidad o por desencanto, el conformista se somete a la realidad tal como se le presenta, pues considera todo proyecto de cambio destinado al fracaso; desdeña toda disrupción a nombre de la razón, por considerarla peligrosa y nociva. Es notable —dicho sea de paso— cómo, al rechazar la razón "ilustrada", muchos filósofos "posmodernos" se inclinan, expresa o veladamente, por una de esas dos figuras y tratan incluso de elevarlas a rango moral.

Pues bien, entre esos tres estereotipos, la persona de la racionalidad pura, la del deseo y la voluntad de poder y la de la resignación conformista, se mueve una persona razonable. Es sin duda indulgente con sus emociones y deseos, porque reconoce su fuerza; pero está dispuesta a ponderar las razones morales y a seguirlas, antes de someterse a sus impulsos subjetivos. Tampoco es un conformista; la persona razonable no confunde la prudencia con la aceptación desilusionada de lo existente. Pero la persona razonable tampoco trata de forzar con sus razonamientos la realidad. Frente a la rigidez y altanería de una razón abstracta y pura, prefiere enfrentar sus tendencias irracionales con una razón consciente de su fragilidad e incertidumbre, aceptante de sus límites, tolerante de las opiniones que la contradigan. Porque sabe que sólo así podrá devolver a la razón su función de servidora de la vida.

VII

Lleguemos, al fin, a algunas conclusiones.

La racionalidad moderna cumplió una misión liberadora: acabó con nuestra sujeción a los demonios de la naturaleza y con nuestra esclavitud a prejuicios y temores ancestrales. Ayudó a convertir el caos, en la naturaleza y en la sociedad, en orden, para poder dominarlas. Su error no estuvo en su confianza en los poderes de la razón, sino en lo que Carlos Pereda ha llamado con un término certero, su "arrogancia".[7] Confundió el uso de la razón con la búsqueda de la certeza indudable, se pretendió universal y única, creyó someter todo el mundo a su diseño. Es la arrogancia de la razón moderna la que dio lugar al desencanto.

---

[7] Carlos Pereda, *Crítica de la razón arrogante*, México, Taurus, 1999.

Pero el desencanto se desliza en dos pendientes peligrosas. La primera es el irracionalismo, más o menos declarado. Es la "destrucción de la razón" de que la que hablaba Lukács; la sospecha reiterada que llega a desconfiar de cualquier fundamento racional y a ver detrás de él alguna fuerza ciega. Al término del camino de la sospecha total sólo está el nihilismo. La segunda pendiente del desencanto es el conformismo. La desilusión ante toda posibilidad de proyectar un orden distinto, más racional, en este mundo; hay que atenerse a lo que es, sin pretender ningún cambio. Ésos son los dos peligros que no suelen evitar los pensadores que se llaman "posmodernos".

Ante esos peligros hay una alternativa. No el rechazo de la razón, sino su reforma. Hemos visto que la razón es necesaria para la vida. La racionalidad reducida a esa función la he llamado "razonable".

Por definición, la razón es una disposición humana que nos permite "amarrar" nuestras creencias y acciones a la realidad. Pero no se trata de una realidad "en sí", tal como existiría con independencia de todo sujeto. Realidad es, en cada caso, aquello que se opone a nuestra voluntad, que nos resiste, que se enfrenta a nuestras actitudes y deseos. La realidad en que la razón se ancla es pues un mundo en relación con la acción que en cada caso despliega el hombre. La razón es "atadura" a la realidad en torno, la que está dada en una situación determinada y puede oponerse a las disposiciones humanas en esa situación.

Por lo tanto, no se ejerce en abstracto; cae en el vacío si se refiere a un mundo que se supone existente fuera de toda relación con nosotros; es eficaz, en cambio, cuando actúa en una situación particular, en el tiempo y en el espacio, en un contexto específico, en relación con propósitos determinados. Llamamos "razonable" al uso de la razón en un contexto, conforme a los fines propuestos en ese contexto. Al concepto de racionalidad universal y abstracta, que suele identificarse con la racionalidad "ilustrada", se opondría el de una racionalidad en situación que llamaríamos "razonable".

La racionalidad razonable es *múltiple*. No es igual en todos los campos abiertos al conocimiento. Sus operaciones varían de uno a otro.

La racionalidad razonable es *incierta*. No confunde fundamento racional con certeza. No pretende alcanzar una base indudable.

La racionalidad razonable es *impura*. No pertenece a un reino liberado de lo empírico. En su ejercicio, se reconoce condicionada por intereses y actitudes.

217

La racionalidad razonable es *dialógica*. No es obra del soliloquio del sujeto consigo mismo. Al ejercerse en un contexto intersubjetivo sigue las condiciones que hacen posible un diálogo.

Razonable es la razón en los límites de la condición humana. Podríamos decir que frente a la razón "arrogante" es una razón "discreta". Porque acepta sus límites, no como si fueran un defecto, sino como la única garantía de que nuestra acción en el mundo no sea vana.

Al despertar del sueño ilustrado no encontraríamos el sinsentido, sino una razón al servicio de la vida.

TERCERA PARTE

El poder y las ideas

11

Del concepto de ideología*

DISTINTOS SENTIDOS DE IDEOLOGÍA

Uno de los términos filosóficos más usados actualmente es el de "ideología". Es también uno de los términos cuyo significado es más variable e impreciso. No todos los que lo emplean tienen una idea clara de lo que entienden por él, y muchos de los que sí la tienen lo usan con sentidos diferentes.

La palabra es ya antigua. Fue usada por vez primera por Destutt de Tracy para referirse a su teoría de la formación de las ideas. Pero quienes le dieron sus connotaciones actuales fueron Marx y Engels. Marx y Engels entendieron por "ideología" un tipo especial de "conciencia falsa" determinada por las relaciones sociales. No lo aplicaron nunca al conocimiento verdadero, sino sólo a una forma de error socialmente condicionada. Desde entonces, el término está ligado a la teoría marxista. Muchos seguidores de Marx lo han utilizado ampliamente, aunque no siempre con el mismo sentido. Mientras en la mayoría, como en Lukács o en Althusser, conserva su sentido original de "falsa conciencia", en otros se aplica también a cualquier conjunto de creencias ligadas a una clase social, aunque se les considere verdaderas. Así, Lenin hablaba de "ideología proletaria", y en algunos marxistas es frecuente encontrar el término aplicado incluso al pensamiento científico, como en Adam Schaff, quien habla de "ciencia ideológica".

---

* En *El concepto de ideología y otros ensayos*, México, FCE, 1985. (Este ensayo fue escrito originalmente de 1974.)

Pero el término ha rebasado los límites del marxismo. Otra corriente, la llamada "sociología del conocimiento" —cuyo principal representante es Karl Mannheim—, ayudó también a ponerlo en boga. Partiendo del concepto acuñado por Marx, le dio una mayor amplitud... y vaguedad. Ideología significó cualquier conjunto de conocimientos o de creencias, verdaderas o falsas, que estuvieran condicionadas socialmente; se llegó así a un "panideologismo", pues cualquier creencia podía, en ese sentido, ser tildada de ideología. En la actualidad, fuera de la escuela marxista, el concepto es usado también por algunos sociólogos anglosajones en un sentido semejante al de Marx, pero no idéntico: se refiere a sistemas organizados de creencias irracionales, aceptadas por autoridad, que cumplen una función de dominio sobre los individuos.

Esta breve reseña basta para mostrar que la difusión del concepto, en lugar de precisarlo, ha servido para confundirlo. Pero un concepto teórico sólo es útil en la medida en que tenga un sentido preciso. En este escrito trataré de llegar a una definición del concepto que sea teóricamente útil. Para ello habrá que ordenar primero los distintos sentidos en que se ha usado hasta ahora. Podemos agruparlos en cuatro, que corresponden a otras tantas caracterizaciones del término. Las cuatro se encuentran en Marx, en Engels y en la mayoría de los autores marxistas; en otros escritores hallamos unas y fallan, en cambio, otras. Pero no se encuentran expresadas como sigue; yo he tratado de reducirlas a sus formulaciones más simples y precisas.

Se entiende por ideología:

(C_1) Conjuntos de enunciados que tienen estas dos características: a) presentan los productos de un trabajo como cosas o cualidades de cosas independientes de ese trabajo; b) explican el proceso de producción por esos productos cosificados.

En Marx y Engels, "ideología" tiene este sentido cuando se aplica a la religión o a la filosofía idealista alemana. En ambos casos, se refiere a doctrinas que cosifican (reifican) ideas y que pretenden explicar por esas ideas a su productor o al proceso histórico de su producción. En el lenguaje común, tiene ese sentido cuando tildamos de "deformación ideológica" el intento de explicar una actuación política por las ideas que declaran tener sus actores y no por la función objetiva que realmente cumple (juzgar, por ejemplo, la tendencia política de un partido o de un gobernante por sus declaraciones y discursos y no por las medidas que toma).

También tiene ese sentido al aplicarse, en *El capital*, a la economía política clásica, que considera el valor como una cualidad de la mercancía y ésta como una "cosa", ocultando así su carácter de producto de un trabajo concreto.

(C_2) Conjuntos de enunciados que presentan como un hecho o cualidad objetiva lo que es cualidad subjetiva.

Esta caracterización general puede formularse de varias maneras:

a) Enunciados que presentan intereses particulares, de clase, como intereses generales.

b) Enunciados de valor (de preferencia personal) que se presentan como enunciados de hechos.

c) Enunciados que expresan deseos o emociones personales y se presentan como descriptivos de cualidades objetivas.

La formulación *a* se encuentra expresamente en *La ideología alemana* y en la *Miseria de la filosofía*. Las formulaciones *b* y *c* se pueden encontrar aludidas incidentalmente en escritos de Marx o Engels; quien las desarrolló con mayor precisión fue Theodor Geiger.

La ideología consiste en una forma de ocultamiento en que los intereses y preferencias propios de un grupo social se disfrazan, al hacerse pasar por intereses y valores universales, y se vuelven así aceptables por todos. En el lenguaje ordinario se emplea continuamente en este sentido; por ejemplo, si llamamos ideológica a una concepción moral que pretende imponérsenos, cuando nos parece responder a prejuicios y preferencias limitadas a un grupo o a una época.

Notemos que estas dos primeras caracterizaciones de ideología la describen como una forma de falsedad. Los enunciados ideológicos se presentan como si expresaran un conocimiento, cuando son, en realidad, una forma de error. Este concepto de ideología pertenece, pues, a la teoría del conocimiento. Podríamos hablar de un "concepto noseológico" de ideología. Pero en este concepto aún no se alude a las causas que expliquen ese error. Para ello habrá que pasar a las dos caracterizaciones siguientes:

(C_3) Conjuntos de enunciados que expresan creencias condicionadas, en último término, por las relaciones sociales de producción.

Corresponden al concepto de ideología como parte de la superestructura social en Marx y en Engels.

Aquí nos encontraríamos con variantes según los distintos autores. Podría tratarse de estilos de pensar y creencias básicas de una época histórica, de creencias comunes al conjunto de una sociedad, o bien de creencias que corresponden a una clase o un grupo social específicos. De cualquier modo, ideológica sería cualquier creencia condicionada por las relaciones sociales. Este concepto de ideología es el que se encuentra también, con distintos matices, en la "sociología del conocimiento". En este sentido solemos hablar, por lo común, de la "ideología imperante en la Edad Media", de la "ideología del capitalismo", o bien de la ideología de los grupos financieros", "de las clases medias" o "del proletariado".

(C_4) Conjuntos de enunciados que expresan creencias que cumplen una función social: *a)* de cohesión entre los miembros de un grupo; *b)* de dominio de un grupo o una clase sobre otros.

La formulación *a* no se encuentra expresamente en Marx; sí en algunos autores marxistas, como Althusser.

La formulación *b* se encuentra en Marx y en todos los autores marxistas. Junto con otras notas añadidas, forma parte también del concepto de ideología como sistema organizado de creencias irracionales, destinado a dirigir a los individuos con vistas a una acción de dominio, utilizada por autores no marxistas, como Hans Freyer, Daniel Bell y Edward Shils.

Ideología se define, así, no sólo por su condicionamiento social, como en la caracterización anterior, sino también por la función objetiva que cumple, en las luchas sociales, para lograr o mantener el dominio de un grupo. Ideológico resulta todo conjunto de creencias que manipulan a los individuos para impulsarlos a acciones que promueven el poder político de un grupo o una clase determinados.

Notemos que estas dos últimas caracterizaciones de ideología difieren de las anteriores. Mientras aquéllas se referían a un conjunto de enunciados falsos, éstas se refieren a creencias determinadas socialmente, pero no indican que sean verdaderas o falsas. No definen la ideología por su relación con el conocimiento, sino por sus causas o consecuencias sociales. Frente al concepto noseológico de ideología, de que antes hablamos, estas dos últimas caracterizaciones corresponden a un concepto sociológico de ideología. Uno y otro conceptos no se implican necesariamente y podrían, por lo tanto, usarse por separado.

4. La ambigüedad y confusión en el uso del término "ideología" se debe a la interferencia entre estos dos conceptos. Para evitar la ambigüedad puede aceptarse uno solo de ellos y rechazarse el otro.

Así, algunos autores, como Geiger, al reducir la ideología "proposiciones" y caracterizar las proposiciones ideológicas en términos de "sin sentidos", tienden a hacer de lado el concepto sociológico, o al menos no logran relacionarlo claramente con su caracterización de "ideología". Otros autores marxistas, como Schaff, o la sociología del conocimiento acaban haciendo a un lado el concepto noseológico de ideología y pueden, así, aplicarlo a todas las creencias, incluso a las verdaderas.

Con todo, en Marx se conserva la ambigüedad. Ideología es a la vez un concepto noseológico (una forma de error) y un concepto sociológico ("superestructura"). Esta ambigüedad podría deberse a falta de precisión y de análisis conceptual, pero también a que Marx intentó con ese concepto un tipo de explicación teórica que sólo era posible al incluir en él tanto el nivel noseológico como el sociológico, aunque no acertó a precisar con claridad suficiente cómo se relacionaban ambos en el mismo concepto. Ésta es la tesis que trataré de demostrar en los siguientes apartados.

CONDICIONES PARA INTRODUCIR UN NUEVO CONCEPTO TEÓRICO

La introducción de un nuevo concepto en una ciencia empírica, mediante una definición apropiada, debe estar justificada teóricamente. El concepto debe ser operativo, es decir, debe servir para comprender o explicar, mejor que otros conceptos, un sector de la realidad. Para ello debe cumplir, por lo menos, con los siguientes requisitos:

1) Debe referirse a un fenómeno que no pueda ser designado con *otros* conceptos en uso. Si no fuera así, el nuevo concepto saldría sobrando o sería redundante.

2) Debe tener una función explicativa, es decir, debe servir para dar razón de un hecho por otros hechos. Para ello debe formar parte de una teoría explicativa y poderse definir en función de otros conceptos de esa teoría.

3) Debe tener una función eurística, es decir, debe servir para orientar al investigador al descubrimiento de nuevos hechos o relaciones entre hechos. Dicho de otra manera: su introducción debe suministrar una respuesta a un problema específico planteado, para resolver el cual no servirían otros conceptos en uso.

La definición de ideología debe cumplir, por lo menos, con esos tres requisitos. Veamos en qué medida los conceptos noseológico y sociológico de ideología los llenan. La mejor manera de examinarlo será determinar cuál es el problema específico al que trata de responder el concepto de ideología. ¿Cuál es la situación particular que hizo necesaria la introducción de *ese* concepto, porque no podía ser comprendida ni explicada *por otros* conceptos? Sólo si el concepto de ideología sirve para explicar una situación real que otros conceptos no explican, será pertinente su uso. Pero entonces, la definición que aceptamos de ese término será la que sirva para ese propósito teórico.

DEL CONCEPTO NOSEOLÓGICO DE IDEOLOGÍA

Examinemos, primero, si es pertinente aceptar una definición puramente noseológica de ideología.

Puedo dar dos tipos de explicación de una misma creencia. Si pregunto ¿por qué *S* cree que *E* ("*E*" está en lugar de cualquier enunciado)?, puedo dar dos clases de respuestas: *1)* Señalar las razones (en el sentido de "fundamentos", "evidencias", "justificaciones racionales") que tiene *S* para aceptar (o aseverar) *E*. *2)* Señalar las *causas* o *motivos* que indujeron a *S* a aceptar (o a aseverar) *E*. Por ejemplo, si pregunto ¿por qué creía Platón en la inmortalidad del alma?, puedo dar dos respuestas: mencionar los argumentos filosóficos del *Fedón* para probar la inmortalidad del alma, los cuales funcionan como *razones* en las que se funda el enunciado "el alma es inmortal", o bien indagar, en la educación recibida por Platón, en su psicología o en las influencias sociales a que estuvo sometido, las *causas* que lo empujaron a creer en un alma inmortal y a aceptar esos argumentos como válidos. Las dos explicaciones se mueven en planos diferentes; no se excluyen ni contraponen.

228

La explicación por razones se refiere al enunciado y, por consiguiente, a su verdad o falsedad. Si las razones en que se funda el enunciado E son objetivamente suficientes, diremos que el sujeto S no sólo *cree* que E, sino que *sabe* que E.[1] En tal caso, tiene una garantía para asegurar la verdad de E y ello basta para explicar que S crea que E. S cree que E porque E está justificado en razones objetivamente suficientes. Ésta es una explicación adecuada de su creencia.

Por ejemplo: si demuestro que un teorema se deriva necesariamente a los axiomas aceptados en un sistema formal, basta esa demostración para explicar por qué asevero ese teorema. Sería excesivo, después de la demostración, preguntar todavía: "Bueno, pero ¿por qué aceptas ese teorema?". Lo acepto porque tengo razones suficientes, porque está justificado objetivamente, porque lo he demostrado. Otro ejemplo: si me convenzo de que los argumentos de Platón prueban efectivamente la inmortalidad del alma, es decir, son "suficientes" para justificarla teóricamente, resulta extraño que todavía pregunte "¿por qué Platón creía en un alma inmortal?". Platón creía en ella porque sus argumentos se lo demostraron.

La necesidad obvia de otra explicación aparece, en cambio, cuando las razones aducidas para fundar un enunciado se juzgan insuficientes. Nos sentimos obligados a explicar las causas de la creencia de Platón en un alma inmortal en la medida en que los argumentos que presenta no nos parecen fundar su existencia.

Entonces surge la pregunta: Si S cree que E, y no tiene razones suficientes para justificar E, ¿por qué entonces llegó a esa creencia? Para que considere *necesario* plantear esa pregunta, debo negar o dudar de la verdad de E. La creencia injustificada requiere necesariamente una explicación ulterior.

El concepto noseológico de ideología lo define como un tipo de enunciados insuficientemente justificados. La creencia en esos enunciados es, pues, igualmente injustificada.

Ahora bien, (C_1) se limita a describir un tipo de enunciados no fundados; pero no se refiere a las condiciones ni a los motivos de la creencia en esos enunciados. No da, por lo tanto, una explicación de la existencia de esos enunciados.

---

[1] Sobre la distinción entre *creer* y *saber*, y sobre el concepto de "razones objetivamente suficientes", puede verse mi libro *Creer, saber, conocer*, Siglo XXI Editores, México, 1982, caps. 6 y 7.

(C_2) describe también un tipo de enunciados no fundados, mediante la introducción de términos psicológicos como "intereses", "preferencias", "deseos", "emociones".

Podría reformularse de la siguiente manera: ideología es un conjunto de enunciados no justificados objetivamente, en los cuales ciertos motivos psicológicos (intereses, preferencias, etcétera) inducen a creer en ellos pese a carecer de razones suficientes para fundarlos.

Reformulada así, (C_2) no sólo describe enunciados, sin que intenta una explicación de la creencia en ellos. Pero si trata de una explicación psicológica. Señala los motivos que puede tener un individuo para aceptar enunciados injustificados. Como explicación psicológica es teóricamente insuficiente. En efecto, los conceptos que usa (intereses, preferencias, etcétera) son vagos, se refieren a entidades mentales difíciles de experimentar y no forman parte de una teoría explicativa general que los defina con precisión. Mucho más explicativos serían los conceptos de racionalización, ilusión, proyección, que pertenecen a la teoría psicoanalítica. Mediante esos conceptos, probablemente se pudieran explicar las creencias injustificadas de que habla (C_2) en una forma más precisa. El concepto de ideología resulta, pues, insuficiente como concepto teórico, si se reduce a un mero concepto noseológico. En efecto, en ese caso se limita a caracterizar un tipo de enunciados insuficientemente fundados que pueden dar lugar a falsedad, pero no suministra una *explicación* adecuada de la existencia de esos enunciados. Para hacerlo, tendría que remitir a otros conceptos psicológicos.

Intento de definición de ideología

Pero la explicación por motivos no es la única que puede darse de una creencia injustificada. Los enunciados descritos por (C_1) y (C_2) pueden remitirnos a un tipo de explicación diferente: por factores sociales. Sólo entonces es preciso introducir un concepto nuevo, que sirva para conectar la creencia de S en E con ciertos factores sociales y que no pueda reducirse a un concepto psicológico. La introducción del concepto de ideología cumple así, en la explicación sociológica de la creencia injustificada, una función análoga a la que cumple el concepto de racionalización en la explicación psicológica de la misma creencia. La explicación por factores sociales y la explicación por motivos psicológicos no se contraponen, si bien la primera podría ser más "radical". En efecto, podría explicar, a la vez, las creencias (como lo hace también, a su modo, la explicación por motivos) y los motivos psicológicos.

Pero notemos que ambas explicaciones sólo son pertinentes si se refieren a creencias *injustificadas* objetivamente. Si están justificadas, bastarían las razones suficientes en que se funda el enunciado, para explicar la creencia. La puerta abierta, tanto a la dinámica del inconsciente como a la dinámica social de las creencias, es la observación de las creencias injustificadas.

Llegamos así a una definición de ideología que podríamos enlistar como C_5: Las creencias compartidas por un grupo social son ideológicas si y sólo si:

1) No están suficientemente justificadas; es decir, el conjunto de enunciados que las expresan no se funda en razones objetivamente suficientes.

2) Cumplen la función social de promover el poder político de ese grupo; es decir, la aceptación de los enunciados en que se expresan esas creencias favorece el logro o la conservación del poder de ese grupo.

Notemos que podemos formular alternativamente la definición en términos de "creencias" o de "enunciados que expresan creencias". Esto es indispensable para poder pasar de *1* a *2*, es decir, para poder conectar de enunciados con su función social.

En la definición podríamos incluir una tercera condición: que las creencias estén condicionadas por la situación social del grupo, determinada en último término por su lugar en las relaciones de producción. Sin embargo, creo que esta tercera condición no sería indispensable para la definición, por dos razones.

En primer lugar, ese condicionamiento es difícil de determinar empíricamente, lo que nos enfrenta a un sinnúmero de problemas. Engels observó ya las dificultades para señalar con precisión tanto el grado de dependencia de la superestructura ideológica respecto de las relaciones de producción, como los diferentes eslabones que enlazan la situación social y la ideología de una clase. Los intentos posteriores de la "sociología del conocimiento" han servido para mostrar la dificultad de comprender, de manera a la vez conceptualmente precisa y empíricamente observable, cualquier tipo de relación causal entre base social e ideología. En cambio, la función social que objetivamente cumple un conjunto de creencias se ha mostrado más fácil de determinar y puede estar sujeta a métodos más seguros de comprobación.

En segundo lugar, el análisis de la génesis social de las creencias —aun suponiendo que pudiera determinarse con cierta precisión— no revela *necesariamente* el grupo al que sirven esas creencias (por ejemplo, una doctrina surgida en un medio pequeñoburgués puede expresar los intereses objetivos del proletariado, y viceversa). No hay esa confusión, en cambio, en el análisis de las funciones que cumplen las creencias —cualquiera que sea su origen—. El paso del análisis de la *causa* al de la *función* permite descubrir mejor la situación de cada elemento dentro de una estructura social. Con todo, aquí no cabe una discusión de estos puntos que, en realidad, no son esenciales para el tema que ahora nos ocupa. La intentaremos en el tercer ensayo incluido en este libro.

Tendríamos, así, una definición de ideología que incluiría el concepto *noseológico,* en la condición *1,* y el concepto *sociológico,* en la condición *2.* Si no resultara pedante, podríamos hablar de un concepto "integral" de ideología. Se trataría de un término interdisciplinario cuya función sería poner en relación conceptos noseológicos con conceptos sociológicos.

Al incluir en un solo concepto las creencias injustificadas y su función social, el término "ideología" cumple una función teórica doble *que no podría cumplir un concepto puramente noseológico o puramente sociológico: 1)* Tiene una función explicativa: explica las creencias injustificadas, en una forma distinta a la explicación psicológica. *2)* Tiene una función eurística: orienta al investigador para descubrir un tipo de creencias injustificadas (y, por ende, de enunciados no verdaderos) a partir del examen de su función social. Esta doble tarea no la puede realizar ningún otro término en uso. Así, el problema específico, para solucionar el cual fue necesario introducir ese concepto, no es el de la existencia de enunciados no fundados, ni el del condicionamiento social de las creencias, sino el de la existencia de una relación estrecha entre creencias injustificadas y factores sociales. En otras palabras, el concepto de ideología, tal como fue usado por Marx, trata de responder a la pregunta: ¿en qué relación se encuentran ciertos enunciados insuficientemente fundados con ciertos factores sociales? Por ello tiene que ser un concepto interdisciplinario.

Pero, para justificar la definición propuesta, debemos mostrar que efectivamente cumple la doble función teórica señalada.

DOBLE FUNCIÓN TEÓRICA DEL CONCEPTO DE IDEOLOGÍA

l. Función explicativa. Un examen científico o un análisis filosófico de una doctrina puede mostrar que sus enunciados no se apoyan en razones suficientes. Pero no basta con esto para determinar esa doctrina como "ideológica". En tal caso, cualquier doctrina filosófica podría con razón tildar a las contrarias de "ideológicas".

Pero el descubrimiento de la falta de justificación suficiente de una doctrina plantea otro problema: ¿Por qué, pese a ser injustificada, un grupo social cree en ella? La definición de ideología inducirá a indagar las funciones sociales que cumple su aceptación colectiva. Entonces deberemos pasar del análisis conceptual al análisis sociológico. Si éste descubre que la aceptación de la doctrina cumple una función de poder, quedará explicada. Sólo entonces podremos llamar a la doctrina "ideológica".

Un ejemplo de este paso se encuentra en *La ideología alemana.* Marx parte de la crítica *filosófica* de la religión y del idealismo alemán. Es esa crítica la que muestra la insuficiencia de las pretendidas razones en que se fundaban esas doctrinas. Entonces puede plantear, con pleno sentido, una segunda pregunta: ¿por qué se aceptan, pese a ser injustificadas? La primera explicación que se ocurre es psicológica: es la respuesta de Feuerbach. En este momento no es necesario aún introducir el concepto de ideología. La segunda respuesta conduce a Marx a un nuevo descubrimiento: remite primero a la división del trabajo, después, a los conceptos de estructura y superestructura sociales. Este paso *no demuestra la falsedad* de las doctrinas consideradas, pues ésta ya había sido mostrada por el análisis filosófico, pero *explica* la creencia en esas doctrinas. El concepto de ideología expresa ese descubrimiento. Reemplaza el concepto feuerbachiano de "proyección" (y los afines de "enajenación", "extrañamiento") y pasa, así, de la explicación psicológica a la explicación sociológica.

Por otro lado, el concepto de ideología resulta explicativo porque forma parte de una teoría más general. Esa teoría no es sólo noseológica ni sólo sociológica: intenta comprender a la vez las creencias y su dinámica social.

2. *Función eurística*. Pero, una vez establecido el concepto de ideología, puede recorrerse el camino inverso: de la función social de las creencias a la falsedad de los enunciados en que éstas se expresan.

Podemos observar que la aceptación de una doctrina por un grupo cumple, de hecho, una función social de dominio. Éste es el resultado de una indagación sociológica. No determina la falsedad de esa doctrina, pues habla de las relaciones de las creencias con factores sociales, y de ellas no se puede inferir nada acerca de la verdad o falsedad de los enunciados. Sin embargo, puede poner al investigador en la pista correcta para descubrir un error. La función social de la creencia le permitirá preguntarse si no se tratará de una ideología, esto es, si esa creencia estará o no justificada, pregunta que no se hubiera hecho antes. Entonces, el investigador revisará críticamente las razones en que se funda esa doctrina. La observación de su función social no ha demostrado la falsedad de la doctrina, pero ha orientado al investigador a que ponga en cuestión los supuestos en que pretende fundarse. Entonces el investigador deberá pasar del examen sociológico a un análisis epistemológico para determinar la insuficiencia de las razones en que se basa. Sólo entonces podrá designar esa doctrina como "ideológica".

También encontramos en Marx un ejemplo de este paso teórico. Marx muestra, en *El capital,* la función que cumple la economía política clásica para mantener el mercado capitalista y reproducir esa forma de producción. Pero percatarse de esa función social no basta para calificarla de falsa o de ideológica. Con todo, gracias a esa observación, Marx puede poner en cuestión los conceptos fundamentales de la economía clásica y mostrarlos infundados. Esta segunda tarea ya no la ejerce el examen de su función social; es sólo el análisis económico el que muestra que las razones en que se fundaba la economía clásica no eran suficientes; entonces puede reemplazar el concepto "fetichista" del valor y de la mercancía por otros más científicos. Sólo así, la concepción que antes se consideraba científica puede ahora calificarse de ideológica. Para llegar a esto fueron necesarias operaciones enteramente distintas: 1) Examen de la función que cumple una doctrina económica en la sociedad capitalista; este examen explica la creencia en la doctrina, pero la determina como injustificada.

2) Análisis de las razones en que se funda esa doctrina; es un análisis científico (económico en este caso) de los supuestos de la doctrina, que puede demostrar que las razones para aceptarla son insuficientes.

Lo importante es que, en muchos casos, el segundo paso no se daría si no se da el primero. Lo cual es particularmente interesante en el supuesto de las creencias básicas, aceptadas sin discusión, en que suelen basarse muchas doctrinas pretendidamente científicas.

Normalmente no solemos poner en cuestión las creencias; sólo nos veremos impelidos a hacerlo si se demuestra que su aceptación cumple una función social que favorece el poder de un grupo. El concepto de ideología, al incluir en su definición ambos pasos, puede orientar al investigador descubrir errores encubiertos. Sólo así puede tener una función desmistificadora de creencias.

DEL CONCEPTO SOCIOLÓGICO DE IDEOLOGÍA

Ahora se nos hará más clara la limitación del concepto puramente sociológico de ideología, frente al concepto interdisciplinario que propongo. El primero definiría la ideología por sus condiciones o funciones sociales, sin incluir la suficiencia o insuficiencia de las razones en que se fundan sus enunciados.

Pero ese concepto es tan general que puede aplicarse a todas las creencias. Podría, en rigor, referirse a cualquier ciencia, en cualquier momento de su desarrollo, al igual que a las opiniones injustificadas. No permite, por ende, distinguir con claridad entre enunciados ideológicos y científicos.

No puede usarse tampoco para orientar al investigador en el descubrimiento de creencias injustificadas. En efecto, la mera observación de los factores sociales con los que está en relación un conjunto de creencias no dice nada acerca de los enunciados en que se expresan. Con el concepto sociológico de ideología, se pierde, pues, la función eurística y "desmistificadora" que tenía ese concepto en Marx. Ejemplo claro es la llamada "sociología del conocimiento".

De la "mistificación" ideológica

Hemos dicho que la definición propuesta de ideología permite cumplir una función desmitificadora. Tenemos que mostrar, aunque sea someramente, cómo la realiza. En efecto, si por ideología no se entiende cualquier clase de creencias injustificadas, sino sólo aquellas que tienen una función de dominio, el concepto abre un nuevo campo de investigación: el de las operaciones mediante las cuales ciertas creencias cumplen dicha función. Orienta, así, al descubrimiento de procedimientos de engaño que hacen posible una función social.

Una creencia puede cumplir una función de dominio si es aceptada. por otros como justificada; su aceptación engendra la disposición a comportarse de determinada manera. Ahora bien, una creencia justificada (es decir aquella que pueda expresarse en enunciados fundados en razones suficientes) puede ser aceptada por otros por la simple exposición de las razones en que se basa. Tal sucede con la ciencia. Pero una creencia injustificada sólo puede ser aceptada por otros en la medida en que se presente *como si estuviera justificada*. Para que la creencia injustificada pueda cumplir una función de dominio, es menester, pues, un proceso de ocultamiento o engaño, que podríamos llamar "mistificación". Cabría intentar una descripción de los diferentes tipos de ocultamiento ideológico. Por lo pronto, a modo de ejemplo, podría señalar dos.

l. Un enunciado descriptivo *E,* con un sentido claro *a,* se funda en una serie de razones que se consideran suficientes. Con todo, al ser usado políticamente, en beneficio de un grupo o clase social, sirve para dominar; adquiere en ese uso un sentido nuevo *b* sumamente confuso, que se añade a *a,* sin reemplazarlo. (Ejemplos: uso político de frases en que inter vienen términos como "democracia", "Revolución mexicana", "socialismo", etcétera al servicio de la consolidación, respectivamente, del capitalismo, del desarrollo dependiente o, por último, de la burocracia soviética.)

Se generan, así, enunciados que podríamos designar como *F* para distinguirlos de los anteriores. En ellos se incluye el sentido confuso *b,* sin distinguirlo del sentido genuino *a,* Ejemplos: enunciados en que se usa "democracia" con el sentido *b* de sistema capitalista occidental", sin distinguirlo de su sentido original *a* de "gobierno efectivo del pueblo"; enunciados en que se emplea "Revolución mexicana" como el sistema político de cierto capitalismo dependiente (sentido *b*), sin perder su sentido histórico original; o "socialismo" como el régimen que impera de hecho en la Unión Soviética (sentido *b*), sin dejar de connotar la sociedad liberada de la explotación (sentido *a*).

Esos enunciados *F* en que se incluye el sentido *b* no están ya fundados en las razones suficientes que permitían fundar el enunciado *E*. Los enunciados *F* no están fundados: la creencia en ellos es injustificada. Sin embargo, el ideólogo presenta para *F* las mismas razones que servían para justificar *E*. Esto permite que otros acepten *F* (con el sentido añadido *b*), sin percatarse del engaño. (Ejemplos: se acepta el capitalismo al aceptar las razones que fundan la democracia, se acepta el desarrollo dependiente por las razones que legitiman la Revolución mexicana, se acepta la dictadura de la burocracia soviética por las razones en que se basa el socialismo.)

La crítica ideológica consistirá en: *1)* Señalar la función social que cumple la creencia en *F*. *2)* Descubrir la confusión entre los sentidos *a* y *b* a la que inducen los usos sociales de *F*. *3)* Restaurar el sentido preciso, *a*, eliminando así la función social de dominio. (Ejemplos: mostrar que el capitalismo occidental no tiene una función democrática, que el sistema capitalista dependiente mexicano no cumple con la Revolución, que la dictadura de la burocracia soviética no es socialismo).

2. Un enunciado valorativo *E*, con un sentido claro a, puede despertar en cualquier hombre un conjunto de emociones positivas hacia los objetos o valores que enuncia. (Ejemplos: enunciados en que intervengan términos como "libertad", "paz", "amor".) Al ser usado *E* políticamente, en determinadas situaciones concretas, en beneficio de un grupo o clase, puede adquirir otro significado confuso *b* que, si se diera aislado de *a*, podría despertar otras emociones contrarias esas emociones nuevas, ligadas al sentido *b*, impedirían aceptación de *E*. Pero el sentido confuso *b* se oculta bajo sentido claro *a*. Sobre él recaen entonces las mismas emociones positivas que acompañan a *a*; así puede ser aceptado. (Ejemplos: al ser usado políticamente, "paz" puede adquirir el sentido de "negociación o represión de conflictos existentes"; en la prédica religiosa, "amor" o "caridad" pueden adquirir el sentido real de "resignación confiada una situación de sujeción", "no rebelión"; en ambos casos el nuevo uso es aceptado sólo porque se transfieren a él las emociones que despierta el sentido más preciso y original de los términos.)

Podrían señalarse otras formas de mistificación. Con todo creo que en muchas de ellas habría una operación semejante: el encubrimiento de un sentido claro por otro confuso, la atribución al enunciado que tiene sentido confuso de las razones que justifican el enunciado con sentido claro. De ahí que la "falsedad" ideológica no sea un error cualquiera, sin un encubrimiento o distorsión de un enunciado que puede ser verdadero. La crítica ideológica no consistirá en negar ese enunciado, sino en descubrirlo bajo su sentido confuso; es decir, en rectificar la distorsión, en restablecer el enunciado original detrás de sus usos políticos encubridores. La metáfora de la "imagen invertida" aludiría a esa característica para llegar a la verdad no se trataría de negar toda validez a la imagen, sino de rectificar su distorsión, "volteándola".

Pero, para poder efectuar esa "rectificación", necesitamos fijarnos a la vez en la función social que cumplen las creencias, en los nuevos sentidos que el uso social de las creencias da a los enunciados y en las razones en que se fundan esos enunciados. El concepto propuesto de ideología permite incluir esos puntos; no así los conceptos *noseológico* o *sociológico*.

CONCLUSIONES

Resumamos, para terminar, las conclusiones a que hemos llegado.

1) Los conceptos puramente noseológico y puramente sociológico de ideología son insuficientes. El concepto de ideología, para ser teóricamente fructífero tiene que ser un concepto interdisciplinario. Señala una forma específica de error en que puede incurrir la razón e intenta, a la vez, explicarlo. Sólo así puede precavernos contra una especie de falsedad, antes inadvertida.

Para determinar que una creencia es ideológica debemos demostrar, a la vez y por vías diferentes, que se trata de una creencia insuficientemente justificada y que cumple una función social determinada.

2) Por consiguiente, no toda creencia insuficientemente justificada puede tildarse de "ideológica", sino sólo aquellas que un examen sociológico

demuestre que cumplen la función de promover el poder de un grupo. A la inversa, no todo conjunto de creencias condicionado socialmente puede llamarse ideológico, sino sólo aquel que, además, se demuestra injustificado.

3) Así empleado, el concepto de ideología abre un nuevo campo de investigación: el de los usos sociales del lenguaje como procedimiento de mistificación.

Con estas breves observaciones sólo he tratado de obedecer a la habitual manía del filósofo: intentar precisar un concepto confuso.

12

Filosofía y dominación*

En nuestra época, la actividad filosófica se ha vuelto motivo de perplejidad. Sus doctrinas parecen estar destinadas a dar paso a un saber racionalmente más seguro, la ciencia, o bien a disfrazar opiniones socialmente manejables, las ideologías. ¿Entre ciencia e ideología queda algún lugar para la filosofía? ¿Tiene algún objeto aún, entre la fascinación por la mentalidad científica y las intoxicaciones ideológicas, aquel pretendido saber que nunca estuvo demasiado seguro de sí mismo? ¿Para qué la filosofía?, preguntamos con frecuencia. Estas breves reflexiones, más tentativa que logro, buscarán una respuesta por un camino sesgado: la filosofía vista desde la estructura social de dominio.

La filosofía siempre ha tenido una relación ambivalente con el poder social y político. Por una parte, tomó la sucesión de la religión como justificadora teórica de la dominación. Todo poder constituido ha tratado de legitimarse, primero en una creencia religiosa, después en una doctrina filosófica. Todo poder por constituir ha buscado en el fervor de una promesa divina, en la visión de un mundo utópico o en el análisis racional de una sociedad, el fundamento de sus pretensiones revolucionarias. Tal parece que la fuerza bruta que sustenta al dominio careciera de sentido para el hombre si no se justificara en un fin aceptable. El discurso filosófico, a la releva de la religión, ha estado encargado de otorgarle ese sentido: es un *pensamiento de dominio*.

* En *Nexos*, año 1, núm. 12, diciembre de 1978, pp. 3-4; luego incluido en *El concepto de ideología y otros ensayos*, México, FCE, 1985, pp. 135-152.

Por otro lado, la filosofía ha sido vista a menudo como un ejercicio corrosivo del poder. Desde Grecia, el filósofo genuino aparece como un personaje inconforme, cínico o extravagante, o bien desdeñoso de la cosa pública, distante y distinto, "escondido en un rincón...", murmurando con tres o cuatro jovenzuelos" (*Gorgias*, 485d). Con frecuencia es tildado de corruptor, de disolvente, de introductor de peligrosas novedades. A lo largo de la historia, casi todo filósofo renovador ha merecido, en algún momento, alguno de estos epítetos: disidente, negador de lo establecido, perturbador de las conciencias, sacrílego o hereje, anárquico o libertino, reacio e independiente, cuando no francamente revolucionario. En efecto, la actividad filosófica auténtica, la que no se limita a reiterar pensamientos establecidos, no puede menos de ejercerse en libertad de toda sujeción a las creencias aceptadas por la comunidad: es un *pensamiento de liberación*.

Justificadora del poder y negadora de la sujeción de la razón, pensamiento de dominio y pensamiento de liberación. ¿Cómo explicar esa ambigüedad? ¿La contradicción aparente no podrá revelarnos una característica importante de la filosofía? Examinemos los dos rasgos con que, desde Sócrates, se ha presentado la actividad filosófica: ésta ha pretendido ser, a la vez, *reforma del entendimiento* y *elección de vida nueva*.

Veamos el primer rasgo. Tratemos primero de caracterizar lo que tiene de específico la pregunta filosófica frente a otro tipo de interrogante. La pregunta filosófica lleva a su término una operación que se encuentra implícita en cualquier pregunta científica: poner a prueba tanto las creencias recibidas como el aparato conceptual supuesto en ellas. Pero, en su labor cotidiana, la "ciencia normal" (en la acepción de Kuhn) se refiere principalmente a hechos, a objetos o clases de objetos y a relaciones entre esos hechos u objetos. La manera de responder a los problemas planteados es comprender esos hechos y relaciones mediante un "paradigma" o una teoría conceptual previamente aceptados por esa disciplina científica. Porque tiene que dar razón de hechos u objetos dados, el pensamiento científico parte de ciertas creencias básicas, con las que los interpreta y explica, y a las que no puede poner en cuestión en su proceso explicativo. Explicar quiere decir: subsumir hechos o relaciones entre hechos bajo esquemas conceptuales cuya validez se acepta. Así, la "ciencia normal" no es posible más que sobre la base de un marco conceptual, compartido por la comunidad científica, de paradigmas y de teorías explicativas, supuestas por la misma pregunta, que no se ponen en cuestión en la labor cotidiana de la ciencia. Sólo cuando un paradigma o una teoría se muestra incapaz de dar razón de los hechos, la interrogación ha de dirigirse a ellos. En esos casos, la pregunta ya no se refiere a hechos, objetos o relaciones entre ellos, sino a las creencias básicas y los conceptos supuestos en la ciencia normal. Sólo entonces el científico siente la necesidad de poner a prueba su propio aparato conceptual. La pregunta científica se radicaliza. Esa radicalización es un paso de la pregunta científica a la filosófica.

La pregunta filosófica, en efecto, no se refiere a hechos u objetos del mundo, ni siquiera a clases de ellos; se refiere al marco conceptual supuesto en cualquier pensamiento sobre esos hechos u objetos, y, por consiguiente, atañe a las creencias básicas que anteceden a cualquier interpretación o explicación racionales. La suscita un permanente asombro, una perplejidad ante cualquier opinión no revisada, ante cualquier creencia compartida, ante cualquier saber heredado; azoro frente a "lo aceptado sin discusión", frente a "lo obvio". Desde Sócrates, que recorría las calles de la ciudad para sacudir la seguridad de sus conciudadanos en sus opiniones, hasta Wittgenstein, empeñado en señalar a la mosca la salida de la botella de su propio aparato conceptual, el filósofo se ha adjudicado la tarea de poner en cuestión todo supuesto, toda opinión aceptada sin discusión, toda convención compartida, poner en cuestión, en último término, el sistema de conceptos que permite formular una pregunta con sentido. Su objeto es puramente conceptual. Por eso, si el conocimiento implica una relación con hechos u objetos del mundo, la filosofía propiamente *no conoce, piensa*. Es un pensamiento sobre el conocimiento; un pensamiento que interroga sobre nuestra pretensión de saber. En algún momento, en el siglo XVII, ese pensamiento quiso ser tan radical que pretendió partir de la duda universal acerca de todas las creencias recibidas, para reconstruir sobre bases firmes la ciencia. Ahora comprendemos lo imposible de esa empresa; hemos aprendido que aun el cuestionamiento más radical tiene que seguir admitiendo creencias básicas de las que no puede deshacerse. Pero, si bien la filosofía no puede ser una "reconstrucción universal del saber", como quería Descartes, sí puede ser, al menos, una "reforma del entendimiento".

La pregunta filosófica conduce a la crítica de la razón por ella misma. Ésta podría resumirse en tres operaciones ligadas entre sí. *Primero*: El análisis de

243

los conceptos. Permite rechazar los conceptos oscuros y alcanzar conceptos cada vez más precisos: reforma de nuestro aparato conceptual. *Segundo*: El examen de las razones en que se fundan enunciados que expresan nuestras creencias. Permite rechazar las opiniones infundadas y llegar a creencias fundadas en razones: reforma de nuestras creencias. *Tercero*: Lo anterior permite deslindar las preguntas que no pueden formularse, por carecer de sentido o de respuesta, de otras legítimas, y llegar así a preguntas cada vez más iluminadoras: reforma de nuestra capacidad inquisitiva. Aunque se restrinja este proceso al examen de conceptos y cuestiones específicas, como las que habitualmente trata el filósofo, el entendimiento no puede ser el mismo antes y después de él. La crítica de la razón conduce inevitablemente al olvido de conceptos oscuros y creencias infundadas y a la formulación de nuevos conceptos y creencias; libera el entendimiento, así sea parcialmente, de ciertas creencias aceptadas sin discusión; le permite reformar el marco conceptual en que se basan esas creencias.

Ahora bien, ninguna sociedad podría subsistir sin un sistema de creencias compartidas y un marco conceptual aceptado, que son transmitidos día con día por la educación y la práctica social. Esas creencias reiteradas rigen el comportamiento social, permiten una acción ordenada dentro de la estructura de dominación existente. Constituyen, de hecho, un aparato de dominio sobre las mentes, que asegura la reiteración del orden social.

La actividad filosófica pone en cuestión las creencias adquiridas al pertenecer a una sociedad, para acceder a otras, basadas en la propia razón. Cada quien debe examinar por sí mismo los fundamentos de sus creencias. Por eso la transmisión de una verdad filosófica es lo contrario del adoctrinamiento. No consiste en comunicar opiniones, sino en hacer ver las razones en que se funda una creencia, de tal modo que el otro sólo hará suya esa creencia si los fundamentos en que se basa se imponen a su propio entendimiento. Comunicar una verdad filosófica consiste en abrir la mente ajena para que vea, por sí misma, las razones en que se funda. "La filosofía no se enseña —dijo Kant—; sólo se enseña a filosofar". En efecto, frente al adoctrinamiento de las mentes por las voces exteriores, la actividad filosófica pretende despertar en cada quien su propio "maestro interior", como llamaba San Agustín a la voz de la propia razón. Así, la reforma del entendimiento libera la mente de su sujeción a las creencias impuestas y la pone en franquía para aceptar las que vea por sí misma. Emancipa a la razón del dominio de las convenciones, rompe la sujeción a los aparatos conceptuales que reiteran un dominio.

Es cierto, muchos filósofos pueden no plantearse ese objetivo; en el mundo académico actual, algunos incluso lo despreciarían: quisieran parecer "neutrales" frente a toda situación de dominio. ¿Qué más alejado, en apariencia, de una actividad liberadora, que un análisis conceptual sobre un lema específico del lenguaje ordinario o del discurso científico, como los que llenan hoy en día las revistas especializadas de filosofía? Con todo, en la medida en que ese análisis cuestiona y analiza conceptos previamente aceptados, en la medida en que discute creencias compartidas, por más restringidos que sean unos y otras, pone en entredicho, aún sin proponérselo, un instrumento de dominación. Por su preguntar mismo y por su operación crítica, no por su intención expresa, la actividad filosófica es un *pensamiento disruptivo*, es decir, cumple una función de ruptura de las creencias.

Por ello, la actividad filosófica ha solido presentarse con imágenes que expresan, con distintas variantes, un tema común: la negación de una situación servil o enajenada y el acceso de la razón a una situación liberada de su servidumbre. Los ejemplos históricos abundan: prisioneros atados en una caverna que escapan, por fin, hacia la luz solar; abandono de la dispersión y recogimiento sobre sí mismo; iluminación interior; destrucción de los "ídolos del foro y del teatro"; descubrimiento de una "razón pura"; conversión de una "actitud natural", olvidada de la propia razón, a la "actitud reflexiva"; "curación", "terapia" contra los engaños del lenguaje. Por distintas que sean esas imágenes, en todas se expresa un movimiento de ruptura.

Pasemos ahora al segundo rasgo que señalábamos como característico de la filosofía. Desde sus inicios, la filosofía no está desligada de una búsqueda de la "vida buena". La reforma del entendimiento revela también, a menudo, el camino de una vida justa. La vida filosófica se distingue de otras elecciones de vida por pretender fundarse en un examen personal de la razón liberada, y no en los "decires" ("mitos" en griego) de la comunidad.

¿Cuál es esa "vida buena" señalada por la libre razón? Las discrepancias son enormes. Los modelos de vida que presentan las distintas filosofías varían considerablemente. Pueden incluso situarse entre extremos en apariencia opuestos: en un polo, por ejemplo, el desprendimiento de todo apego a la vida mundana, predicado por un Plotino; en el otro, la afirmación nietzscheana de la vida plena; de un lado, la impasibilidad estoica ante los sufrimientos; del otro, la afirmación, desde Platón a Schopenhauer, del amor o la compasión como vías de salvación; en un extremo, Aristóteles y Spinoza: la paz de la actitud contemplativa; en el otro, Marx: la entrega a la praxis transformadora del mundo. Dentro de esta diversidad de posiciones, ¿no habrá en todas ellas un rasgo común que pudiera definirlas respecto al tema que nos ocupa?

La búsqueda de la "vida buena" se inicia en un cambio de actitud: rechazo de valores y formas de vida usuales, y elección de otros valores no cumplidos cabalmente. La vida buena no se realiza siguiendo las convenciones reiteradas día con día, que mantienen unida a la sociedad y permiten la continuidad de un orden. Por lo general, la postulación de la "vida justa" deja de confirmar las creencias morales que justifican esa práctica social e implica la aceptación de una moral más alta, que rompe con usos y valoraciones establecidos. A menudo, ese cambio de actitud llega hasta una inversión de valores: en su límite, la vida buena supone la elección de lo distinto a la práctica reiterada en la sociedad establecida. Así, en una sociedad donde priva el afán de poder, el sabio griego elige sufrir la injusticia antes que cometerla, o bien preservar su libertad interior, puro de toda ambición y de todo dominio; en un mundo henchido de apariencias, el filósofo hindú elige el vacío interior y el apartamiento; y muchos siglos más tarde, en una civilización enajenada por el lucro y la explotación, será el filósofo quien postule de nuevo lo otro: un mundo futuro donde el hombre llegará a ser hermano del hombre. Cualesquiera que sean las formas en que se presente la vida nueva, coinciden en un punto: es siempre liberación y autenticidad. La sociedad de dominación existente no realiza esa vida; para acceder a ella hay que romper con el conformismo de ideologías y morales convencionales. La "vida buena" se coloca, de algún modo, fuera de las prácticas sociales dominantes: se proyecta en un mundo de utopía, se refugia en una pequeña comunidad de sabios, se encierra en la altiva independencia del individuo, o bien se concreta en un grupo o clase social impugnadora del dominio. La vida buena es lo *otro* en el seno de la sociedad existente.

En la mayoría de las filosofías, la vía de la liberación, aunque se presente como universal, se ofrece sólo a cada individuo. En algunas, en cambio, se postula como ideal de liberación colectiva. A la imagen del hombre justo liberado, sucede la de la liberación de la comunidad de todos los hombres. El filósofo se convierte entonces en reformador o aun en revolucionario. Con ello amplía la búsqueda de la vida justa del "alma" individual a la sociedad entera. El pensamiento disruptivo propio de toda filosofía adquiere, así, un nuevo alcance. Es difícil entender a los filósofos reformadores o revolucionarios si no suponemos, en el fondo de su reflexión, esa búsqueda de la vida justa de que antes hablamos. Por estricto que sea el rigor científico con que algunos pretendan ejercer su pensamiento, siempre está presente el cambio de actitud que lleva a rechazar los valores de la sociedad de dominio y a postular los contrarios.

Así como la vida justa individual se realiza "fuera" de las prácticas dominantes, la vida colectiva justa se coloca en un estado situado "más allá" de la sociedad existente. No sólo eso: la sociedad existente sólo puede justificarse si se funda en ese estado distinto, ya sea porque derive de él y realice sus valores, o porque tienda a él como a su fin. La dominación sólo es legítima si se basa en un estado sin dominio. En efecto, en el estado que legitima el poder se ha suprimido la estructura de dominio propia de la sociedad existente; justo por ello, se sitúa "fuera" de ella. En unas filosofías se trata de un estado ajeno a la historia; se coloca entonces en la naturaleza (la "ley natural"), en un orden ideal (como en la *República* de Platón), o en un "no-lugar" (la *Utopía*). En otras, está situado antes de la sociedad civil, en un "estado de naturaleza" previo a la dominación. En algunas, por fin, se coloca en el fin de la historia, en un "mundo de los fines" o en una "sociedad sin clases", donde la raíz misma de la dominación se disolvería.

La reforma del entendimiento suele acompañarse, así, de un proyecto de reforma de vida y, eventualmente, de una reforma de la comunidad. Si por su preguntar teórico, la actividad filosófica era cuestionamiento y discrepancia, por su actitud práctica adquiere un signo más de negación. Frente al pensamiento utilizado para integrar la sociedad y asegurar así su continuidad como esa *misma* sociedad, el pensamiento filosófico es un pensamiento de ruptura, de *alteridad*.

¿Cómo es posible entonces que se convierta tan fácilmente en servicial? ¿Por qué extraña dialéctica ese pensamiento disruptivo se transforma en un sostén de la sociedad de dominio?

Revisemos los dos rasgos que distinguíamos en la filosofía: la reforma del entendimiento y la elección de una forma de vida. Por el primero, la filosofía consiste en una actividad racional continua; en ella, el preguntar, el poner en cuestión, el analizar y precisar conceptos sólo se detienen un momento para sentar sus resultados y continuar de inmediato con una nueva inquisición. Ningún argumento puede darse por concluido, ningún análisis llega a conceptos que no puedan a su vez analizarse, ninguna respuesta deja de remitir a un nuevo interrogante. Crítica permanente de la razón, su progreso no consiste en formular enunciados definitivos, sino en disolver falsas preguntas y plantear otras más iluminadoras, en rechazar conceptos confusos y alcanzar otros más precisos. Con todo, el resultado de esa actividad se fija en un *discurso*, esto es, en un conjunto de enunciados enlazados entre sí en un orden o en un sistema. La reflexión queda apresada, detenida en proposiciones concluyentes: se expresa en un conjunto de tesis, que pueden proponerse a la aceptación o el rechazo del otro. El discurso filosófico, fijado en cláusulas, definiciones, premisas, conclusiones, se independiza de la actividad racional que lo produjo; objetivado, se da por un producto acabado de la razón. Ya no sirve sólo para comunicar el camino de la razón en su proceso inquisitivo, sino para expresar un conjunto de creencias que pueden o no compartirse. Al plasmarse en un discurso, la actividad filosófica puede convertirse en *doctrina*.

Doctrina es un conjunto enlazado de opiniones que pueden enseñarse. Transmitir la filosofía como *actividad* reflexiva consistía en despertar en cada quien su propia razón para que ésta viera por sí misma. Aceptar un enunciado filosófico significaba seguir y reproducir con la propia razón la pregunta, el análisis y la argumentación que condujo a ese enunciado. Comunicar una doctrina *filosófica*, en cambio, consiste en proponer un conjunto de creencias conectadas entre sí, para que el otro se adhiera a ellas. No se transmite la actividad racional sino su producto. Codificado en su propia germanía, sellado como un sistema consistente de opiniones, el producto de la razón, separado de su práctica productora, puede manejarse como una "concepción del mundo", creencia común de una escuela, de una "corriente filosófica", cuando no de un grupo, de una secta. El aprendiz de filósofo ya no es llamado a repetir en sí mismo el asombro y la inquisición de su propia razón; ahora es invitado a seguir un "ismo", a dejarse guiar por las tesis de una escuela. El pensamiento liberador de toda creencia compartida ha dado lugar así a un nuevo sistema compartido de creencias.

Proceso semejante sucede con la filosofía entendida como reforma de vida. La postulación de la "vida buena" supone un cambio personal de actitud. Por eso, en este campo, la filosofía no está desligada de la práctica. El pensamiento filosófico invita a elegir una forma de vida, la práctica de esa vida corrobora el pensamiento. La vida nueva no puede fundamentarse sin el testimonio personal. Así como, en su actividad crítica, la transmisión del filosofar sólo podía ser el despertar de la libre razón del otro, en su propuesta práctica, la transmisión de la filosofía sólo consiste en suscitar en el otro la convicción personal y el cambio de actitud que lo lleve a abrazar una nueva forma de vida. Las razones que comunica el discurso filosófico tienen ese último propósito. Pero, también aquí, el resultado de la actividad filosófica, al expresarse en un discurso, puede transformarse en una *doctrina* moral o política. Se presenta como un conjunto consistente de tesis y sentencias, de valoraciones, de normas o preceptos de vida, de regulaciones prácticas. Entonces puede ser usada, manipulada, para orientar y dirigir la acción de los demás.

Su codificación en una doctrina es la amenaza que pesa sobre todo pensamiento liberador, tanto el que busca la emancipación personal, en una práctica moral, como el que intenta una liberación colectiva, en la práctica política. En todos los casos, el pensamiento disruptivo puede coagularse en un sistema codificado de sentencias, tesis, preceptos, recetas. Detenido, separado de la práctica individual o social, según el caso, ya no se transforma al tenor de la vida que lo produjo. Comunicar la filosofía convertida en doctrina ya no consiste en invitar a un cambio de actitud para que el otro elija libremente una práctica nueva de vida, sino en transmitir un conjunto de creencias, para que el otro sujete su vida a ellas.

Al convertirse en doctrina, una filosofía puede ser usada para mover a los otros con distintos propósitos; pero hay uno que me interesa destacar: puede servir como instrumento de cohesión social. En una sociedad dividida en clases, la cohesión buscada no puede menos que reproducir sistemas de dominación. Legisladores, sacerdotes, moralistas pueden hacer suya una doctrina de liberación personal para consolidar un grupo, una iglesia, una clase social; aparatos políticos, burocracias, partidos, pueden apropiarse una doctrina de liberación colectiva para justificar su poder. Con tal de integrarse en el grupo y sentirse seguros en él, los individuos someten su razón a la doctrina aprendida. La actividad destinada a poner en cuestión las creencias que nos dominan genera entonces creencias que dominan de nuevo a las mentes. Esto es posible por un doble paso: primero, la independencia del discurso filosófico respecto de la práctica racional que lo produjo, y su fijación en una doctrina. Segundo, su utilización como instrumento de cohesión y de dominio. Al dar este segundo paso, la filosofía viene a convertirse en *ideología*.

Esa conversión satisface una necesidad. Todo grupo social requiere creencias que, compartidas por todos sus miembros y al reiterarse en el comportamiento cotidiano, le presten homogeneidad y cohesión.

Las creencias aceptadas comúnmente se manifiestan en disposiciones a actuar de modo que se mantenga el orden y la seguridad en el grupo. Las creencias compartidas nos *ocupan*, en el doble sentido del término: nos dan nuestro lugar dentro de una estructura social, incluso dentro de un orden cósmico, y nos mantienen "ocupados", esto es, nos permiten actuar debidamente en los papeles sociales que nos corresponden. Al ocuparnos en una sociedad regida por la dominación, las creencias compartidas, a cambio de satisfacer nuestra necesidad de integración y seguridad, aseguran nuestra colaboración en la estructura de poder existente.

Así, el pensamiento disruptivo, al utilizarse en una doctrina que se enseña y comparte, puede dar lugar a un pensamiento integrador, destinado a mantener la continuidad. El pensamiento que abría la razón a lo *distinto* de las creencias aceptadas puede desembocar en un pensamiento cuya función es reiterar *lo mismo*: las creencias usuales y usadas en un grupo. Es esa función, y no su contenido, lo que separa un pensamiento de liberación de un pensamiento de dominio, la filosofía de la ideología. Un mismo discurso, al ser transmitido, puede suscitar en el otro la liberación de sus prejuicios y el despertar de la propia razón, o bien, por el contrario, imponérsele como una opinión indiscutida que lo ocupa e integra en una estructura de dominio; en este segundo caso, el "maestro interior" de cada quien cede su lugar a toda clase de maestros "externos".

Ahora se nos hará más claro, tal vez, por qué los poderes sociales acuden a la filosofía para legitimarse. La dominación sólo es efectiva cuando los dominados la aceptan. Por ello tiene que presentarse como no-dominación, esto es, como realización de otros valores: libertad, equidad, felicidad, etcétera. El estado de dominación se legitima en el consenso si se presenta como una situación en que puede realizarse lo otro de la dominación, postulado por la filosofía. La utilización del pensamiento de *lo distinto* como instrumento para reproducir *la misma* situación de dominio es justamente la ideología. Esta operación se realiza mediante un pensamiento encubridor: tal es el pensamiento de dominación. El encubrimiento consiste en presentar el pensamiento de ruptura *como si* se ejerciera al compartir las creencias que aseguran la continuidad social; presentar el pensamiento de liberación, que abre a una forma de vida y a una sociedad distintas, *como si* se expresara en doctrinas comúnmente aceptadas, que aseguran la reiteración de la forma de vida y la sociedad existentes.

El encubrimiento ideológico puede verse en el uso que el poder político puede hacer de las doctrinas filosóficas. En muchos casos el ejercicio de una dominación aparece como una realización histórica de aquel otro estado postulado por una filosofía. Los ejemplos en la historia del pensamiento son muchos: la Conquista española pretende realizar los valores del cristianismo, que es justamente negación de toda conquista; la dictadura jacobina invoca el "contrato social", que tenía por fin preservar la libertad; la explotación capitalista pretende garantizar los derechos del hombre, que implican la negación de toda explotación; la dominación de las nuevas burocracias se justifica en la liberación del proletariado, que conduciría a la negación de todo dominio burocrático. ¿No ha sido el destino de la mayoría de los pensamientos libertarios el de ser usados para justificar situaciones de dominio? Al alejarse de la práctica que le dio origen, al abandonar su cuestionamiento continuo, al fijarse en un "ismo", un pensamiento libertario está listo para convertirse en servidor de un poder establecido. La ideología es ese encubridor del pensamiento filosófico, que utiliza sus doctrinas al servicio de una dominación.

Al término de estas reflexiones podemos regresar a nuestra pregunta inicial: ¿para qué la filosofía? La integración social requiere un pensamiento reiterativo que nos ocupe. En las sociedades actuales, el pensamiento reiterativo opera como instrumento de dominación. La sociedad dominada se rigidiza en un sistema enajenante: los productos de la razón dominan a su productor. Pero todo progreso, toda liberación implica ruptura. La actividad filosófica es el tábano de la conformidad ideológica. Impide la tranquila complacencia en las creencias aceptadas, reniega de la satisfacción de sí mismo en las convicciones reiteradas. Con ello, da testimonio perpetuo de la posibilidad de liberación de la razón.

Y ¿no es ahora más necesario que nunca ese pensamiento de ruptura, en esta época de pensamiento homogeneizado, reducido a lugares comunes, enlatado y consumido en grandes cantidades, en esta sociedad de pensamiento manipulado, servicial, fascinado por la fuerza y el poder, en esta época y en esta sociedad, en suma, en que la razón parece haber sido domesticada por el afán de ganancia o de dominio? Si la ideología nace de la necesidad de seguridad e integración sociales, la filosofía satisface una necesidad de autenticidad y libertad. ¿No está ahora más viva que nunca esa necesidad? ¿No requerimos con urgencia aprender a asombrarnos de nuevo ante las opiniones que, por "obvias", se nos quieren inculcar, aprender a poner en cuestión de nuevo todos los mitos con que nos han adormecido, recuperar la precisión y veracidad de los conceptos bajo los disfraces gastados de los discursos en uso?

Así entendida, la filosofía no puede reducirse a su práctica profesional. Ningún profesor guarda el monopolio de la actividad filosófica, ni hay academia alguna que garantice su ejercicio. La filosofía es la actividad disruptiva de la razón y ésta se encuentra en el límite de todo pensamiento científico. Porque toda ciencia genuina, al ser radical, es crítica constante del pensamiento usado y usual, propio de la ideología. La filosofía no es una profesión, es una forma de pensamiento, el pensamiento que trabajosamente, una y otra vez, intenta concebir, sin lograrlo nunca plenamente, lo distinto, lo alejado de toda sociedad en que la razón esté sujeta. Lo distinto, nunca alcanzado, buscado siempre en la perplejidad y en la duda, es veracidad frente a prejuicio, ilusión o engaño, autenticidad frente a enajenación, libertad frente a opresión.

13

Revolución francesa,
¿ilusión o realidad?*

"Revolución" ha sido una palabra obsesiva en los siglos XIX y XX. Sin ella no se entendería la historia moderna. Las principales democracias liberales (Inglaterra, Estados Unidos, Francia) fechan el comienzo de sus libertades en un cambio revolucionario, los Estados socialistas, en una revolución social, y aun varias naciones del Tercer Mundo, como México, Argelia o la India, sitúan el origen de su estructura política en un movimiento popular o de liberación nacional. En una revolución fundadora encuentran muchos países la fuente de su identidad nacional. La revolución fundante marca carriles a la marcha del país, le señala valores y fines, le exige lealtades colectivas. Una revolución no es sólo un origen, es también un acto de voluntad colectiva que otorga sentido a una sociedad.

Entre todas las revoluciones, la francesa, de 1789, es aún un paradigma. No porque haya sido la primera de la época moderna, sino porque sus predecesores, la *Glorious Revolution*, de 1688, en Inglaterra, y la de independencia norteamericana no tuvieron un alcance tan radical ni tan universal. Los movimientos inglés y norteamericano fundaron un régimen constitucional democrático, pero el primero sólo lo logró al pactar con el antiguo régimen, el segundo consagró libertades que, en lo fundamental, ya existían; ni uno ni otro fueron vistos, en su momento, como una conmoción que atañera a todo el Occidente. Sólo la Revolución francesa parecía decirles a las naciones "*De*

---

* En *La Jornada Semanal* (suplemento dominical de *La Jornada*), nueva época, núm. 4, 9 julio 1989, pp. 21-30.

tita res agituir". La francesa es la primera gran revolución que sirve de modelo universal: proceso de ruptura radical con el antiguo régimen e inicio de una nueva era, elección de un nuevo fundamento de legitimidad para todo poder político, establecimiento de la libertad y la igualdad ante la ley para todos. Durante los siglos XIX y XX figura como el prototipo de cualquier otro movimiento revolucionario. No sólo se la considera origen de la democracia en Europa, también germen de las conmociones sociales posteriores. Los movimientos revolucionarios del siglo XIX se refieren a ella, incluso los socialistas. Los bolcheviques rusos, por ejemplo, no dejan de ver en la radicalizaron de la revolución popular, de 1792, la figura anunciadora de su propia revolución, Por eso, poner en cuestión la Revolución francesa seria cuestionar cualquier revolución. Pues bien, eso es justamente lo que ahora está sucediendo. Nuevas interpretaciones de la Revolución francesa comienzan a ponerla en entredicho. Se preguntan si constituyó la transformación real que esa misma creyó ser o sólo una ilusión ideológica. La pregunta sobre la revolución paradigmática alcanza a las demás: ¿no será *toda* revolución una ilusión? Una de las ideas que dan sentido a la historia de los últimos siglos empieza a ponerse en duda.

No es casual que la pregunta sobre la realidad de la revolución se plantee en estos años. Dos son los fenómenos históricos que parecen explicarla. A finales del siglo XX nos pesa un desencanto: ni las revoluciones democráticas ni las socialistas parecen haber alcanzado sus fines. Las revoluciones liberales han desembocado en sistemas políticos en que el papel decisorio de los ciudadanos es cada vez menor, su lugar es ocupado por decisiones técnicas y la democracia parece reducirse a un procedimiento de selección de personas, dentro de una maquinaria partidaria, como en momentos distintos lo vieron Weber y Schumpeter. Pero el factor más importante es la frustración de la mayor esperanza libertaria de los siglos XIX y XX: la revolución socialista.

Los movimientos impulsados por el sueño de la liberación final de la injusticia y la instauración de la igualdad condujeron, de hecho, a la pesadilla del totalitarismo burocrático. El estalinismo fue, a la larga, el eficaz enterrador de la idea de la revolución social. Tal parece que el resultado de una revolución fuera diferente a sus propósitos, como si la historia siguiera su curso propio e hiciera a un lado los proyectos de cambio de sus actores. ¿No habrá entonces algo erróneo en nuestro concepto mismo de revolución? ¿No encerrará el anhelo revolucionario un núcleo de ilusión irrealizable?

La duda se traslada a la Revolución francesa, prototipo de las demás. La discusión historiográfica sobre ella oculta un problema más hondo: la crisis de un concepto clave para entender nuestra época.

LA REVOLUCIÓN SE DESVANECE

La Revolución francesa fue interpretada por sus propios actores como un corte tajante en la historia. Movimiento de negación de la sociedad anterior y origen de un nuevo orden, gozne que separa dos épocas. En la obra clásica de Michelet[1] el corte consiste principalmente en un acto de fundación de la nación sobre la libertad del pueblo, más tarde se consolida una interpretación "social" de la revolución, de influencia marxista. Empieza con la obra de Jean Jaurès y alcanza gran solidez, sobre una base documental firme, en los trabajos de Georges Lefebvre, Albert Mathiez y Albert Soboul, entre otros.[2] En esta corriente el corte revolucionario se interpreta como una ruptura que permite el paso de la sociedad feudal al capitalismo. El actor es la burguesía, con un sector que se apoya en el pueblo, los fines, el resguardo de la propiedad individual y del mercado libre, el instrumento político, la democracia representativa. El movimiento popular de agosto de 1792, que impone la Convención, se ve como la rebelión del bajo pueblo parisino (los *sans culottes*), que intentan llevar la revolución a metas populares; los jacobinos aparecen como la fracción radical de la pequeña burguesía aliada con el pueblo, en contra del resto de la burguesía.

Pues bien, esa corriente historiográfica ha sido objeto de una severa crítica. Podemos distinguir en ella dos niveles. El primero es documental: consiste en rectificaciones basadas en un examen nuevo de los hechos y en la aportación de nuevos datos. Sobre este nivel se monta una nueva propuesta de interpretación global, una manera distinta de "pensar" de la revolución. Los dos niveles deben tratarse por separado.

---

[1] Jules Michelet, *Histoire de la Révolution française*, 2 vols., La Pléiade, 2019.
[2] Jean Jaurès, *Histoire socialiste de la Révolution française*, eds. sociales, 1968; Albert Mathiez, *La Révolution française*, 2 vols., Colin, 1922; Georges Lefebvre, *La Révolution française*, PUF, 1951; Albert Soboul, *La Révolution française*, Gallimard, 1981.

No cabe aquí presentar los matices y rectificaciones de la historia, que pueden aducir en su favor nuevos exámenes documentales. Tolérese, pues, que intente un resumen apretado, a modo de un balance. En mi opinión, este nivel de críticas no basta para desmontar la visión global ni los análisis generales del proceso revolucionario, establecidos en la corriente de historiografía "social"; sí obliga, en cambio, a rectificaciones importantes que volverían la interpretación mucho más compleja. Enumeremos algunas.

1. La revolución no fue un tránsito al capitalismo. El historiador inglés Alfred Cobban[3] puso en cuestión esta tesis. El capitalismo no se habría desarrollado en Francia durante la revolución ni durante el Imperio. Tendría que esperar a la Restauración. Por otra parte, no podríamos hablar de una burguesía con caracteres de capitalista en el siglo XVIII. En esa época no había un grupo burgués industrial ni manufacturero, y, cuando llegó a haberlo, en el siglo XIX, no fue revolucionario. La burguesía propietaria, por su parte, estaba ligada a la nobleza. Con todo, Cobban, a mi juicio, no destruye la tesis de que la revolución, si bien no establece el capitalismo, sí abrevia su llegada ulterior al romper con las trabas legales y sociales que lo obstaculizaban.

2. No existe un sujeto de la revolución llamado "burguesía". Cobban primero, Furet y Richet después,[4] muestran que, en realidad, no habría habido una clase burguesa unitaria, consciente de sus intereses y de su poder creciente. La "alta burguesía" estaba estrechamente ligada a la aristocracia. Como burguesía "revolucionaria" quedarían grupos de funcionarios, abogados, comerciantes, pequeños propietarios. Serían individuos de esta clase media los que impulsarían los cambios más radicales.

3. Los *scois culottes* de París no son el pueblo. En agosto de 1792 una rebelión multitudinaria obliga a la Asamblea a aceptar demandas populares. En este movimiento, que llevará al poder a los jacobinos, se ha visto tradicionalmente la acción del pueblo por radicalizar la revolución "burguesa". Los estudios de Lefebvre[5] sobre la composición social de los *sans culottes* demuestran, en cam-

---

[3] Alfred Cobban, *The Social Interpretation of the French Revolution*, Cambridge University Press, 1964.
[4] François Furet y Denis Richet, *La Révolution française*, Hachette, 1973.
[5] Georges Lefebvre, *Études sur la Révolution française*, PUF, 1954.

bio, que lo integraban artesanos, profesionistas, pequeños comerciantes, plebe y sólo algunos obreros. Sus dirigentes eran miembros de una clase media baja. Nadie llega, sin embargo, a poner en duda su carácter de movimiento autónomo que enfrentó a los "burgueses" de la Asamblea Nacional y cuya meta era la realización de una igualdad real expresada en una democracia directa.

4. No existe una "pequeña burguesía progresista" como grupo distinto. Entre quienes se comprometen con las reivindicaciones de la Comuna de París y de los *sans culottes* (los jacobinos fundamentalmente) y quienes les resisten (los girondinos, sobre todo) no hay distinciones de clase ni de intereses. Sus diferencias son coyunturales y personales. No puede hablarse, pues, de un sector social cuyos intereses estuvieran ligados al pueblo y opuestos a aristocracia y burguesía. Sin embargo, Furet y Richet coinciden con Soboul en la diferencia clara de actitudes entre el grupo jacobino, que pretende prolongar la revolución social apoyándose en la plebe parisina, y el que trata de detener el proceso, por miedo a la "anarquía". Los primeros buscan cumplir la promesa de una igualdad real, los segundos pretenden detenerla. ¿Cómo no ver, entonces, en la alianza de los jacobinos con los *sans culottes* la radicalización de una revolución popular?

5. El movimiento campesino es contrario a la burguesía. También en este punto son esclarecedores los estudios de Lefebvre.[6] Él vio cómo las rebeliones del campo contra los señores no obedecen al llamado de la burguesía urbana ni están aliados a ella. En realidad se levantan contra las ciudades, tanto contra los nobles que residen en ellas como contra los burgueses. A menudo están dirigidas por los propietarios de la tierra. Cobban añade que tienen un carácter retrógrado, opuesto a las fuerzas que irían en el sentido de un capitalismo en formación.[7] Esto explicaría, al menos parcialmente, la fuerza de las rebeliones contrarrevolucionarias de La Vendée y de los Chouans de Bretaña.

Éstas y otras rectificaciones obligan a rechazar una concepción escolástica de la revolución, que proyectaba en el pasado un esquema conceptual marxista elaborado posteriormente. Con todo, no derrumba lo esencial de la interpretación histórica que va de Jaurès a Soboul: la revolución como

---

[6] *Idem.*

[7] Alfred Cobban, *op. cit.*, cap. IX.

resultado de una lucha de clases que rompe con la sociedad anterior e inicia un nuevo orden. Lo que no puede sostenerse es que haya sido el tránsito de un modo de producción a otro, ni la instauración de un sistema capitalista. La obra de la revolución, en este proceso, sería más política que económica o social: consistiría en la instauración de condiciones políticas y jurídicas que propiciaban un Estado moderno liberal. Por otra parte, la lucha de clases no corresponde a los esquemas simplificados "burguesía contra aristocracia", "pequeña burguesía más pueblo bajo contra gran burguesía", etcétera. Ni hay un sujeto histórico llamado "burguesía" ni otro llamado "pueblo". El grupo más activo de la revolución pertenece a una clase media intelectual. Varios de sus miembros creen salvar la República entrando en compromiso con grupos activos del pueblo parisino. Pero "pueblo" es una noción abstracta. En 1792 lo encarna una población disímbola de París, al borde de la desesperación, en otras revoluciones lo encarnarán distintos elementos. Por último, el campesinado sigue sus propios intereses y no hace suya la revolución democrática que impulsan los grupos de clase media. Su actitud, como en *toda* rebelión campesina, es a la vez libertaria frente a la opresión secular y retardataria frente a las innovaciones que conducían a un Estado moderno. Viejos esquemas, derivados de cierto catecismo marxista-leninista, no son útiles. La ruptura revolucionaria se comprende mejor como un corte político que como un tránsito económico y social. Pero la visión de la revolución como fin de un orden y origen de una época, acto de fundación, proyección de una meta donadora de sentido, permanece. Si las críticas se hubieran limitado a la discusión de los hechos históricos susceptibles de evidencia documental, este significado de la revolución no hubiera sido puesto en entredicho. Sin embargo, sobre las rectificaciones documentales se levanta un nuevo modo de "pensar en la revolución".[8]

---

[8] François Furet, *Penser la Révolution française*, Gallimard, 1978.

LA RUPTURA IMAGINARIA

Toda la corriente historiográfica que va de Michelet a Soboul vio la revolución bajo el signo de la *ruptura*, Alexis de Tocqueville subrayó, en cambio, la *continuidad*.[9] Si contemplamos la historia en un largo lapso, encontramos una tendencia continuada, que atraviesa todo el siglo XVIII, se refuerza en la revolución y el Imperio y continúa en el siglo XIX: la dirección hacia la centralización del Estado francés y el poder racionalizador de la administración pública, frente a la dispersión de los poderes locales. La formación del Estado moderno centralizado es producto de una revolución continua. La revolución aparece entonces como un episodio violento que no altera ni rompe ese proceso, el cual, tal vez, hubiera acontecido de todas maneras, como sucedió, de hecho, en otros países. Entonces, surgen las preguntas: ¿por qué no se dio una evolución del Antiguo Régimen a la Restauración, sin pasar por la revolución? ¿Por qué hubo en Francia una ruptura? ¿Cómo explicarla? Tocqueville no contestó a esas preguntas; tal vez lo hubiera hecho en la parte de su obra detenida por su muerte. En nuestros días Furet intenta una respuesta.

Augustin Cochin[10] sostuvo que la conciencia con que la revolución se concibió a sí misma no coincidía con la realidad. Habría una invención imaginaria de la revolución por ella misma. François Furet y Claude Lefor[11] vuelven sobre esta idea: la revolución no podría pensarse con la concepción que los revolucionarios tuvieron de ella.

La revolución se concibió a sí misma con un fin y un recomienzo. Esta imagen llega a su extremo en el jacobinismo. Los jacobinos piensan en borrar el pasado, sus instituciones, sus distinciones sociales, sus privilegios; hay que iniciar la historia desde cero, sobre la voluntad del pueblo. La época que se inicia sería la negación de la anterior. Su pasión igualitaria es la imagen invertida del Antiguo Régimen. Pero, según Furet y Lefort, todo eso sucede sólo en la mente de los revolucionarios; el espacio en el que ocurre es el de

---

[9] Alexis de Tocqueville, *L'Ancien Régimen et la Révolution*, 2 vols., Gallimard, 1952-1953.

[10] Augustin Cochin, *L'esprit du jacobinisme*, PUF, 1979.

[11] François Furet, *op. cit.*; Claude Lefort, *Essais sur le politique*, Seuil, 1986.

la ideología. Se trata de una "pretensión de la idea que sobrepasa la historia real".[12] No coincide esta idea —piensan Furet y Richet— con el proyecto político de una clase ascendente. Robespierre y Saint Just sueñan con un mundo en que se abolirían las distinciones sociales, en que el poder del dinero y los privilegios se sustituirían por una comunidad simple y virtuosa, en la fraternidad de una pobreza compartida. "Pueden en sus momentos de ensueño, figurarse el porvenir como un idilio pastoral y rústico, pero chocan con la realidad capitalista y mercantil".[13] Es el de ellos un "sueño metafísico", propio de una sociedad preindustrial.

Siguiendo esta línea, Furet primero y Lefort después, interpretan el terror y la dictadura jacobina como el producto de un trastorno ideológico, obsesionado por la idea de la ruptura. Las causas reales aducidas por otros autores —guerra, reacción interior, organización de una economía de subsistencia, presión popular, etcétera— no bastarían para explicar el terror jacobino. La causa estaría en las mentes de los revolucionarios, en su mundo imaginario. Sólo el terror zanja claramente entre la virtud y el crimen, sólo mediante ese corte tajante puede establecerse la negación del régimen anterior.

La revolución pone al pueblo como fuente de legitimidad y creatividad en la historia, el pueblo debe, pues, hacerse presente en la escena política y plantear sus reivindicaciones. Pero "pueblo" es una noción general y abstracta. ¿Dónde está realmente? ¿Cómo reconocerlo? Según Furet, la ideología jacobina resuelve el problema mediante el poder del discurso. La palabra revolucionaria es la que constituye al pueblo como sujeto de acción política. Pueblo es el que se expresa, se afirma a sí mismo y denuncia a sus enemigos. Entre la masa informe, el pueblo se designa a sí mismo mediante la vigilancia, la denuncia pública, la revelación del complot aristocrático. La palabra revolucionaria permite reconocer a los suyos y separa de un tajo al pueblo de sus adversarios. De ahí la importancia de la opinión, que se forma en los clubes, en las asambleas, en las calles, y señala de manera inexorable quiénes pertenecen al pueblo y quiénes conspiran contra él. Desde 1792 se sustituye a la sociedad real por una sociedad de opinión. El discurso imaginario sobre el poder toma el lugar del poder real. La palabra sobre el pueblo llena el

---

[12] Claude Lefort, *op. cit.*, p. 129.
[13] François Furet y Denis Richet, *op. cit.*, p. 222.

vacío del pueblo real. "Cochin —nos recuerda Furet— nos da la clave al definir la revolución por el fenómeno jacobino y el fenómeno jacobino por la apropiación simbólica de la voluntad del pueblo".[14] Es en ese ámbito simbólico (verbal) donde se constituye la conciencia de la revolución como corte tajante, en que el pueblo negaría el pasado para establecer, sobre sus ruinas, un orden nuevo. En realidad, esa ruptura radical se refiere al "pueblo" del discurso imaginario, existe sólo en la ideología, es el producto de una ilusión. En Termidor de 1794 se vuelve a la realidad. Así, puede concluir Furet que, en la continuidad del movimiento iniciado en 1789, la revolución popular, a la que se alía el jacobinismo, es un paréntesis en lo imaginario. "La revolución democrática, la del 10 de agosto [de 1792] cierra temporalmente a la burguesía francesa el gran camino que debería conducir al liberalismo apacible del siglo XIX".[15]

Deshacer la imagen de la revolución como comienzo radical, promesa indefinida de igualdad y origen en el cual reconocernos, sería mostrar que esa imagen sólo existe en la conciencia de los revolucionarios. "Por un movimiento indescomponible —comenta Claude Lefort— Furet denuncia la ilusión de la herencia (revolucionaria) y de la fundación. Y ese movimiento sólo podría el lector hacerlo suyo a condición de haberse liberado o de evadirse del mito de la identidad y del origen".[16] Lefort ha encontrado la palabra que resume esta interpretación: la revolución se convierte ahora en un mito soreliano, sobrepuesto a la lenta evolución histórica que habría de conducir al liberalismo burgués. Una fase en esa dirección es el movimiento político de 1789, otra, el Directorio y el Imperio; entre ellas viene a interponerse el espejismo del sueño revolucionario.

LA FUNDACIÓN DE UN NUEVO CONSENSO

Era de esperarse que, en la celebración del Bicentenario, esa interpretación fuera vista por muchos como la nueva manifestación de una visión

---

[14] François Furet, op. cit., p. 122.
[15] François Furet y Denis Richet, op. cit., p. 159.
[16] Claude Lefort, op. cit., p. 116.

conservadora de la historia. Max Gallo y Régis Debray,[17] entre otros, ven en esa "escuela revisionista" una expresión de la nueva derecha. Al poner en cuestión la revolución como elección libre de un proyecto histórico, como negación y origen, la República socavaría, en verdad, sus propias raíces.

Pero dejemos a un lado esa discusión, que hasta ahora ha preferido el tono declaratorio, propio del periodismo o del escrito circunstancial, a la reflexión detenida y al análisis. Tratemos de situar, nosotros, el alcance teórico del problema.

Toda revolución es pensada bajo el concepto de ruptura: fin y comienzo, fundación y elección de un futuro. Pero ¿en qué consiste *realmente*, si la hay, la ruptura? En el caso de la Revolución francesa no tenemos pruebas suficientes para situarla en el campo económico y social. Entre la Francia de Luis XVI y la de Napoleón hay más similitudes que divergencias en ese campo. El corte señala, más bien, al nivel político y a las creencias colectivas. ¿Pero es, por ello, *ilusorio*? En este punto parece radicar todo el problema.

Cualquier orden social y político descansa en una aceptación comunitaria, tácita o explícita. Y ésta tiene una base última de sustentación: una creencia acerca del fundamento de legitimidad del poder, que condiciona las actitudes ante él. Es una creencia básica, en la que se fundan las demás creencias sobre la sociedad política, sus instituciones y sus funcionarios; forma parte de la manera como se presenta el mundo a una sociedad, de lo que podríamos llamar su "figura del mundo". Para sostenerse, todos los componentes de un edificio político deben estar unidos por una argamasa: la creencia básica sobre el fundamento del poder, compartida por una gran mayoría. Muchos pueden no ser conscientes de esa creencia, pero basta su actitud reverencial ante la cima del poder para atestiguarla. Puede también haber individuos o grupos que la recusen, pero, al hacerlo, se percatan de transgredir lo comúnmente aceptado. Poner en cuestión esa creencia básica sobre el fundamento del poder corroe el cimiento mismo que convierte a un conjunto de individuos en un sistema unido bajo un poder político. Tiene, pues, un sentido disruptivo. Una revolución consiste en el paso de ese movimiento disruptivo, desde la conciencia de ciertos individuos a la acción de un amplio grupo. No se trata

---

[17] Max Gallo, *Le Monde*, 26 de julio de 1983; Régis Debray, *Que vive la Republique*, O. Jacob, 1989.

de rechazo de tal o cual gobierno o institución, sino del fundamento que permite aceptar cualquier gobierno o institución. Al recusarla, la creencia básica se desacraliza, en su lugar se propone otra nueva, revestida muy pronto de un hálito sagrado semejante. Pero el nuevo fundamento de legitimidad tarda en lograr un acuerdo mayoritario; hasta obtenerlo no puede estructurar un orden social nuevo. La revolución es un tránsito entre una sociedad, estructurada sobre la base de un consenso implícito acerca del fundamento del poder, y otra que llega a un consenso distinto. Es un cambio en la "figura del mundo" con que se ve el orden social. El Antiguo Régimen se veía a sí mismo fundado en un orden eterno; su expresión, en el dominio político, era la soberanía inviolable del monarca. Aunque muchos rechazaran tal o cual rasgo del orden político y le propusieran remedios, la creencia básica sobre la fuente de todo poder legítimo revestía un carácter sagrado y concitaba el consenso. La revolución es la ruptura de esa creencia básica fundante, que pasa de la conciencia de unos cuantos a la acción de muchos. En ese momento el orden se encuentra sin fundamento, lo llena entonces el vacío de la libertad de la sociedad misma; a esa libertad fundante se le llama "pueblo". La ruptura en la creencia básica se vuelve acción en la destitución del rey y en la adopción de una nueva constitución dimanada de la voluntad del "pueblo". Porque tiene que haber un actor real de esos actos que sellan la ruptura. Cualquiera que éste sea, merece el nombre de "pueblo".

La ruptura se sitúa, por lo tanto, en el nivel de la creencia básica colectiva, que permite la subsistencia de un orden social y político. Su sede es, ante todo, la conciencia de los revolucionarios. En este punto creo que la interpretación de Furet y Lefort acierta en una nota importante. Pero se equivocan, a mi juicio, al concluir que se trata de una ilusión ideológica. Reducen su análisis a las creencias de unos cuantos individuos, agrupados en los clubes parisinos. Pero en realidad la ruptura revolucionaria es tal, cuando se da en las creencias colectivas. Éstas, lejos de pertenecer al orden de lo imaginario, son el cimiento que permite armar las piezas de un sistema social y establece los límites de validez de cualquier comportamiento político.

INVENCIÓN, SUSTITUCIÓN Y FUNDACIÓN DEL PODER POPULAR

El cambio en el fundamento de legitimidad del poder deja de ser subjetivo, al manifestarse en la fuerza de un actor social, aunque ese actor no coincida con la totalidad del "pueblo". El "pueblo" soberano sería, según la teoría individualista del pacto democrático, propia de los intelectuales del siglo XVIII, el conjunto de los ciudadanos individuales. Pero éste nunca se hace, de hecho, presente. Para convertirse en actor histórico, debe encarnarse en algún grupo social determinado. Así como la voluntad divina —en la antigua creencia fundante— encarna en un individuo real, así la voluntad del "pueblo" encarna en un grupo para ejercer su poder. Ni los representantes del Tercer Estado, en la Asamblea Nacional, ni los *sans culottes*, de 1792 a 1794, coinciden con el "pueblo", en que reside, según la teoría, la soberanía. Sin embargo ejercen el poder del pueblo. Porque el pueblo soberano *no existe* como poder, mientras no se manifieste de manera de ejercer su voluntad sin someterse a otra. El pueblo *real* se define por una función: es aquel grupo social que rechaza obediencia al orden anterior, se pone a sí mismo como fundamento autónomo y ejerce un poder efectivo en la constitución de un nuevo orden. En este sentido (el que importa políticamente) los *sans culottes* son el pueblo. Ellos se establecen como poder autónomo, en el que reside la "voluntad general", y promueven la nueva creencia básica fundante. Los jacobinos no han "constituido" al pueblo con la palabra, aunque a menudo sean víctimas de su retórica; ellos no pueden menos de reconocer en los grupos disímbolos que ejercen el poder en París en 1792 la única fuerza política que, en esos momentos, encarna al "pueblo" del discurso teórico. El discurso del terror es efectivamente un trágico desvarío mental, como muestran Furet y Lefort, pero no porque "invente" al pueblo, sino porque, una vez reconocido éste, lo sustituye por los "comités", formados por un puñado de dirigentes que ejercen la violencia sobre el propio pueblo. En *toda* revolución, para pasar de lo imaginario a lo real, el "pueblo" tiene que ser reconocido en algún grupo social específico que cumpla una función; manifestarse como el poder efectivo capaz de realizar la ruptura con la sociedad anterior. En *toda* revolución también, hay el peligro de que el pueblo así reconocido sea sustituido por un grupo dirigente que toma su lugar.

El principio de la soberanía popular debe llegar a construir un consenso, tácito o expreso, en la nueva sociedad. Sólo así pasará justamente de la imaginación de los revolucionarios a la realidad. La importancia de la "opinión", manifiesta en los clubes, asambleas, publicaciones. voces de la calle, podría verse bajo esa luz. En lugar de advertir en ella solamente —como hacen los autores mencionados— una sustitución del poder real por el poder de la palabra, podrían ser signos de la necesidad de que la creencia básica que proclama primero un grupo se generalice y tome el lugar de un nuevo consenso.

El acto de fundación en que podrá reconocerse la sociedad posterior deja de ser una ilusión y se convierte en una realidad política, en el momento que lo sostiene la acción de un grupo social que impone un orden nuevo. Cuando la creencia básica en la conciencia de los revolucionarios logra un consenso que reemplaza al antiguo, se vuelve el nuevo cimiento del orden social. Entonces, la creencia revolucionaria es un poder real y no sólo la ilusión de un poder. La idea preside la acción transformadora y pasa del nivel ideológico al político y social. La nueva creencia básica impregna toda la sociedad y se constituye en el nuevo vínculo de consenso sobre el poder. Conforme con ella, se levantan las instituciones republicanas y se trazan los límites aceptables de los proyectos hacia el futuro. El cambio de creencias, al sostenerse en un poder colectivo, no sólo expresa la base comunitaria del poder legítimo, sino que traza el derrotero de la marcha a seguir. La ruptura, entonces, deja de ser inventada, es la expresión de un nuevo poder que descansa en la aceptación por la sociedad del cambio de creencias. El propio Furet escribe: "La revolución es el espacio histórico que separa un poder de otro poder y en el que una idea de la acción humana se sustituye a lo instituido".[18] Pero si esa "idea" derrumba lo instituido para ponerse en su lugar, ¿cómo tildarla de ilusión? Por la acción a que da lugar se convierte, por lo contrario, en la base consensual que puede señalarse como fuente de sentido del orden nuevo.

---

[18] François Furet, *op. cit.*, p. 49.

El reposo de la historia

Hemos visto dos interpretaciones de la historia del todo diferentes. Ambas aparecieron desde el comienzo la revolución. Responden a dos maneras incompatibles de vivir y concebir la historia. La primera considera que la historia es producto de la acción colectiva en lucha con las situaciones que se le oponen. La voluntad humana puede determinar, en forma definitiva, el curso de la historia, puede negarse a aceptar un orden dado, romperlo y elegir fundar otro desde el vacío de su propia libertad. El hombre proyecta nuevas metas que trascienden la situación dada, otorga así una dirección al decurso histórico. La revolución es uno de esos momentos decisivos. Puede no incidir en las tendencias económicas que hacen evolucionar la sociedad, pero al ponerse como origen de una etapa, elige valores colectivos, proyecta nuevas metas y permite que la sociedad entera se reconozca en ellas. A partir de la Revolución francesa esa nación cobró un nuevo sentido: se dirigió a la realización de la libertad y la igualdad sobre la voluntad de la mayoría. Aceptar la revolución como ruptura es postular para la etapa posterior un sentido colectivo, libremente elegido.

Ver en la ruptura un fenómeno ideológico prescindible responde, en cambio, a una visión contraria de la historia. Los hechos históricos tendrían una evolución propia y poco podría la conciencia de los hombres para introducir alteraciones en su curso. La historia humana se asemejaría más al crecimiento de un organismo que a una acción racional decidida. Los cortes que los hombres intenten introducir en la continuidad de su desarrollo serían vanos; pasada su acción violenta, la historia proseguiría su propio camino. Quien mejor presentó esta visión de la historia fue el primer crítico sagaz de la Revolución francesa, Edmond Burke. La corriente crítica posterior, de Tocqueville a Furet, por diferentes que sean sus planteamientos, coinciden en un punto: la evolución de la revolución y sus consecuencias no sería, en el fondo, afectada por la conciencia revolucionaria, prevalecería en ella la continuidad de un decurso histórico que se impone a la acción disruptiva de los hombres. La pretensión de fundar el orden social y fijar sus metas en una voluntad colectiva confundiría la imaginación con la verdadera historia. Pero relegar la revolución al campo de lo imaginario, ¿no implica rechazar que la sociedad reciba de ella un sentido? En el fondo de esta visión de la historia se oculta la desencantada sensación de que la historia no tendría un sentido reconocible, elegido por el hombre. El "mito" de la revolución trataría en vano de leer un sentido en el azar o en la fatalidad de la historia.

No es extraño que la nueva interpretación de la Revolución francesa aparezca en una sociedad dominada por la técnica del poder, en la cual el abanico de las alternativas políticas elegibles es cada vez más reducido. Los proyectos de cambio, la fidelidad a las metas prometidas en el origen de la República, parecen empresas ilusorias. Por encima de ellas, las tendencias de la sociedad capitalista moderna siguen su curso inexorable. No se reconoce una fuente donadora de un sentido humano a la marcha; en el terreno político sólo cabrían decisiones técnicas, que vuelvan más racional la continuidad del proceso. Todo discurso sobre valores superiores para la comunidad y sobre metas más racionales es sospechoso de ingenuidad o de engaño. Detrás de la nueva visión de la historia nos parece escuchar una voz que susurra:

No pretendamos torcer la fatalidad de la historia, seamos modestos, aceptemos el mundo tal como existe. No introduzcamos desazones ni rupturas inútiles en el apacible discurrir de un mundo guiado por la técnica, la racionalización buro- crática y el conformismo. Volver a las metas originales, decididas en la aurora en que el pueblo soñó en preservar su libertad y prometió la igualdad, es evocar de nuevo un espejismo y conjurar otra vez la violencia. La crítica de la revolución paradigmática nos lo muestra. Ella ya no es nuestro origen ni nuestra meta. La historia transcurrió y borró sus trazas, como habrá de hacerlo con cualquier in- tento semejante. La revolución ha terminado, podemos descansar.

14

Sobre el concepto de "revolución"*[1]

Revolución es un concepto moderno. Quizá se usa por primera vez en la *Glorious Revolution* inglesa en 1688. Pero es la Revolución francesa la que generaliza el término. Se bautiza *revolución* a sí misma para sellar con ese concepto un vuelco de la historia: ruptura, corte que niega una época e inicia una nueva. Desde entonces se convierte en un concepto clave para comprender la época moderna.

Pues bien, ese concepto clave ha sido puesto en crisis. Un concepto entra en crisis cuando nos percatamos de su imprecisión y no podemos delimitar con claridad su ámbito de referencia. Entonces pierde su poder explicativo. Lo grave es que la crisis del concepto de revolución no proviene de los filósofos, siempre dispuestos a revisar conceptos, sino de los historiadores. En distintas obras que tratan de diferentes procesos revolucionarios (el movimiento estadounidense de independencia, la Revolución francesa, la rusa, la mexicana de 1910), sin que podamos señalar influencias directas entre ellas, se ha puesto en cuestión el valor teórico del concepto de revolución. La crisis de ese concepto acompaña a la decepción por el resultado de los movimientos revolucionarios. Tal parece que la realidad histórica no ha correspondido a los sueños de sus actores. Vista en la perspectiva de un periodo largo, la ruptura radical con el

---

* En *Revista del Centro de Estudios Constitucionales*, núm. 11, enero-abril de 1992, pp. 277-290.
[1] Este artículo es un resumen de dos de las conferencias que impartí, bajo el mismo título, en abril de 1991, en el Centro de Estudios Constitucionales de Madrid. Forma parte de un trabajo en elaboración, más extenso.

pasado habría sido quizá más ilusoria que real. La duda se refiere, sobre todo, al concepto de revolución que ha sido más fructífero, tanto en los análisis históricos como políticos: el derivado del pensamiento marxista.

La crisis del concepto de *revolución* nos enfrenta a un dilema. Un concepto impreciso invita a abandonarlo. Pero prescindir del concepto de revolución sería privarnos de una de las ideas necesarias para comprender nuestra época, y no tenemos otra para reemplazarla. Frente al abandono del concepto queda una alternativa: su reforma. Tendríamos que reformularlo de manera, en primer lugar, de precisarlo; en segundo, de aplicarlo sin violencia a los fenómenos que se desprenden de la crítica histórica. Las páginas que siguen son el resumen de una propuesta de reformulación del concepto.

I

Partamos del uso ordinario del término. *Revolución* se aplica a:

1) Movimientos colectivos amplios... (A los de grupos reducidos podemos llamarlos *asonadas, golpes de Estado*, pero no *revoluciones*).
2) ... disruptivos del orden social y jurídico... (Si apoyan el orden establecido o intentan restaurarlo, no los denominamos *revoluciones*).
3) ... que intentan reemplazar el poder supremo existente por otro distinto. (Si sólo intentan cambios sobre la base de la aceptación del mismo poder supremo, se trata de *reformas*, no de *revoluciones*).

Revolución se refiere, por lo tanto, a ciertos comportamientos colectivos intencionales, esto es, a acciones de grupos dirigidas a un fin relacionado con el poder político. Ahora bien, los comportamientos colectivos intencionales están condicionados por actitudes colectivas. Por *actitudes colectivas* entiendo disposiciones, comunes a los miembros de un grupo, favorables o desfavorables hacia la sociedad existente, que se expresan en creencias sobre la sociedad de acuerdo con preferencias y rechazos e impulsan comportamientos consistentes con ellas. Las actitudes implican la adhesión a ciertos valores y el rechazo de situaciones que no permiten realizarlos. Por otra parte, las referencias a valor están condicionadas por situaciones sociales específicas, pues solemos estar inclinados a preferir los valores que satisfacen nuestras necesidades. Las actitudes condicionan a su vez creencias sobre la sociedad, pues nos mueven a sostener las doctrinas que justifiquen la adhesión a los valores que nos importan. Esta relación es circular, pues sobre las actitudes y sus formas de expresarlas influyen, en sentido contrario, concepciones y creencias condicionadas por ellas. Las actitudes son también disposiciones a actuar en un sentido determinado. Así, los cambios en las actitudes colectivas pueden traducirse en cambios reales en la sociedad, introducidos por el comportamiento intencional.[2]

Pero las actitudes y creencias referentes a la sociedad presuponen ciertas creencias básicas colectivas acerca de los criterios que podemos emplear para juzgar cuándo se da un orden social y justificar sus relaciones de poder. Los criterios que utiliza una cultura o una época para determinar qué es un orden social y para justificar el poder pueden no ser válidos en otra cultura o en otra época. Esas creencias básicas, presupuestas en las demás, forman parte de la manera implícita como el mundo, y la sociedad en él, se configura ante una cultura o una época. Por ello, es parte de lo que llamaremos una *figura del mundo*. Este término, aún vago, intentará precisarse en el último parágrafo de este ensayo.

Pues bien, sería acaso imposible encontrar un denominador común en los comportamientos y en las ideologías de las distintas revoluciones modernas, pero tal vez no lo sea tanto descubrir en todas ellas actitudes análogas ante la sociedad existente y su estructura de poder, sobre el fondo de una *figura del mundo* semejante. Mi intento será comprender las revoluciones a partir de esos dos conceptos.

II

Desde el remoto pasado, las sublevaciones populares son motivadas por un sentimiento de privación, reacción común contra la miseria, la opresión o la violencia extremas. En el caso de la dominación extranjera, se añade la

---

[2] Sobre el concepto de *actitud colectiva* puede verse mi artículo "El concepto de actitud y el condicionamiento social de las creencias", en *El concepto de ideología y otros ensayos*, México, FCE, 1985. Sobre su aplicación al estudio de una revolución, véase mi libro *El proceso ideológico de la revolución de Independencia*, México, SEP, 1989.

sensación de enajenación y de pérdida de la identidad propia. Se trata de una privación que se atribuye a la relación de poder en la sociedad. No es natural, está causada por los otros. De allí que la sensación de privación condicione una actitud de rechazo global del orden social que permite esa relación de poder. Negación del orden social presente, en lo que tiene de poder opresor; rechazo de un pasado heredado, vindicación del sufrimiento acumulado por los antepasados. La actitud de negación tiene su anverso: la proyección positiva hacia lo *otro* de ese orden social. A la relación de poder existente, causante de la privación, se opone su contrario: la ausencia de poder opresivo, o bien el poder compartido. Ese orden otro existe sólo en la imaginación. Producto del deseo, es afirmado por la pasión, es objeto de fe y de esperanza. La proyección del deseo colectivo otorga a la acción disruptiva un sentido. La actitud de negación del orden heredado y de afirmación del orden otro supone la acción colectiva capaz de renovar la sociedad. La actitud de negación del pasado-afirmación de un futuro implica la decisión de renovación en el presente. "Las revoluciones —decía con sabiduría José María Luis Mora, el liberal mexicano— dependen de un movimiento general de las naciones [...] los hombres llegan a cansarse de ser lo que son, el orden actual les incomoda bajo todos aspectos [...] todos quieren mudar de situación". No ser lo que se es, ser *otro*, "mudar de situación".

Esta actitud la encontramos en todas las grandes sublevaciones populares, bajo expresiones distintas. Está en la base de muchos movimientos anteriores a la época moderna, que nos resistiríamos a llamar *revoluciones*, para darles más bien el nombre de *rebeliones populares*, *movimientos milenaristas* o *quiliásticos*, *utopías concretas*. ¿En qué se distinguirían de esos movimientos las revoluciones modernas? ¿Qué rasgos tendríamos que añadir a una sublevación popular, que rechaza globalmente la sociedad existente por intentar renovarla, para considerarla una "revolución"? Podríamos resumirlo en una palabra: *razón*. La revolución es una racionalización de la actitud colectiva de renovación de la sociedad. La introducción de la razón hace que los rasgos de la actitud revolucionaria adquieran un carácter específico que los distingue de los *milenarismos* antiguos.

La racionalización presenta varios aspectos. Por lo pronto, expondremos en este artículo los dos primeros. Tratar de los otros requeriría de mucho mayor espacio.

SOBRE EL CONCEPTO DE "REVOLUCIÓN"

III

RACIONALIZACIÓN DEL FUNDAMENTO DE LEGITIMIDAD DEL PODER

Todo orden social descansa en un consenso que permite el ejercicio legítimo de la autoridad en todos los niveles. Es una creencia básica compartida sobre: *1)* el fundamento de la autoridad legítima y *2)* los criterios aceptables para justificar ese fundamento. La revolución implica un cambio en esa creencia.

No toda negación del orden establecido puede considerarse como una revolución. Una revolución no se reduce a la reforma de tal o cual institución o a un cambio de gobierno. Cualquier movimiento de reforma intenta introducir cambios sobre la aceptación de una base colectiva de legitimidad que no se pone en cuestión; una revolución pone en cuestión esa base. Es una negación del fundamento de legitimidad aceptado comúnmente hasta entonces. La oposición, aun violenta, contra la autoridad constituida puede ser muy amplia, pero es desobediencia o resistencia civil cuando se rechaza tal o cual medida o tal o cual pretensión de gobierno, sobre el consenso de un fundamento de legitimidad aceptado. Puede incluso alegar a su favor ese fundamento de legitimidad, que se considera violado. La desobediencia civil no niega la instancia última de autoridad, la invoca. La revolución, en cambio, rompe el consenso sobre el fundamento de legitimidad del poder. Pero va aún más lejos: para hacerlo, tiene que rechazar los criterios que justifican el fundamento de legitimidad y proponer otros. En todas las revoluciones modernas puede señalarse un comportamiento político que expresa con claridad esa ruptura.

Las revoluciones no suelen empezar con el propósito consciente de poner en cuestión el orden jurídico constituido. Su primer momento suele ser un acto de desobediencia civil frente a la autoridad: negativa a pagar impuestos, desobediencia a un decreto del monarca, rechazo de un nuevo gobierno, por ejemplo. En ese momento no se recusa aún el fundamento de legitimidad del poder; por el contrario, se le invoca para justificar la desobediencia. El movimiento conduce así, en una primera etapa, al retorno a las bases históricas primordiales en que se fundaría el poder constituido. Incita así a una búsqueda del origen del orden establecido. Las revoluciones inglesas del siglo XVII se justifican, en una primera etapa, en los derechos tradicionales

273

del Parlamento, que no anulan los del monarca y se remontan a la carta magna, el pacto originario. Las colonias de la Nueva Inglaterra, al negarse a pagar impuestos si carecen de representación, invocan a su favor la propia Constitución inglesa y los principios de la "revolución gloriosa" que consideran traicionados por el gobierno de la Corona. En la América hispana, las revoluciones de independencia pasan por un largo periodo de reencuentro con los orígenes del Estado de derecho español. La negativa de obediencia a los gobiernos metropolitanos se hace a nombre de Fernando VII, entonces preso por los franceses, y remonta para justificarse a los orígenes de las naciones hispánicas: por una parte, las Leyes de Partida de Alfonso el Sabio; por la otra, los "pactos" que se suponen realizados entre los conquistadores y la Corona. El pensamiento más ambicioso (el de Fray Servando Teresa de Mier) restituye una "Constitución americana" originaria, a la cual podrían referirse los criollos. La primera reunión de la Asamblea francesa, en 1789, es convocada por el rey y pretende ser la continuación de los tradicionales "Estados generales". La Revolución rusa apela primero a la *Durna*, aceptada anteriormente por el monarca. Hasta ese momento no podemos hablar aún de *revolución*, sino de un movimiento de reforma sobre la base de un fundamento de poder aceptado por consenso.

Pero algunos movimientos de desobediencia civil dan un salto: de la impugnación sobre la base de un fundamento aceptado a la impugnación del fundamento mismo. En ese momento se convierten en revolución. Por un acto colectivo de decisión se rompe el consenso. No se obedece al orden jurídico, sino a una voluntad colectiva que engendra un orden. Ese acto tiene un anverso y un reverso: por un lado, es la negación del orden jurídico que antes se invocaba; por el otro, el establecimiento de un nuevo origen como fundamento del orden jurídico.

En todas las revoluciones hay un acto específico que simboliza ese salto: la negativa del Parlamento largo a disolverse, en 1641, recusando la autoridad del rey sobre él; la instauración de los congresos continentales en Nueva Inglaterra enfrentados al Parlamento inglés; la decisión del tercer Estado de constituirse en asamblea única constituyente, en ruptura con la tradición de los Estados generales franceses; los congresos criollos encargados de constituir las nuevas naciones, en Nueva España y Nueva Granada; el reconocimiento del Congreso de los Soviets como poder supremo, etcétera. En muchos casos, el nuevo fundamento de poder (parlamento, asamblea, congreso, etcétera) subsiste por un tiempo, más o menos largo, con el poder antiguo (monarca, gobierno colonial, gobierno provisional, etcétera), el orden jurídico tradicional subsiste aún bajo un orden nuevo por nacer. Es la situación de *poder dual* señalada por L. P. Edwards y por C. Brinton, signo del enfrentamiento de dos fundamentos de legitimidad incompatibles.[3] Otro acto simboliza el fin de esa situación y el corte tajante con el antiguo poder: ejecución del rey y proclamación de la república, declaración de independencia de la nación, derrocamiento del "gobierno provisional" y paso de "todo el poder para los soviets", etcétera.

Esa ruptura consiste en un doble proceso de racionalización. Veamos.

Siempre se pretendió que el fin del Estado es el *bien común*. El orden jurídico debe estar dirigido a ese fin. Pero la sociedad está dividida por intereses particulares divergentes. ¿Cómo determinar lo procedente al bien común? Es necesaria una voz que nos lo diga. En el universo, es la voz de Dios; en la sociedad, debe haber un sujeto que decida en último término. El príncipe asume la decisión sobre el bien común. Quien decide en último término es el soberano. Según la vieja definición de Bodino, es "el poder supremo sobre los ciudadanos y súbditos, no sujeto a las leyes (*legibus solutos*)". El príncipe está ligado por obligaciones adquiridas históricamente. Pero, en estado de urgencia o en situaciones no consideradas por el orden jurídico, tiene la facultad de decidir. A esta situación conviene la fórmula de Cari Schmitt: "Soberano es aquel que decide sobre el estado de excepción".[4] Decide cuándo hay ese estado y cómo resolverlo.

El orden jurídico establecido señala las condiciones que debe cumplir un sujeto para ser soberano, pero no puede dictar las decisiones de ese sujeto en ejercicio de la soberanía. Por eso puede decirse que el soberano no está sujeto al orden jurídico. Dicho orden supone una decisión. *Auctoritas, non veritas, facit legem*: en esa fórmula de Hobbes puede resumirse la situación. En consecuencia, el fundamento de legitimidad del poder cumple con ciertas notas características:

---

[3] Lyford Paterson Edwards, *Vie Natural History of Revolution*, Chicago, The University of Chicago Press, 1927; y Crane Brinton, *Anatomía de la revolución*, México, FCE, 1942.

[4] Carl Schmitt, *Teología política*, Buenos Aires, Struhart y Cía., 1985, p. 35.

1) El orden jurídico y la decisión última sobre el bien común descansan en el arbitrio. El fundamento es arbitrario.

2) La decisión última sobre el estado de excepción corresponde a una persona. El fundamento es personal.

3) Los sujetos obligados por esa decisión son diferentes al sujeto decididor. El fundamento es heterónomo respecto de esos sujetos.

Estas notas forman parte de la manera de figurarse la sociedad y las relaciones de poder en ella, aceptada generalmente. El cambio en el fundamento de legitimidad del poder implica, pues, un cambio en esa manera de considerar las relaciones de poder. Supone un cambio en los criterios para aceptar que un poder sea legítimo y, por lo tanto, en las notas que debe cumplir el fundamento de legitimidad. Ese criterio se racionaliza.

Una función de la razón, en una de sus acepciones, es eliminar el azar en la decisión. A la arbitrariedad opone la regla; al capricho, la necesidad. El poder se justifica si no es arbitrario; el fundamento de legitimidad corresponde a un orden necesario. El bien común no puede estar determinado por un sujeto privilegiado, que se supone por encima de los intereses particulares; corresponde a un orden despersonalizado. Los sujetos no pueden estar obligados por una decisión en la que no han participado. El fundamento de legitimidad del poder cumple ahora con notas contrarias a las que tenía antes: no es arbitrario, corresponde a un orden necesario; es despersonalizado; es autónomo respecto a los sujetos obligados. Esas notas son los criterios que permiten reconocer al soberano. Forman parte de una nueva manera de considerar las relaciones de poder.

La nueva creencia básica sobre el fundamento de legitimidad del poder puede expresarse en doctrinas diversas que corresponden a modelos racionales distintos. Pero en todas esas doctrinas, los criterios admisibles para justificar un poder legítimo son semejantes.

El primer modelo racional utilizado fue el del derecho natural. ¿Cuál era su función? Al orden legal existente, fincado en la tradición y pendiente de la decisión última del soberano, podía oponerse otro. Éste era un orden objetivo, válido para todo sujeto racional. ¿Qué mejor garantía de su objetividad que fundarlo en la realidad natural? Lo *otro* del orden existente es el orden inscrito en las leyes de la naturaleza. La gran hazaña del pensamiento político de los siglos XVII y XVIII fue mostrar que la sociedad *otra*, objeto del deseo colectivo, es la sociedad ordenada por la razón. Hay un criterio objetivo para determinar cuál es el orden conforme al bien común, éste es independiente del orden jurídico positivo y superior a él; nos autoriza, pues, a juzgar el derecho positivo y, eventualmente, a condenarlo. Desde ese momento nos podemos colocar, por así decirlo, "fuera" del orden constituido. Ya no estamos sujetos a él, porque podemos apelar no a la decisión última de un soberano, sino a un orden válido para todos, *otro* que el orden de poder existente. La introducción de la oposición entre un derecho natural, válido universalmente, y un derecho positivo, relativo a un contexto histórico de poder, suministra la primera base teórica para justificar la ruptura revolucionaria. Durante los siglos XII y XVIII la doctrina del derecho natural alimenta las primeras revoluciones modernas.

Lo importante para nuestro razonamiento no es la doctrina del derecho natural, sino el criterio de legitimidad que supone. El poder no se justifica por el lugar que ocupa el sujeto en la sociedad, ni por la tradición heredada, sino por su conformidad a un orden impersonal al que debe obedecer todo arbitrio personal. La determinación del bien común y la justificación del poder legítimo no dependen de ninguna decisión personal, sino de un orden objetivo. "Auctoritas facit legem", decía Hobbes; Locke dirá: "Law gives authority". Desde ese momento puede justificarse la subversión de la autoridad no sujeta a la ley impersonal.

Que éste sea el punto importante puede verse en el hecho de que subsiste a la base de otras doctrinas racionalizadoras distintas. El orden racional impersonal puede interpretarse, en otros modelos teóricos, no como natural, sino como moral. Es el orden normativo dictado por la razón práctica, universalmente válida. En este otro modelo (el kantiano y el rusoniano), al orden jurídico positivo puede oponerse el orden de la razón práctica.

La racionalización del fundamento de legitimidad del poder establece ciertos criterios para reconocer al soberano:

1) El orden jurídico no se justifica en decisión arbitraria, sino en un orden normativo universalmente válido. Luego ninguna decisión arbitraria puede reconocerse como soberana, sino sólo el orden normativo.

2) El soberano se despersonaliza. Se tiene que crear entonces la ficción de una *voluntad general* que no se identifica con ninguna voluntad

personal. La voluntad general se rige siempre por el bien común. No puede equivocarse. Su sujeto es un ente impersonal: el *pueblo*. Abarcaría la comunidad de todos los sujetos racionales. El soberano no puede reconocerse en ningún sujeto particular.

3) Los sujetos sometidos al orden jurídico no lo están a ninguna decisión ajena, sino sólo a una *voluntad general* no identificable con ninguna voluntad personal. La soberanía no puede establecer un orden normativo heterónomo.

Las revoluciones socialistas utilizan un modelo racional diferente. Pero para ellas la sociedad futura elegida corresponde también a un orden racional, aunque en un sentido distinto: es producto de la razón que orienta el devenir de la historia y asegura las condiciones reales para que el hombre pueda realizarse plenamente. En la sociedad por venir se eliminará la irracionalidad de la explotación capitalista y aun la de la secular división del trabajo. Signo de que se trata de un orden social exigido por la razón es su validez universal. En efecto, cumple el interés del proletariado, pero éste coincide con el interés universal, pues su emancipación implicará la emancipación de todo hombre. Al igual que en los modelos racionalizadores anteriores, la sociedad racional es lo *otro* de la sociedad negada existente, la sociedad deseada coincide con la postulada por la razón. A las oposiciones ley positiva-ley natural, o bien orden empírico-orden moral, se sustituye ahora la de sociedad actual-sociedad futura. El orden racional no se sitúa en la naturaleza, ni en el ámbito de la razón práctica, sino en el futuro de la historia universal.

Se podría mostrar que este tercer modelo de racionalización cumple una función semejante a los anteriores. En efecto, aquí ya no hay la noción de una *voluntad general*, sino la contraposición de los intereses de clase. Pero la voluntad de los explotados corresponde al interés general, porque ella persigue, sin equivocación, la emancipación universal. Racional es plegarse a esa voluntad de clase. Tampoco aquí la determinación del bien común descansa en arbitrio personal; está inscrita en la marcha de la historia hacia la emancipación final. Y sólo el proletariado conoce y asume ese camino. Por ello, las decisiones últimas sobre el orden jurídico no competen a ninguna persona o grupo de personas, sino a la voluntad real de las clases explotadas que debe obedecer a su interés *objetivo*.

Las revoluciones pueden acudir aún a otros modelos racionales, distintos a los mencionados, pero siempre sobre la base de esa creencia sobre el carácter racional del fundamento de legitimidad del poder. Desde ese momento, la sociedad futura objeto del deseo se dibuja de acuerdo con aquella creencia básica.

IV

RACIONALIZACIÓN DE LA ESTRUCTURA SOCIAL

Una vez que cambian los criterios conforme a los cuales puede justificarse un orden de poder legítimo, toda la imagen de la estructura social, en cuanto relación de poderes, se transforma. La traza que presenta la sociedad tiene que ajustarse a los nuevos criterios de racionalidad. La sociedad se configura de distinto modo a los ojos de sus miembros. En efecto, el cambio en los criterios para establecer el fundamento de legitimidad exige un reacomodo de la figura con que se presentan las relaciones de poder que constituyen la sociedad entera.

Vimos cómo una función de la razón era la sustitución de la decisión arbitraria por la sujeción a la regia. Esa racionalidad práctica tiene su paralelo en una racionalidad en la manera como las cosas son. La labor de la razón, en cualquier dominio, consiste en la introducción de un orden y una armonía en el caos. Dota de forma a lo informe. Tiene que reducir la diversidad a estructuras simples, para comprender y dominar el caos aparente, tanto en la naturaleza como en la sociedad. La razón establece homogeneidad en la diversidad real, discontinuidad en la continuidad, regulación en el azar.

Ahora bien, las sociedades históricas son el producto de circunstancias aleatorias, imprevisibles, y están compuestas por elementos disímbolos. Se podrán comprender racionalmente en la medida en que podamos reducirlas a elementos simples, a estructuras que los relacionen y a regularidades en su desarrollo, que formen parte de un modelo coherente. El revolucionario interpreta la sociedad conforme a un modelo racional. En todo momento la realidad social a que se refiere es la cernida por las categorías de su modelo interpretativo. A la sociedad existente, con su tremenda irracionalidad, sustituye una sociedad pensada que sólo parcialmente le corresponde.

La sociedad negada por las revoluciones tiene la marca de la diversidad. El puesto de cada individuo está determinado por su nacimiento y su situación en el orden social. Los individuos constituyen la sociedad mediante un entramado complejo de distintas ligas *naturales*: familia, clan, etnia, región, estamento social; o laborales: gremio, asociación, cuerpo, servidumbre, congregación. Según su pertenencia a grupos distintos, los individuos están sujetos a derechos y obligaciones diferentes, correspondientes a la función de cada grupo en la sociedad. Estos derechos y obligaciones múltiples remiten a fuentes de legitimidad variadas, tejidas por la historia. Su origen se remonta a un pasado indefinido. Los derechos y privilegios de cada lugar, asociación o rango son heterogéneos, no pueden reducirse a un patrón común. Los diferentes miembros de la nobleza gozan de privilegios propios a cada casa, otorgados en el pasado por algún hecho notable o algún servicio destacado, las diferentes casas y linajes están a menudo ligados entre sí por relaciones múltiples de dependencia. Los derechos de la Iglesia son resultado de innumerables negociaciones que recorren siglos. Cada abadía, cada monasterio, cada parroquia defiende los suyos. Las regiones tienen sus relaciones propias con la Corona, con los príncipes, clérigos y nobles locales. Las ciudades enarbolan sus fueros particulares, arrancados en largas luchas. Los gremios, las cofradías, las universidades, todos luchan por obtener y mantener regulaciones particulares que los distingan de los demás y los protejan. La sociedad está constituida así por una compleja red de relaciones cruzadas, irreductibles a patrones comunes, disímbolas, que se han ido tejiendo lentamente en la historia, varían con ésta y no pueden señalar una fuente de legitimidad única. Los poderes de la sociedad son igualmente múltiples, se reparten en los puntos de la red social, siguiendo la diversidad de relaciones establecidas. En la cima de la estructura de poder se encuentra, sin duda, el soberano; es la instancia última de decisión. Pero, por absoluto que sea, reconoce, en la práctica del poder, la trama compleja de derechos particulares, distintos en cada grupo, y avala su fuente de legitimidad histórica. En realidad, él mismo se reconoce obligado por relaciones establecidas con los distintos grupos sociales, que limitan su acción. A él caben sólo las decisiones últimas sobre la marcha de una sociedad heterogénea ya estructurada.

En otros casos, el de los pueblos colonizados, la sociedad negada por los revolucionarios es producto de un hecho histórico pasado: la imposición forzada de una dominación externa. También aquí, la sociedad negada consiste en la trama de derechos y obligaciones derivados de ese acontecimiento histórico, con el agravante de que el colonizado no puede identificarse plenamente con esa herencia. En unos y otros casos, las relaciones de poder se justifican en una historia pasada que detenta su fuente de legitimidad. La sociedad se presenta como un hecho ya constituido, basada en una realidad impuesta por la tradición secular o la fuerza de la dominación.

Pues bien, la revolución introduce una manera opuesta de considerar lo que es un orden social. A los poderes múltiples, opone un poder único, uniformizador; a la diversidad de derechos y obligaciones, una sociedad homogénea. Para comprender la realidad social disímbola, las revoluciones modernas han utilizado, al menos, dos modelos racionales distintos. En ambos, la heterogeneidad es reducida a una forma homogénea. Según el primer modelo, la sociedad es considerada como un cuerpo unitario que se levanta sobre una base única de legitimidad. La revolución opone a los distintos poderes históricos la imagen de una estructura de poder erigida sobre una base de sustentación. Si el poder deja de ser múltiple, la red de sujeciones se vuelve homogénea. Se niega entonces la diversidad de privilegios y obligaciones especiales tejida por la historia. Se rechaza así la heterogeneidad existente para verla a través de un cedazo uniformizador. A la abigarrada sociedad histórica, que se extiende al modo de un enramado, se sustituye una sociedad racional erigida al modo de una pirámide geométrica. Esta sociedad es lo *otro* de la sociedad negada, es un orden pensado. No nos ha sido heredada, espera ser construida.

A la base en que descansa todo poder se le llama *pueblo*. Pero ese pueblo pensado no se identifica con el pueblo real que constituye la trama misma de la sociedad. El pueblo real está integrado por innumerables grupos, estamentos, organizaciones, asociaciones, clases productivas, etnias, culturas, distintos entre sí. El pueblo pensado, en cambio, está formado por la suma de individuos iguales en derechos, que han establecido un contrato de asociación o de sujeción. El pueblo real se ha ido formando lentamente, a través de la historia; su fuente de identidad descansa en una memoria colectiva; el pueblo pensado se imagina constituido a partir del estado de naturaleza, por un acto de asociación libre.

El segundo modelo racionalizador, cuya extensión más completa es la marxista, parte de una crítica del carácter abstracto de aquel primer modelo.

281

Observa que el verdadero sujeto social no es ese individuo pensado, considerado como igual a cualquier otro e intercambiable por cualquiera, sino una persona social determinada por su situación en el sistema y por sus relaciones específicas con su entorno natural y humano. Sin embargo, termina reemplazando aquel modelo por otro, más cercano a la realidad, sin duda, pero también general y abstracto. El pueblo pensado está constituido ahora por clases sociales identificables por su posición en las relaciones de producción, movidas cada una por un interés colectivo propio y en continuo conflicto entre ellas. Pero tampoco ese *pueblo* corresponde al real. Las clases no son sujetos unitarios, están formadas por múltiples grupos disímbolos, con intereses particulares diferentes; la posición en el proceso de producción no es lo único que puede identificar a esos grupos, sino otros muchos tipos de relaciones, geográficas, sociales, culturales. El marxismo suministró categorías para comprender la complejidad de los grupos sociales disímbolos que integran la sociedad real. Por eso tuvo tan poco que decir sobre los campesinos o sobre las *clases medias* y fue poco sensible a la importancia, en los movimientos sociales, de las etnias, las culturas tradicionales, las nacionalidades.

Los modelos racionalizadores deben homogeneizar los sujetos políticos, de modo que pueda reconocerse, entre la multiplicidad de voluntades, dónde está la que busca el bien común. En efecto, ante la contraposición de intereses particulares que componen la sociedad real, no podemos ya atenernos a una decisión última que sea arbitraria (dios, monarca o caudillo), sino a la voz que exprese un orden racional impersonal. Es menester entonces que esa voz sea única. Luego, es menester derivar una voluntad homogénea a partir de los intereses divergentes. ¿Cómo lograrlo? Según el primer modelo, mediante un sujeto ficticio, el *pueblo*, cuya voluntad se expresaría en el consenso entre las voluntades particulares o en su expresión mayoritaria. Según el segundo modelo, mediante la identificación de la voluntad general con la de otro sujeto ficticio: la clase explotada. En ambos casos se logra reemplazar la diversidad de voluntades por una voluntad homogénea.

El revolucionario ve la sociedad con las categorías racionales que le presta su modelo. Trata entonces de adecuar a ella la sociedad real. En la mente del revolucionario, la sociedad existente, constituida por un conjunto de grupos disímbolos, unidos por lazos tradicionales, por lealtades personales o familiares, por vínculos culturales, cada uno con sus propias relaciones jerárquicas, se sustituye por una sociedad pensada, homogénea, formada por individuos iguales relacionados por convenios, o bien por clases sociales opuestas. En todos los casos, el revolucionario introduce en la sociedad real —diversa, heterogénea, irracional— un modelo racionalizador unitario.

Ahora bien, el modelo no es del todo irreal. Si lo fuera, la revolución sería una ilusión en la mente de los revolucionarios. El modelo corresponde a rasgos de la realidad, abstraídos de los demás, por los que la sociedad puede, efectivamente, interpretarse y regularse; es un esquema de la realidad que no la capta en toda su complejidad, porque establece cortes discontinuos en la discontinuidad y notas homogéneas en la heterogeneidad. Pero sólo así la sociedad puede comprenderse racionalmente y, por lo tanto, ser construida conforme a nuestros fines. Una revolución moderna introduce en la sociedad una tensión entre la diversidad de la sociedad real y su esquema racionalizador. La transformación que provoca no es, por supuesto, la identificación de la sociedad con su modelo racionalizador, sino la imposibilidad de considerar la sociedad, de ahora en adelante, separada de ese modelo. La tensión entre el modelo revolucionario y la sociedad real trata de resolverse, e impulsa un movimiento permanente en que la sociedad existente se aproxima o se aleja de su esquema racionalizador.

V

Recapitulemos. Las sublevaciones de los oprimidos suponen una actitud colectiva de rechazo de la sociedad existente y de anhelo por una sociedad *otra*. Las revoluciones modernas son la racionalización de ese anhelo. De allí su complejidad. Quizá puede ésta aclararse si la vemos a la luz de la tensión permanente entre la pasión y la razón. Porque debajo de la aplicación de los modelos racionales permanece la pasión por la regeneración colectiva. Es ella la que da sentido a la acción histórica, al dirigirla a una meta que se percibe como eminentemente valiosa. Es el deseo el que cubre de una aureola toda la empresa. Pero la meta deseada es ahora también la realización del orden racional. Sobre la elección apasionada, la razón impone su armadura, para hacerla eficaz a veces; otras, para ahogarla.

283

La racionalización de la sociedad se refiere también a los medios adecuados para alcanzar la meta elegida. Pero tratar este tema nos obligaría a rebasar los límites de un artículo. Contentémonos con señalar que la revolución se desembaraza de una sociedad que evoluciona ciegamente sin cobrar conciencia de su marcha, al modo de un organismo vegetal, para construir otra según un plan racional, al modo de una obra de arte, o aun de un artefacto. Edmund Burke no se equivocaba cuando veía en la revolución la ruptura de la evolución natural de la sociedad por una voluntad artificial. Pero ese acto, que para Burke era la disgregación de la vida social, para los revolucionarios es el que convierte la historia en una empresa racional dotada de sentido.

La racionalización de la sociedad no es posible sin un cambio en la manera como se presentan y justifican las relaciones de poder. Ésta forma parte de lo que podríamos llamar la *figura* que reviste el mundo ante una cultura y una época. Ahora podemos intentar precisar lo que entendemos por ella.

Las creencias colectivas de una época o de una cultura presuponen ciertas creencias básicas que no se ponen en cuestión; son presupuestos de la verdad o falsedad de las demás. Pueden formularse en enunciados ontológicos acerca del género de entes que podemos admitir en la constitución del universo y en enunciados valorativos o preceptivos acerca de cuáles son los valores supremos que debemos perseguir. Pero tanto los enunciados sobre hechos como los enunciados sobre valores tienen que acompañarse de principios supuestos en todos los demás, que formulan los criterios para tener algo por razón válida para justificar una creencia. Un cambio en esos principios lleva consigo un cambio en todas las creencias básicas y, por ende, en la imagen con que el mundo se presenta. La mejor manera de precisar una figura del mundo sería, pues, señalar esos principios.

En la figura moderna del mundo podríamos encontrar ciertos principios sobre los criterios admisibles en la justificación del poder legítimo. Éstos tienen su análogo en principios que delimitan las razones admisibles para justificar enunciados sobre la naturaleza. Entre varios otros, podemos destacar los siguientes:

1) Todo poder legítimo debe fundarse en un orden impersonal. No es arbitrario. La voluntad arbitraria no justifica la ley. (Paralelo en el ámbito de la naturaleza: todo proceso natural se explica por leyes

objetivas. No es razón explicativa el arbitrio de "almas" o de otros entes no empíricos).

2) La ley tiene validez universal. Lo que obliga a un sujeto obliga a todos. No hay sujeto de excepción. (Paralelo en el ámbito de la naturaleza: las leyes naturales son universales. Lo que rige en una parte del universo rige en el todo. No hay "milagros").

3) La heterogeneidad del poder puede reducirse a homogeneidad. La multiplicidad de voluntades se justifica en la medida en que se adecue a una voluntad única. (Paralelo en el ámbito de la naturaleza: la multiplicidad de fenómenos puede explicarse a partir de elementos y relaciones simples; lo heterogéneo, a partir de lo homogéneo).

Estos principios no son los únicos. Al lado de otros, determinan el ámbito en que puede desplegarse una imagen del mundo social y del mundo natural. Los modelos para dar razón del mundo pueden ser muchos, pero todos ellos comparten, como presupuesto, esas creencias básicas y, por ende, esa figura del mundo.

Las revoluciones no producen el cambio en la figura del mundo. Éste se anuncia en Europa desde el Renacimiento y reemplaza lentamente la imagen medieval del universo. Las revoluciones pueden, sin embargo, comprenderse como el intento de realizar la vieja pasión por la renovación de la sociedad dentro de una nueva, moderna, figura del mundo.

15

La izquierda como una postura moral[*]

Tenemos que partir planteando una pregunta: ¿qué entendemos por "izquierda"? Para contestarla habremos de despejar un equívoco: la izquierda no se refiere a un sistema ideológico, no designa una ideología. En el lenguaje ordinario, "derecha" o "izquierda" significan mucho más que un estilo de creencias; se refieren a una actitud vital ante la sociedad, supuesta en un comportamiento.

La izquierda política no consiste en la adhesión a un sistema doctrinario. Las ideologías revolucionarias o reformistas se suceden, cambian y se enfrentan. Su vigencia depende del contexto histórico, su traza varía con los intereses de los grupos que las sustentan. Pero debajo de todas ellas subsiste una corriente vital permanente. Es una actitud común de *disrupción* ante la realidad social existente, que da lugar a una práctica transformadora; es, a la vez, negación de un orden dado y proyección de otro que se supone más racional y humano. Son esa actitud y esa práctica las que definen a la izquierda. Lo que dio sentido a la entrega de tantos hombres y mujeres e hizo que, en muchos casos, algunos sacrificaran sus vidas por un objetivo social, no fue la creencia en una doctrina científica o filosófica. Fue una pasión y una esperanza: la indignación por la estupidez y la injusticia humanas, la urgencia por construir una sociedad fraterna. Según las épocas y las circunstancias sociales, esa actitud disruptiva revistió varias formas, ensayó distintas vías de acción y adujo distintas teorías para justificarlas, pero en todas se mantuvo

---

[*] En Luis Villoro, *Los retos de la sociedad por venir*, México, FCE, 2007, pp. 130-135.

constante. Porque no era prisionera de ninguna formulación ideológica, subsistía, subsiste en todas ellas. La izquierda en política no es una doctrina, es una elección de vida. En cada contexto utiliza armas intelectuales distintas. Tiene sin duda que elaborar y aceptar teorías para justificar racionalmente sus decisiones y prácticas, pero la aceptación o rechazo de una teoría está motivada por una actitud que implica una proyección de valores objetivos que satisfacen intereses vitales. El criterio para juzgar si un movimiento es de izquierda no es que cumpla o no con una posición teórica. Al revés, el criterio para juzgar el carácter de izquierda de una teoría es si es capaz de justificar racionalmente o no un comportamiento emancipador.

Una misma doctrina política puede tener una función disruptiva en un contexto y reiterativa de una situación de dominación en otro. Ejemplos son todas las revoluciones. El liberalismo fue disruptivo cuando logró la abolición del absolutismo de la monarquía, conservador al servir al desarrollo del capitalismo. El marxismo-leninismo fue la más poderosa arma ideológica contra la explotación capitalista, para convertirse después en un instrumento de una clase burocrática opresiva. Los socialismos reformistas lograron transformar el capitalismo salvaje en un Estado de bienestar más justo, pero actualmente se convierten a menudo en cómplices de un sistema de dominio basado en la desigualdad.

A la inversa, doctrinas que han servido a la dominación pueden vivirse de tal modo que contribuyan a la liberación. Las religiones, al transformar su visión de lo sagrado en una ideología, han solido servir, en manos de las iglesias, a mantener sistemas de poder. Sin embargo, en la acción de un Gandhi, de un Martin Luther King, de los cristianos de la opción por los pobres, la religión, al volver a sus orígenes, se coloca al lado de la emancipación humana. Es entonces plenamente de izquierda.

La confusión de la izquierda con una doctrina ideológica determinada ha sido una de las causas de su perversión. Para ser de izquierda había que abrazar un credo. Quien difería a la doctrina oficial era tránsfuga o reaccionario. De allí, el sectarismo y la intolerancia. Además, si la izquierda se confunde con una doctrina, sólo quienes la interpretan correctamente pueden dirigirla. Hay un único grupo capacitado para señalar el rumbo político: el que detecta la teoría verdadera. La actitud transformadora de la realidad social se reduce a la adhesión a quienes detentan la doctrina y saben interpretarla.

El gran equívoco de la izquierda es identificarla con un sistema de creencia; con una ideología. En cambio, si la izquierda no se identifica con un sistema doctrinal, permanecería sin mella ante cualquier crisis ideológica. Porque no es una explicación del mundo, en la cual pudiéramos creer o no, sino una decisión frente al mundo que tenemos que asumir; no es una teoría que desemboque en una acción, sino una postura moral que acude para justificarse a una reflexión teórica.

En suma, la "izquierda" podría definirse por la actitud y la práctica sociales orientadas por la proyección de una sociedad *otra*. Por eso una postura de izquierda es necesariamente crítica en la reflexión, disruptiva en la acción.

Frente al poder impositivo dominante, la izquierda tiene que oponer un contrapoder. Pero el contrapoder de la izquierda está imbuido de una paradoja: pretende ejercerse para contribuir a la desaparición del poder impositivo. Por eso el terreno privilegiado de la izquierda es la oposición a un sistema de dominación constituido. Cuando deja de ser oposición y llega a una posición política en que puede imponer su poder, su gobierno sólo tiene sentido si se ejerce para contribuir a hacer desaparecer las condiciones y estructuras de dominación. Si acaba ejerciendo, a su vez, otro poder impositivo, si olvida su vocación disidente y establece un nuevo sistema de dominio, se traiciona a sí misma y deja de ser izquierda.

Eso es lo contrario de una doctrina, de un sistema de creencias. Intentemos pues una segunda respuesta. ¿Qué es la izquierda? No es sistema de creencias, una "ideología", sino una actitud colectiva contra la dominación.

Esta segunda caracterización de la izquierda la define negativamente: izquierda es toda actitud que contribuya a la no-dominación.

La actitud disruptiva contra la dominación orienta una práctica de transformación social. La sociedad otra proyectada no es más que un norte, una idea regulativa para cambiar esta sociedad. Pero en cada sociedad existente el sistema de dominación es distinto; los sectores dominados difieren según la situación concreta de cada formación social. La actitud disruptiva no puede traducirse en una acción colectiva si no está motivada en el interés de quienes padecen la dominación del sistema. Éstos son todos los sectores que, en una u otra medida, están excluidos de la participación en el poder dominante. Para que la actitud disruptiva pueda desembocar en una práctica social transformadora tiene que asumir el interés de los sectores dominados. Un programa de acción puede calificarse de izquierda en la medida en que pueda oponer al poder impositivo el contrapoder de los sectores que padecen la dominación. Ahora bien, una actitud colectiva (*praxis*) contra la dominación es múltiple, es plural. En una sociedad compleja, los grupos que padecen la dominación son varios, sus intereses disímbolos. En sociedades que han adoptado estructuras democráticas, por endebles que éstas sean, cada sector social dominado expresa y persigue objetivos adecuados a sus necesidades e intereses particulares. El interés de los obreros industriales es distinto al de las etnias minoritarias, porque su género de opresión es diferente; la marginación de los campesinos pobres poco tiene que ver con la que sufren las mujeres por ser tales; la experiencia de ser menospreciado que sufre, por ejemplo, un maestro rural es del todo diferente a la que vive un pequeño empresario arruinado. Un sistema de dominación crea muchos grupos diversos con intereses encontrados. El contrapoder frente a ese sistema debe expresarlos a todos en su diversidad. La izquierda actual no puede menos de ser un movimiento múltiple, heterogéneo. No hay una clase, un sector privilegiado en la disidencia. No hay vanguardia revolucionaria. Un programa disidente no puede reducirse a una ideología de clase.

Pero si los intereses de los distintos grupos dominados difieren entre sí, ¿en qué podría basarse la acción unitaria de un contrapoder? Antes —con la ideología marxista— era una doctrina ideológica la que trataba de acomodar en un esquema teórico la relación de los distintos grupos bajo el interés predominante de una clase. Pero cuando disminuye la adhesión a un esquema ideológico excluyente de otros, ¿qué es lo que puede dar una cohesión y unidad a los distintos grupos oprimidos?

Pese a su diversidad, todos los grupos dominados comparten, en medidas distintas, un interés común: justamente liberarse de su estado dominado. A pesar de sus concepciones y necesidades diversas, coinciden en algo: en un proyecto de una sociedad *otra*, emancipada. A todos iguala la misma actitud de disenso contra la situación existente; en distintos discursos, con concepciones diferentes, todos dicen "no" a alguna forma de dominación. Pueden, por lo tanto, unir sus voces y sus manos en un mismo contrapoder. Ésa sería la tarea de un movimiento de izquierda. A su movimiento plural lo llamamos "izquierda".

El programa de una izquierda plural propondría principios comunes, regulativos de una acción coordinada, que admitirían una multiplicidad de maneras de concebirlos según la perspectiva y la situación de cada grupo. Serían ideas-fuerza, capaces de regular y orientar el comportamiento social, indicadores que señalarían una meta común a las distintas reivindicaciones de los diferentes grupos. No se confundirían con proposiciones sobre los hechos políticos existentes, serían, antes bien, enunciados de valores sociales objetivos que importa realizar. Sobre la base de esas ideas regulativas, tendrían que trazarse, en cada situación, programas de acción colectiva que tomarían en cuenta las formas en que se manifiesta, en cada caso, la dominación y la pluralidad de fuerzas y movimientos disidentes que podrían constituir un contrapoder.

Esos principios comunes no serían premisas de una teoría, sino ideas que regulan una moral social, a la vez disruptiva y concreta. Manifestarían aspectos de una actitud que puede presentarse en diferentes formas: el rechazo de la dominación.

A la pregunta ¿qué es la izquierda?, he intentado dar dos respuestas. La primera nos remitía a un sistema de creencias, a una ideología. Nos pareció insuficiente.

La segunda respuesta definía acertadamente la izquierda como una praxis colectiva contra la dominación. Es una definición por negación: toda posición de izquierda es la que rechaza la dominación.

¿Es ésa la respuesta definitiva? Sugiero que aún no. Podría ser necesario un último paso, el tercero en nuestra respuesta.

El último paso de la actitud de no-dominación es el reconocimiento del otro, aun si el otro es el dominador. La resistencia contra la dominación puede no tener sólo un signo negativo. Por fuerte que sea la resistencia a la dominación, puede sucumbir también al impulso por cambiar los papeles: no sólo resistir al dominador, sino tratar de sojuzgarlo; no sólo detener su agresión, sino agredirlo también a él hasta la muerte. La tentación del dominado es poder cambiar los papeles. El agredido, el humillado sucumbe a la tentación de la venganza. Pagar el peor de los males, la dominación del otro, con otro mal. ¿No es ésa la dialéctica del terrorismo del que ahora tanto se habla? El palestino humillado siente que no tiene más salida que acabar con quien lo humilla. Los pueblos árabes, vejados por el occidental durante siglos, justifican su propia violencia con la pretendida dignidad del autosacrificio. La dialéctica del terrorismo sólo permite una respuesta igualmente radical: el reconocimiento recíproco entre los pueblos. Sólo esa actitud permite arrancar el mal en su raíz.

Sólo el reconocimiento pleno del otro, en su diferencia, sería el fin de dominación de un pueblo sobre otro. Ese fin es el reconocimiento recíproco y aquí tocamos, por fin, el tema concreto de este seminario.

Empecé preguntando ¿qué es la izquierda? He tratado de acercarme a una respuesta. La izquierda se muestra en un camino de negación de toda forma de dominación. Es un camino hacia algo que aún no es. No puede describirse como un estado, sino como un movimiento permanente que va de una situación, vivida como opresiva, a un impulso de emancipación.

CUARTA PARTE

Comunidad, democracia y justicia

16

¿Hacia una nueva figura del mundo?*

Una figura del mundo, dijimos, expresa una manera peculiar de concebir el puesto del hombre en el cosmos natural y en el cosmos social. El pensamiento moderno responde a una transformación en ambos órdenes. No es menor la que se realiza en nuestra época.

En el Renacimiento se empezaron a abrir fronteras geográficas que limitaban el mundo antiguo. El hombre se aventuró allende esos límites, supo que podía vivir en parajes exteriores al espacio hasta entonces familiar. Primera gran apertura del mundo vivido, más allá de la morada ancestral. Una consecuencia fue la vivencia de la relatividad de todo sitio; cualquier lugar podía ser considerado como centro. Pues bien, ahora vivimos un segundo paso en la apertura hacia el exterior: la ruptura de la frontera constituida por la Tierra misma. Nos aventuramos afuera, hacia el espacio ilimitado, exterior al planeta. Lo que para el renacentista fue la transgresión de los abismos oceánicos y el descubrimiento de otras tierras, para nosotros es el gran salto al espacio y el viaje hacia otros astros. Entonces como ahora la ampliación del mundo vivido fue posible por invenciones técnicas que dominaban la distancia y permitían trazar nuevos derroteros. Los grandes viajes del siglo XVI suceden a la fabricación de las carabelas y al invento de la brújula. Los satélites y las naves espaciales son nuestras carabelas, las computadoras nuestras brújulas. En ambos casos también, a la ampliación del espacio explorado

---

* En Luis Villoro, *El pensamiento moderno. Filosofía del Renacimiento*, México, FCE, 1992, pp. 142-161.

corresponde la de las formas de comunicación entre los hombres. La imprenta, en el siglo xvi, amplió la vida del hombre tanto como las carabelas; el radio y la televisión, en el xx, extienden el campo de la experiencia vivida tanto como las sondas espaciales.

La apertura de los límites en que el mundo puede ser vivido tiene consecuencias diferentes en el Renacimiento y en nuestro siglo. Entonces, la pérdida del centro tenía que dar lugar a la comprensión de la relatividad de todo sitio y de la capacidad del espíritu humano para trascender los límites que le habían sido asignados; ahora, en cambio, la posibilidad de abandonar incluso la morada terrena tiene que acompañarse de otros sentimientos básicos. La visión del planeta azul suspendido en el espacio suscita en cualquier persona emociones nuevas: al mirar hacia los espacios abiertos, la sensación renovada de la fragilidad y rareza de nuestra común morada, al contemplar la esfera terrestre, la evidencia de la unidad del planeta, la conciencia de compartir un habitáculo común, frágil y escaso. Si la apertura al exterior del siglo xvi despertó la conciencia de la diversidad y relatividad de cualquier cultura, la del siglo xx suscita la percepción de la unidad y fragilidad de la especie humana. La vía hacia la comunicación universal entre los pueblos, hacia la adopción de una cultura planetaria, una en su cima, múltiple en su base, el derrotero hacia la interdependencia política y el gobierno mundial, la dirección hacia la igualdad y la comunicación entre todas las naciones, el llamado por crear instancias de decisión comunes que salven el planeta, son caminos en cuyo inicio encontraríamos aquella visión del astro azul en el vacío. La conciencia de la necesidad de preservar nuestra morada conduce a una idea de las relaciones del hombre con la naturaleza: la naturaleza necesita del hombre para serle grata, pero el hombre depende de la naturaleza para ser hombre. En lugar de ver a la naturaleza como objeto que dominar, verla también como fuente de sustento a la cual podemos acudir, dispensadora de bienes, reveladora de secretos, receptáculo de energía y de belleza, detentadora de la última palabra para comprender al hombre; protegerla para ser protegidos por ella; recrearla a nuestra imagen para descubrir nuestra realidad por ella. Llegar entonces a la conciencia de que somos lo que la naturaleza nos hizo y, al mismo tiempo, que la naturaleza puede ser lo que nosotros hagamos de ella. Entonces, la naturaleza no se presentará como un material ciego ante el ojo del hombre, inerte ante su mano, sino como interlocutor cuya voz deberá escuchar. Para ser humano tengo la necesidad de responder a los intereses de la naturaleza, para ello, debo descubrir sus necesidades de subsistencia, no para expoliarlas a mi servicio, sino para preservarlas y acrecentarlas. El predominio de esta concepción puede ser asunto del futuro, pero empieza ya a abrirse camino en la conciencia de nuestra pertenencia a un medio ecológico sin el que no seríamos lo que somos.

Sin embargo, los movimientos ecologistas contemporáneos comparten la misma ambigüedad que señalamos en las críticas a la modernidad. No pueden conducir a un retorno a la vida natural, anterior a las transformaciones industriales. Éstas han recreado de tal forma nuestro habitáculo que el regreso a formas de vida preindustriales supondría no sólo la renuncia a nuestro dominio del mundo en torno, sino también el retroceso hacia una vida empobrecida, menos digna. En los países en proceso de desarrollo, la mayoría del planeta, la renuncia a la técnica moderna implicaría el mantenimiento de la miseria y el desamparo. Sólo el uso de la técnica puede salvarnos del hambre generalizada y de las condiciones infrahumanas de vida que aún perduran en una inmensa parte de la Tierra. Por otra parte, la naturaleza depredada por la técnica no puede ser salvada sino por la técnica. Sólo el empleo sistemático de la técnica puede hacer revivir los parajes erosionados, sustituir los recursos naturales dilapidados, reparar los daños causados a la biosfera, suministrar fuentes de energía no contaminantes. El remedio contra la degradación de la naturaleza no se encuentra en un retroceso en la historia, sino en un paso hacia adelante; no consiste en la renuncia a la racionalidad tecnológica sino en su ejercicio continuado para fines distintos: en lugar de servir al dominio del hombre sobre una naturaleza rebajada a instrumento de uso, tendría como fin restaurar el equilibrio del hombre con su medio y ayudar a la subsistencia y desarrollo de la naturaleza misma. Utilización de los medios racionales que conduzcan no a la dominación del hombre sino a su integración al todo al cual pertenece. La materia no sería manejada como medio para el hombre solo, sino para el binomio integrado hombre-naturaleza. Lo cual supondría un cambio radical en el ejercicio de la racionalidad instrumental, que ha preponderado hasta ahora en la época moderna; no la supresión de esa forma de racionalidad, sino su supeditación a una racionalidad más alta: la que establece los fines y valores últimos que merecen la pena de ser vividos.

Una figura nueva del mundo se va dibujando cuando hay un cambio fundamental en la manera como el hombre concibe su puesto en el orden natural, pero también en el social. En el Renacimiento, los nuevos individuos —ligados a la empresa, al comercio y a la vida urbana— eran portadores de una manera de concebir el puesto del hombre en la sociedad, que sólo se consolidará con el desarrollo del capitalismo en siglos posteriores. Este cambio puede considerarse en dos pasos sucesivos. El primero es la conciencia de que el individuo se otorga el sitio que le corresponde en la sociedad, por su acción y por la función que desempeña. El orden social cobra sentido por el individuo y no a la inversa. Desde entonces la última fuente de sentido y valor en la sociedad es la persona individual, esa misma persona que, en las sociedades industriales, llega a ser un anónimo sujeto de manipulación y de consumo. El individualismo, desde sus heroicos atuendos en el Renacimiento hasta su desamparada desnudez en el presente, es inseparable del desarrollo del capitalismo.

Un segundo paso en esa misma concepción es considerar a los individuos como base de sustentación de la sociedad. Característica de una imagen del mundo es la creencia acerca de la base de legitimación del poder. En el mundo antiguo y en el medieval el poder se legitimaba en la tradición, en el designio del dios o en un orden natural; en el mundo moderno, en la voluntad concertada del conjunto de los individuos. Son estos últimos los que construyen, en última instancia, la fábrica social, sus relaciones de poder y sus instituciones. Ante los individuos debe justificarse todo poder legítimo. El orden social tiene como origen y como fin la voluntad general de sus miembros. Esta concepción supone el descubrimiento anterior del individuo como última fuente de sentido; se expresa principalmente en el pensamiento político de los siglos XVII y XVIII, y cobra realidad en los Estados resultantes de las grandes revoluciones democráticas.

Pues bien, ¿no podríamos observar en nuestra época el primer paso en un proceso de cambio, paralelo pero en una dirección distinta? Los siglos XIX y XX fueron el tiempo del lento despertar de las clases trabajadoras organizadas. En unos países lograron su participación en el poder, mediante arduas luchas sociales que condujeron al sufragio universal, a una democracia representativa más amplia y a un Estado de bienestar y protección social; en otros países, llevaron a revoluciones populares, sean "socialistas" o nacionalistas y agrarias, que intentaron establecer Estados en que predominara la igualdad, aun en detrimento, a menudo, de la libertad individual. Cualesquiera que hayan sido los resultados de esos movimientos, se acompañaban de una manera de ver el puesto del hombre en la sociedad, que tiene rasgos comunes en todos ellos: suponen una crisis del individualismo y una nueva conciencia de valores comunitarios, como la solidaridad, la pertenencia a un grupo o a una clase, la igualdad social. El sujeto que da un sentido a las transformaciones sociales no es ya el individuo, son los grupos sociales, sindicatos, agrupaciones políticas, clases conscientes de sí, masas populares. En todas esas luchas para cambiar el orden social hay la búsqueda y afirmación de un sujeto colectivo, en el cual el individuo cobra conciencia de su posición social.

Por otra parte, los movimientos de liberación nacional de los pueblos antes colonizados se acompañan de un despertar de la conciencia de una identidad propia, de carácter colectivo, que puede unificar al pueblo y oponerse a la mentalidad colonizadora. Así, tanto en las luchas sociales de las clases trabajadoras como en los movimientos de independencia nacional, la lucha por la emancipación impone la conciencia de pertenencia a una comunidad, rompe el aislamiento del individuo y lo integra, por la acción, a una colectividad con la cual y en la cual puede liberarse.

El pensamiento socialista del siglo XIX anunciaba ya una nueva mentalidad que no veía el sentido de la acción humana en la elección del individuo aislado, sino en un proyecto colectivo mediante el cual el individuo se realiza en una comunidad. Por desgracia, el socialismo no se presentó, en ese siglo ni en el siguiente, como una ruptura con la modernidad, pese a que ésta estaba ligada al capitalismo. Apareció, antes bien, como una variante del pensamiento moderno, al pretender fundarse en el racionalismo heredero de la Ilustración y al reivindicar para sí la ciencia y el progreso. El socialismo de los dos siglos recientes no se apartó tampoco de la visión tecnocrática de la sociedad considerada como un artefacto que construir. La socialdemocracia no logró superar el marco de la sociedad mercantil y de consumo, el "socialismo real" llevó a su extremo una concepción tecnocrática de la sociedad, según la cual le correspondía al partido edificar, conforme a un proyecto racional, el orden social entero, en todas sus partes. Los movimientos populistas agrarios o nacionalistas de las naciones del Tercer Mundo tampoco desembocaron en la realización de sociedades ordenadas por valores comunitarios, sino en proyectos de desarrollo económico que seguían un modelo tecnocrático, ora en su versión capitalista, ora en la interpretación del "socialismo" burocrático.

Un socialismo libertario, por el contrario, debería partir de la crítica radical de la idea de la sociedad como construcción y manejo técnicos, que se da tanto en el capitalismo como en la versión leninista-estalinista del socialismo. La crítica del capitalismo debería dirigirse, para ser radical, contra la noción de la sociedad como un sistema construido por los individuos conforme a las reglas de una racionalidad meramente instrumental. Comprendería la propuesta de una ética social dirigida a superar los intereses individuales en la realización de bienes comunes, respondería a la idea de que el individuo sólo se realiza plenamente en su integración libre en la comunidad. El descubrimiento de la libertad individual, gloria de la época moderna, no quedaría suprimido sino puesto en un nivel superior, al percatarnos de que la persona no puede llegar a ser plenamente libre ni realizar todas sus posibilidades, sino en la comunicación y solidaridad con los otros hombres. La racionalidad que asegura el funcionamiento efectivo de la máquina económica y social quedaría supeditada a la capacidad racional de decidir acerca de los fines últimos comunitarios que puede servir. Ésta sería una alternativa a la concepción burocrática y consumista de la sociedad, con su individualismo conformista y desencantado.[1]

Otro fenómeno nuevo, característico de nuestro momento histórico, es la crisis de los Estados nacionales. La creación política más importante de la época moderna fueron los Estados nacionales, entidades políticas arbitrarias, que rara vez correspondían a unidades culturales o étnicas. Sus fronteras coincidieron, en unos casos, con los límites de ejercicio del poder efectivo de un monarca; en otros, fueron trazadas para servir a los intereses de los colonizadores. De cualquier modo, sólo en casos excepcionales, los Estados nacionales coincidieron con el ámbito geográfico de un pueblo. La mayoría fue resultado del arbitrio de un poder político y abarcó un conglomerado de etnias, nacionalidades y regiones bajo la dominación de un centro. Pues bien, la noción de Estado nacional empieza a entrar en crisis. Por un lado, la conciencia creciente de la interdependencia entre naciones, la mayor complejidad

---

[1] Muchas de las ideas de la llamada Escuela de Fráncfort van en este sentido. *Cfr.*, sobre todo, la crítica de Adorno y Horkheimer a la racionalidad instrumental en *Dialéctica de la Ilustración*, y la discusión de J. Habermas sobre las alternativas a una sociedad sometida a la técnica del poder en *Technik und Wissenschaft als Ideologie*, Fráncfort, Suhrkamp Verlag, 1968.

300

de los problemas económicos, sociales y culturales, la constitución de un mercado mundial, el progreso hacia una cultura universal son tendencias que vuelven insuficiente el Estado nacional para hacerles frente. De allí los proyectos de constituir unidades superiores que abarquen varios Estados, en confederaciones regionales laxas. De allí también la dirección final, aún lejana, pero a la vista, hacia la institución de formas de gobierno mundial.

Si el Estado nacional es demasiado pequeño para resolver la complejidad de los problemas planetarios, resulta demasiado grande para hacer frente a las demandas diversificadas de las comunidades particulares que lo componen. Al mismo tiempo que asistimos a la institución de unidades regionales, a escala superior a los Estados, comprobamos en el interior de cada Estado la creciente actividad de nacionalidades, etnias, comunidades y grupos sociales de todo género, que afirman su identidad y exigen el derecho a la diversidad dentro de la igualdad. El marco de los Estados nacionales actuales se ha mostrado inadecuado para dar una respuesta a esas reivindicaciones, porque fueron concebidos como cuerpos artificiales cuyos elementos son los ciudadanos individuales, iguales entre sí. Ahora cobramos conciencia creciente de que la sociedad real no está formada por individuos homogéneos, sino por un conjunto de grupos y comunidades disímbolas que tienen derecho a sus diferencias. La sociedad tiende a verse como resultado de la oposición, lucha o integración de esos grupos.

En las sociedades industrializadas contemporáneas los individuos tienen cada vez un papel menor que desempeñar, los grupos con intereses específicos, cada vez mayor. La sociedad resulta demasiado compleja para que los individuos aislados puedan manejarla. Ya indicamos cómo tiende a funcionar como un mecanismo autorregulado, en el cual se reduce el alcance de las decisiones individuales. La época de las grandes individualidades forjadoras del destino, en la empresa, en la política, en la guerra, parece cosa del pasado aún reciente. En cambio, los grupos sociales, por una parte, y las comunidades étnicas o regionales por la otra, se convierten en los principales actores. Parece que el individuo, reducido en una sociedad tecnificada a un número manipulable, tendería a superar la soledad y el sinsentido de su vida social en el retraimiento a la esfera privada o bien en su pertenencia a comunidades concretas que le otorgan identidad y le dan la sensación de integrarse a una realidad más amplia. En muchos casos, es la afirmación de la pertenencia a una etnia, a una nacionalidad minoritaria dentro del Estado, a una comunidad regional o aun local. Pero también, en otros casos, es la reivindicación de los objetivos y derechos de grupos específicos dentro de la sociedad. El más importante, el de mayor relevancia para el futuro es probablemente el feminismo, por concernir a la mitad de la humanidad. Pero se trata también de la lucha de minorías raciales oprimidas (como los negros e hispanos en Estados Unidos o los judíos en la Unión Soviética), de minorías sexuales (como los homosexuales), o de comunidades religiosas (sectas, iglesias). Por último, las agrupaciones que prestan sentido a las luchas sociales pueden pertenecer también a un género más tradicional, estar ligadas a la función laboral que desempeñan sus miembros: movimientos estudiantiles, universitarios, sindicales, gremiales.

En el seno del mar indiferenciado de individuos que constituyen una sociedad moderna, todas esas formas de integración a grupos específicos, por distintas que sean, tienen un carácter en común: todas afirman una identidad particular y reivindican el derecho a una diferencia. En consecuencia, anuncian un cambio más profundo en la manera de considerar el puesto del hombre en el orden social. El individuo ya no descubriría su puesto mediante su empresa personal, sino en su integración voluntaria a un número de comunidades concretas. La sociedad nacional, a su vez, se justificaría en la medida en que ofreciera un lugar de comunicación e intercambio entre esas comunidades concretas y garantizara la realización de sus diferentes proyectos. El sentido de la vida del hombre en sociedad no le sería otorgado por el Estado, pero tampoco por la elección personal, sino le estaría dado por la integración libremente elegida de cada persona en comunidades diversas, en cuyo seno puede realizarse; a su vez, estas comunidades cobrarían un sentido superior al integrarse en unidades sociales más amplias. El orden social ya no se configuraría como resultado de la voluntad mayoritaria de individuos iguales, sino de la interrelación compleja entre comunidades y grupos heterogéneos. El poder político se justificaría si consagrare, a la vez que la igualdad, la diferencia.

Dijimos que una figura del mundo cambia cuando varía la manera de concebir el sustrato de legitimación del poder. Las tendencias que acabo de reseñar son aún vagas, pero podrían corresponder a un primer paso en esa dirección. Podrían conducir, en el futuro, a una nueva concepción sobre la base de sustentación del poder legítimo: ésta no se colocaría ya en la voluntad, ocasionalmente expresada en las urnas, del conjunto de los ciudadanos considerados como individuos, sino resultaría de la intercomunicación libre entre las comunidades concretas, de todo tipo, en las que se integran los individuos.

Esta concepción supondría un cambio político importante: el paso de la democracia liberal, en la que la participación del ciudadano se limita a la elección de las personas que deban ocupar los puestos de decisión, a una democracia ampliada,[2] en la cual la persona puede participar continuamente en las decisiones políticas al nivel de las comunidades a las que pertenece. Supondría también dirigir las decisiones públicas por la necesidad no sólo de mantener en funcionamiento el sistema, sino de construir las formas nuevas de convivencia que van resultando de la intercomunicación entre todos los grupos y comunidades integrantes de la sociedad. No se trataría de restringir los derechos individuales, sino de hacerlos electivos como parte de los derechos sociales propios de cada comunidad y grupo. El respeto a los derechos humanos no tendría por única función proteger al individuo privado frente al poder público, sino promover su realización personal satisfaciendo las necesidades específicas correspondientes a las comunidades en que se integra; los derechos se verían como valores por realizar propuestos a la acción política. Pero los valores sociales por alcanzar difieren según las necesidades distintas de los grupos y de acuerdo con la situación de cada uno. Los derechos humanos condensan el derecho de cada persona a realizarse plenamente, pero la persona no puede realizarse en soledad; luego, implican el reconocimiento de los valores específicos de cada grupo y comunidad en los que la persona se reconoce; implican, por ejemplo, el derecho de las etnias al desarrollo autónomo de su cultura y de sus formas de vida, el derecho de las mujeres a la maternidad voluntaria, a la retribución del trabajo doméstico, a la paridad de representación en muchos órganos de decisión, el derecho de los trabajadores a participar en la gestión y en los beneficios de su empresa, el derecho de las minorías a ser tomadas en cuenta proporcionalmente en los organismos e instituciones en que están presentes, el de las comunidades atrasadas a obtener la colaboración que ellas mismas requieran para superar su

---

[2] Tomamos el término en el sentido que le da Norberto Bobbio en *El futuro de la democracia*, Barcelona, Plaza y Janés, 1985.

atraso, y así sucesivamente. El Estado no tendría como único fin las libertades individuales, sino la igualdad en las oportunidades de realización de cada persona, y ésta sólo puede plantearse si se atiende a las diferencias existentes entre los distintos grupos y comunidades sociales. Cualquier intento por renovar el pensamiento de un socialismo democrático, que estuviera dirigido a la disminución de las desigualdades económicas y al establecimiento de una justicia social, tendría que partir de esta manera de considerar la sociedad impuesta por la realidad presente. Pero ello implica un cambio en la manera de comprender el sentido de la sociedad.

Así como intentamos reducir las características del pensamiento moderno, tal como se anunciaban en el Renacimiento, a un tema nuclear del que podrían derivarse los demás, así también podríamos tratar de reducir los caracteres que hemos barruntado, anunciadores de una nueva figura del mundo, a una concepción acerca del sentido. La crítica de la modernidad no será, en efecto, radical, si no emprende una inversión de su noción de sentido.

Mientras el pensamiento nacido del Renacimiento concebía al hombre individual como única fuente de sentido, ha habido en toda época otra manera de concebir el sentido, y por lo tanto el valor, de algo; esta manera podría llegar a ser predominante en un nuevo pensamiento. Cada cosa —incluido el hombre— cobraría sentido al estar dirigida a la realización de totalidades superiores, en las cuales se integraría y se realizaría plenamente.

Pero la integración en la totalidad, si ha de otorgar sentido a los elementos, no puede eliminar las diferencias entre éstos. Habría que concebir la totalidad como una forma que mantiene en comunicación diferentes elementos, y esta comunicación, lejos de anular las diferencias, les suministra una nueva dimensión para que cada elemento particular se realice. Así, las totalidades son resultado de la acción conjugada de elementos disímbolos y éstos actualizan sus propias posibilidades en esta acción conformadora de un todo. Ningún elemento tiene sentido aislado del todo al cual se dirige y en el que se conforma, pero ninguno desaparece al integrarse al todo, por el contrario, en él se afirma y realiza. El todo, a su vez, tiene sentido como ámbito de perfeccionamiento de sus elementos o bien como elemento conformador de otra totalidad superior. Así, comprender el sentido de algo quiere decir comprender la relación entre cada cosa y las totalidades a las cuales se dirige su actividad y en las que se conforma, de tal modo que la totalidad cobra sentido por la comunicación recíproca de los elementos y cada uno de éstos por su proyección a totalidades. Esta paradoja se da en múltiples niveles: en la naturaleza, en la simbiosis de cada viviente con su entorno, que permite el desarrollo de las especies en formas cada vez más diferenciadas y complejas; en las relaciones interpersonales, en las variadas formas de amor, en las que cada quien se descubre a sí mismo; en la sociedad, en la comunicación creativa de individuos en comunidades más amplias, que permite realizar en ellas las posibilidades de cada persona; en el nivel cósmico, en la integración de cada cosa en la unidad de un todo, armonía de lo múltiple en lo uno. En ninguno de estos casos, la integración en una totalidad anula al individuo sino, por el contrario, permite su realización en un nivel superior. En ninguno de ellos, el sentido es la proyección del sujeto; el hombre debe leer el sentido en las cosas mismas y realizarlo al realizarse a sí mismo en comunicación con lo otro, con los otros.

Esta captación del sentido liberaría al hombre del regodeo en su propia individualidad, lo proyectaría hacia lo otro de sí, le permitiría recuperar la sensación de pertenencia a una totalidad que lo abarca: comunión con la naturaleza, con la comunidad, con el cosmos. Cobrarían entonces nueva dignidad actitudes un tanto olvidadas: entrega, testimonio, humildad, respeto, compasión, fraternidad, amor, justicia. Y quizás esta comunión renovada con el cosmos y con los otros manifestará de nuevo una dimensión de lo Sagrado, no lo Sagrado ajeno al hombre, instrumento de las religiones positivas, máscara de opresiones, sino lo Sagrado en el interior de cada hombre y de cada cosa, que se manifiesta en el esplendor y en la unidad del todo.

Pero éstos son sólo vislumbres, tal vez avances del deseo. No sabemos si una nueva imagen del mundo vendrá revestida de esos o de parecidos rasgos. No lo sabemos a ciencia cierta; pero, más fuerte quizás que el cálculo racional, nos lo anuncia la voz de la esperanza.

17

Del Estado homogéneo al Estado plural[*]

NACIÓN, ETNIA, PUEBLO

¿Vivimos un fin de época? Algunos signos parecen indicarlo. En cualquier caso, entre las ideas de la modernidad que están en crisis, hay una que nos afecta a todos en nuestra vida diaria: la crisis de los Estados nacionales. Pero una de las causas de que la reflexión se embrolle es la ambigüedad con que a menudo se usan los términos *Estado*, *nación*, *nacionalismo*, y otros afines como *etnia* o *pueblo*. Empecemos por intentar precisarlos.

Nación no siempre estuvo ligada a *Estado*. Su noción tradicional, anterior a la época moderna, no implicaba necesariamente soberanía política. Muchas *naciones* podían coexistir bajo el mismo imperio o reino sin más vínculo político entre ellas que el vasallaje a un soberano común.

Para definir un concepto tan lábil se han utilizado distintos criterios, pero en todos suelen estar presentes cuatro condiciones necesarias para poder aplicarlo a una asociación humana: *1)* comunidad de cultura; *2)* conciencia de pertenencia; *3)* proyecto común, y *4)* relación con un territorio.

1) Son muy pocas las culturas aisladas; desde las épocas más remotas se han mezclado, superpuesto, influido recíprocamente. Las demarcaciones entre ellas son, pues, vagas, imprecisas y cambiantes. En un mismo país caben formas culturales correspondientes a clases sociales, grupos

---

[*] En Luis Villoro, *Estado plural, pluralidad de culturas*, México, Paidós, 1998, pp. 13-62.

y comarcas diversos. Por otra parte, varios telones comparten rasgos comunes de cultura. No obstante, no podríamos identificar a ninguna nación si no admitiéramos ciertos caracteres de una cultura común, propia de la mayoría de sus miembros, que constituye el cemento mismo que los une en una totalidad más amplia. Por lo pronto, una forma de vida compartida, esto es, una manera de ver, sentir y actuar en el mundo. Quienes participan de una forma de vida concuerdan en ciertas creencias básica que conforman un marco de todas las demás: creencias valorativas sobre los fines superiores que dan sentido a la vida, criterios generales para reconocer lo que debe tenerse por razón válida para justificar una creencia. Una forma de vida común se expresa en la adhesión a ciertos modos de vivir y el rechazo de otros, en la obediencia a ciertas reglas de comportamiento, en el seguimiento de ciertos usos y costumbres. Pero también se manifiesta en una esfera objetivada: lengua común, objetos de uso, tecnología, ritos y creencias religiosos, saberes científicos; implica instituciones sociales, reglas consensadas y rituales cívicos que mantienen y ordenan el comportamiento colectivo. Una nación es, ante todo, un ámbito compartido de cultura.

La especificidad de una nación se expresa en la idea que sus miembros tienen de ella, esto es, en la manera de narrar su historia. Los relatos pueden diferir según los valores superiores que eligen los distintos grupos, pero todos comparten un núcleo mínimo común, si se refieren a la misma nación. Para identificarse, toda nación acude a mitos sobre su origen, o bien, a acontecimientos históricos elevados a la categoría de sucesos fundadores. Porque toda nación se ve a sí misma como una continuidad en el tiempo. Un individuo pertenece a una nación en la medida en que se integra en ese continuo.

2) Hay una forma elemental de pertenencia a una nación: la relación familiar, la ascendencia, la sangre. Pero ésta no es definitiva; es sólo una incitación a compartir una forma de vida. Porque se puede pertenecer a una nación sin ninguna liga de sangre. Gonzalo Guenero, el español que, abandonado por los suyos, se asimila al pueblo maya al grado de formar una familia, vestirse y horadarse las orejas como indio, se niega a volver a Castilla y lucha con su nuevo pueblo, pertenece a la nación maya pese a su nacimiento. Domenico Teotocópulos no deja de ser

castellano por haber nacido en Grecia, ni Rousseau de ser francés, aunque sea ciudadano de Ginebra.

Permanecer a una nación es asumir una forma de vida, incorporarse a una cultura, hacer suya una historia colectiva. No son la sangre, ni la raza o el lugar de nacimiento los signos de pertenencia; tampoco la adscripción política, sino la integración a una identidad cultural.

La pertenencia de un individuo a una nación tiene, por lo tanto, un aspecto subjetivo. Implica una actitud en la persona que considera como elemento de su identidad ser parte de un sujeto colectivo. Una nación es, pues, una entidad con la que se autoidentifica un conjunto de personas, por distintas que puedan ser sus características individuales o de grupo.

3) Una cultura es continuidad: peso de los acontecimientos pasados en el presente: tradición. Pero también es proyecto: elección de fines y valores que dan sentido a la acción colectiva. Ésta comprende la adhesión a fines colectivos comunes. No nos identificaríamos como miembros de una nación si no sintiéramos, en alguna forma, que nuestra vida personal depende de una colectividad, que en su suerte nos va la nuestra. Una nación es también un asunto de la voluntad. A ello se refería Renán cuando definía a la nación como "un plebiscito compartido". Nación es un grupo humano que decide perdurar como comunidad. Pertenecer a una nación no es aceptar la fatalidad de un origen biológico, es ligar el sentido de la propia vida a una suerte comunitaria, esto es, aceptarse como parte de un destino común.

4) La nación es una continuidad en el tiempo, pero también en el espacio. Sus parámetros de referencia son, a la vez, un origen y un proyecto futuro y algún lugar en la Tierra. Ese lugar no tiene por qué estar limitado por fronteras precisas, ni siquiera estar ocupado por la nación en cuestión. Es un lugar de referencia, que puede revestir muchas modalidades. Puede ser el territorio real donde se asienta un pueblo, el *hábitat* en que se desarrolla su cultura; en los pueblos agrícolas está delimitado por su asentamiento, en los nómadas se presenta como un ámbito abierto, sin límites fijos. La relación con un territorio puede también ser simbólica. En muchas etnias hay la referencia a un lugar originario, considerado sagrado, porque de allí surgió el pueblo. A veces este

sitio es lejano y su memoria sólo se conserva en los mitos fundadores; otras veces, puede aún reconocerse como parte del territorio ocupado. En algunos casos, la nación se considera ligada a un territorio nuevo, prometido por el dios tutelar, fruto de futura conquista. De cualquier modo, la unidad de la nación se concibe como una continuidad en el tiempo referida a un espacio.

Estas cuatro condiciones se encuentran en toda nación. Sin embargo, según el mayor énfasis puesto en una u otra, podríamos distinguir dos clases de naciones. Llamémoslas *históricas* y *proyectadas*. En las primeras, el origen y la continuidad cultural son los ejes de la identidad nacional, los que miden la pertenencia a ella. El reconocimiento de la nación está basado en las costumbres y creencias colectivas, instauradas por una historia y legitimadas por la aceptación común. La nación deriva de un pasado; herencia es destino. En las naciones *proyectadas*, en cambio, el énfasis pasa de la aceptación de una identidad heredada a la decisión de construirla. La pertenencia a la nación se mide por la adhesión a un proyecto hacia el futuro, decidido en común. La nación proyectada puede rechazar una nación histórica antecedente e intentar forjar sobre sus ruinas una nueva entidad colectiva. Debe entonces reconstruir el pasado para volverlo conforme a su proyecto. Si la nación *histórica* funda su identidad en su origen y transcurso en el tiempo, la *proyectada* la construye mediante una decisión voluntaria. En aquélla, de la historia nace el proyecto nacional; en ésta, del proyecto nacional se origina la interpretación de la historia. Como veremos en seguida, mientras las naciones tradicionales corresponden predominantemente a la primera clase, el Estado-nación moderno forma parte de la segunda.

En la actualidad nos es difícil pensar en la nación sin un vínculo político con un *Estado* unificado, pero esta dificultad proviene de la concepción moderna de los Estados nacionales; corresponde a un momento preciso de la historia de Occidente. Cierto: la nación en su sentido tradicional, como comunidad cultural y proyecto compartido, tiene que incluir alguna organización política que haga posible la vida en común. Pero ésta es muy variable. Si entendemos por *Estado* un poder político y administrativo unificado, soberano, sobre un territorio limitado, que se reserva en él el monopolio de la violencia legítima, no siempre las naciones han coincidido con un *Estado*.

La identificación del Estado con la nación (a cada nación un Estado soberano, para cada Estado una nación unificada) es —como recordaremos en seguida— una invención moderna. Pero ni siquiera en nuestra época responde a la realidad. En efecto, pueden detectarse variadas formas de relación entre Estados y naciones. Existen Estados con una multiplicidad de nacionalidades en su seno (España, Rusia, Canadá, Bélgica, la India); Estados federales que reconocen variantes regionales dentro de una nacionalidad hegemónica (Alemania); Estados con una nacionalidad dominante y otras minoritarias (China, México). A la inversa, hay naciones divididas en varios Estados (kurdos, armenios, mongoles, massai) o aun naciones sin Estado (palestinos). Los Estados que coinciden con una unidad nacional son, en realidad, la excepción (Francia, Suecia, Países Bajos, tal vez).

Por eso se entienden los múltiples casos en que una nación precede a su constitución como Estado, o bien, una vez constituido, se opone a él. En América Latina, por ejemplo, la conciencia de la pertenencia a una nación específica precedió a su establecimiento como Estado. La nación se formó en la mentalidad de un grupo criollo en la segunda mitad del siglo XVIII, antes de pretender para ella la soberanía política. La exigencia de constituir un Estado independiente provino de una conciencia nacional previa. La nación mexicana, colombiana o argentina, en la mente de un grupo reducido, es anterior al Estado nacional. A la nación, en ese estadio previo a su constitución como un nuevo Estado, podríamos llamarla *protonación*. Una situación semejante se dio en muchos procesos de descolonización. La reclamación de soberanía política fue consecuencia de un previo despertar de la idea de pertenencia a una nueva nación. Sin embargo, no en todos los casos la conciencia de pertenencia a una nación conduce a la reivindicación de un Estado independiente; puede desembocar igualmente en una lucha por alguna forma de autonomía dentro del Estado, que garantice el desarrollo de la propia cultura.

Es diferente la manera como un individuo pertenece a una nación o a un Estado. La pertenencia a una nación se define por una autoidentificación con una forma de vida y una cultura; la pertenencia a un Estado, por sumisión a una autoridad y al sistema normativo que establece. Pertenecer a una nación es parte de la identidad de un sujeto; pertenecer a un Estado, en cambio, no compromete a una elección de vida. Podemos aceptar el dominio de un Estado sólo por miedo o por conveniencia; en cambio, asumirnos como parte de una nación implica elegir un rasgo de nuestra personalidad. Por eso, cambiar de pasaporte es algo trivial, que no afecta nuestra identidad, mientras que dejar de prestar adhesión al pueblo al que pertenecemos es trastocar ciertos valores cuya elección forma parte de nuestro ser.

Estado y nación responden a necesidades básicas diferentes. La nación satisface el anhelo de todo hombre de pertenecer a una comunidad amplia y de afirmar su identidad en ella. El Estado cumple otro valor igualmente universal: el de la seguridad y el orden. Para establecer la paz y desterrar la "guerra de todos contra todos" es precisa la sumisión a un poder soberano. Las funciones del Estado pueden sobreponerse parcialmente a las de la nación o naciones que domina, pero no se identifican con ellas porque ambas son distintas. Al garantizar la paz y el orden en el interior y la defensa frente al exterior, el Estado tiene que procurar también cierta convivencia equitativa y cierto desarrollo de todos los pueblos que lo componen, pero no puede suplir la conciencia de pertenencia personal y de identidad común que corresponden a la nación.

En principio, por lo tanto, podría haber un Estado sin nación y una nación sin Estado. Lo primero consistiría en una misma situación de dominio político sobre un conjunto de individuos pertenecientes a culturas diferentes, o bien, sobre grupos sociales con pertenencias y proyectos diversos. Una nación sin Estado, en cambio, sería una sociedad que compartiera cultura e historia comunes, pero no hubiera establecido un poder coactivo sobre ella. Si el Estado nace de la necesidad de eliminar el conflicto a muerte entre los miembros de la sociedad, la nación sin Estado correspondería a una sociedad sin conflictos. Pierre Clastres la ha detectado en algunas sociedades indígenas de América y ciertas utopías la han imaginado como fin de la historia.[1]

Otros dos términos, *etnia* y *pueblo*, tienen relación estrecha con el de *nación*. *Etnia* es un término nuevo. En las ciencias sociales sólo se empleó a partir de este siglo, en competencia con otros neologismos eruditos como *etnos* o *grupo étnico*. Al principio se usó en un sentido muy amplio, para designar a un grupo que comparte una cultura. A este significado corresponde la definición de Roland Bretón: "Un grupo de individuos vinculados por un complejo de caracteres comunes —antropológicos, lingüísticos, político-históricos, etcétera— cuya

[1] Pierre Clastres, *La société contre l'État*, París, Minuit, 1974.

asociación constituye un sistema propio, una estructura esencialmente cultural: una cultura".[2] En este sentido amplio, *etnia* presenta notas comunes con *nación* en la acepción que vimos antes, la cual no incluye necesariamente el *Estado*. Con todo, el concepto de *etnia* tiende a aplicarse a comunidades de cultura no necesariamente ligadas a un territorio; tampoco incluye la voluntad de constituirse en nación. Puede no incluir, por lo tanto, las condiciones 3 y 4 de nuestra definición de *nación*. Así, la pertenencia a una *etnia* puede darse en individuos o grupos pequeños de inmigrantes en grandes ciudades, que han perdido relación con su territorio de origen y no reivindican una nacionalidad propia. Por eso, en un sentido más restringido, *etnia* suele aplicarse al conjunto de individuos vinculados por el uso de una lengua o dialecto particular. Una nación, considerada como unidad de cultura y de proyecto histórico, podría incluir varias etnias que difieren en los dialectos utilizados. Por ejemplo, los tzotziles, tzeltales, tojolabales y mames podrían considerarse etnias componentes de una nación maya. En este sentido, *nación* sería una o varias *etnias* que conservan un patrón de cultura común, una unidad histórica y una referencia territorial. Otras etnias, en cambio, pueden constituir minorías dispersas en una sociedad, sin guardar su unidad. A diferencia de éstas, las que forman una *nación* pueden manifestar un proyecto histórico común y una exigencia de autodeterminación frente a otros grupos.

En realidad, el concepto de *etnia* sólo tiene aplicación en la interrelación entre distintos grupos, de raíces culturales diferentes, en un mismo espacio. De allí la importancia de la identificación para la adscripción de una etnicidad a un grupo. "Grupos étnicos o etnias pueden entenderse como colectividades que se identifican ellas mismas o son identificadas por los otros precisamente en términos culturales".[3] Las etnias se constituyen así en interrelación con otros grupos, dentro de un espacio político. Pueden reivindicar una nacionalidad o considerarse como una *minoría* dentro de una nación o un Estado. Pero esa distinción no deja de ser contextual y variar según las circunstancias de las relaciones políticas entre los distintos componentes sociales de una nación multicultural. Según sea su autoidentificación cultural y sus reivindicaciones

---

[2] Roland Breton, *Les Ethnies*, París, PUF, 1981, pp. 10 y ss.
[3] Rodolfo Stavenhagen, *The Ethnic Question*, Tokio, United Nations University Press, 1990, p. 2.

sociales y políticas, un grupo que comparte una misma cultura podrá calificarse de *nación* o de *minoría* dentro de una nación más amplia. El término genérico de *pueblo* podría emplearse entonces para hablar de ambas.

Pueblo es un término vago que lo mismo podría aplicarse a un clan, a una tribu, a una etnia, a una nacionalidad o a un Estado-nación. Sin embargo, en el derecho internacional actual ha adquirido especial importancia por aparecer ligado al derecho de *autodeterminación*. Antes de la Segunda Guerra Mundial, el derecho internacional no había incorporado ninguna mención expresa de un sujeto colectivo. Desde su constitución, en cambio, la ONU yuxtapuso a los derechos individuales la figura de "derechos de los pueblos". La Carta de las Naciones Unidas de 1948 estableció en su artículo primero el "principio de la igualdad de derechos de los pueblos y su derecho a la autodeterminación", principio que se vuelve a formular en el artículo 55. Pero el concepto de *pueblo* no llegó a definirse expresamente. Algunos juristas han tratado de extraer el sentido en que es usado en resoluciones específicas. Para A. Critescu, las Naciones Unidas toman en cuenta al menos dos características para aplicar el concepto de *pueblo* a una entidad colectiva: poseer "una identidad evidente y características propias" y además "una relación con un territorio, aun si el pueblo en cuestión hubiera sido expulsado injustamente de él y reemplazado por otra población".[4] H. Gross Espiell, por su parte, cree poder extraer de las resoluciones de la ONU el siguiente significado de *pueblo*: "Cualquier forma particular de comunidad humana unida por la conciencia y la voluntad de constituir una unidad capaz de actuar en vistas a un porvenir común".[5] Esos intentos de definición incluyen en el concepto *pueblo* las notas con las que antes caractericé a las *naciones*, coincidan éstas con un Estado o no. Las naciones deben considerarse, en efecto, pueblos con derecho a la autodeterminación.

La relación de *pueblo* con *etnia* no es, en cambio, tan clara. Tanto en el uso común como en el jurídico no suele calificarse de *pueblo* a un conjunto de individuos del mismo origen étnico, pero que no se encuentran agrupados y no tienen conciencia de compartir una identidad y un proyecto comunes,

---

[4] Aureliu Cristescu, *Le droit à l'autodetermination: développement historique et actuel sur la base des instruments des Nations Unies*, Nueva York, Naciones Unidas, 1981, p. 38.
[5] Héctor Gross Espiell, *Le droit à l'autodetermination: application des resolutions de l'Organisation des Nations Unies*, Nueva York, Naciones Unidas, 1979, p. 9.

por ejemplo, los inmigrantes asiáticos o norafricanos en Inglaterra, Francia o Alemania o los chinos en Indonesia. Tampoco suele llamarse *pueblo* a etnias que no conservan ninguna liga real con un territorio, como los negros en Estados Unidos, descendientes de africanos pertenecientes a diferentes naciones, o los nietos de ingleses en Chile o en Argentina. Cuando mucho, si mantienen una cohesión de grupo y reivindican un estatuto social específico, podrían denominarse *minorías*. Así, *pueblos* serían también, además de las naciones, las etnias asentadas en un territorio delimitado, que tengan conciencia y voluntad de una identidad colectiva; pero no las etnias sin relación con un territorio, cuyos individuos estén diseminados en otras poblaciones; tampoco las que carezcan de una voluntad de compartir un proyecto común dentro de una nación.

Los únicos pueblos reales serían entonces las naciones y las etnias con las características señaladas. A ellas correspondería el derecho de autodeterminación.

En cambio, un Estado no es un pueblo, sino un poder político que se ejerce sobre uno o varios pueblos, o bien, sobre una parte de un pueblo.

EL ESTADO-NACIÓN HOMOGÉNEO

El Estado-nación es un invento reciente en la historia de Occidente. Es probable que, durante muchos siglos, las agrupaciones humanas no hayan tenido necesidad de un sistema permanente de autoridad. Sociedades sin un dominio político duradero de un sector sobre los demás pudieron haber subsistido durante mucho tiempo. Sin embargo, cuando, por diversas razones, surge el conflicto interno entre los miembros de la sociedad, o cuando la guerra contra el extraño exige una unidad de mando, tiene que crearse una estructura de autoridad permanente que garantice el orden en el interior y la defensa frente al exterior. El Estado se sobrepone entonces a la sociedad. Pero los primeros Estados no coinciden con naciones; ejercen su autoridad sólo sobre una comunidad limitada a un pequeño territorio, rodeada a menudo por otros asentamientos cuyos habitantes hablan la misma lengua, comparten creencias semejantes y participan de la misma matriz cultural. Las ciudades-Estado de la antigua Mesopotamia, de la India, de Grecia o del pueblo maya pueden considerarse partes de una cultura amplia que las abarca a todas. Sería excesivo decir que cada pequeña ciudad-Estado fuera una nación, en el sentido que la definimos antes; era sólo una organización política en el seno de una nacionalidad que no se había dotado de una estructura política propia.

Más tarde, cuando una misma autoridad política y militar se extiende sobre varias ciudades y comarcas, sometiendo a su dominio sociedades diversas, tampoco coincide necesariamente esa estructura de dominio con una comunidad de cultura. En los imperios antiguos era la regla distinguir entre Estado y nación. Un mismo dominio político y militar se extendía sobre una multiplicidad de etnias y naciones que conservaban sus diferencias. Su unión se llevaba a cabo sólo en la cúspide. El poder imperial exigía obediencia a los mandatos del centro, sumisión a sus fuerzas armadas y a su estructura administrativa y prestación de cargos y servicios, pero no afectaba la pertenencia de los individuos a distintas comunidades, con culturas, modos de vida y costumbres diversas. El Imperio romano, por ejemplo, era un conglomerado de pueblos que conservaban sus usos y costumbres, y aun sus instituciones sociales y sus poderes regionales, unificados por su sumisión al poder central, a su ejército y a su dominación jurídica y administrativa. En el otro extremo del mundo, los aztecas ejercían su dominio mediante la imposición de tributos a los pueblos vencidos, la obligación de ayuda militar y algunas restricciones comerciales. En uno y otro caso, la dominación central era compatible con la persistencia de las peculiaridades de los pueblos sometidos, sus organizaciones sociales y su cultura. El símbolo de la aceptación de una pluralidad cultural era la incorporación de los dioses de los pueblos vencidos al panteón de los vencedores.

En la Edad Media la referencia de los individuos a entidades colectivas es doble. Por una parte, toda persona se considera miembro de la Cristiandad, más allá de la región o nación a que pertenezca; ésta es una referencia universal y abstracta. En palabras de Luis Weckman:

> La Edad Media que trata de vivir en la práctica el ideal de la *República cristiana* es ajena, por su constitución propia […] a toda idea particularista de nacionalismo. Predomina en este periodo histórico el concepto de que todos los hombres, por el hecho de ser cristianos, viven en una comunidad universal, en un *consensus* que los incluye a todos.

Pero esa referencia universal no podía satisfacer la necesidad de pertenencia a una comunidad concreta. Así, continúa el propio Weckman:

Al lado de ese hogar común que la civilización romana heredara a las generaciones primeras del Medioevo, existió un sentimiento más íntimo y callado, de amor a la localidad nativa, de patriotismo local que Roma, con su gran sabiduría política, protegió y conjugó con la idea imperial mediante la creación del sistema municipal. Este sentimiento de orgullo y amor locales en manera alguna se oponía o contradecía al sentimiento de la comunidad universal que Roma misma encarnaba.[6]

La adhesión al Imperio sacro-germano y a la Iglesia romana simbolizaba la pertenencia de todo hombre a una comunidad universal; la igualdad de derechos, por lo tanto, de toda persona y de toda sociedad particular; la pertenencia a una región, a una etnia, a una cultura, satisfacía, en cambio, la necesidad personal de integración en una comunidad concreta. Entre ellas no había aún lugar para un Estado nacional.

El primer paso en la constitución de Estados nacionales dentro de la Cristiandad ocurre ya en los fines de la Edad Media. El rey francés es el primero en darlo. En el siglo XIV, Felipe el Hermoso declara la independencia del rey frente al Imperio e inicia la carrera que conducirá a los demás reinos a actuar, dentro de un territorio delimitado, con independencia tanto del emperador como del papado. Sin embargo, el proceso de unificación bajo un solo poder soberano es lento. La historia de las grandes monarquías europeas puede verse como una pugna entre la tendencia unificadora y centralista de los reyes y la persistencia del sentimiento de pertenencia a nacionalidades con culturas diversas. Aun en la nación que logra una mayor uniformidad, Francia, la denominación común de *franceses* era todavía una novedad en el siglo XVII. Gran Bretaña nunca llega a ser una nación unificada. Subsistieron siempre en la isla culturas diferenciadas, como la galesa y la escocesa. España puede verse aún como un conjunto de naciones cuyo vínculo es el sometimiento a una misma soberanía estatal. Y éste es justamente el argumento más sólido que esgrimirán los intelectuales criollos en favor de la independencia de los

---

[6] Luis Weckman, *El pensamiento político medieval y las bases para un nuevo derecho internacional*, México, Instituto de Historia-UNAM, 1950, pp. 240-241.

nuevos países hispanoamericanos: las naciones americanas son vasallas del rey, pero no de Castilla.

La ruptura del Imperio cristiano y el inicio de los Estados nacionales recibe una justificación teórica en las doctrinas de Jean Bodin y, más tarde, de Thomas Hobbes. El concepto de *soberanía del Estado*, no sujeto a ninguna otra ley superior, con un ámbito de aplicación en un territorio geográfico delimitado por fronteras precisas, consagra la división del ámbito universal de la *República cristiana*, en varios Estados nacionales separados y opuestos. "De esta manera —comenta Weckman—, el Estado moderno viene a quedar entronizado como una comunidad *exclusiva*, como una sociedad humana perfecta en sí que no admite ser parte de una sociedad mayor, ni requiere —y legalmente aún puede ignorar— la existencia de otras sociedades humanas al lado".[7]

El Estado-nación moderno logra su consolidación definitiva con las revoluciones democráticas de los siglos XVIII y XIX. La soberanía no se adjudica ya a una persona o a un grupo, sino a la totalidad de los ciudadanos que componen una *nación*. La nación no se concibe separada del Estado soberano ni éste de aquélla. Siguiendo el contractualismo en boga, el Estado-nación es concebido como una asociación de individuos que se unen libremente por contrato. La sociedad no es vista ya como la compleja red de grupos disímbolos, asociaciones, culturas diversas, que ha ido desarrollándose a lo largo de la historia, sino como una suma de individuos que convienen en hacer suya una voluntad general. Sólo así se pasará de una asociación impuesta por una necesidad histórica, a otra basada en la libertad de los asociados. La expresión de la voluntad general es la ley que rige a todos sin distinciones. Ante la ley todos los individuos se uniforman. Nadie tiene derecho a ser diferente. El nuevo Estado establece la homogeneidad en una sociedad heterogénea. Descansa, en efecto, en dos principios: está conformado por individuos iguales entre sí, sometidos a una regulación homogénea. El Estado-nación, consagrado por las revoluciones modernas, no reconoce comunidades históricas previamente existentes; parte desde cero, del *estado de naturaleza*, y constituye una nueva realidad política. El pacto federal entre los Estados de Nueva Inglaterra *constituye* a la nación estadounidense. En Francia, el nuevo concepto de *nación* se utiliza por primera vez en la "fiesta de la Federación" de 1791,

---

[7] Luis Weckman, *op. cit.*, p. 281.

en que los representantes de todas las provincias formalizan el "contrato social" que habría de convertirlas en una sola patria unificada. En América Latina, los congresos de Chilpancingo y de Angostura proclaman el nacimiento de nuevos "Estados nacionales", que libremente se constituyen a partir de un acto voluntario.

La *nación* emana de la voluntad del *pueblo*. Pero ¿qué se entiende entonces por *pueblo*? Frente a la idea de *pueblo* como grupo con una identidad propia, se entiende ahora por ese término la suma de ciudadanos individuales, con independencia de su situación social, de su pertenencia a determinadas comunidades, clases, culturas. La nación moderna no resultó de la asociación de grupos, estamentos, comunidades, naciones distintas; fue producto de una decisión de individuos que comparten una sola cualidad: ser *ciudadanos*.

Esta idea nueva de pueblo y de nación rompe con la noción tradicional. Un *pueblo* ficticio de individuos abstractos reemplaza a los pueblos reales; una nación construida, a las naciones históricas. El individuo no se encuentra con la nación, tiene que forjarla. Porque la nación no es vista como el ámbito cultural al que pertenece una persona concreta, sino como un espacio público que resulta de las decisiones voluntarias de sus miembros. Hay que constituir esa nación; el Estado es garante de su construcción. El Estado-nación moderno impone un orden sobre la compleja diversidad de las sociedades que lo componen. En la heterogeneidad de la sociedad real debe establecer la uniformidad de una legislación general, de una administración central y de un poder único, sobre una sociedad que se figura formada por ciudadanos iguales. De allí que el Estado debe borrar la multiplicidad de las comunidades sobre las que se impone y establecer sobre ellas un orden homogéneo. Tiende, pues, a destruir, o al menos a ignorar, las asociaciones intermedias. Está en contra de la división en *cuerpos, culturas diferenciadas, etnias* o *nacionalidades*; no admite ninguna clase de fueros o privilegios.

De allí que, al integrarse al Estado-nación, el individuo debe hacer a un lado sus peculiares rasgos biológicos, étnicos, sociales o regionales, para convertirse en simple ciudadano, igual a todos los demás. La función de ciudadano hace abstracción de toda diferencia, lo despoja de su pertenencia a comunidades concretas para, en igualdad de condiciones con todos los demás individuos, formular un nuevo "contrato social", "un contrato según el cual el individuo ha de ser extirpado de su comunidad de origen, para reintegrarlo a una nueva sociedad de leyes".[8]

A la unidad del Estado, creado por la voluntad popular, debe corresponder la unidad de una sola nación. Es menester construir, a partir de las diversidades, un conglomerado homogéneo. Este proceso es lento, puede durar muchos años, porque tiene que vencer la resistencia de los grupos diferenciados de que se compone la sociedad. Pero la homogeneización de la sociedad no obedece a un plan arbitrario: es un requisito de la modernización del país. Se impone como una necesidad a los grupos que quieren pasar de una sociedad agraria a otra mercantil e industrial. Desde el inicio del capitalismo, las burguesías urbanas buscaron aliarse con la Corona para reducir los privilegios de la nobleza y de los gremios y suprimir las prerrogativas regionales que ponían trabas a la libre circulación de mercancías y al establecimiento de políticas económicas uniformes. El despotismo ilustrado de la segunda mitad del siglo XVIII ya había avanzado considerablemente, para consolidar el poder real, en el establecimiento de una administración centralizada eficiente y en la promulgación de reglas generales de intercambio y distribución económicas. Con las revoluciones liberales, ese proceso llega a su término. El capitalismo moderno requiere de un mercado unificado, que rompa el aislamiento de las comunidades agrarias y la introversión de las culturas arcaicas y haga saltar las barreras que impiden la comunicación, en todas las comarcas, de mano de obra, capitales y mercancías. El paso a una sociedad industrial y mercantil tiene como condición la uniformidad en los pesos y medidas, la generalización de una moneda única, la abolición de los impuestos locales y alcabalas, la facilidad de comunicaciones, la uniformidad de reglas de propiedad y de intercambio. El establecimiento de un mercado uniforme es paralelo a la uniformidad jurídica y administrativa que, a la vez que favorece a un poder central, iguala en derechos a la emprendedora clase media (la burguesía) con la aristocracia.

La homogeneización de la sociedad se realiza sobre todo en el nivel cultural. Unidad de lengua, antes que nada. En los países con diversidades culturales es indispensable un instrumento de comunicación único. Una cultura hegemónica impone su lengua tanto en las relaciones administrativas

---

[8] Xavier Rubert de Ventós, *Nacionalismos*, Madrid, Espasa Calpe, 1994, p. 145.

y comerciales, como en la legislación. Pero sobre todo se afirma mediante la educación, porque la educación uniforme es el mejor instrumento de homogeneización social. El Estado-nación se consolida al someter a todos sus miembros al mismo sistema educativo. La unidad en los distintos niveles, económico, administrativo, jurídico, educativo, constituye una nueva uniformidad de cultura. A las culturas nacionales y locales se agrega así una cultura en el ámbito territorial del Estado. En el caso de los Estados multiculturales —como el español o los indoamericanos— es la cultura de una nación hegemónica —Castilla— la que sustituye a la multiplicidad de culturas nacionales. Y esta sustitución sólo puede realizarla el poder público.

El nacionalismo —resume Gellner— es esencialmente la imposición general de una cultura desarrollada a una sociedad en que hasta entonces la mayoría, y en algunos casos la totalidad de la población, se había regido por culturas primarias. Esto implica la difusión generalizada de un idioma mediatizado por la escuela y supervisado académicamente, codificado según las exigencias de una comunidad burocrática y tecnológica módicamente precisa. Supone el establecimiento de una sociedad anónima e impersonal, con individuos atomizados intercambiables que mantiene unidos por encima de toda una cultura común del tipo descrito, en lugar de una estructura compleja de grupos locales previa, sustentada por culturas populares que reproducen local e idiosincrásicamente los propios microgrupos.[9]

Con la reserva de que en muchos casos las culturas desplazadas por la cultura hegemónica no son "primarias", sino corresponden a naciones históricas, provistas de una matriz cultural propia (las naciones indígenas previas a la Conquista; Cataluña o el País Vasco en la propia España), esa apreciación de Gellner es aplicable a la conformación de cualquier Estado-nación.

La homogeneización de la sociedad nunca consistió, de hecho, en una convergencia de las distintas culturas y modos de vida regionales en uno que los sintetizara, sino en la acción de un sector dominante de la sociedad que, desde el poder central, impuso su forma de vida sobre los demás. Los nuevos Estados nacionales se forman a partir del programa decidido por un sector social que

---

[9] Ernest Gellner, *Naciones y nacionalismo*, Madrid, Alianza, 1988, p. 82.

se propone la transformación del antiguo régimen para formar una sociedad homogénea. Es el proyecto de las monarquías ilustradas primero, el de una clase media "revolucionaria" después, el que crea el Estado-nación desde el poder. En las viejas monarquías corresponde a los intereses de una burguesía ascendente frente a la aristocracia; en los países colonizados, a una *intelligentsia* autóctona occidentalizada. En todos los casos, el Estado-nación nace de la imposición de los intereses de un grupo sobre los múltiples pueblos y asociaciones que coexisten en un territorio. El tránsito al Estado-nación consolida también un dominio político.

NACIONALISMOS

Entendemos por *ideología* un conjunto de creencias, insuficientemente justificadas, comunes a un grupo social, que tiene por función afianzar su poder político. El nacionalismo ha sido la ideología predominante en los siglos XIX y XX.

Las ideologías nacionalistas podrían caracterizarse por sostener tres proposiciones:

1) Nación y Estado deben coincidir. Gellner define nacionalismo como "un principio político que sostiene que debe haber congruencia entre la unidad nacional y la política".[10] A toda nación, un Estado, a todo Estado, una nación.

2) El Estado-nación es soberano. No admite ni comparte ningún poder ajeno a él.

3) El Estado-nación es una unidad colectiva que realiza valores superiores comunes a todos sus miembros.

Estas tres proposiciones sirven, en cada caso, para justificar el dominio, sobre la nación, del grupo que detenta el poder. Según sea ese grupo y su relación con las otras naciones-Estado, el nacionalismo presentará diferente traza; pero en todos podremos detectar las tres condiciones indicadas.

---

[10] Ernest Gellner, *op. cit.*, p. 13.

Unidad del Estado y la nación

Según vimos anteriormente, la nación, considerada como una unidad de cultura y una relación con un territorio, no implica necesariamente su identificación con un Estado. La idea de que a toda estructura de dominación política deba corresponder una comunidad de cultura y un proyecto histórico es una concepción nueva. Por eso el nacionalismo es un fenómeno de la modernidad.

Si la nación es congruente con el Estado y viceversa, tiene sentido plantearse la pregunta: ¿quién es primero, la nación o el Estado? Porque podría sostenerse que el Estado engendra la nación moderna. Es, en realidad, lo que ha planteado E. Gellner con un giro que se quiere provocador: "El nacionalismo engendra a las naciones y no a la inversa".[11] Veremos de inmediato en qué medida esa proposición puede ser cierta.

Pero antes, cabe otra pregunta que no se plantea Gellner: si un proyecto de Estado-nación da vida a una nueva nación, ¿qué engendra ese proyecto? ¿No supone una previa conciencia nacional, en un grupo social al menos, que conduce justamente a reivindicar una nueva estructura política para una nueva nación? El proceso tendría dos direcciones: de la conciencia de nación en un grupo a la constitución del nuevo Estado y del Estado a la formación de una nueva nación. Históricamente suele darse un primer estadio en el que la conciencia nacional no se traduce aún en la constitución de un Estado soberano. La formación de las naciones modernas sería resultado de ese doble movimiento: de la nación al Estado y del Estado a la nación.

Antes de la reivindicación de un poder político suele darse la lenta formación de una conciencia nacional nueva en un grupo social, que ya no coincide con su identificación con las culturas tradicionales. Ese grupo deja de reconocerse en alguno de los pueblos reales existentes y empieza a forjar un ámbito social y cultural en el que sí puede participar. En ese ámbito se va constituyendo una comunidad cultural inédita (la llamé antes *protonación*), condición para que surja la reivindicación de un Estado de nueva traza que, a su vez, dote de una estructura política a esa comunidad.

La construcción de una nueva nación tiene así una condición inicial: la existencia de un grupo social que ya no se siente restringido a pertenecer a

---

[11] Ernest Gellner, *op. cit.*, p. 80.

las comunidades históricas preexistentes y puede proyectar una nueva forma de cultura que las rebasa. La nación moderna es invención del desarraigado. Desprendidos de las comunidades históricas reales, hay quienes inventarán una nueva comunidad más alta, en la cual poder integrarse: entonces llamarán a todos a unirse a ella. La nación moderna no nace de la federación y convenio entre varias naciones históricas previas. Es un salto. Se origina en la elección de una forma de asociación inédita y en su imposición a las naciones históricas existentes en un territorio. El proyecto de la nación-Estado nace de la voluntad de poder de un grupo, porque para imponerlo requiere de un poder; por ello el proyecto de una nueva nación debe convertirse en voluntad de Estado.

En todos los casos puede identificarse al grupo inicial que llega a la conciencia de una nueva nación y busca convertirla en una forma inédita de Estado.

A partir de la Revolución francesa se crea una nueva patria. La nueva nación no está en la mente de los campesinos, apegados a sus comunidades locales, ni en la aristocracia, aún arraigada a las regiones donde están sus feudos; son la "nobleza *de robe*", la clase media y la plebe de las ciudades las que ya no se reconocen plenamente en las comunidades locales o regionales; esos grupos sólo tienen algo en común: el desarraigo. Y el desarraigo incita a proyectar una nueva patria en la que puedan integrarse.

En las colonias de la Nueva Inglaterra muchos no pueden reconocerse ya en sus comunidades europeas de origen. La distancia geográfica y el proyecto de una nueva vida van creando formas de convivencia diferentes. Empiezan a surgir modalidades de asociaciones democráticas, que constituyen una nueva cultura política. Los individuos se sienten cada vez más ligados a ellas y desprendidos de sus nacionalidades originarias. La pretensión de constituir un nuevo poder político surge en el momento en que una parte de los colonos comprende que ya no participan de las naciones europeas, sino tienen una nueva pertenencia.

En la América hispana la conciencia de las nuevas naciones no aparece en los pueblos indios, apegados a sus culturas tradicionales; tampoco en los inmigrantes españoles, ligados a la metrópoli; sólo puede surgir en un grupo que se siente desligado de todo vínculo comunitario: ya no puede reconocerse en la lejana España, pero tampoco pertenece a las comunidades indias y mestizas locales. Es una parte del grupo "criollo", sobre todo la clase media "letrada". Ella se encuentra sin asidero real en la sociedad; sin pertenecer a una ni a otra comunidad, ni a los pueblos locales ni a la metrópoli, imagina una asociación que sí le conceda plena pertenencia: una nueva nación. Los criollos son, por otra parte, depositarios de una forma de vida y de cultura, distinta tanto de la cultura metropolitana como de la indígena, que ha ido forjándose poco a poco en los siglos anteriores. La nueva nación tendrá una forma política en que pueda expresarse. Una vez fraguada, se impondrá a todas las comunidades anteriores al acogerlas en un nuevo Estado.

Este proceso es común a los países que advienen a la independencia después de un periodo de colonización. En la descolonización de África y de Asia suele tener el papel dirigente un grupo occidentalizado, cuya pertenencia a las culturas de origen se ha debilitado y es capaz de una visión más amplia de un país aún inédito. Ese grupo es claramente identificable en la historia de la independencia de países como la India, Egipto o Ghana.

Un despertar semejante puede comprobarse también en los Estados-nación que se constituyen a partir de la unión forzada de varios pueblos anteriores. En todos los casos es un grupo ilustrado el que levanta la bandera de un nuevo nacionalismo, que ya no se identifica con nacionalidades históricas anteriores. Este fenómeno es patente en la unificación de Alemania o de Italia.

La congruencia entre poder político y comunidad de cultura puede verse desde dos perspectivas. Por un lado, el Estado, según sus intereses, exige la unidad de una sola nación en el territorio que gobierna. En los países europeos el nacionalismo se traduce por una política de sumisión de las nacionalidades que lo componen y la aceptación oficial de una sola lengua, una sola tradición histórica, una forma de vida predominante. La cultura adoptada por el Estado corresponde a uno de los pueblos existentes en el país: Castilla sobre Cataluña, Galicia o el País Vasco; Toscana y Romana sobre el resto de Italia; Prusia sobre las nacionalidades germanas. En los países antes colonizados, el proceso no es diferente. En la mayoría del África negra los nuevos Estados se constituyen en los límites de las fronteras administrativas de la colonia; en su interior subsiste una diversidad de tribus y etnias a menudo en conflicto. El nuevo Estado se ve forzado entonces a mantener la unidad mediante el dominio de una etnia frente a las demás, dando lugar a pugnas insolubles entre los distintos pueblos. América Latina vive, después de su independencia, un largo periodo de construcción de naciones unificadas. En los países de raíces indias la unidad se entiende como la asimilación de la multiplicidad de culturas aborígenes a la cultura criolla-mestiza; en los países de inmigración, como Uruguay o Argentina, la unidad exige la creación de una cultura nueva a partir de la herencia hispánica. El federalismo no cambia nada de ese proyecto, pues su trazado no corresponde a las múltiples nacionalidades y etnias que componen el Estado-nación, sino a divisiones administrativas e intereses de grupos políticos; comparte con el centralismo el mismo proyecto de unificación de una sola nación bajo un Estado.

En los nacionalismos agresivos la concordancia entre Estado y comunidad cultural nacional puede servir de justificación ideológica a la expansión territorial. La "Gran Alemania" pretende justificar sus conquistas con el ideal de incorporar al Estado unificado todos los miembros dispersos de lengua y ascendencia alemanas y la "Gran Serbia" en nuestros días sigue sus pasos. La demente "limpieza étnica" está inspirada en la misma idea: cada Estado tiene el derecho de ejercer su dominio sobre todos los miembros de una etnia y eliminar a los que no pertenezcan a ella. El mismo principio ha pretendido justificar el exterminio de los armenios en Turquía, de los judíos en Alemania y de los ibos en Nigeria.

Por el contrario, desde el punto de vista de la nación, el nacionalismo establece que toda nacionalidad tiene derecho a acceder a un Estado propio. Nacionalidades que no se habían preocupado por obtener para sí un poder político independiente, abrazan el proyecto de convertirse en nuevos Estados. Es el caso de muchos movimientos de descolonización que crean entidades políticas nuevas. Es también el resultado de la disgregación de un antiguo Estado multinacional. El Imperio austro-húngaro se fragmenta después de la Primera Guerra Mundial, pero el proceso no se cumple cabalmente hasta que, en nuestros días, cada nacionalidad exige constituir un Estado-nación independiente. La Unión de Repúblicas Socialistas Soviéticas se desmembra en varias naciones, Eslovaquia se separa de la República Checa, Yugoslavia se desintegra en varios Estados. Es la otra cara de la misma moneda. Un Estado-nación que abarca en su seno muchas nacionalidades pretende que una unidad política homogénea corresponda a todas ellas; cuando el dominio central se debilita, las nacionalidades siguen su ejemplo: reivindican para sí la unidad de un Estado propio.

Invención de un grupo, el Estado-nación es resultado del dominio político de ese grupo sobre los demás. El espacio que ofrece para la realización de una nueva comunidad cultural es también el que permite la dominación de un grupo hegemónico mediante el monopolio de la violencia. Para ejercer el poder, precisa unidad. El Estado nuevo debe ser la expresión de la voluntad concertada de todos los ciudadanos; todos deben convenir, por lo tanto, en una voluntad común. Ésta debe expresarse en una sola ley, un solo marco cultural y una sola estructura de poder. Cuando el poder supremo ya no reside en una persona, sino en todo el pueblo, la nación debe confundirse con el Estado.

RECHAZO DE LO EXTRAÑO

A la unidad interna corresponde la exclusión del extraño. El Estado-nación se refugia en sus fronteras, en rechazo de lo que las rebasa. Su comportamiento ante el exterior puede revestir varias formas, desde la defensa de lo propio ante la amenaza de otros nacionalismos agresivos, hasta la violencia para someter a los demás. La unificación de la casa común se paga con la exclusión del mundo externo.

El nacionalismo como principio político tiene que establecer una frontera clara con lo que se encuentra fuera de la nación. La hostilidad ante los extranjeros puede tener muchos grados y matices. Desde el recelo, la suspicacia ante el otro, hasta su expulsión o su exterminio. De cualquier modo, el nacionalismo sigue un doble movimiento: integración de toda diversidad en el interior, exclusión de ella en el exterior. Este doble movimiento puede ser principalmente defensivo, en los países pequeños o débiles, víctimas de las amenazas de dominio de los más poderosos o de los proyectos de reconquista de antiguos colonizadores. La gran mayoría de los nacionalismos de países del Tercer Mundo funciona como una barrera contra las intervenciones de las potencias mundiales y como una afirmación de la propia identidad frente a ellas. De allí la importancia que conceden al respeto irrestricto a su soberanía y su denuedo en defender el principio de no intervención. La misma explicación puede dar razón de otros rasgos: las trabas para adquirir la nacionalidad, la susceptibilidad y el orgullo nacionales a flor de piel, la tendencia a la autosuficiencia cultural, la prevención ante las "ideas importadas".

En esos casos, el carácter excluyente del Estado-nación tiene una función estabilizadora del propio Estado, protectora de posibles agresiones externas. En otras situaciones, en cambio, la exclusión del otro se convierte en un rasgo de una política destructora. Grandes potencias justifican su política de dominio tanto en el proyecto de lograr una unidad nacional como en el rechazo de otras naciones. Suelen ver la historia como el conflicto permanente entre naciones en competencia por establecer su predominio. Luchas permanentes por acaparar los mercados, conflictos sangrientos para ocupar el lugar del otro en los territorios conquistables, cruentas guerras que terminan en reparticiones de dominios e influencias, son el saldo de los nacionalismos agresivos del siglo XIX; dos carnicerías mundiales organizadas, cincuenta años de amenaza de destrucción nuclear, guerras sin cuento de liberación colonial, el balance del siglo XX.

El Estado-nación, desde sus inicios, tiene que afianzarse frente al enemigo exterior. De allí la importancia del ejército. En el ejército patriótico se explayan por primera vez las virtudes y defectos que integran la nación recién fundada. Desde entonces forman parte necesaria de todo culto a la patria. La nueva nación francesa se consolida en Valmy y, sobre todo, en las conquistas de Napoleón. El ejército de Washington encarna la futura nación estadounidense; las repúblicas del sur del continente reconocen su origen en las tropas libertadoras de Bolívar, de Sucre, de San Martín; en México, el ejército trigarante señala el inicio de la nueva patria unificada.

Los ejércitos patrióticos muestran la ambivalencia con que nace el Estado-nación moderno. En los batallones de Napoleón o de Bolívar se mezclan individuos que provienen de las más distintas regiones, clases sociales y culturas. Ya no es un bretón o un burgoñés quien empuña el fusil, sino un soldado francés; el indio de los llanos, el mestizo de Caracas y el criollo de Bogotá no se distinguen en las tropas libertadoras. Todos son solidarios del mismo propósito, todos obedecen a la misma voz. Pero esa solidaridad sólo se mantiene si se ejerce la violencia; disciplina interior, sumisión uniforme a un jefe y a un reglamento, guerra a muerte contra el extraño.

La pugna con el extraño invita a singularizarnos frente a él. Hay que descubrir en nosotros algo que nos distinga y nos haga superiores. En todo nacionalismo hay una tendencia a identificar la nación como algo que ella *tiene* y los demás no poseen. Es una propiedad única que nos distingue de los otros. Puede ser una propiedad natural: un territorio sagrado, un antecesor animal o mítico. O bien, simplemente la cualidad de ser los únicos hombres; nosotros somos los *verdaderos hombres*, o los *civilizados*; los demás son *bárbaros* o *salvajes*. Puede tratarse de una propiedad histórica, una misión, un destino; muchas son las tribus elegidas del dios entre todas las demás, muchas las que siguen un plan divino, desde Israel en el Viejo Mundo hasta los mexicas en el Nuevo. En fin, puede ser una característica religiosa: nosotros somos los depositarios de la verdad única, somos deudores de una gracia especial.

COMUNIDAD IMAGINADA

Nuestras vidas carecen de sentido si se rompe toda relación con una comunidad de otros hombres en que podamos reconocernos. La necesidad de pertenencia y reconocimiento se satisface de varias formas en comunidades cercanas a nuestras vidas: la familia, los grupos locales, la aldea, la escuela, la empresa, el barrio. Pero la insatisfacción perdura si no nos sentimos vinculados a una comunidad más amplia que sea portadora de valores universales: la de todos aquellos que comparten una forma de vida colectiva, que concuerdan en ciertas creencias básicas, con los que podemos darnos a entender en la misma lengua; en suma, una comunidad de cultura. Las comunidades a las que pertenecemos nos sitúan en un lugar preciso en el mundo, nos ligan a totalidades concretas en que nuestras vidas cobran un sentido que rebasa el aislamiento de la subjetividad individual. Todos nacemos y alcanzamos nuestra identidad en el seno de comunidades vividas en las que estamos insertos. Vivimos en ellas de manera natural, sin habérnoslo siquiera propuesto, a ellas pertenecemos en nuestra vida cotidiana. Son lo suficientemente pequeñas para que sus miembros puedan tener un contacto real entre ellos, conocerse, compartir proyectos y eventualmente participar en actividades comunes. Sólo cuando se diluyen o cuando desaparecen los vínculos de una persona o grupo con esas comunidades concretas se rompe su identificación con ellas y surge de nuevo la necesidad de pertenecer a *otra asociación* que reemplace a las comunidades perdidas.

Al desintegrarse las comunidades históricas, por la transformación de una sociedad agraria en industrial, por las emigraciones, por la imposición de un dominio extranjero o de una cultura hegemónica central, los individuos empiezan a dejar de reconocerse en las culturas locales: se han desprendido de su tierra, han perdido su suelo; desarraigados, confluyen con otros desplazados de su misma condición, en nuevas formas de vida y de cultura que ya no se restringen a las comunidades locales existentes. Entonces tienen que *inventarse* una asociación más amplia, por encima de las comunidades a las que pertenecieron sus antecesores, en la cual puedan reconocerse. Sustituyen así las comunidades vividas con otra inventada. La comunidad que se puede ver y tocar deja su lugar a la que se proyecta. Ésta es el nuevo Estado-nación. Se trata de una asociación de un nuevo género. No nos encontramos con ella; hay que crearla. Por una parte, es menester forjar una nueva identidad colectiva, distinta a la de las etnias y pueblos históricos, en la que puedan reconocerse todos los miembros del nuevo Estado; reinventar para ello el pasado y figurar un proyecto para el futuro. Por otro lado, hay que constituir la nación sobre la elección voluntaria de ciertos valores comunes. Frente a las comunidades vividas, se crea una proyectada. En este sentido, el Estado-nación es una "realidad imaginada", según la expresión de Benedict Anderson.[12]

Podemos observar, así, un proceso característico en el nacimiento del Estado-nación. De la conciencia de una "protonación" en un grupo desarraigado, que tiene dificultades para reconocerse en las etnias o nacionalidades históricas anteriores, surge la necesidad de construir una nueva nación proyectada. Este proyecto puede incluir varias etnias o naciones existentes. Es, por así decirlo, una nación de segundo orden, producto de la voluntad. La nación proyectada por el grupo fundador, al realizarse, se constituye como un Estado. El nuevo Estado, a su vez, intenta integrar o suprimir las naciones y etnias preexistentes para forjar una nueva unidad histórica, homogénea, que le corresponda.

La nueva realidad inventa sus propios emblemas, en iconos y banderas; designa sus héroes patrios, establece sus mitos fundadores y sus ceremonias conmemorativas. En ese lenguaje simbólico, los ciudadanos expresan el nuevo culto a la realidad imaginada.

La nación-Estado tiene que expresar su identidad en una nueva cultura. La creación de una realidad segunda, expresión de una asociación construida,

---

[12] Benedict Anderson, *Imagined Communities. Reflections on the Origin and Spread of Nationalism*, Londres, Verso, 1983.

es un requisito indispensable en la formación de una nación. La cultura nacional obedece a un movimiento circular. A la vez que trata de expresar la nación, la crea. Por un lado, intenta *descubrir* el estilo de vida, los valores y maneras de ver el mundo de los grupos sociales que componen la nación; por el otro, al expresarlos, contribuye a *crear* los rasgos que la identifican. ¿Hasta qué punto el *Quijote* expresa o crea una manera de ver el mundo de la nación española? ¿En qué medida el "alma rusa" es la fuente o el resultado de las obras de Gogol, Dostoievsky o Mussorgski? La cultura mexicana en busca de su identidad ¿es un descubrimiento de una realidad oculta o una creación imaginaria?[13]

La cultura nacional, producto y artífice a la vez del Estado-nación, dota a los individuos de un sentido nuevo de pertenencia que aminora su desarraigo. Ya no estamos aislados, nos sentimos vagamente solidarios de una comunidad más amplia que nuestro vecindario; nos entristecemos con sus fracasos, nos elevamos con sus hazañas. Nuestra vida personal es parte ahora de una totalidad nueva que le da sentido.

En los nacionalismos, la concepción del Estado-nación como una unidad homogénea en lo interior y excluyente hacia el exterior se sublima en la proyección de esa entidad colectiva en la esfera del valor. Para todo nacionalismo, el Estado-nación encarna valores que ni la vida aislada de cada individuo ni la de un grupo podrían por sí solas alcanzar. La vida personal se transfigura al contribuir a la gloria, al honor, al poder y la virtud de su nación. La entrega a esos valores se justifica en el entusiasmo colectivo. La vida de cada ciudadano se eleva a alturas insospechadas al ser sacrificada por la patria. El don del individuo a la nación se considera un deber "sagrado". El nacionalismo eleva el sentimiento de pertenencia del individuo a la nación a una unión casi mística; es un sucedáneo laico de las vías religiosas de acceso a lo sagrado.

Las raíces de sacralización de una entidad colectiva son lejanas. Se remontan probablemente a las primeras sociedades organizadas. Pero su formulación en términos de un Estado-nación, por principio laico, es un fenómeno del pensamiento moderno. En mayor o menor medida, todo nacionalismo

---

[13] La primera idea ha sido seguida, con variantes, por autores de la corriente llamada "filosofía de lo mexicano", la segunda es la tesis de Roger Bartra (en *La jaula de la melancolía*, México, Grijalbo, 1987).

participa de esa actitud: el Estado-nación se ve como un nuevo ente moral, superior a cualquier individuo o grupo. El ciudadano común sublima su vida al destruirla en beneficio de la patria. El Estado hace olvidar así su función de dominio.

UN EJEMPLO HISTÓRICO: EL ESTADO-NACIÓN MEXICANO

El proceso de constitución de un Estado-nación podría ilustrarse con varios ejemplos. Escojo uno por ser el que conozco mejor: el caso de México.

La colonización española se acompañó por la destrucción de los Estados precolombinos. Apenas quedaron rastros de las antiguas culturas; sus élites intelectuales y religiosas fueron sacrificadas, sus libros quemados, sus ciudades arrasadas. Nunca había conocido la historia genocidio comparable. Sin embargo, debajo de sus ruinas sobrevivió la vida antigua.

Los tres siglos de la Nueva España presentaban dos caras. Por una parte, la dominación de los pueblos antiguos por un sistema estamentario que reservaba la cima al grupo europeo. La situación da lugar a varias formas de resistencia: desde luego, las múltiples rebeliones armadas de carácter local, pero, sobre todo, la lucha sorda, permanente de las comunidades indias para conservar sus territorios y mantener sus usos y costumbres, apelando a la maraña de leyes vigentes o a la resistencia pasiva. Porque, por su otra cara, la colonia ofrecía cierto espacio jurídico y social para la persistencia de las culturas indias. Dos fuerzas disímbolas, las órdenes religiosas y la Corona, lograron levantar barreras contra la opresión de conquistadores y encomenderos sobre la antigua población. Los derechos de los indígenas, aunque disminuidos por un paternalismo que los consideraba menores de edad, fueron reconocidos en las Leyes de Indias; las "repúblicas de indios", separadas de los españoles, ofrecieron un refugio donde se preservó parte de la especificidad de las viejas culturas. Incluso se hablaba de "naciones" al referirse a los pueblos originarios; éstos conservaron una organización de base: la comunidad indígena. En ella se conservan, en gran parte, costumbres e instituciones antiguas, en sincretismo con las creencias y formas de vida cristianas; las comunidades mantienen el régimen comunal de la tierra, los servicios y el espíritu comunitario, el nombramiento directo de sus propias autoridades;

de hecho, tienen cierta autonomía frente a las autoridades coloniales. En realidad, como observa Miguel León-Portilla, "conservan su identidad como pueblos originarios, aun cuando acomodándola a las circunstancias en que han tenido que vivir".[14]

Desde los comienzos de la Nueva España, algunos criollos, descendientes de españoles, empiezan a albergar un sentimiento de su especificidad frente a la Península. Pero es en la segunda mitad del siglo XVIII cuando ese sentimiento se convierte, poco a poco, en conciencia de una nueva nacionalidad. Antes de concebir siquiera la independencia, un grupo de criollos ilustrados comienza a pensar en términos de una nueva nación, cuyos intereses y maneras de ver la vida difieren de los de España. Empieza a dibujarse un proyecto de la que llamé antes *protonación*. Ésta no se identifica con ninguna de las naciones históricas anteriores; difiere de Castilla, con la que se quiere en plan de igualdad, pero también de las naciones indígenas, ajenas a su cultura. Sólo puede ser una entidad inédita, vislumbrada para el futuro. Ella tendrá que revisar su propia historia, en función de su proyecto, tarea que empiezan a realizar los ilustrados novohispanos.

Quienes más tarde llegan a reivindicar la nueva nación son los *letrados*, criollos y mestizos, de una clase media, desplazados de los puestos importantes por los europeos e incapaces, a la vez, de identificarse con los pueblos indios. Su marginación de la sociedad real sólo puede suplirse por la imaginación de una sociedad nueva, en la que ocuparían el lugar que creen corresponderles. En una primera etapa sólo reivindican para la Nueva España el estatuto de una nación súbdita del rey y no de un Estado soberano. Alegan la existencia de una "constitución originaria", por la que los países de América no sean colonias, sino naciones bajo la común sumisión a un Estado monárquico multinacional, con igualdad de derechos a Castilla o Aragón. Ese intento se radicaliza más tarde; entonces surge el proyecto del Estado-nación soberano, bajo la influencia de las ideas de las revoluciones democráticas en curso. El nuevo Estado-nación se proclama primero en Apatzingán y luego, en 1924, en la primera Constitución del México independiente. La soberanía recae en el *pueblo*, entendido como el conjunto de individuos iguales en derechos;

---

[14] Miguel León-Portilla, *Pueblos originarios y globalización*, México, El Colegio Nacional, 1997, p. 8.

desaparecen las distinciones entre sujetos de pueblos diferentes dentro del Estado: ya no hay criollos, ni castas, ni indios, todos son ciudadanos. En realidad, la constitución del nuevo Estado es obra de un grupo de criollos y mestizos que se impone a la multiplicidad de etnias y regiones del país, sin consultarlos. Los pueblos indios no son reconocidos en la estructura política y legal de la nueva nación. Como indica Bartolomé Clavero, "el indígena, el indio, resulta que ahora no existe jurídicamente".[15]

En los países de América del Sur, el grupo criollo logra realizar a independencia. En México, en cambio, tiene que llamar a las clases bajas, indios y castas, en su ayuda. En este país, el proceso de independencia incluye una rebelión popular amplia. A la postre es derrotada, pero deja el rastro de una idea de nación diferente, que habrá de revivir un siglo más tarde. Las turbas que siguen a Hidalgo y a Morelos están compuestas por indios del campo, negros de las haciendas del sur, trabajadores mineros, plebe de las ciudades. Poco saben de la instauración de una república y en nada les conciernen los congresos inventados por los letrados criollos. Sus intereses son locales, están ligados a sus territorios, a sus pueblos. Su concepción de la sociedad no es individualista, está impregnada de valores comunitarios. Hidalgo y Morelos los entienden cuando restituyen a los pueblos la propiedad comunal de las tierras; medida, por cierto, que los congresos constituyentes, siguiendo una ideología liberal, no se ocuparon de refrendar.

El movimiento popular es aplastado. Frente a él triunfa, en el siglo XIX, la concepción del Estado homogéneo e individualista, propia de las clases medias. Esta idea se impone a los pueblos indígenas sin su consentimiento expreso. Los dos siglos de vida independiente pueden verse, desde entonces, bajo una luz: la contraposición de dos corrientes que responden a ideas distintas de la nación. Por un lado, la construcción del Estado-nación moderno, que había imaginado el grupo fundador; por el otro, la resistencia de las comunidades que no encajan en ese proyecto.

La nueva nación no tiene antecedentes históricos. Hay que construirla a partir del Estado. Si la concepción de una *protonación*, en la conciencia de un grupo, había precedido a la constitución del Estado independiente, ahora

---

[15] Bartolomé Clavero, *Derecho indígena y cultura constitucional de América*, Méxio, Siglo XXI, 1994, pp. 37-38.

es el Estado el que debe forjar la nación proyectada. Ésa fue tarea de varias generaciones.

Ese proyecto se precisa en el programa liberal y empieza a realizarse con la república restaurada. Es la primera expresión cabal de una política de modernización del país. Comprende, en lo jurídico, la vigencia de un Estado de derecho bajo una ley uniforme; en lo social, la homogeneidad de todos los ciudadanos frente al Estado; en lo político, la democracia representativa; en lo económico, el desarrollo capitalista. Su ideal es el de una patria unida de ciudadanos iguales ante la ley.

El federalismo es una variante de ese proyecto. La federación que se instaura no corresponde a la diversidad real de los pueblos que integran la nación. Muy a menudo, las fronteras de los estados federales son el producto de intereses políticos locales o intentan dar solución a conflictos de poder circunstanciales. Territorios ancestrales de pueblos indios, con raíces culturales comunes, son divididos arbitrariamente entre varios estados, otros quedan incluidos como una parte de un estado de mayoría mestiza. El federalismo es una expresión más del ideal de una patria unida, constituida no por culturas diversas, sino por individuos iguales entre sí.

Por eso la república liberal termina con los *cuerpos* constituidos. Por la misma razón, asesta un golpe mortal a las comunidades indígenas. Durante el periodo colonial, las comunidades habían subsistido en su diversidad; la Corona las protegió contra los encomenderos, porque ellas eran la base de su sistema impositivo.[16] Los liberales, en cambio, eran fanáticos de la propiedad privada, en la que veían —al igual que los neoliberales, sus herederos actuales— la fuente de todo progreso económico. En consecuencia, la ley Lerdo, de 1856, declaraba el fin del ejido y decretaba la apropiación individual o familiar de las tierras comunales. Después de su triunfo, la república liberal abolía los decretos de Maximiliano sobre restitución de las tierras indígenas. "La disolución de las comunidades —comenta Fernando Escalante— era un objetivo explícito de la desamortización, y no podía ser de otro modo. El modelo liberal de Estado exigía la supresión de esas lealtades locales, y la uniformidad de la autoridad estatal. Necesitaba fundar su

---

[16] Véase Enrique Semo, *Historia del capitalismo en México. Los orígenes. 1521-1763*, México, Era, 1973, pp. 67 y ss.

dominio sobre una sociedad de *individuos*: no podía negociarlo con cuerpos y comunidades".[17]

Pero la resistencia a la imposición de ese modelo de Estado subsiste durante todo el siglo XIX. Ante todo, las rebeliones de los pueblos indios. Recordemos las sublevaciones de los mayas en Yucatán, de los yaquis en el norte y las numerosas revueltas étnicas que asuelan el siglo XIX. Pero son también las resistencias locales a los rasgos más obvios de la imposición del Estado sobre las comunidades: la privatización de la tierra, el pago de impuestos, la leva. La sociedad real chocaba con el Estado figurado en la mente de los liberales porque ese proyecto no respondía a las necesidades y comportamientos de gran parte del país.

Los conflictos que desgarran la nación independiente en el siglo XIX tienen causas variadas, pero un punto de vista para comprenderlas es la enorme separación del país histórico, constituido por comunidades y pueblos diversos, y el modelo de un Estado homogéneo. En el proyecto liberal, la voluntad se anticipaba a la situación para crear en ella una nueva nación, a partir del poder político. Bustamente y otros de su generación ya veían en el paso al nuevo Estado-nación un "salto peligroso".[18] La nueva nación se concibe constituida por ciudadanos desligados de sus asociaciones concretas. Y eso es una ilusión. Fernando Escalante ha analizado ese fenómeno. El orden político imaginado no podía arraigarse en la sociedad existente y, por lo tanto, dominarla:

El proyecto explícito de toda la clase política decimonónica de crear ciudadanos, de dar legitimidad y eficacia a un Estado de derecho, democrático y liberal, estaba en abierta contradicción con la necesidad de mantener el control político del territorio. Sin el apoyo de la moral cívica, el Estado que imaginaban era una quimera; sin el uso de los mecanismos informales —clientelistas, patrimoniales, corruptos— el poder político era imposible.[19]

El ordenamiento del Estado no corresponde a las formas de vida reales ni a su moralidad social efectiva.

---

[17] Fernando Escalante, *Ciudadanos imaginarios*, México, El Colegio de México, 1992, p. 65

[18] Véase Luis Villoro, *El proceso ideológico de la revolución de Independencia*, México, SEP, 1986, cap. 5.

[19] Fernando Escalante, *op. cit.*, p. 53.

Dicho muy brevemente, se trata de fundar la autoridad del Estado. Ése era el problema político de México en el siglo XIX: existía un orden y, por lo tanto, formas de autoridad reconocidas y eficientes; pero ese orden, esa estructura moral no servía para arraigar un Estado republicano e individualista como el que suponían las constituciones. Tampoco un Estado monárquico, dicho sea de paso, pero ése es otro problema.[20]

La idea de la nación "moderna" era una abstracción en la mente de los liberales. Sólo logró formar, con la feliz expresión de Escalante, "ciudadanos imaginarios".

Esa inadecuación explicaría también el intento posterior del gobierno de Porfirio Díaz. Según la interpretación de Xavier Guerra, el "régimen de Díaz logró durante varios años la paz y un desarrollo relativo gracias a un compromiso: la adecuación del proyecto liberal al equilibrio de los diversos intereses de múltiples grupos culturales y sociales que componían el país real".[21]

En la revolución de 1910 surge de nuevo el enfrentamiento entre dos ideas de nación. Madero invoca, frente a Díaz, la Constitución liberal; con Carranza y Obregón acaba triunfando de nuevo el proyecto modernizador. Es cierto que, desde 1913, al lado de la corriente constitucionalista aparece una corriente distinta, agrarista y popular, de la que hablaré en seguida. La revolución triunfante se vio obligada a incorporar en su proyecto de Estado ideas fundamentales de esa tendencia, como el ejido, la propiedad comunal y, en su corriente indigenista, el respeto por las culturas indias. Sin embargo, conservó, en lo esencial, la concepción del Estado-nación como una unidad homogénea. Perduró incluso en la corriente indigenista. Manuel Gamio fue el que mejor sintetizó ese proyecto. La sociedad mexicana, pensaba, está escindida entre culturas y formas de vida distintas. La patria, en cambio, es algo que hay que construir, que "forjar" (*Forjando patria* se llama su libro principal). El fin de la política posrevolucionaria es justamente el de crear una patria integrada en una unidad, sobre el modelo de una nación que se

---

[20] *Ibid.*, p. 192.
[21] François-Xavier Guerra, *México: del antiguo régimen a la Revolución*, México, FCE, 1985.

quiere "moderna". ¿No es éste aún el proyecto que, matiz más, matiz menos, subsiste actualmente?

En oposición a ese proyecto, la corriente localista y popular, ahogada en el siglo XIX, vuelve a surgir en la Revolución, en su línea agraria: la de Villa y Zapata. No era compatible con la tendencia restauradora del Estado liberal, de Madero y Carranza. A la inversa de ésta, sus intereses eran más concretos, estaban ligados a contextos locales, a las tierras, a las comunidades, a los municipios. No tenían un proyecto claro del Estado-nación y fueron incapaces de oponer al carrancismo una alternativa de gobierno nacional. Su preocupación era la tierra y, por ello, sus exigencias eran las autonomías locales, no el gobierno nacional. "Las exigencias locales —señala Arnaldo Córdova— se combinan nacionalmente con el único tipo de gobierno que no sólo podía convivir con ellas, sino, además, promoverlas y garantizarlas; un gobierno que se debiera a las autonomías locales y que sólo con base en ellas pudiera subsistir".[22]

Si su idea de nación no coincide con el Estado homogeneizante, tampoco coincide con su individualismo. En la base de su proyecto no están ciudadanos aislados, sino estructuras comunitarias: los pueblos indios y mestizos en el sur, las colonias agrarias militares en el norte. Los valores fundamentales que reivindican no son la libertad individual frente al Estado ni la igualdad formal ante la ley, sino la justicia y la colaboración fraterna. Todo esto apunta a una idea de nación, sentida más que formulada, pero, en todo caso, distinta a la liberal. Con referencia al zapatismo, ya había apuntado Octavio Paz:

El movimiento zapatista tiende a rectificar la historia de México y el sentido mismo de la nación, que ya no será el proyecto histórico del liberalismo [...]. Al hacer del *calpulli* el elemento básico de nuestra organización económica y social, el zapatismo no sólo rescataba la parte válida de la tradición colonial, sino que afirmaba que toda construcción política de veras fecunda debería partir de la porción más antigua, estable y duradera de nuestra nación: el pasado indígena.[23]

Pero esa corriente revolucionaria —al igual que la de Hidalgo y de Morelos un siglo antes— fue derrotada. No prevaleció ese nuevo "sentido" de

[22] Arnaldo Córdova, *La ideología de la revolución mexicana*, México, Era, 1973, p. 174.
[23] Octavio Paz, *El laberinto de la soledad*, México, FCE, 1959, p. 130.

nación. Zapata y Villa se convirtieron en estatuas de bronce, mientras triunfaba de nuevo la concepción liberal del Estado-nación. Pero las estatuas de cuando en cuando parecen animarse. ¿No empezará a revivir actualmente esa idea *otra* de nación?

Si algo nos han revelado estos años, es una crisis profunda del modelo de Estado-nación de nuestra tradición liberal. La política neoliberal es la última versión del proyecto modernizador. Llevada a su extremo, ha acrecentado más que nunca la distancia entre el México occidentalizado y el "México profundo". El proyecto liberal respondía al reto de unificar a la nación; en su versión actual conduce, de hecho, a aumentar la escisión entre estos dos Méxicos.

Pero el signo más importante de crisis es la manifestación nueva de esa segunda corriente de que hablábamos, popular, localista, indígena, la misma que, en su momento, arrastró a Hidalgo y a Morelos, a Zapata y a Villa. Es ante todo la rebelión de Chiapas. Pero no es sólo ella. Es también el cobro de conciencia de la mayoría de los pueblos indígenas, que se organizan y reclaman su autonomía y el respeto a sus derechos. Pero ahora, notémoslo bien, esa corriente se presenta con características nuevas: no busca la subversión de la democracia, sino su realización plena; no pretende la disolución del Estado, sino su transformación; no está contra la "modernidad", sino contra su injusticia. Por primera vez, se abre la posibilidad de unificar las dos corrientes que recorrieron la historia de México en una nueva concepción del Estado y de la nación.

No podemos volver atrás. Los siglos xix y xx, a través de muchos sufrimientos, lograron construir una nueva identidad nacional: la nación mestiza. Se forjó una unidad real nueva, que permitió la modernización relativa del país. Sería suicida querer la disgregación de esa nación. De lo que se trata es de aceptar una realidad: la multiplicidad de las diversas culturas, de cuya relación autónoma nacería esa unidad. Frente al Estado-nación *homogéneo* se abre ahora la posibilidad de un Estado *plural* que se adecue a la realidad social, constituida por una multiplicidad de etnias, culturas, comunidades.

Estamos en un momento decisivo en que las dos ideas de nación que chocaron desde la independencia podrían encontrar una síntesis. Tenemos que diseñar un nuevo tipo de Estado que respete nuestra realidad y termine con el intento alocado de imponerle por la violencia un esquema pretendidamente racional. Tendría que ser un Estado respetuoso de todas las diferencias. Sería un Estado en que ningún pueblo, ni siquiera el mayoritario, impondría a otros su idea de nación. El Estado plural no renunciaría a la modernización del país, si por ella se entiende progreso hacia una sociedad más próspera y más democrática. Pero la modernidad deseada no consistiría en la destrucción de las estructuras locales y su supeditación a las fuerzas ciegas de un mercado mundial, sino en la participación activa de todas las entidades sociales en un proyecto común de cambio. El Estado se reduciría a coordinar, en este proceso, los proyectos diferentes de las comunidades reales y a proponerles una orientación común. La sede del poder real se acercaría cada vez más a las comunidades autónomas que constituyen la sociedad real. El adelanto hacia un Estado plural es, así, una vía hacia una democracia radical.

LA CRISIS DEL ESTADO-NACIÓN

Regresemos ahora al ámbito mundial. Abundan los signos de que la idea moderna del Estado-nación está actualmente en crisis. A finales del siglo XX resulta demasiado pequeño para hacer frente a los problemas planetarios y demasiado grande para solucionar las reivindicaciones internas.

Las últimas décadas han asistido a una radical transformación de las relaciones entre las naciones: la globalización de la economía, de las comunicaciones, de la ciencia y la tecnología e incluso, en gran medida, de las decisiones políticas. Ante los grandes desafíos que conciernen a todo el planeta, las naciones no pueden restringirse a acciones aisladas, tienen que tomar en cuenta, en mayor grado, decisiones compartidas. Para que ese concierto de voluntades fuera libre y equitativo, debería resultar de la decisión soberana de Estados nacionales en una situación de igualdad. Por desgracia, las tendencias actuales de la globalización apuntan en otro sentido. No son el resultado de la libre decisión de las naciones, sino de la imposición sobre ellas de nuevos poderes mundiales.

Desde los últimos decenios, la fusión de empresas de varios países ha dado lugar al dominio de gran parte de la economía mundial por firmas transnacionales que escapan al control de un solo Estado. Las empresas intergubernamentales aumentaron, de 1951 a 1984, de 123 a 365 y las no gubernamentales se sextuplicaron en el mismo periodo.[24]

Hay un nuevo culto: el del mercado, y en ese culto oficia un capital sin patria, que no está sujeto a las leyes de ningún Estado y que a todos impone sus propias reglas. Las bolsas de valores están ligadas a través del mundo y funcionan transfiriendo en un momento, de un punto a otro del globo, enormes capitales. Esos desplazamientos pueden desestabilizar, en un instante, la economía de cualquier país. México sufrió en carne propia la acción de ese poder brutal. Ante el desastre económico de 1995, se accedió a aceptar un préstamo que coloca al país en una situación en que ha perdido gran parte de autonomía en sus principales decisiones económicas. Como es conocido, el préstamo ascendió a cincuenta mil millones de dólares. Esa enorme suma no tenía paralelo en los préstamos internacionales; sin embargo, es insignificante frente a las que maneja el capital internacional movible. ¿En cuánto se calcula el monto de ese capital? En un billón doscientos mil millones de dólares (es decir, un uno y un dos seguidos por once ceros). ¡Los capitales movibles, que pasan de una a otra parte del globo, sin ningún control por las naciones, son veinticuatro veces el equivalente del préstamo que logró poner a flote la economía de una nación!

Estamos ante un nuevo poder mundial del que depende la suerte de una gran parte del mundo. Un poder sin fronteras, sin contrato social, sin leyes ni sanciones. Es lo que constataba Boutros Boutros-Ghali, secretario general de las Naciones Unidas, antes de abandonar su cargo: "La realidad del poder mundial escapa en gran medida a los Estados. La globalización implica la emergencia de nuevos poderes que trascienden las estructuras estatales". Esta situación redunda en consecuencias dramáticas para los Estados nacionales: no pueden cumplir cabalmente con su función reguladora de las inversiones de capital. La economía interna se escapa parcialmente de sus manos:

En el plano económico —comenta Hobsbawm— hasta los Estados mucho más poderosos dependen de una economía mundial sobre la que no pueden ejercer control alguno y que determina sus asuntos internos. Una "economía nacional"

---

[24] Eric J. Hobsbawm, *Naciones y nacionalismos desde 1780*, Barcelona, Crítica, 1991, p. 186.

letona o vasca, una economía que sea independiente de una entidad más amplia, es un concepto tan desprovisto de sentido como el de una economía parisina independiente de la francesa.[25]

Junto a este enorme poder están otros, que dan a la globalización un signo perverso: los grandes grupos de comunicaciones e informática, que empiezan a controlar las comunicaciones mundiales. Según una encuesta reciente, Bill Gates, patrón del Microsoft, es el "hombre más influyente del mundo", por encima de cualquier jefe de Estado.[26] Otros poderes mundiales: las cadenas internacionales de televisión, que dominan la comunicación por satélite, y los centros de innovación tecnológica, concentrados en unos cuantos países desarrollados.

Todos ellos constituyen el nuevo poder mundial. Un conjunto reducido de empresas transnacionales, industriales y financieras, sus directivos y técnicos, ligados a los países más desarrollados, deciden la suerte de la mayoría de las naciones. Son los nuevos amos en una estructura de dominación hasta ahora inédita.

Este poder mundial mantiene una situación de desigualdad en el planeta. Un conjunto pequeño de países industrializados domina el capital, las comunicaciones y la tecnología. Veinte por ciento de la población mundial, correspondiente a esos países, posee 87% de los recursos mundiales; el 13% restante se reparte entre naciones que cuentan con 80% de la población mundial. En ellas, la pobreza extrema aumenta. Según cálculos del Banco Mundial, serán quince mil millones los individuos en esa situación en el año 2000.[27]

Lo importante es que el papel del Estado ya no puede ser el mismo que antes. Octavio Ianni ha puesto en claro este punto:

Los Estados están siendo internacionalizados en sus estructuras internas y en sus funciones. En la mayor parte de este siglo, el papel de los Estados era concebido como el de un aparato protector de las economías nacionales, frente a las fuerzas externas perturbadoras, de modo de garantizar adecuados niveles de inversión y

---

[25] Eric J. Hobsbawm, *op. cit.*, p. 189
[26] La encuesta fue publicada en *Le Nouvel Observateur*, París, 5 de enero de 1993.
[27] Xavier Rubert de Ventós, *op. cit.*, p. 117.

de bienestar nacionales. La prioridad del Estado era el bienestar. En las últimas décadas la prioridad se modificó, en el sentido de adaptar las economías nacionales a las exigencias de la economía mundial. El Estado se está volviendo una correa de transmisión de la economía mundial a la economía nacional.

Y, en otro lugar, citando al presidente de la IBM: "Para las finalidades empresariales las fronteras que separan una nación de otra son tan reales como el ecuador. Consisten meramente en demarcaciones convenientes de entidades étnicas, lingüísticas y culturales".[28] ¿Cabe una descripción mejor de la nueva separación entre Estado y nación?

Si por la globalización los Estados nacionales ven sus poderes considerablemente reducidos, la renovación de las reivindicaciones de las nacionalidades y etnias que lo componen pone en jaque su capacidad para mantener un orden homogéneo en la sociedad. Al mismo tiempo que el mundo se unifica, asistimos al despertar de la conciencia de identidad renovada de los pueblos reales que constituyen los Estados-nación y que vivían bajo el disfraz de una uniformidad inventada. Al debilitarse los Estados nacionales, los individuos buscan revivir sus vínculos personales en comunidades cercanas, capaces de ser vividas y no sólo pensadas, que puedan dar nuevo sentido a sus vidas. La nostalgia del individuo por una comunidad perdida no se satisface en el Estado nacional, anhela formas de pertenencia a las que pueda integrarse su vida.

Asistimos al desmembramiento de países y a la formación de naciones nuevas, pequeñas en unos casos —como en el este de Europa—; a la construcción de un federalismo que otorga grandes poderes a las regiones —como en Alemania—; al establecimiento de territorios autónomos —como en España—, o bien a la reivindicación de autonomías dentro de un Estado plural, como es el caso de los pueblos indígenas de América, desde Canadá hasta Bolivia. Las reivindicaciones étnicas y los problemas que provocan no significan necesariamente un regreso a situaciones premodernas; pueden verse también como anuncios de una nueva forma de Estado posterior a la modernidad, vuelta posible por el debilitamiento de los Estados nacionales.

---

[28] Octavio Ianni, *A sociedade global,* Río de Janeiro, Civilizaçao Brasileira, 1993, pp. 24 y 135.

Así, tanto más allá de sus fronteras como en su interior, el Estado sobe-rano y homogéneo empieza a estar en entredicho. Tal vez dentro de un par de siglos, un historiador lo verá como una forma histórica superada; quizá prevalecerá entonces una nueva estructura política: un gobierno mundial, con facultades restringidas, que se elevaría sobre las decisiones de una multi-plicidad de nacionalidades, agrupadas en confederaciones regionales. Pero ésa no es aún la situación. Por muchos años no habrá todavía un poder político que reemplace al Estado-nación. Su desaparición actual dejaría un vacío que sólo el desorden podría cubrir.

En efecto, el orden internacional no está dominado por una instancia de poder que respondiera a la voluntad de todos los países, sino por un grupo reducido de empresas y capitales financieros y por sus conexiones en los países industrializados. Los Estados nacionales son los únicos que están en posi-ción de limitar ese poder y recuperarlo para sus pueblos. La supresión de su soberanía no conduciría, el día de hoy, a un orden internacional equitativo, sino al predominio sin control de un capital sin fronteras y al mantenimiento de la hegemonía de unas cuantas naciones favorecidas por ese predominio.

Por otra parte, mientras las reivindicaciones de los pueblos interiores al Estado no se encuadren en una nueva estructura política, la desaparición del Estado-nación no podría sino dar lugar al caos y a la lucha intestina. El Estado nacional cumple aún una función indispensable: en el exterior, la defensa de los intereses de las naciones que lo componen; en el interior, el mantenimiento de la paz y del orden.

La solución a la crisis no es, pues, la desaparición del Estado-nación. El regreso al pasado no es un camino transitable. La solución estaría en la re-forma del Estado moderno. Sólo con un cambio en la concepción del Estado podrá éste hacer frente a los nuevos retos, sólo entonces podrá cumplir con la función que aún le corresponde, antes de desaparecer.

No soy capaz de trazar con detalle la figura del nuevo Estado que reem-plazaría a un Estado homogéneo en crisis. Ésta se irá dibujando paulatina-mente en la medida en que se vaya formando. Sólo me arriesgaré a proponer algunas de las ideas que orientarían su construcción.

EL ESTADO PLURAL

La soberanía compartida

He subrayado la necesidad de mantener la soberanía del Estado nacional para defenderse contra el poder anónimo de las fuerzas económicas transnacionales y la dominación de los Estados hegemónicos. Pero esa soberanía ya no puede ser equivalente a exclusión y aislamiento, debe ser compatible con la interdependencia. No podemos volver a encerrarnos en un nacionalismo que se querría autosuficiente. No podemos recogernos en nosotros mismos y reivindicar un aislacionismo que, so pretexto de protegernos, nos haría aún más vulnerables. La situación actual nos plantea un reto: reemplazar la desintegración del mundo en un conjunto de naciones soberanas con intereses excluyentes, en un concierto internacional equitativo. Y para ello es necesario admitir que cada nación debe compartir con otras, parcialmente, ciertos atributos soberanos.

Hoy rige una paradoja: para defendernos de la imposición del nuevo poder mundial no basta con nuestra soberanía ilimitada, necesitamos de la unión de naciones en organizaciones capaces de emprender acciones comunes. Es menester que cada Estado reivindique su derecho a controlar su propia política económica y el manejo de sus recursos, su derecho a establecer regulaciones sobre las inversiones peregrinas de capital, su obligación de proteger su propio aparato productivo frente a la competencia desigual de las grandes empresas transnacionales. Pero eso no se logrará si no puede, en concierto con otras naciones, establecer reglas en el nuevo mercado mundial, sujetas a decisiones políticas de varios países. Para ello son menester acciones concertadas en un espacio internacional: restablecimiento de controles supranacionales sobre los flujos de capital, eliminación de los paraísos bancarios no sujetos al fisco, establecimiento de impuestos sobre los movimientos de dinero; en suma: controles políticos internacionales sobre las transferencias de capitales. Y eso implica soberanía compartida.

La globalización impone también otras necesidades a los Estados. En primer lugar, la competencia en el mercado mundial empuja a todos los países a ligar su economía a sistemas económicos regionales. Es lo que está sucediendo en Europa, en América del Norte y en Sudamérica, en el Oeste Asiático.

345

La integración económica en regiones supranacionales tiene repercusiones inevitables en el poder de decisión política de los Estados. Las exigencias de la integración a complejos económicos regionales y la necesidad de mantener el manejo de la propia economía no son fáciles de conciliar. No es deseable perder poderes de decisión, pero tampoco obstaculizar la integración en comunidades económicas más eficientes. El problema es encontrar el equilibrio entre ambas necesidades, a modo de, sin perder la capacidad de autodeterminación, establecer límites precisos en que pueden compartirse decisiones para beneficio recíproco.

Pero hay otros puntos. La globalización nos ha hecho sensibles a los grandes problemas planetarios que los Estados nacionales no están en posibilidad de resolver. Ante todo, el peligro de la extinción de la vida en la Tierra: la contaminación de la biosfera; la destrucción de la capa protectora de ozono; el "efecto invernadero"; el crecimiento demográfico a niveles que pronto harán imposible su subsistencia; el agotamiento de los recursos naturales, que mañana impedirá el tránsito de muchos países a la era industrial; la exploración de los espacios interplanetarios, posible lugar de exilio para la humanidad; para no mencionar otros problemas más inmediatos, como la proliferación incontrolada de armamentos nucleares, el genocidio organizado o el agravamiento de la marginalización de la mitad de los habitantes del planeta.

El desarrollo actual de la ciencia exige también una estrecha cooperación mundial. Antes que cualquier otro campo de la cultura, el saber científico reposa en una comunidad internacional de sujetos de conocimiento que se comunican en un espacio intelectual. Todos comprenden los mismos problemas, tienen una formación semejante, se expresan en la misma lengua, más allá de las nacionalidades a que pertenecen. En un centro de investigación científica, un profesor alemán o japonés, un becario argentino o indio comparten la misma cultura sin límites de fronteras. Esta "mundialización" de la ciencia ha sido uno de los factores de su enorme progreso en este siglo. Sin embargo, tiene aún que cumplirse cabalmente, pues debido al hiato económico entre los países, la comunidad científica internacional tiene su sede principal en las naciones desarrolladas. El acceso a una ciencia unificada, en igualdad de condiciones, por los países del Tercer Mundo, es un reto para el futuro.

Para finalizar, un problema acucioso en los últimos decenios ha sido asegurar la paz mundial. Las medidas, a menudo vacilantes y parciales, de las Naciones Unidas para hacer frente a conflictos locales han servido, al menos, para cobrar conciencia de la necesidad urgente de un poder supranacional que obligue a transformar los enfrentamientos armados en compromisos negociados. El principio de *no intervención* en un Estado pretendidamente soberano empieza a ser un tema de discusión, ante la necesidad imperiosa de defender a un pueblo víctima de genocidio, en unos casos; de violación sistemática de los derechos humanos, en otros. Aún están en la mente de todos los conflictos sangrientos entre serbios y bosnios o entre hutus y tutsis, que llevaron a gran parte de la opinión pública mundial a reclamar una intervención del exterior. Si el Estado nacional se originó en la necesidad de eliminar la lucha violenta entre los individuos de una sociedad, la amenaza permanente de aniquilación bélica entre sociedades, ¿no podría conducir, a la postre, a algún poder político mundial?

Hemos sido testigos de la incapacidad del concierto de las naciones para llegar a decisiones definitivas sobre todos esos problemas y poner en obra acciones concertadas. Cada vez es más apremiante la aceptación por las naciones soberanas de un poder político mundial con facultades coercitivas restringidas a asuntos específicos de interés general, encargado de tomar decisiones y emprender acciones en asuntos urgentes que afectan a todos. Sin embargo, es demasiado pronto para hablar de un gobierno planetario. En la situación actual sólo sería el disfraz del poder de una sola superpotencia. Pero en muchos círculos internacionales se menciona ya la posibilidad de propiciar una "gobernabilidad mundial"; es decir, la creación de instancias internacionales, con facultades resolutivas y poderes coactivos en áreas bien delimitadas, designadas por todas las naciones. Pronto se presentará esa exigencia como un tema de vida o muerte para toda la Tierra. El reto no consiste en la supresión total de la soberanía de los Estados, sino en su disposición a ceder algunas facultades soberanas en campos específicos.

El Estado múltiple

Si el Estado-nación vería limitada su soberanía hacia el exterior, también sus poderes de imponer un solo sistema político y jurídico en el interior.

Muchos Estados nacionales comprenden etnias, culturas y regiones muy distintas. Tiempo es de reconocer la diversidad y adecuar las divisiones geopolíticas a esa realidad. Pero la pluralidad real de un país puede ser de varios tipos. La clasificación más general sería la propuesta por Will Kymlicka, entre "Estados multinacionales" y "Estados poliétnicos". En los primeros, la diversidad "proviene de la incorporación en un Estado de culturas concentradas en un territorio, que tuvieron antes un gobierno propio"; en los segundos, "de la inmigración individual y familiar". Algunos países tendrían ambas formas de Estado múltiple; es el caso de Estados Unidos, "multinacional" por haber incorporado antiguas nacionalidades, como los pueblos indios o Puerto Rico, y "poliétnico", por resultar de la mezcla de inmigrantes de muchos países.[29] Rodolfo Stavenhagen ofrece una categorización más compleja: Estados-nación con una nación dominante y otras subordinadas (España, Inglaterra, Japón), o herederas de una multiplicidad cultural propia de un imperio precedente (China, antigua URSS); Estados derivados de antiguos imperios que guardan minorías en su seno (Turquía, Rumania), o bien, Estados con un mosaico de etnias (India, Pakistán, la mayoría del África negra); Estados producto de inmigraciones de diferentes nacionalidades (Estados Unidos, Argentina, Australia); Estados en que los descendientes de colonizadores forman la nación dominante sobre restos de otras culturas (Indoamérica, Australia, Nueva Zelanda).[30]

Pero a nosotros nos preocupa ahora la relación de un Estado unitario con una diversidad social. Desde ese punto de vista, la distinción pertinente sería la de Estados constituidos por pueblos distintos o por minorías. *Pueblos* pueden ser, dijimos, las naciones (sociedades con una cultura e identidad propias, un proyecto histórico y una relación con un territorio), o bien, las etnias que tengan su propia identidad cultural, aunque carezcan de la voluntad y el proyecto de ser una entidad histórica distintiva. *Minorías* podríamos llamar, en cambio, a cualquier grupo étnico, racial, religioso o lingüístico, que sea minoritario en su país y no pretenda constituirse en una entidad nacional. Según el derecho internacional vigente, los pueblos tendrían derecho a un estatuto de autonomía, no así las minorías. Por eso, de los proyectos políticos

---

[29] Will Kymlicka, *Ciudadanía multicultural*, Barcelona, Paidós, 1996, p. 6.
[30] Rodolfo Stavenhagen, *op. cit.*, pp. 31-40.

de una etnia depende reivindicar el carácter de *pueblo* o de *minoría*. Mientras que los representantes del Estado-nación homogeneizante insisten en retener el término *minoría* para todo problema étnico, los grupos que luchan por su autonomía reivindican su carácter de *pueblos*. ¿Controversia semántica? Política más bien. Porque hasta ahora los convenios de las Naciones Unidas conceden el "derecho de los pueblos a la autodeterminación" y lo niegan a las "minorías".[31] En efecto, podemos considerar que la pertenencia a una cultura, con una identidad y un proyecto propios, es decir, a un *pueblo*, es un requisito para que las personas que habitan un territorio determinado puedan elegir un plan de vida y desarrollar una identidad personal, mientras que es dudoso que ese mismo argumento pudiera aplicarse a la pertenencia a una *minoría*, sea étnica, religiosa, sexual o lingüística.

En suma, la relación, en un Estado plural, entre el poder político y los grupos diversos que componen la sociedad será diferente si se trata de pueblos o de minorías. En el primer caso, el Estado dejaría de identificarse con una nación. Los pueblos podrían ejercer su derecho de autodeterminación escindiéndose del Estado que los dominaba, o bien, reclamando autonomía sin dejar de pertenecer a un Estado plural. Esta última ha sido la opción en muchos casos, como en Gran Bretaña, España y Canadá; ésta es también la elección de los pueblos indígenas de América.

La concesión de autonomías iría en el sentido de otorgar el máximo poder de decisión, compatible con la unidad del país, a los distintos pueblos que lo componen. Cada uno tendría el derecho a determinar todo lo referente a sus formas de vida, a su cultura, a sus costumbres, al uso de su territorio. Estatutos de autonomía, negociados con el poder central o, en el caso de Estados federales, con el poder de cada estado, establecerían el alcance de sus competencias. El Estado pasaría entonces de ser una unidad homogénea a una asociación plural, en la que las distintas comunidades culturales reales participarían en el poder. El ordenamiento político dejaría de ser expresión de una dominación, para convertirse en un pacto libre. En efecto, la Constitución de un Estado no puede expresar un convenio asumido libremente por todos si no respeta las decisiones autónomas de todos los pueblos que lo componen.

---

[31] Para una discusión más detenida de los convenios de la ONU sobre este punto, véase *Ibid.*, cap. 5.

Un estatuto de autonomía no es practicable en el caso de las poblaciones de inmigrantes (o de antiguos esclavos) en Estados poliétnicos, ni tampoco respecto de minorías étnicas que no ocupen un territorio delimitado y estén mezcladas con otras poblaciones. Los individuos de esos grupos se encuentran demasiado dispersos y no suelen conservar un proyecto unitario; a menudo su deseo no es guardar su identidad, sino integrarse en la mayoría. El Estado tiene que garantizarles, sin embargo, los mismos derechos que a los miembros de esa mayoría.

Un Estado plural supone tanto el derecho a la igualdad como el derecho a la diferencia. Igualdad no es uniformidad; igualdad es la capacidad de todos los individuos y grupos de elegir y realizar su plan de vida, conforme a sus propios valores, por diferentes que éstos sean. En lugar de buscar la homogeneidad, respetar por igual las diferencias. Un Estado plural impediría, por lo tanto, cualquier supeditación o discriminación de un grupo social a otro. Tendría que asegurar la equidad a toda minoría étnica, pero también religiosa, racial o de preferencia sexual. Porque no entendería *igualdad* como uniformidad en un solo patrón, sino como trato semejante a todo lo diferente. Eso es equidad. Cuando es patente la discriminación de una minoría, habría que invertirla por la relación en sentido opuesto: establecer cuotas que den preferencia a los miembros de esa minoría en puestos de trabajo o de responsabilidad social. (Es la "acción afirmativa" introducida ya en algunos países como medio de disminuir los efectos de la discriminación). Esta medida sería provisional y sólo podría tener vigencia para eliminar las inequidades y acercarse así a una igualdad real.

El reconocimiento del derecho a la diferencia de pueblos y minorías no es más que un elemento de un movimiento más general que favorece la creación de espacios sociales en que todos los grupos y comunidades puedan elegir sus formas de vida, en el interior del espacio unitario del Estado. Esto lo ha visto el movimiento zapatista de México al proclamar que su reivindicación de autonomía para los indígenas "puede igualmente aplicarse a los pueblos, a los sindicatos, a los grupos sociales, a los grupos campesinos, a los gobiernos de los estados, que son nominalmente libres y soberanos dentro de la Federación". La vía hacia un Estado plural es una forma de la lucha por una democracia participativa en todos los ámbitos sociales.

El movimiento de difusión del poder hacia la base de la sociedad puede aprovechar las estructuras de las instituciones democráticas de los Estados existentes. En muchas naciones, el federalismo en un sentido semejante. La descentralización de recursos y pobres, la disminución del control de la burocracia federal, acerca las decisiones colectivas a los lugares donde puede ejercerse una participación real del pueblo.

Sin embargo, la estructura federal no corresponde necesariamente con la que tendría un Estado plural; suele ser, en efecto, resultado de particiones administrativas que no reflejan la división en pueblos distintos. En los países federales de América o de África reproduce las divisiones coloniales, o bien, responde a intereses políticos circunstanciales; en Alemania, los Länder no pretenden coincidir con la multiplicidad de los pueblos tradicionales (salvo, tal vez, en el caso de Baviera), sino resolver un problema burocrático.

Son los municipios y las comunidades las instituciones políticas en las que podría ejercerse mejor una democracia participativa. En muchos países —los de Indoamérica entre ellos— el territorio donde subsisten las viejas culturas aborígenes está en las comunidades. A partir de ellos podrían constituirse, por asociación, municipios de mayoría indígena, y luego regiones. Comunidades y municipios son los espacios donde el pueblo real vive y trabaja, donde puede participar en una vida colectiva. Una política realmente democrática tendría que propugnar por el acrecentamiento de recursos y de poder a los ámbitos locales.

El fin de una democracia participativa sería el tránsito del Estado homogéneo a una forma nueva de Estado respetuoso de su diversidad interna. "Forjar la patria" no sería ya tratar de integrar a todos los componentes del país en el mismo molde, sino desarrollar, en una armonía superior, la riqueza de una multiplicidad de variaciones de vida.

Pero el Estado plural no nacería de una repentina destrucción de la forma de Estado actual, sino de un lento proceso de reforma de las instituciones existentes. La democracia participativa no es una sociedad nueva que brotará de las ruinas de la presente; es una idea regulativa destinada a servir de guía para una acción gradual de distribución del poder. En todo el periodo de transición, el Estado-nación, destinado a disolverse, tendrá que mantenerse, deberá fincar su poder en las fuerzas sociales que tienen por fin acceder a una democracia participativa.

El nuevo proyecto

El Estado de transición hacia un Estado plural supone una tensión. Se basa en la aceptación de una diversidad en la unidad. El Estado-nación moderno pudo mantener la unidad al ejercer una doble función: por su identificación con una sola nación estableció un vínculo fuerte entre los distintos grupos, por la centralización del poder impuso ese vínculo sobre todos. Pero en el nuevo Estado esas dos funciones no pueden subsistir de la misma manera: el Estado se separa de su identificación con una pertenencia nacional única y los poderes se transfieren progresivamente de la cima a la base de la sociedad. ¿Cómo mantener entonces la unidad de un Estado plural? ¿No es este problema el que alimenta el temor, tanto a las autonomías como a la marcha hacia una democracia participativa?

En el periodo de transición, el Estado guardaría ciertas funciones fundamentales. Ante todo, responder a la necesidad de seguridad y de orden. Pero su medio no sería la imposición del programa de un grupo, sino la transacción, el diálogo y la coordinación entre grupos con programas e intereses diferentes. El Estado sería, por un tiempo, indispensable para ofrecer un marco político en el que todos los pueblos y minorías puedan coexistir y comunicarse.

El peligro mayor de un Estado plural es, en efecto, el conflicto entre los grupos diferentes que lo componen. Al suprimir la violencia de la dominación de un sector de la sociedad sobre los demás, puede abrirse la caja de Pandora: despertar la violencia entre los distintos grupos por obtener la supremacía. El Estado multicultural enfrenta una amenaza extrema: la resurrección de conflictos atávicos entre etnias y nacionalidades. Es el "retorno de lo reprimido", como diría Rubert de Ventós.[32] El Estado tendría, por lo tanto, una misión principal: evitar el conflicto mediante la negociación y la comunicación. No confundiría sus intereses con los de ningún grupo social, así fuera mayoritario; estaría por encima de todos ellos, dejaría el oficio de dominador para asumir el de árbitro. Sólo si la comunicación fracasara utilizaría su fuerza, para impedir la imposición de un grupo y para garantizar la equidad. Por supuesto que ésa es una tarea que parece inalcanzable. En realidad, es una idea

---

[32] Xavier Rubert de Ventós, *op. cit.*, pp. 90-91.

que sólo se cumpliría parcialmente, pero que serviría de guía para orientar la política de un Estado en transición hacia un Estado plural.

Un Estado plural no podría buscar la unidad en la adhesión colectiva a valores que todos compartieran, porque se extendería sobre pueblos y minorías que pueden regirse por diferentes valores. Estaría obligado, por lo tanto, a propiciar la unidad mediante un proyecto común que trascienda los valores propios de cada grupo cultural. No puede presentarse como una comunidad histórica, cuya identidad se hubiera fraguado desde hace siglos, sino como una asociación voluntaria nacida de una elección común. Pero el nuevo proyecto no conduciría ya a la imposición, sobre la realidad disímbola, de un modelo homogéneo imaginado por un grupo; trataría de expresar las necesidades diferenciadas del país real. El vínculo entre las diversas entidades que lo componen no sería una misma visión de un pasado o de una vida colectiva, sino una decisión: la de cooperar en un destino común. La eliminación de la concepción del Estado como depositario de valores superiores, que en realidad corresponden a las naciones, permite verlo como sujeto de una función que rebasa la diversidad de valores: mantener la cooperación equitativa entre todos los individuos y asociaciones que coexisten en el mismo territorio. Los distintos grupos mantendrán un sentido de solidaridad en un Estado plural, en la medida en que se respete su identidad y se mantenga una situación tendiente a su trato equitativo frente a otros grupos. En el Estado verían entonces el garante de su posibilidad de cooperar con los otros grupos sin mengua de su particularidad. La principal meta del Estado se vuelve a adelantar hacia: la igualdad de oportunidades y la cooperación entre todas las culturas, comunidades e individuos que componen el país. Ésa es la equidad. Y la equidad es el signo de la justicia.

18

La comunidad*

Un límite de la asociación

Una democracia radical conduciría al poder de las personas situadas, sujetos de redes sociales concretas, en los lugares donde viven y donde trabajan. Un conjunto de personas situadas, ligadas por vínculos de pertenencia común a una totalidad, pueden formar una comunidad. La democracia radical es una vía hacia la comunidad.

La distinción entre sociedad (*Gesellschaft*) y comunidad (*Getneinschaft*) proviene de F. Tönnies pero, para nuestros propósitos, nos resulta más útil partir de la definición de Max Weber: "Llamamos *comunidad* de una relación social cuando y en la medida en que [...] se inspira en el sentimiento subjetivo (afectivo o tradicional) de los participantes de *constituir un todo*".[1]

La comunidad puede considerarse un límite al que tiende toda asociación que se justifica en un vínculo ético. En efecto, si un individuo se considera a sí mismo un elemento de una totalidad, al buscar su propio bien, busca el del todo. Ahora bien, el signo de que un valor es objetivo y no exclusivo de un sujeto es su manifestación como un bien deseable para todos los miembros de una asociación. Podemos considerar ese bien en dos respectos: como lo bueno para todos y cada uno de los sujetos de la asociación o para el todo en cuanto tal, considerado como una unidad limitada. En este segundo caso

---

* En Luis Villoro, *El poder y el valor*, México, FCE, 1997, pp. 359-381.
[1] Max Weber, *Economía y sociedad,* México, FCE, 1944, I. 40

355

la relación del individuo al todo es el de una comunidad. Una asociación es conforme al valor cuando hace coincidir los intereses particulares de sus miembros con el interés general. Cuando esa coincidencia es cabal y cada quien vela por el bien del todo de la misma manera que por su bien personal, cuando todos los sujetos de una colectividad incluyen en su deseo lo deseable para el todo, entonces no hay distinción entre el bien común y el bien individual: la asociación se ha convertido en una comunidad.

En una asociación, por más que intentemos desprendernos de nuestros intereses excluyentes, siempre subsistirá una distancia, y por lo tanto la posibilidad de un conflicto, entre aquéllos y los intereses del todo: en la comunidad, en cambio, se eliminaría el conflicto, puesto que todos incluirían en su propio interés el de la totalidad. Al sujeto de la comunidad, la coincidencia entre lo que él desea y lo deseable para la colectividad le está dada, no tiene dificultad en justificarla; por lo contrario, requiere de un esfuerzo racional para oponer al interés colectivo el propio. En la comunidad nadie se plantea, por lo tanto, la posibilidad de sacar beneficio de un bien común sin haber contribuido a él. En ella no puede haber "polizones". En las comunidades tradicionales la identificación entre el interés personal y el colectivo suele estar basada en razones incorporadas en la moralidad social colectiva, transmitidas por la tradición y la costumbre; no es difícil hacerlas expresas, la adhesión a ellas es fundamentalmente emotiva. (Por eso Weber señala que el sentimiento comunitario es "afectivo o tradicional"). El bien común es término espontáneo de las actitudes positivas de los individuos. El individuo no necesita preguntarse si el interés de la comunidad a que pertenece choca o no con el suyo, porque su deseo incluye también el bien del todo. "Yo soy parte del todo, piensa, lo que le perjudique me perjudica, su bien es el mío". El *eros* triunfa. Porque lo otro está en lo uno.

La comunidad es, por lo tanto, el horizonte de toda asociación cuyos miembros son capaces de negarse a sí mismos, en lo que tienen de individualidades excluyentes de los otros, e identificarse con una realidad que los abarca; admite pues grados, es más o menos acabada según la medida en que sus integrantes realizan su propio bien en el bien de la comunidad y viceversa. Es también más o menos amplia, según se identifiquen con ella una parte o todos los miembros que la componen. La comunidad está presente como límite posible en toda asociación conforme al valor. Una asociación puede en determinados momentos acercarse de ese límite, alejarse de él en otros, conforme resurja la oposición —siempre posible— entre los intereses particulares y el del todo.

DE LA LIBERTAD A LA FRATERNIDAD

La comunidad, si se realiza cabalmente, supera los valores de la asociación para la libertad. Porque la comunidad no está constituida solamente por una trama de derechos y obligaciones compartidos. Para que una asociación constituya una comunidad es menester algo más: que cada individuo asuma la prestación de un servicio a la colectividad. Es el conjunto de relaciones serviciales, en que cada quien da algo de sí, y no la sola sumisión a la ley común, lo que constituye una comunidad. En una comunidad, cada individuo se considera al servicio de una totalidad que lo rebasa y en ella su vida alcanza una nueva dimensión de sentido.

Pero la comunidad puede justificarse en la repetición de una costumbre, o en la libertad. Un servicio puede ser impuesto, pero también elegido libremente; puede ser unilateral o recíproco; puede consistir en una afirmación de una voluntad ajena o en una realización de sí mismo. Cuando es libremente asumido y aceptado en reciprocidad, supera la asociación y forma parte de una relación de comunidad libre. En su concepto no entra entonces la noción de sujeción. Servicio no es entonces servidumbre a una voluntad ajena, sino a la propia. Su rasgo definitorio sería una relación tripartita: un sujeto, un don y un receptor del don. Entre el sujeto que da y el receptor se establece una liga, que integra a ambos en una nueva unidad; la liga de uno y otro es el don libremente asumido. El don puede ser recíproco. La relación que se establece es entonces un servicio compartido. La base de la comunidad libre es la reciprocidad de dones.

El servicio no implica necesariamente pérdida de autonomía. Puede incluso asumirse como una manera de realizarse plenamente a sí mismo; tal, en la servidumbre de amor, en la entrega a una institución, en el sacrificio cotidiano por una causa social, o en el trabajo desinteresado por la colectividad. En esos casos, *autonomía* cobra un sentido específico. No equivale a autarquía individual; el servidor asume su libertad personal en un compromiso estrecho con otras libertades, elige la consecución de un fin común, al que sólo pueden contribuir varios arbitrios libres. La cooperación entre libertades se presenta como valor común.

La servidumbre, sin embargo, sí implica dominación cuando el fin común le es impuesto al sujeto, cuando su servicio, arrancado, es dictado por el otro, cuando ya no es don sino coacción. El compromiso que constituye el servicio puede, por lo tanto, ser o no sujeción. En el primer caso es una relación de dominación, en el segundo, da lugar a la comunidad en la cooperación.

Cuando la relación de servicio es libremente decidida constituye una elección de vida en que la persona se realiza. El don de todos a una totalidad colectiva, el servicio recíproco, crea un ámbito para el comportamiento donde pueden desarrollarse virtudes que no hubieran aparecido sin esa triple relación entre el sujeto, el receptor de su servicio y el servicio mismo. Las virtudes inherentes a esta relación forman una constelación que deriva de una actitud germinal en todas ellas: el don de sí, figura del amor. La constelación la forman virtudes tales como: generosidad, entrega, desprendimiento, abnegación, sacrificio, fidelidad, solidaridad, humildad, fraternidad.

Pero la relación de servicio puede dar lugar también a los antivalores contrarios. Entonces se convierte en servidumbre. Esto puede suceder en varios casos. El más obvio es cuando el servicio no es libre sino impuesto, ya sea por la fuerza o por la necesidad. El sujeto acepta su servidumbre, no por don de sí, sino por miedo o por necesidad de sobrevivencia. Otro caso es cuando la aceptación del servicio obedece a una forma diferente de coacción: la sujeción a las convenciones sociales, la inercia o la ignorancia. En ambos casos el sentido de las relaciones de servicio está determinado por el otro, el don no es tal sino yugo, y la comunidad se transforma en dominación. En lugar de florecer las virtudes del don, aparecen los vicios que las remedan: deyección, humillación, servilismo, resentimiento, envidia. Así, la condición de una auténtica comunidad es la libertad en el don.

La comunidad libre constituye un nivel de relación que supera la asociación. En la comunidad se cumplen tanto los valores de la familia del orden como los de la libertad. En efecto, puesto que cada individuo quiere y actúa en vistas al beneficio del todo, le es ajena la ruptura del orden por los intereses particulares en pugna; por otra parte, puesto que su servicio es don, su acción con vistas al todo responde a su libertad y otorga a su vida individual un nuevo sentido.

Pero la comunidad es inestable y arriesga continuamente caer en dos escollos antagónicos. El primero es el individualismo: el valor de las libertades individuales se pone por encima de cualquier servicio a la colectividad: celoso de sus prerrogativas, el individuo se opone a toda limitación en favor de una mayor igualdad. El modelo "liberal" de asociación resulta así incompatible con la comunidad. El escollo opuesto es la absorción de la libertad individual por las exigencias colectivas. Al convertirse el servicio en coacción y el don en imposición, se destruye el movimiento libre que da lugar a la comunidad; el individuo es aplastado por un todo que debería dar sentido a su vida. Porque la comunidad sólo existe allí donde cada servicio del individuo es a la vez un refuerzo de su identidad y una realización más plena de su vida personal.

La asociación para la libertad pretende regirse por los principios de la justicia. La justicia establece la igualdad de derechos y obligaciones de todos. La comunidad supone dicha igualdad, pero añade algo más a la justicia. A nadie puede *obligar* el don de sí mismo. El servicio libremente asumido no es asunto de justicia, responde a actitudes y sentimientos que la rebasan: la entrega solidaria, la ayuda desinteresada a los otros son actitudes "supererogatorias"; por dimanar de la graciosa voluntad de cada quien, no pueden *exigirse* a nadie. La comunidad no es obra de la ley sino de la gracia. Por eso su valor supremo es la fraternidad.

En la comunidad no rige solamente el criterio de justicia de la asociación para la libertad ("De cada quien según sus obligaciones, a cada quien según sus derechos"); la permea también la atención a las necesidades particulares de cada sujeto, que pueden diferir de las de cualquier otro; porque cada persona es objeto de cuidado. La famosa fórmula de justicia, propuesta por Marx para el programa de Gotha, no responde, a mi parecer, a un requisito de justicia sino a una relación de comunidad: "De cada quien según sus capacidades, a cada quien según sus necesidades". El primer enunciado supone la disposición de cada quien de dar lo mejor de sí, sin exigir que su contribución se mida por algún derecho. Es la fórmula del don que no espera retribución. "A cada quien según sus necesidades" no señala más criterio para recibir los beneficios de la comunidad que las carencias. Y éstas pueden variar en los distintos sujetos. Sólo quien se identifica con el otro, sólo quien es impulsado por un sentimiento de fraternidad hacia él, puede cumplirlo.

COMUNIDAD Y PODER

El vínculo comunitario, tal como lo he descrito, puede darse en ciertas relaciones interpersonales, previas a la constitución de un poder político.

La relación de pareja puede ya estar orientada a la realización de una comunidad fundada en el amor recíproco. Puede tender a la construcción de una comunidad afectiva en la que cada individuo se realiza en su unión con el otro; cada quien se ve en los ojos ajenos. El bien del otro o la otra no se distingue del propio, ni el de ambos, del todo. En la auténtica relación amorosa no hay oposición entre el bien común y el bien individual; cada elemento considera que se realiza a sí mismo mejor cuando la pareja se realiza.

La comunidad de la pareja puede ampliarse en la familia. La familia constituye otra comunidad limitada, con valores comunes. Sólo cuando hace plenamente suyo el todo familiar, el individuo la vive como una comunidad capaz de integrar sus propios fines. Pero tanto la pareja como la comunidad familiar son frágiles y siempre están en peligro de romperse. Las estructuras de poder autoritarias y las relaciones de dependencia suelen impedir que se realice una auténtica comunidad y replantear la oposición entre intereses particulares y comunes. Por lo general, la pareja y la familia permanecen en tensión constante entre la relación de comunidad, a la que pueden advenir, y la asociación voluntaria de intereses contrapuestos.

Otro tipo de comunidad, previa al poder político, ya no está basada en el afecto mutuo sino en el consenso en los valores superiores que dan un sentido a la vida. En todas las épocas ha habido comunidades morales y religiosas, más o menos cerradas, en las cuales una fe y una decisión de vida une a todos los miembros. No se trata de una simple asociación, porque cada individuo hace suyo el bien colectivo, lo considera conducente a su salvación personal y está dispuesto a sacrificarse por él.

Pero, para nuestro propósito, me interesa ahora una forma distinta de comunidad: la que tiene relación con el poder político. Se refiere a sociedades más extensas que la familia o las comunidades religiosas; sin embargo, tienen con la primera la analogía de estar basadas en sentimientos de afecto y en lazos de cercanía, y con la segunda guardan como semejanza la participación en ciertas creencias que dan sentido a la vida en común. Pero de ambas se diferencian en que tienen relación con una estructura política.

La comunidad sería el antídoto del poder particular. Si poder es la capacidad de imponer la propia voluntad sobre los demás, la noción de comunidad implica que ninguna voluntad particular se imponga sobre la del todo, luego, si se realiza cabalmente nadie puede imponer su voluntad sobre los demás. A cualquier poder particular se opondría así el "contrapoder" constituido por las voluntades concertadas de todos los miembros de la comunidad. Pero entonces, una comunidad perfecta no admitiría el Estado.

Investigaciones recientes han demostrado que el poder político no es esencial a la sociedad. Puede haber comunidades sin Estado. J. W. Lapierre estableció un orden en las culturas primitivas, basado en el estudio de las sociedades africanas, hasta llegar a un tipo de culturas que no presentan un poder político.[2] Algunas sociedades humanas, en efecto, pueden subsistir, en ciertas condiciones, como "sociedades clausas", sin enemigos exteriores. Esto les permite mantenerse sin un poder político interno. Pero es sobre todo Pierre Clastres quien describe la "sociedad sin Estado", que sería la comunidad en su pureza. Desde el siglo XVI, los primeros descubridores europeos de Brasil describían a los indios tupinamba como "gentes sin fe, sin ley, sin rey"; cuyos jefes carecían de todo poder.[3] En esos y otros pueblos semejantes, la función del jefe, en tiempos de paz, es del todo contraria a la del dirigente en tiempos de guerra. A menudo se trata de dos individuos distintos.

En una expedición guerrera, el jefe designado para dirigir a los contendientes goza de un poder casi absoluto; lo pierde totalmente al regresar la paz. Entonces queda sometido al control del consejo de ancianos, el cual puede designar a otro jefe para tiempos normales. Éste tiene una función distinta: mantener la paz y la armonía del grupo. Debe apaciguar los conflictos, arreglar las diferencias, sin utilizar una fuerza que no posee, sino su prestigio y su palabra. Es un árbitro más que un juez.

El jefe está al servicio de la comunidad. Debe dar lo más que tiene; su prestigio está justamente en relación con su capacidad de dar. La persona designada para gobernar tiene que desprenderse de todo, en beneficio de los demás; nada guarda para sí, se convierte en el más desvalido de los miembros

---

[2] Jean- William Lapierre, *Essai sur le fondement du pouvoir politique,* Faculte de Aix en Provence, 1968.

[3] Pierre Clastres, *La société contre l'Etat,* París, Ed. Minuit, 1974, p. 14.

de la tribu. Su poder se mantiene mientras dure su actividad al servicio de la comunidad, sin obtener ningún otro beneficio. Clastres descubre así un rasgo característico de la jefatura indígena: "la generosidad, que parece ser más que un deber una servidumbre".[4]

El jefe no basa su éxito en el poder sino en el prestigio. En vez de la coacción, utiliza el convencimiento y el don. El talento oratorio y la generosidad son las virtudes más apreciadas por el pueblo, ellas mantienen el prestigio del jefe que le permite cumplir su función. Pero el prestigio pende de la voluntad del grupo. Quien tiene un cargo no tiene poder de imponerse, no está nunca seguro de que sus recomendaciones serán seguidas; de allí su interés en mantener la paz y la concordia del grupo, pues su autoridad depende de la buena voluntad de todos. Los jefes son elegidos por su capacidad para realizar una tarea concreta: en tiempo de caza, el mejor cazador, en tiempo de guerra, el más valiente, en la paz, quien posee los dones de elocuencia y generosidad, quien sabe organizar las fiestas y mantener la concordia. Así, concluye Clastres "el jefe está al servicio de la sociedad —lugar verdadero del poder—, la que ejerce, como tal, su autoridad sobre el jefe".[5]

Clastres se enfrenta a dos nociones de "poder": coactivo o no coactivo. Pero no acierta a concebir esta última forma, basada en el prestigio y no en la coacción. "El poder, en su esencia, es coacción", escribe.[6] De allí que, cuando hay poder sin coacción, sólo puede expresarlo por una paradoja: se trataría de un "poder sin autoridad"[7] o de un "poder impotente".[8] La solución está en la distinción entre un "poder *impositivo*", que utiliza la coacción, y un "poder *expositivo*" que se ejerce como un servicio hacia la comunidad. Al poder impositivo de una persona o un grupo sobre el todo, se opone el contrapoder del todo sobre cualquier poder particular.

Queda, naturalmente, por explicar el origen del poder particular, el paso de la comunidad sin Estado al Estado. ¿Por qué se origina un poder coactivo sobre la comunidad? Las hipótesis varían. Puede originarse en la prolongación de una situación de guerra o en un proceso de conquista; o bien en catástrofes

---

[4] *Ibid.*, p. 28.
[5] *Ibid.*, p. 176.
[6] *Ibid.*, p. 40.
[7] *Ibid.*, p. 26.
[8] *Ibid.*, p. 20.

naturales, sequía, penuria radical. En uno u otro caso se requiere la concentración del poder, ya sea en el guerrero o en el sacerdote, para hacer frente a la situación. El jefe designado conserva entonces su poder, aun cuando la emergencia desaparezca. El origen del poder particular puede estar también en conflictos internos: el jefe tradicional fracasa en alcanzar acuerdos, amenaza entonces la lucha entre todos; tiene que imponerse, por la fuerza, una autoridad. A esas causas pueden añadirse otras: la expansión demográfica, que vuelve imposible el control de los jefes por la comunidad; la necesidad de planificar una producción económica creciente que rebasa las necesidades de subsistencia, etcétera. Cualquiera que sea el origen del Estado (y puede ser múltiple), el poder particular nace del conflicto, de la lucha abierta que rompe el consenso de la comunidad; Marx ya lo había visto, y Hobbes antes que él.

COMUNIDADES INDIAS

En muchos casos, en África, Asia y América Latina los Estados nacionales conservan en su seno estructuras locales donde aún rige la comunidad. Esto es patente en la América india. En toda América los antiguos pueblos indígenas han mantenido, pese a los cambios que introdujo la Colonia, el sentido tradicional de la comunidad, en coexistencia con las asociaciones políticas derivadas del pensamiento occidental. La estructura comunitaria forma parte de la matriz civilizatoria americana; se mantuvo, en su base, aun en la formación de los grandes Estados teocráticos de la América precolombina. Los imperios precolombinos ejercían, en efecto, un dominio puramente tributario y no reemplazaron a las comunidades locales. Fue la conquista europea la que constituyó una amenaza de su desintegración. Pero aún bajo las nuevas leyes, lucharon por permanecer y ahora, cinco siglos más tarde, reivindican de nuevo sus derechos.

Las civilizaciones que se remontan a la época precolombina estaban basadas en una idea de la comunidad, del todo diferente a la asociación por contrato entre individuos que prevaleció en la modernidad occidental. Con mayor o menor pureza, esa idea permanece como un ideal por alcanzar. A menudo se encuentra adulterada por nociones derivadas de la colonización. La comunidad originaria se corrompe a veces por las ambiciones de poder ligadas a las estructuras propias del Estado nacional: otras, coexisten sin mezclarse las autoridades representativas del orden comunitario tradicional y las del nuevo poder dimanado del Estado moderno. Pero la comunidad permanece como un ideal de convivencia que orienta y da sentido a los usos y costumbres de los pueblos.

En ellos, persiste la preeminencia de la totalidad sobre los intereses individuales. El individuo adquiere sentido por su pertenencia a un todo: la comunidad humana en que vive, la totalidad de la naturaleza misma también. La relación con los otros entes no está basada en el dominio sino en la reciprocidad de servicios. Nadie tiene un poder particular, la autoridad siempre es delegada; la asamblea o el consejo de ancianos expresan el poder decisorio último. Las decisiones se toman por consenso del pueblo reunido. Por otra parte, las autoridades ocupan un cargo por tiempos definidos y no perciben remuneración alguna por su función. En todos los pueblos se mantiene, en efecto, un "sistema de cargos" por el que la autoridad está ligada a un servicio prestado. Como gustan decir los indígenas: toda autoridad debe seguir el principio de "mandar obedeciendo". Una frase de Jaime Martínez Luna podría resumir la idea de comunidad: "La comunidad, como denominamos nuestro comportamiento, descansa en el trabajo, nunca en el discurso. El trabajo para la decisión (la asamblea), el trabajo para la coordinación (el cargo), el trabajo para la construcción (el tequio) y el trabajo para el goce (la fiesta)".[9]

La comunidad indígena tiene una base económica. Marcel Mauss había señalado cómo el don constituye, en muchos pueblos, una alternativa al intercambio basado en la adquisición de bienes.

Quien da sin pedir nada a cambio, pone en deuda al otro; el otro debe, a su vez, dar en reciprocidad. Pueden considerarse las ideas de Dominique Temple como un desarrollo de esa idea seminal, aplicada a las comunidades indígenas americanas.

El vínculo de la comunidad sería una economía de la "reciprocidad". "Las economías del Tercer Mundo —escribe R. Vachon comentando las ideas de Temple— si bien no ignoran el intercambio, están casi todas organizadas por

---

[9] Jaime Martínez Luna, "Es la comunalidad nuestra identidad", en *Opciones* de *El Nacional,* enero, 1992, núm. 1.

el sistema de valor de la reciprocidad y no del intercambio [...] La reciprocidad se define como la reproducción del don, y el don ya no puede ser considerado como una forma primitiva del intercambio, sino como su contrario".[10] La reciprocidad de bienes o servicios no tiene por fin, como el intercambio, satisfacer el deseo de cada una de las partes de poseer y acumular; "la economía de reciprocidad, al contrario, está motivada por la necesidad del otro, por el bien común, entendido no como la suma de los bienes individuales (la colectividad) sino como el ser comunitario, ese tercero incluido e indivisible que no es reductible a la suma de las partes y que no puede ser propiedad de nadie".[11] Citando a Marx, sentencia D. Temple: "El intercambio empieza cuando la comunidad se termina"; nosotros decimos "la comunidad empieza donde el intercambio se termina".[12]

En una economía de la reciprocidad, tiene más prestigio quien sirve más. El poder no corresponde a quien más posee. Cuando la economía de intercambio reemplaza a la de reciprocidad, se instaura a la vez la propiedad privada y el poder impositivo. Ésa es la historia de la colonización. El choque de civilizaciones se basa en un enorme equívoco: mientras los indios daban, en espera de reciprocidad, los conquistadores utilizaban, para adquirir bienes y poderes, el intercambio.

Los testimonios de las características de la vida comunitaria indígena, en otros campos de las relaciones económicas, son numerosos. No puedo hacer su reseña. Me detendré sólo en un ejemplo. La descripción que hace Carlos Lenkersdorf de la vida y el pensamiento de los tojolabales, un pueblo maya de Chiapas, en México, puede servirnos para comprender los rasgos esenciales de una comunidad.[13]

La comunidad tojolabal parte de la idea de igualdad entre todos sus miembros. "Todos son parejos". No los nivela la homogeneidad entre todos, pues cada quien cumple una función y tiene características distintas; son iguales

---

[10] Dominique Temple, *Estructura comunitaria y reciprocidad*, La Paz, Hisbol, Chitacolla, 1989, p. 13.

[11] *Ibid.*, p. 14.

[12] *Ibid.*, p. 46.

[13] Carlos Lenkersdorf, *Los hombres verdaderos. Voces y testimonios tojolabales,* México, Siglo XXI, 1996.

en sus diferencias (p. 78).[14] Sus relaciones son semejantes a las de los miembros de una familia extensa: si bien todos están vinculados con todos, desde su nacimiento, cada quien lo está en una relación diferente.

La vida política se basa en las decisiones tomadas en común. En la asamblea todos toman la palabra y discuten; al final de la discusión un anciano interpreta y resume la decisión a que se ha llegado. Anuncia: "Nosotros pensamos y decidimos...". "Es decir —escribe Lenkersdorf—, 'nosotros somos iguales y el anciano, gracias al hecho de tener corazón ya, intuye nuestro pensar comunitario y lo anuncia'. Se ha logrado un consenso expresado por la palabra 'nosotros'. Esta clase de asambleas nos demuestran la intersubjetividad en acto. Es la comunidad que vive gracias a la participación de todos y cada uno".[15] El dirigente auténtico no impone su voluntad, sabe captar y verbalizar el consenso. "Los dirigentes verdaderos reciben todo el respeto porque saben articular el pensamiento de la comunidad y, en ese sentido, obedecen a la comunidad. Como algunos dicen, *"mandan obedeciendo y no mandan mandando"*.[16] Hay que distinguir *esa* autoridad, de la que imponen los caciques o los funcionarios de gobierno y que corresponde a una estructura de poder ajena a la comunidad. La vida en la comunidad no es concebida como sujeción a ningún poder particular ajeno a ella; por eso se percibe como libertad. "La condición de posibilidad de la libertad [...] es la existencia de la comunidad libre en la cual estamos integrados".[17]

PÉRDIDA Y RECUPERACIÓN DE LA COMUNIDAD

La comunidad tradicional correspondía a un tipo de sociedad basada en la necesidad del trabajo colectivo; primero, en la recolección, la pesca o la caza, luego, en el cultivo de la tierra o en la ganadería. Las formas de vida comunitaria que han llegado hasta nosotros pertenecen a sociedades fundamentalmente agrarias. El trabajo colectivo exige en ellas igualdad y

---

[14] *Ibid.*, p. 78.
[15] *Ibid.*, p. 80.
[16] *Ibid.*, p. 81.
[17] *Ibid.* p. 85.

cooperación. Para ello se requiere que todos tengan contacto personal con todos, en un ámbito común. La comunidad tradicional está ligada a un espacio local, a un suelo.

Esas condiciones se rompen al pasar a una forma de vida "moderna". Podemos intentar sintetizar en algunos rasgos la oposición del pensamiento y la forma de vida modernos, a las condiciones que hacen posible la comunidad tradicional.

En primer lugar, la transformación del territorio. Ya no es concebido como el ámbito común de relación al que pertenecen todos los individuos y que establece un vínculo entre ellos. No es ya la liga con el presente común, el lugar donde están enterrados los antepasados y que frecuentan los espíritus de la tribu, la parte del mundo que nos ha sido asignada para nuestro cuidado o en la que todos, plantas, animales, hombres, nos integramos. El "territorio" sagrado se convierte en "tierra". La tierra es susceptible de ser poseída, vendida al mejor postor, expoliada, dominada para disfrute personal. La compra y venta de los territorios para convertirlos en tierras de propiedad privada es la primera amenaza contra la subsistencia de la comunidad. Cuando la "madre tierra" se convierte en objeto, la liga más profunda entre todos los entes que estaban a su cuidado se rompe.

La destrucción de la comunidad tradicional se completa con la desaparición del arraigo estrecho del individuo a un espacio local. La comunidad agraria está indisolublemente enraizada en un suelo, restringida a un territorio limitado. La transformación de la sociedad antigua en la moderna empieza con el traslado de los hombres de las localidades agrarias a los burgos. Los habitantes de las ciudades ya no tienen un contacto directo y permanente con los otros miembros de su ciudad: carecen ya de la pertenencia a un ámbito local en el que los individuos reunidos puedan llegar a consensos. La vida comunitaria se vuelve imposible.

Con la desaparición del ámbito comunitario aparece también el individuo aislado, sin un lugar fijo en la sociedad distinto al que él mismo se trace. El hombre nuevo, que inicia la modernidad, no tiene un lugar fijo donde radicar. Hoy puede vivir en una localidad, mañana en otra; para él poca es una tierra.

En la comunidad antigua, el individuo se atiene a las reglas heredadas, a los "usos y costumbres" de siempre; sólo en ellos se descubre a sí mismo. Sin embargo, no accede a la vida ética quien siga ciegamente, por simple miedo o inercia, las creencias convencionales. Debe justificarlas en razones; discutir su pertinencia para mantener la armonía colectiva; fundar su validez en valoraciones personales. En las comunidades tradicionales las decisiones se toman generalmente después de una discusión y argumentación entre todos, en la asamblea pública. Por otra parte, cada quien puede justificar por sí mismo, en la práctica, el valor de la cooperación en el trabajo y de las actitudes comunitarias. Mientras la adhesión a los usos tradicionales sea impuesta, mientras no pase la prueba de esa justificación racional, no ha surgido aún la ética. Cuando, en cambio, el individuo se percata de su valor objetivo y asume su adhesión a ellos, fundado en razones personales, alcanza un primer nivel de ética: una ética del orden. Concibe entonces su libertad como servicio dentro de la vida comunitaria.

En el mundo moderno, en cambio, el individualismo reemplaza a la noción de integración en la sociedad. El individuo ya no adquiere sentido por su pertenencia a una totalidad, es él mismo la fuente de sentido y valor de esa totalidad. Tiene, por lo tanto, que descubrir su propia identidad en un proceso de crítica y oposición a las ideas heredadas. El individuo se pone a sí mismo como instancia de decisión sobre su plan de vida y pone en cuestión las formas de decisión comunitarias. Su libertad implica negarse a servir por decisión ajena.

La aparición del Estado-nación moderno, concebido como una asociación voluntaria de individuos libres e iguales, marca la oposición a la idea comunitaria tradicional. En el Estado homogéneo todos los individuos son semejantes: no puede admitir, por lo tanto, en su seno comunidades distintas. Las comunidades deben ceder su poder a la burocracia estatal, impersonal, desgajada de sus ámbitos locales.

Pero en el ocaso del pensamiento moderno revive la nostalgia por la comunidad perdida. El debilitamiento del Estado-nación tiene otra cara: el resurgimiento de pueblos, etnias, nacionalidades, guardianas aún de un sentimiento de comunidad. La falta de sentido en que desemboca el individualismo moderno nos hace volver la cara a la comunidad antigua como una forma de recuperar el sentido. Sin embargo, no hay regreso posible. Después de haberse transformado por la modernidad, la sociedad no puede volver, sin más, a formas de vida anteriores. ¿Podríamos renunciar a los valores de la igualdad y la libertad personales, en aras de la adhesión a la colectividad?

¿Seríamos capaces de prescindir del pensamiento crítico frente a la tradición, para volver a seguirla? No. Sólo podemos recuperar los valores de la comunidad, levantándolos al nivel del pensamiento moderno.

Frente a la destrucción de ese pensamiento, cabe su renovación. Renovar la modernidad quiere decir superarla en una traza nueva: recuperar el momento de verdad del pensamiento y la vida premodernos, sin renunciar a los valores fundamentales de una asociación para la libertad.

Podemos imaginar un nuevo modelo de comunidad. Mientras la comunidad tradicional se justificaba en la obediencia a los usos y costumbres heredados, la comunidad nueva tendría por condición la posibilidad de rechazarlos libremente. La colectividad no podría *exigir*, como requisito de pertenencia, la práctica del servicio ni la vivencia de la fraternidad; sólo podría *promover* la libre adhesión a esos valores. La comunidad no sería algo dado, con lo que se encuentra al nacer el individuo, sino un fin libremente asumido para dar un sentido superior a su vida: la comunidad sería la construcción de un mundo otro, por la voluntad concertada de todos.

Esa forma de comunidad implica una nueva manera de concebir el sentido. El sentido de algo ya no está dado por su pertenencia a una totalidad (como en las comunidades tradicionales), tampoco por la decisión individual de la propia libertad (como en las sociedades modernas), sino por la integración de cada individuo en una totalidad, tal que en esa integración se realiza plenamente como persona. La fuente del sentido no es el todo, ni el elemento individual, sino la integración de cada elemento en un todo en el que descubre su propia realidad. Esto es válido en cualquiera de las manifestaciones del *eros*. En la relación amorosa interpersonal, en la que cada persona se realiza plenamente en la pareja; en la comunidad, en la que cada quien se descubre a sí mismo al vincularse con los otros; en la unión con el todo cósmico, en la que el yo puede descubrir su verdadero ser en lo Otro.

La rebelión de las comunidades indígenas de Chiapas, en México, puede interpretarse, en mi opinión, como un llamado a la recuperación de los valores de la comunidad en el seno de la sociedad moderna.

No es una guerrilla revolucionaria de viejo cuño. Hunde sus raíces en el viejo universo indígena y, a la vez, asume los valores de libertad e igualdad individuales de la sociedad moderna. Por eso llama a la sociedad civil para la realización de una democracia participativa. No quiere el poder para sí sino para todos. "Todo para todos, nada para nosotros" es su lema. Propone adelantar hacia una sociedad nueva, donde los valores de la comunidad sean asumidos libremente. Sería una asociación donde la cooperación fraterna, basada en el servicio recíproco, sería el fin común; una asociación donde el poder estaría controlado por la comunidad; donde toda autoridad "mandara obedeciendo".

DEMOCRACIA Y COMUNIDAD

La realización de los valores comunitarios en la sociedad moderna supone un movimiento inverso al que condujo al Estado-nación actual.

El Estado-nación tiene la tendencia a disminuir los poderes locales en favor de un poder central, la diversidad en beneficio de la homogeneidad; se trataría ahora, en cambio, de difundir los poderes hacia las organizaciones de base, de respetar las heterogeneidades. En el Estado, el poder desciende desde arriba; en la unión de comunidades, fluye desde abajo. El reencuentro con las comunidades va en el mismo sentido que la "democracia radical". En palabras de Gustavo Esteva:

> El proyecto popular parte del reconocimiento de la diferencia y reivindica el poder del pueblo. Somos diferentes y queremos seguirlo siendo: para coexistir en armonía exigimos respeto a todos los pueblos y culturas que somos, que han de asumir como premisa en su trato su diversidad y la no superioridad de ninguna de ellas sobre las demás. Al mismo tiempo queremos gobernarnos a nosotros mismos: que el pueblo puede ejercer en todo momento su poder, para resolver los predicamentos colectivos. En vez de transferir al Estado ese poder, para que gobierne al través de representantes que inevitablemente se corrompen, queremos reconstituirnos desde la base social, en cuerpos políticos en que el pueblo pueda ejercer su poder.[18]

En los Estados multiculturales, constituidos por una diversidad de nacionalidades y etnias (la mayoría), ese movimiento supone el reconocimiento

---

[18] Gustavo Esteva, manuscrito facilitado por el autor, 1997, p. 35.

de la diversidad de culturas y de la capacidad de autogobierno de cada una de ellas. Muy a menudo, las nacionalidades que componen un Estado fueron anteriores a la constitución de la nueva nación; es el caso de los Estados nacionales que surgen de la descolonización. Sus derechos son previos al Estado nacional y no derivan de sus constituciones. Por el contrario, la constitución del Estado no puede reflejar un convenio libremente asumido si no respeta la decisión autónoma de los pueblos que lo componen. En todos los países independientes que sufrieron la colonización europea las constituciones nacionales fueron obra de un grupo dominante; se aprobaron sin consultar con los pueblos que habitaban el territorio recién independizado. La ley suprema del Estado-nación debe pasar de ser una norma impuesta por un grupo a ser el resultado del convenio libre entre pueblos. Para ello debe reconocer el derecho a autodeterminarse de dichos pueblos, en estatutos de autonomía que determinen sus competencias de autogobierno y consagren su adhesión autónoma al Estado nacional.

El reconocimiento de las autonomías de los pueblos diversos que componen un Estado no es más que una manifestación de un movimiento más general que favorece la creación de espacios sociales en que todos los grupos y comunidades puedan elegir sus formas de vida, en el interior del espacio unitario de la nación-Estado. Esto lo ha visto el movimiento zapatista de México al proclamar que su reivindicación de autonomía para los indígenas "puede igualmente aplicarse a los pueblos, a los sindicatos, a los grupos sociales, a los grupos campesinos, a los gobiernos de los estados, que son nominalmente libres y soberanos dentro de la Federación". La lucha por la autonomía es una forma de la lucha por una democracia participativa en todos los ámbitos sociales.

En el llamado Tercer Mundo se conservan aún muchas formas de comunidades tradicionales. La política de la "modernización" las ha visto como una rémora y ha tratado de reemplazarlas por las estructuras de un Estado uniforme, burocrático, copiado de los países occidentales. Pero apenas ahora empezamos a percatarnos de la cara oscura de la modernidad. ¿Estamos dispuestos a repetir los errores a que condujo en otros países? No. Cabe apostar por otra alternativa: la modernización de nuestros países evitando sus resultados nefastos. Para ello contamos con el caudal de las comunidades que contrarresten el individualismo y el desamparo a que conduce la modernización de la sociedad. Nuestra política podría ser la de recuperar los valores de la comunidad; en lugar de combatirlos, fomentarlos, aprender de ellos en los pueblos en que aún existen. Pero a la vez, procurar la transformación de las comunidades tradicionales para que incorporen libremente a sus antiguos valores, los de la asociación para la libertad: respeto a los derechos individuales, igualdad y libertad para todos en el marco de la fraternidad antigua. Los pactos de autonomía serían la garantía de incorporar a los usos y costumbres de las comunidades existentes, la plena realización de la igualdad y la libertad de los individuos.

Pero en los países en vías de desarrollo, la vida comunitaria ya se ha perdido en la mayoría de su territorio. La política democrática se dirigiría entonces a reproducir espacios locales de encuentro, donde una comunidad pudiera surgir de nuevo: comités de barrio, secciones sindicales, gremios profesionales, asociaciones múltiples, consejos obreros en los lugares de trabajo.

El fin último, alcanzable en el largo plazo, sería la reducción del Estado-nación a un lugar de comunicación y de coordinación de los espacios de poder locales. Las fórmulas concretas, las instituciones que lo integrarían, habría que inventarlas. Pero sus funciones se reducirían a la promulgación del sistema normativo que permitiera la convivencia de los poderes locales, a la coordinación armónica de sus actividades y a la relación con los Estados-nación exteriores que aún subsistieran.

El movimiento de difusión del poder hacia la base de la sociedad puede aprovechar las estructuras de las instituciones democráticas de los Estados existentes. En muchas naciones, el federalismo va en un sentido semejante. La descentralización de recursos y poderes, la disminución del control de la burocracia federal, acerca las decisiones colectivas a los lugares donde puede ejercerse una participación real del pueblo. Pero sobre todo son los municipios la estructura política encargada de convertirse en la correa de transmisión del poder del Estado a las comunidades. Una política democrática tendría que propugnar por el acrecentamiento de los recursos del ámbito municipal. En los países de lengua castellana, tanto en América como en la Península, los cabildos tienen una importante tradición histórica como sede de un poder popular. Fueron vistos siempre como el centro de las libertades ciudadanas; el absolutismo nace, en España, de la derrota del movimiento comunero; en América, los movimientos de independencia tienen su sede en los cabildos de las ciudades coloniales; y en todas partes la tradición del municipio libre siempre se opuso a un Estado autoritario. El municipio podría ser la estructura política del Estado existente, para la transferencia del poder a las comunidades locales. "El municipio sería simultáneamente —escribe Esteva —un espacio de coordinación y concertación entre todas las comunidades que lo integrasen, incluyendo la o las de las cabeceras, y el gozne en que se pondrían en relación dos estilos radicalmente diferentes de gobierno: el local y el estatal o nacional; el de la democracia radical (como gobierno por la gente) y el de la democracia de representación (como gobierno para la gente)".[19] El fin sería el tránsito del Estado homogéneo a una nueva forma de Estado múltiple, respetuoso de su diversidad interna. El nuevo Estado no nacería de la destrucción repentina del Estado-nación actual, sino de un lento proceso de reforma de las correspondientes instituciones. La democracia radical no es una utopía; no es una sociedad nueva que brotara de la destrucción de la actual; es una idea general, destinada a servir de norte para la acción paulatina de redistribución del poder. Por eso, el tránsito a la nueva concepción del Estado variará en cada sociedad según sus circunstancias específicas y sólo se consolidará cuando se convierta en práctica social corriente. En todo el periodo de transición, el Estado-nación, destinado a disolverse, tendrá que guardar su fuerza, si está regido por la voluntad política de cambio. Deberá fincar su poder en las fuerzas sociales que tengan por fin la democracia participativa. Su lucha por una mayor igualdad en la libertad y una aceptación mayor de las diferencias conducirá paulatinamente a la recuperación de una comunidad en la libertad.

LOS TRES ESTADIOS DE LA VIDA ÉTICA

Llegamos al final del recorrido. Hemos hallado tres géneros diferentes de asociación política, según la familia de valores que consideran superiores: el orden, la libertad, la fraternidad. Corresponden a estadios distintos de la vida ética, tanto en el individuo como en la sociedad. No se refieren sólo a las formas que puede revestir el orden político; cada persona, cualquiera que

---

[19] *Ibid.*, p. 49.

sea el tipo de sociedad a la que pertenezca, puede recorrer los tres estadios. De hecho, la vida moral o religiosa de muchos individuos ha alcanzado el estadio más elevado, aun en el seno de sociedades represivas que no rebasaban el primero. Ni el Buda ni Francisco de Asís tuvieron que esperar el advenimiento de una sociedad fraterna para practicar ellos mismos la fraternidad hacia todo ser viviente.

No obstante, podemos preguntarnos por los valores que pretenden justificar éticamente, ya no el curso de una vida personal, sino un orden político. Entonces, volvemos a encontrar los tres estadios al nivel de la asociación. Tal parece que la historia repitiera a escala colectiva las etapas morales que puede recorrer una vida individual. El primer estadio correspondería a las sociedades antiguas, después del nacimiento y consolidación del Estado; el segundo, a la modernidad, tal como empieza a aflorar en el Renacimiento europeo y se realiza en las sociedades resultantes de las revoluciones democráticas; el tercer estadio estaría apenas anunciado en la actual crisis de esa modernidad. Sin embargo, la progresión no es lineal ni irreversible. Tampoco se lleva a cabo en todos los sectores de una sociedad. Varios estadios pueden coexistir en una etapa y lugar. Podemos encontrar comunidades fraternas enclavadas en sociedades impositivas y, a la inversa, sectores autoritarios y dogmáticos en sociedades donde, en general, predomina la libertad y la tolerancia. Se trata sólo de tres posibilidades de la asociación, que conocen muchas variantes intermedias. Lo que caracteriza a una sociedad, en ese respecto, es sólo el tipo de valores superiores que rigen a la vida en común de la mayoría de sus miembros y que da la tónica a la sociedad entera.

Los tres estadios pueden verse como intentos progresivos de dar sentido a la vida individual y colectiva, impulsada por el deseo y justificada por la razón.

El primero, parte de la percepción del sinsentido de la existencia aislada. Ése es el mal radical. Allí está el puro existir de algo, irreferente, imponiendo su presencia, sin relación con ninguna otra cosa. No sabemos por qué está allí, cuál es su función ni su destino; sólo sabemos que existe, aislado, encerrado en sí. Así percibe el individuo la reiteración de su existencia centrada en sí mismo, sin formar parte de nada que lo rebase. Aislamiento, deyección, abandono; o bien, terror ante la agresión del otro, defensa ante un mundo ajeno al que no pertenece. Nuestras acciones se disuelven entonces en la arena, no tienen asidero, se pierden al reiterarse en gestos que nadie mira;

o bien, se aferran a su existencia, al rechazar la agresión ciega que irrumpe desde fuera; sólo saben decir "no" a cualquier otra existencia. El aislamiento y la agresión son las dos caras de una existencia sin sentido.

Pero el deseo objetal impulsa a romper el aislamiento y a parar la agresión al otro. Una primera forma de razón consiste en referir, vincular la propia existencia a su relación a un todo. Dar a cada ente su lugar y su función. Ninguna cosa está aislada, ninguna niega a la otra; toda cosa existe en referencia; todo está en relación con todo en una estructura. La razón vence al caos estableciendo la forma. El aislamiento se abre al orden de un todo; la acción individual forma parte de una narración; toda existencia cobra sentido al ser un elemento en una totalidad que la comprende. La vida individual es vista ahora en su pertenencia a una realidad más amplia. Adquiere identidad y peso por su situación en ella. La vida colectiva es comprendida ahora como un todo ordenado; ofrece una morada y un destino a quienes se creían abandonados, paz y armonía a quienes luchaban por su existencia. Los valores superiores que vencen el sinsentido son variaciones de la pertenencia: paz, armonía, seguridad, orden.

Pero la pertenencia a un orden puede engendrar una segunda forma de mal. Puede ser que el lugar que ocupamos en el todo no corresponda a nuestros deseos y frustre nuestras necesidades. Puede suceder que la pertenencia deje fuera lo que consideramos auténtico en nosotros y en lugar de acoger nuestra existencia la oprima. Entonces, el sujeto se percata de que su situación en un orden no es más que una máscara. El mal segundo es la falsía, la separación entre el hombre real y el papel que juega en la farsa. Es también la opresión que el todo ejerce sobre el individuo, el aplastamiento del individuo real por el orden al cual se supone pertenecer. El deseo de autenticidad es el impulso por liberarse de la opresión y de la farsa.

La razón que responde a ese deseo tiene otra función: descubrir los verdaderos valores, los que corresponden al hombre real, detrás de los valores proclamados por la sociedad. Lleva así al descubrimiento de la inagotable riqueza de la individualidad, reprimida y oculta por la pertenencia a un orden. Los valores que toman primacía son los que integran la dignidad irreemplazable de la persona: libertad, autenticidad, responsabilidad, igualdad. El sentido de la vida ya no está dado por la pertenencia a un todo, sino por la decisión autónoma. El individuo es fuente de todo sentido.

Pero si todo adquiere sentido por el hombre ¿cuál es el sentido de ese donador de sentido? La pertenencia a un orden había vencido la deyección de la existencia, pero ahora el individualismo puede dar lugar a una nueva versión del mal radical: el sinsentido de una suma de existencias aisladas, o en perpetua pugna con el mundo ajeno. La búsqueda del yo puede conducir de nuevo al encierro en sí mismo, la autonomía personal a la desintegración del todo. Pero la fuerza del eros persiste. Impulsa ahora a la reintegración en el todo-otro. Pero ya no puede ser una reintegración que ignore el momento en que la libertad individual se descubrió a sí misma. El tercer estadio tiene que integrar, en una síntesis, los dos anteriores: el orden y la armonía, como resultado de una libertad plena. Los valores supremos por realizar son ahora los derivados del don libre de sí mismo. Pero no de un don que destruya al donante, sino de aquel en que cada quien se realiza plenamente al ponerse libremente al servicio de lo otro. El individuo adquiere valor y sentido al formar parte de una totalidad, que no está dada previamente, sino que se construye al negarse cada quien por mor del todo.

El modelo que llamé "igualitario" intenta ya acceder a una asociación, basada en la igualdad y la cooperación, afirmando la diversidad de todos; es el tránsito necesario al tercer estadio, porque sus valores sólo podrán cumplirse cabalmente en una nueva comunidad. En la comunidad cada sujeto adquiere su sentido al realizarse en el seno de una totalidad. Sólo entonces descubre su ser verdadero. Porque el ser real de cada persona está en la liberación del apego a sí mismo y en su unión liberada con lo otro, como en la relación afectiva interpersonal, cuando cada quien llega a ser realmente al hacer suyo el destino del otro, como en la armonía del universo, donde cada ente adquiere su verdadero sentido en su vínculo con el todo, como en la vida espiritual, en fin, donde cada quien descubre su verdadero yo en la negación del apego a sí mismo.

Atravesar los tres estadios es, tanto para el individuo como para la colectividad, cumplir con el designio del amor: realizarse a sí mismo por la afirmación de lo otro.

19

Democracia comunitaria
y democracia republicana[*]

El fin del siglo XX asistió a la aceptación por la mayoría de las naciones de la democracia representativa de corte liberal. En los países desarrollados era una consecuencia de la derrota de los regímenes totalitarios, que se habían presentado como única alternativa a la democracia. Contra la sujeción de los individuos al poder absoluto del Estado, el objetivo principal de las nuevas democracias fue asegurar la libertad política de los ciudadanos. No debía repetirse su desprotección frente a un poder supremo.

"Big Brother" debía ser desterrado para siempre. Ese renuevo de la democracia liberal repercute en nuestra América. Se despierta de las sanguinarias dictaduras militares y de la corrupción de los gobiernos autoritarios. Las nuevas democracias sueñan con terminar para siempre con la barbarie de los gorilas uniformados, aliados a los grupos privilegiados; al mismo tiempo, reaccionan contra el Estado asistencial populista; a nombre de la libertad, pretenden emancipar al individuo del peso del "ogro filantrópico", como Octavio Paz bautizó a ese Estado. El proceso que vivimos en México no es ajeno a ese giro.

Pero el giro mundial hacia la democracia liberal exige una reflexión serena. Porque el imperio de esa forma de democracia, que parece imponerse a nivel planetario, presenta una doble cara. De hecho, los nuevos gobiernos democráticos han generado una paradoja: decididos a asegurar la libertad de todos, han provocado, sin embargo, la exclusión de muchos.

---

[*] En Luis Villoro, *Los retos de la sociedad por venir*, México, FCE, 2007, pp. 117-129.

Contra esa situación se han elevado en los países desarrollados otras voces. No tratan de eliminar la democracia. Todo lo contrario. Intentan darle un contenido que atenúe su efecto de exclusión. Esas voces suelen agruparse bajo los membretes de "republicanismo" y "comunitarismo". Esas corrientes surgen en el seno de los Estados nacionales modernos y acuden a una tradición intelectual propia de la cultura de Occidente.

Pero ahora me interesa asomarme a otra alternativa menos conocida: la que procede de tradiciones distintas a la occidental, que se remonta a pueblos que fueron colonizados por Europa. La crítica de la versión liberal de la democracia, por provenir de un ámbito cultural diferente de Occidente, puede ser más radical y ayudarnos a ver con mayor claridad la alternativa a ese sistema político.

En varios países de Iberoamérica que aún cuentan con amplia presencia indígena hace tiempo se manifiesta otro tipo de oposición a la democracia liberal: el que se origina en los pueblos indios originarios, anteriores a la conquista europea. Esa oposición ha adquirido dos direcciones totalmente diferentes. En muchos casos, en Colombia, en Perú, en Guatemala, tomó un cariz extremadamente violento. La marginación y la miseria extremas en que estaban sumidos muchos pueblos indígenas los llevó a rebelarse en la única forma en que podían hacerlo. Su modelo fue a menudo la guerrilla, en unos casos con fuertes coincidencias con la estrategia del "foco guerrillero" que expuso el Che Guevara; en otros casos, con destellos de utopía milenarista, de inspiración tanto india como cristiana, como en el movimiento de Sendero Luminoso.

Pero, frente a esas corrientes revolucionarias, contrarias a la democracia, hay otras con rasgos que difieren radicalmente de las viejas posturas guerrilleras. Es el caso de los movimientos indígenas de Ecuador y Bolivia y, en México, del movimiento neozapatista. El movimiento zapatista, después de utilizar las armas por unos días, para hacerse escuchar, ha hecho un llamado permanente a la "sociedad civil" para establecer una "democracia con justicia y dignidad". No propugnan por una subversión de la democracia representativa, sino por su realización plena, en formas que tratarían de eliminar la exclusión de los desiguales. Han logrado por ello la adhesión de asociaciones que representan a los viejos pueblos indios y de sectores importantes de la opinión pública nacional.

Lo que aquí me interesa destacar es cómo ese movimiento está ligado a la restauración de formas de vida originarias, que comprenden una forma de organización política que podría llamar "democracia comunitaria". Antes de la conquista europea, ese sistema político se mantenía en los ámbitos locales, por debajo de la estructura dominante de los grandes Estados teocráticos y militares. Si bien en la cúspide dominaba un estrato sacerdotal y guerrero, en la base permanecían comunidades con formas de asociación igualitarias. Durante la colonia española se conservaron parcialmente. Aunque sufrieron transformaciones notables por la dominación colonial, su carácter comunitario seguía siendo un modelo a seguir.

Es después de la independencia cuando las comunidades sufren su mayor daño a manos de las políticas liberales. Aun así, pervertidas a menudo por la emergencia de nuevos caciques, por la intromisión de funcionarios y de partidos políticos nacionales y por la corrupción de la sociedad de consumo, las formas de vida comunitarias se presentan como un ideal de asociación que se funda en la tradición y al que tratan de volver constantemente.

Según ese ideal a menudo incumplido, el poder último reside en la asamblea, en la que todos los varones adultos participan por igual. En el actual movimiento zapatista se rectifica la división ancestral y se plantea la participación igualitaria de las mujeres. En la asamblea todos toman la palabra; después de una discusión se decide por consenso de los asuntos importantes. La asamblea nombra, entre las personas que considera más sabias y experimentadas, un "Consejo de ancianos", encargado de ejecutar las decisiones cotidianas y de dirimir las disputas. Las personas que ocupan los cargos menores duran en su función corto tiempo, no reciben retribución alguna, antes bien tienen que contribuir a los gastos con su escaso patrimonio y son revocables en todo momento. En sus relaciones todos están sujetos a las normas comunes transmitidas de generación en generación y reiteradas por la costumbre. Todos los individuos tienen que cumplir con un servicio no retribuido en la realización de tareas de beneficio colectivo. En compensación, todos son asistidos por la comunidad en caso de dificultades.

Es interesante notar que este tipo de organización política tiene una estrecha analogía con comunidades del África negra, sin que haya habido ninguna influencia recíproca entre ellas. En muchas regiones de África, la tradición anterior a la colonización mantiene en los poblados formas de democracia diferentes a la occidental. Los conflictos permanentes en varias naciones africanas han dado lugar a una alternancia entre dictaduras militares y caricaturas de democracia de partidos; ante el ciclo de violencia y corrupción legado por el colonialismo europeo, algunos intelectuales, entre ellos el ganés Kwasi Wiredu, han propuesto una alternativa. La democracia liberal, comprueban, no ha podido funcionar, no sólo por el desinterés de la población, sino porque establece la competencia y la división donde por tradición se evalúa la unidad y la colaboración en la vida comunitaria. Proponen entonces afianzar otro tipo de democracia tradicional que Wiredu denomina "democracia consensual". La democracia consensual se basa en el diálogo razonado que tiene lugar entre todos los miembros de la comunidad. En lugar de la imposición de una mayoría cuantificable, el diálogo se aproxima siempre a un consenso razonado. Ninguna decisión se toma sin un acuerdo colectivo. Los ancianos de la tribu reciben de la comunidad su mandato y, siguiendo los acuerdos, dirimen las disputas. En las decisiones finales todos han participado, ninguno es excluido de ser atendido. Todos quedan igualmente obligados a tareas comunes. El consenso manifiesta la solidaridad entre todos.[1]

No pretendo que ni en la América india ni en el África negra se realice cabalmente ese sistema de convivencia política. Sólo compruebo la existencia de un modelo ideal de democracia que difiere a la democracia liberal de Occidente. En ambos lados del Atlántico la "democracia comunitaria", o "democracia consensual" como la nombra Wiredu, seguiría los siguientes principios:

1. La prioridad de los deberes hacia la comunidad sobre los derechos individuales. El servicio a la comunidad es condición de pertenencia, y la pertenencia, condición de derechos.
2. El servicio obliga a todos. Está dirigido a un bien común en el que todos participan. Establece, por lo tanto, una solidaridad fundada en la dedicación colectiva al bien del todo.
3. La realización de un bien común está propiciada por procedimientos y formas de vida política que aseguran la participación de todos por

---

[1] Kwasi Wiredu, "Democracy and Consensus in African Traditional Politics", *Polylog*, núm. 1, Múnich, 1999, p. 131.

igual, en la vida pública. Son procedimientos de democracia participativa que impiden la instauración permanente de un grupo dirigente sin control de la comunidad. Nuestros indígenas expresan este principio en una fórmula tradicional: los servidores públicos —dicen— deben "mandar obedeciendo".

4. Las decisiones que se tomen se orientan por una meta regulativa; dejar que todos expresen su opinión, acercarse lo más posible al consenso.

Todos estos principios evitan la exclusión.

Ahora bien, esas comunidades pertenecen a un ámbito social y comparten una mentalidad anterior a la modernidad. ¿Qué importancia pueden tener —se preguntarán ustedes— para las sociedades modernas? ¿Acaso tienen algo que decirnos a quienes vivimos en condiciones sociales y políticas tan diferentes?

Es cierto. La "democracia comunitaria" puede darse en sociedades agrarias o ganaderas. En ellas el trabajo colectivo es indispensable y todos participan en él, pues la división del trabajo es aún limitada. La colaboración de todos en fines y tareas comunes es indispensable para la subsistencia. Las costumbres políticas son coherentes con esas formas de vida.

Por otra parte, se trata de comunidades pequeñas, de dimensiones reducidas, donde todos se conocen, comunican entre sí y pueden en cualquier momento reunirse para llegar a acuerdos racionales. La democracia directa deja de ser posible, en cambio, al rebasar esos límites.

Pero lo más importante: las formas de democracia comunitaria se justifican en la tradición, se remiten a una sabiduría heredada, encarnada en la moralidad social efectiva y expresada a menudo en mitos y leyendas. Forman parte de los usos y costumbres establecidos que, aunque no son inamovibles, prestan resistencia a las innovaciones. En ellas está mal visto cualquier disenso de lo tradicionalmente aceptado. De hecho la autonomía individual está supeditada al autogobierno de la comunidad.

Las democracias modernas tienen lugar, por el contrario, en sociedades complejas, se ejercen sobre una pluralidad de formas de vida y admiten concepciones sobre el bien múltiples. Sobre todo, no se justifican en la aceptación de la tradición, sino en la elección de sujetos que se suponen racionales y autónomos. Las formas de "democracia comunitaria" de sociedades premodernas no podrían, por lo tanto, trasponerse sin cambios a nuestras sociedades modernas.

Sin embargo, ¿no suscitan en nosotros una nostalgia por valores que consideramos perdidos? Nos hablan de sociedades que se niegan a la exclusión, en las que todos tienen su lugar y todos son objeto de consideración. Nos recuerdan, sin declararlo expresamente, que la democracia es el poder del pueblo real, que se ejerce allí donde los hombres viven y trabajan y no puede ser sustituida por un grupo de representantes que los suplantan. Nos hacen patente la posibilidad de una vida social donde la solidaridad en la realización de un bien común puede prevalecer sobre los mezquinos intereses individuales. Con su mera presencia, parece que quisieran decirnos: "Cuidado. La sociedad individualista, egoísta y excluyente en la que viven no es la única posible. Hay otras formas de vida. Tengan el valor de emprenderlas".

Pero para hacer nuestros esos valores deberíamos recrearlos, cambiar su traza para adaptarlos a nuestras sociedades modernas. Podemos intentar una aventura intelectual; *levantar* (en el sentido del *Aufhebung* hegeliano: superar conservando) la democracia comunitaria al nivel de la democracia moderna.

Para ello nos será muy útil evocar una corriente actual que propone otra alternativa a la democracia liberal, basada ésta en el pensamiento moderno: el republicanismo.

Llamamos republicanismo a una corriente filosófica que opone el gobierno republicano a las formas de gobierno autoritario y ofrece una concepción de la democracia distinta a la del liberalismo clásico. Tiene sus antecedentes en algunos autores renacentistas italianos quienes, a su vez, tratan de revivir el espíritu que atribuyen a la república romana. En Rousseau podemos encontrar fundamentos de esa doctrina, que se desarrolla en las primeras etapas de las revoluciones democráticas norteamericana (en su corriente antifederalista) y francesa (en el partido jacobino). En México, en la generación de Juárez y Ocampo, esa concepción republicana tiene algunos rasgos de la concepción predominante: la liberal. Actualmente se renueva en algunos filósofos que intentan abrir una vía democrática distinta al liberalismo imperante.

El republicanismo presenta a la vez rasgos comunes y discrepancias notables con la "democracia comunitaria" que he descrito.

Destaquemos, primero, las semejanzas.

En primer lugar, las primeras ideas republicanas trataban de mantener o recuperar la vida de comunidades pequeñas de carácter agrario. El ideal de la república romana se remitía a menudo a las virtudes de la vida campesina.

En la revolución de independencia norteamericana, la corriente antifederalista sostenía que el poder popular residía en los *counties* y defendía la vida comunitaria de las localidades. Una fuente de inspiración era la *Oceanía* de James Harrington, quien ya a mediados del siglo XVII proponía la instauración de una república agraria e igualitaria. Recordemos la defensa, tanto de Thomas Jefferson como de John Adams, de una organización agraria de la economía, opuesta a la industrialización, por ser garante, en su opinión, de preservar la pureza y a la simplicidad propias de las virtudes republicanas.

En la Revolución francesa, Hannah Arendt ha destacado la idealización de la vida comunitaria del campo francés, que subyace en la ideología de Robespierre y el club de los jacobinos.

Ligada a esta remisión a las comunidades locales se encuentra, también en los inicios del republicanismo, la idea del necesario control de los gobernantes por el pueblo real. El gobierno mixto, con control popular, que propone Maquiavelo, autor de los *Discursos sobre la primera década de Tito Livio*, pretende restaurar la vigilancia popular que él cree ver en la antigua república romana. La rotación en los cargos públicos y la posibilidad de revocación de los mandatos se manejaron en la tradición republicana inglesa como procedimientos para evitar la consolidación de un estrato de poder sobre los ciudadanos y propiciar una democracia directa. Algunos estados norteamericanos llegaron a consignar medidas semejantes en sus constituciones, la más notable la de Virginia, de Jefferson. Los epígonos de Rousseau, en sus críticas a la democracia puramente representativa, tomaron una dirección semejante.

En segundo lugar, el republicanismo difiere del liberalismo, a mi parecer, en un punto central: no admite la neutralidad del Estado respecto del bien común. En consecuencia, tiene que diferir de la tesis de la prevalencia de los derechos individuales sobre la concepción del bien. El Estado tiene una misión que le es propia: se compromete con valores comunes y ha de promoverlos. No considera equivalente cualquier modelo de excelencia ciudadana.

Por eso, en todas sus formas y cualesquiera que hayan sido sus variantes, las concepciones republicanistas han visto en el Estado un promotor de virtudes cívicas. Lo cual implica que no consideren los derechos individuales independientes de los deberes colectivos.

Desde sus inicios, la mentalidad republicana difiere de la liberal en subordinar los intereses personales al interés del todo social. El historiador de la revolución de independencia norteamericana, George Wood, destaca en el republicanismo el siguiente rasgo: "El sacrificio de los intereses individuales en beneficio del bien mayor de la totalidad —escribe— constituyó la esencia del republicanismo, viniendo a representar para los norteamericanos, el objetivo idealista de su revolución". Por su parte, el grupo que logra restaurar la república en México, en 1867, es profundamente liberal. Sin embargo, permea su liberalismo un valor contradictorio: la insistencia en la preeminencia de las virtudes cívicas y en la sujeción de los intereses privados al bien superior de la república.

Pero si en esos temas comprobamos una estrecha relación entre una "democracia comunitaria" y el republicanismo, en otros dos puntos creo encontrar una diferencia fundamental.

El republicanismo moderno aparece en un contexto histórico del todo diferente al de las comunidades premodernas. Está ligado a la construcción del Estado-nación. En el Renacimiento, con Bruni, Maquiavelo, Guicciardini, frente a la ciudad-Estado en conflicto, se levanta la idea de la nación florentina o incluso de una futura nación italiana unificada en un Estado. En Rousseau, Mably o los jacobinos está vinculada a la idea de patria. La virtud republicana es, antes que nada, el patriotismo. En las antiguas colonias de Nueva Inglaterra el talante republicano forma parte de la constitución de la nueva nación independiente y en México es la ideología de la patria restaurada. En todos los casos el bien común que debe prevalecer sobre los intereses privados es el de una entidad por construir: el Estado que coincide con una nación unificada.

Así, me parece observar en los inicios del pensamiento republicano una aparente contradicción. Su aprecio por las formas de vida de las comunidades locales hubiera podido llevarle a reivindicar formas de autonomía comunitaria. Pero la burguesía ascendente tenía el proyecto contrario: la constitución de un Estado-nación homogéneo, en el que se integraran las comunidades locales. Por eso, aunque se destacara en las comunidades locales un ejemplo de vida solidaria, la solidaridad ciudadana se ve ante todo como el servicio a la nación unificada en un Estado soberano, la devoción a la patria. La totalidad cuyo bien debe prevalecer sobre los intereses personales es el Estado-nación, al que debe supeditarse el bien de cualquiera de las comunidades en su seno.

De allí el segundo rasgo: las virtudes que se ensalzan en el ciudadano republicano, la frugalidad, el amor a la igualdad y a la justicia, el compromiso con la suerte de los demás, el desinterés personal, son las que deberían ser propias de cualquier miembro de la patria común, son las virtudes por antonomasia del ciudadano. El sujeto que debe hacer suyo el bien común no se concibe como la persona situada en una comunidad particular, con sus formas de vida y su identidad específica, sino es el sujeto que comparte con todos los demás una cualidad común: ser un miembro, igual a cualquier otro, de un Estado-nación. Las obligaciones que condicionan sus derechos son deberes ante la patria común; a ellas deben plegarse sus obligaciones ante las diferentes comunidades a las que pertenezca.

Por eso mismo, el republicanismo moderno no pretende fundarse en la tradición, ni apela a los usos establecidos. Se funda en un proyecto libremente elegido: la construcción de una nación unificada en un Estado.

Propuse antes explorar la posibilidad de una alternativa a la democracia liberal moderna mediante la superación y conservación en ella del ideal de una "democracia comunitaria". Ese proyecto daría lugar a una versión nueva del republicanismo. En ella tratarían de unirse los valores de las democracias comunitarias tradicionales con las de la república moderna. Esta nueva versión correspondería a una situación histórica igualmente novedosa. Así como el republicanismo anterior estuvo ligado a la construcción de los Estados nacionales, el nuevo republicanismo tendría que tomar en cuenta la crisis actual del Estado-nación moderno, ante la globalización, por un lado, y el renuevo de las reivindicaciones de la autonomía de los pueblos que lo componen, por el otro. Mientras el ideal republicano comprende en sus inicios la igualdad política entre todos los ciudadanos, el nuevo republicanismo tendría que reivindicar también el derecho a las diferencias. Trataré de resumir cuáles podrían ser los principales rasgos de esta nueva versión del republicanismo que propongo:

1. En primer lugar, frente al individualismo de la democracia liberal, se inspiraría en una "democracia comunitaria" e intentaría renovarla. Trataría de revalorizar las formas de vida e instituciones comunitarias, como las que he descrito. Reconocería y consolidaría las que ya existen y fomentaría su surgimiento en distintas esferas de la sociedad: asociaciones obreras, fraternidades de vecinos, gremios profesionales, universidades y escuelas, organizaciones no gubernamentales.

2. El reconocimiento de la comunidad como base de la democracia implicaría una difusión radical del poder político, de la cima a la base del Estado. En países multiculturales, como México, comprendería el reconocimiento de las autonomías de los pueblos que componen la nación; en todos los casos, la delegación de competencias políticas y recursos económicos a las células de la sociedad: las comunidades y los municipios. Se acompañaría de la recuperación de viejas tradiciones democráticas que varían según los países: en la América india, las de los *calpulli* indios, en la América hispana, la de los cabildos abiertos.

3. El poder político se acercaría así al pueblo real. Para impedir el dominio de los espacios locales por caciques y sectas partidistas se tendrían que renovar y en su caso inventar procedimientos de una democracia "participativa" o "radical", mediante los cuales los hombres y mujeres situados en los lugares donde viven y trabajan, pudieran decidir libremente de los asuntos que les conciernen. Los mandatarios electos por esos procedimientos estarían bajo el control de sus electores y deberían rendir cuentas de su gestión ante ellos en todo momento, de modo de asegurar que las autoridades designadas "manden obedeciendo".

4. Sin embargo, las relaciones comunitarias, que pueden prosperar en ámbitos sociales reducidos donde todos pueden comunicar entre sí, no podrían conservar el mismo carácter a nivel del Estado nacional. La experiencia histórica ha demostrado que en ese espacio más amplio y complejo sólo son posibles formas de democracia representativa. No obstante, los efectos nocivos de la representación podrían ser limitados por procedimientos inspirados en formas de democracia directa: apertura a todas las asociaciones y no sólo a los partidos políticos para presentar candidatos; se rompería así la manipulación de los procesos electorales por las burocracias partidistas. Se establecerían referendos y consultas populares en varios niveles sobre temas que no requieran de conocimientos técnicos. Se promulgarían reglas claras que permitieran el control de la gestión de los representantes y la cancelación de su mandato en todo momento.

Lo importante sería que, por la transmisión de competencias a los poderes locales, las funciones del Estado quedarían reducidas a renglones específicos, es decir, a los asuntos que compitieran a la unión de todas las instancias inferiores de gobierno: relaciones internacionales, dirección general de la economía global, defensa, protección del medio ambiente, por ejemplo. Frente al Estado-nación *homogéneo*, cuyo poder centralizado dominaba los poderes locales, se tendría un Estado *plural* que derivara su poder del reconocimiento y la cooperación de las diferencias. Si el derecho a la igualdad priva en el Estado liberal homogéneo, el derecho a la solidaridad entre todos los diferentes sería el principio más importante de ese Estado plural.

5. La función fundamental, que daría sentido a ese Estado, republicano a la vez que comunitario, sería promover el bien común que puede unir a todas las diferencias. En contraposición con la concepción estrictamente liberal, ese Estado no podría ser neutral, tendría que estar comprometido con valores que rebasan los intereses de cualquier entidad local. Pero ¿cuál podría ser el bien común en un Estado plural, respetuoso, por lo tanto, de todas las diferencias? Un Estado plural no podría imponer una concepción del bien sobre otras; en ese punto coincidiría con la concepción liberal del Estado. Pero tampoco podría ser neutral. Su función sería justamente la de mantener la cooperación, la solidaridad y la ayuda mutua entre todas las entidades sociales que lo integran. El bien común sería lo que redunda en beneficio de todos, considerados como un todo solidario. Sólo quedarían excluidos los que rechazaran la cooperación con los demás y que fueran, por lo tanto, excluyentes de los otros. El bien común del Estado plural tendría como condición la no exclusión en la pertenencia recíproca. Y la no exclusión es la condición primera de la justicia.

La justicia implica equidad de trato hacia todos. Podríamos decir que, ante la multiplicidad de valores que pueden elegir distintos grupos y corrientes, la equidad no es un valor particular, en competencia con la pluralidad de valores propuestos por distintas corrientes y grupos. Pero tampoco es una simple regla procedimental para tratar esa pluralidad. Sería un valor de segundo grado: la participación de todos en un fin común que los une, sin renunciar a sus diferentes concepciones del bien. La solidaridad de todos, la ayuda mutua en el reconocimiento recíproco sería el bien común que perseguiría un Estado a la vez plural y justo.

El reconocimiento de todos, en la pluralidad, no sólo comprende una cara negativa: la tolerancia; más allá de la tolerancia, virtud común al Estado republicano y al liberal, plantea la obligación del servicio mutuo para que los grupos desaventajados puedan *realizar* su libertad en las mismas condiciones que los más favorecidos. Así, la justicia, entendida como bien común, establecería deberes colectivos. Si bien los derechos individuales básicos, inherentes a la dignidad de la persona, serían inviolables y estarían a cubierto de toda obligación colectiva, los demás derechos individuales que no son universalizables quedarían condicionados a los deberes de colaborar al bien común.

6. Una última nota. A diferencia de las comunidades premodernas, un republicanismo renovado al nivel de las sociedades modernas no justificaría la solidaridad en los usos establecidos por la tradición, sino en la elección autónoma de los ciudadanos de un Estado plural y justo.

20

Una vía negativa hacia la justicia*

En las últimas décadas hemos asistido a una efervescencia de reflexiones filosóficas sobre la justicia, su fundamento y sus características, parte, tal vez, de un interés renovado por la ética política. La mayoría de esas reflexiones comparten un punto de vista: el de sociedades desarrolladas que han superado ya tanto umbrales insoportables de injusticia económica y social como regímenes de dominación tiránicos. En esas sociedades, sobre todo después de la Segunda Guerra Mundial, ha sido común la instauración de regímenes políticos basados en procedimientos que regulan acuerdos entre ciudadanos con derechos iguales. El filósofo, al inclinarse sobre temas de la sociedad humana, no puede menos de reflejar el ambiente histórico al que pertenece. Por eso las teorías más en boga para fundamentar la justicia suelen partir de la idea de un consenso racional entre sujetos iguales, que se relacionan entre sí, en términos que reproducen los rasgos que tendría una democracia bien ordenada. Pero, para bien o para mal, hay quienes tenemos que reflexionar sobre los mismos problemas en medios muy diferentes: sociedades donde aún no se funda sólidamente la democracia, donde reina una desigualdad inconcebible para unos países desarrollados, donde el índice de los expulsados de los beneficios sociales y políticos de la asociación a la que teóricamente pertenecen es elevado. Nuestro punto de vista no puede ser el mismo. En nuestra realidad social no son comunes comportamientos consensuados que tengan por norma principios de justicia incluyentes de

---

* En Luis Villoro, *Los retos de la sociedad por venir*, México, FCE, 2007, pp. 15-41.

todos los sujetos; se hace patente su ausencia. Lo que más nos impacta, al contemplar la realidad a la mano, es la marginalidad y la injusticia. Si queremos partir de nuestro conocimiento personal del mundo en torno —punto de partida, en mi opinión, de toda reflexión ética auténtica— no podemos menos que considerar desde una perspectiva distinta los mismos problemas que ocupan a los filósofos de países occidentales desarrollados.

Podríamos entonces ensayar una vía de reflexión igualmente válida. En lugar de partir del consenso para fundar la justicia, partir de su ausencia; en vez de pasar de la determinación de principios universales de justicia a su realización en una sociedad específica, partir de la percepción de la injusticia real para proyectar lo que podría remediarla.

Este camino teórico correspondería a un punto de vista más adecuado a la situación de sociedades donde no existen aún las condiciones permanentes para la realización de un consenso racional y cuya percepción de la justicia no puede menos de estar impactada por la experiencia cotidiana de su ausencia. Así, la idea de injusticia tiene como supuesto la inoperancia en una sociedad real del acuerdo racional en que se funda la idea de justicia. Nuestra situación en este tipo de sociedades nos invita a contraponer a la vía del consenso racional su diseño en negativo: en lugar de buscar los principios de justicia en el acuerdo posible al que llegarían sujetos racionales libres e iguales, intentar determinarlos a partir de su inoperancia en la sociedad real.

1. Escapar del poder injusto

Partamos por lo pronto de una realidad: la vivencia del sufrimiento causado por la injusticia. El dolor físico o anímico es una realidad de nuestra experiencia cotidiana. Pero hay una experiencia vivida particular: la de un dolor causado por el otro. Sólo cuando tenemos la vivencia de que el daño sufrido en nuestra relación con los otros no tiene justificación, tenemos una percepción clara de la injusticia. La experiencia de la injusticia expresa una vivencia originaria: la vivencia de un mal injustificado, gratuito.

Un daño sufrido puede aducir varias justificaciones: el medio para evitar o combatir un mal mayor, la realización de un bien superior, el proyecto de una vida mejor. Pero si carece de justificación, la vivencia del daño injustificado es la experiencia del mal radical, y el mal injustificado causado por los otros puede ser efecto de una situación de poder. ¿Implica la justicia escapar del poder?

Desde que varios hombres se pusieron a vivir juntos, se dieron cuenta de que no podían hacerlo sin establecer un enlace entre ellos. Ese enlace era el poder. Empecemos entonces por preguntar por la relación del poder con la injusticia.

Poder es la capacidad de actuar para causar efectos que alteren la realidad. Un hombre o una mujer tiene poder si tiene la capacidad de satisfacer sus deseos y cumplir sus fines, cualesquiera que éstos sean. Una sociedad tiene poder si tiene la capacidad de explayarse en el medio natural, dominarlo y trazar en él sus fines. Poder es dominación sobre el mundo en torno, natural y social, para alcanzar lo deseado. La sociedad no puede entenderse sin la presencia del poder.

El primer filósofo de la política en la época moderna, Thomas Hobbes, comprendió cuál es el móvil que nos impulsa en la vida: es el deseo. Si la pulsión originaria de la que todas las demás se derivan es el deseo, su faceta negativa es el temor a la muerte. Deseo de vida y temor a la muerte es el principio originario, el más simple, de todas las acciones humanas. De allí el afán de poder. Poder para asegurar la preservación de la vida, poder para protegernos de la muerte. Que hay —dice Hobbes— "una inclinación de la humanidad entera, un perpetuo e incesante afán de poder que sólo cesa con la muerte".[1]

Lo que escapa al afán de poder son las acciones contrarias a su búsqueda. Una ciudad bien ordenada sería la que pudiera prescindir del deseo de poder. Si estuviera gobernada por hombres de bien —advierte Sócrates— "maniobrarían para escapar del poder como ahora se maniobra para alcanzarlo".[2]

Frente al afán universal de poder sólo hay una alternativa: la búsqueda del no-poder. La actitud de un hombre que estuviera liberado de la pasión de poder de que hablaba Hobbes, sería justamente esa persona que pretendería maniobrar, no para alcanzar poder sino para escapar de él.

El contrario del hombre ansioso de poder no es pues el impotente, no es el que carece de poder, según Sócrates, sino el que se rehúsa a hacer de la

---

[1] Thomas Hobbes, *Leviatán*, México, FCE, 1940, cap. XI, p. 79.
[2] Platón, *República*, 347 d.

voluntad de poder su fin. Buscar la vida no marcada por el poder, sino libre de toda voluntad de poder: ése es el fin que, en contradicción con la tesis que Sócrates atribuye a Trasímaco, constituiría la vida del hombre de bien. El hombre de bien no es esclavo del afán de poder que mueve a los demás hombres, está movido "por escapar al poder". El enunciado de Hobbes se ha invertido.[3]

Escapar del poder no equivale a aceptar la impotencia, sino no dejarse dominar por las múltiples maniobras del poder para prevalecer; es resistirlo. Al poder opone entonces un contrapoder. Podemos llamar "contrapoder" a toda fuerza de resistencia frente a la dominación. El contrapoder se manifiesta en todo comportamiento que se defiende y resiste al poder.

La oposición ante el poder puede ayudar a explicar la dinámica de cualquier sociedad. El contrapoder puede ejercerse en muchas formas. Puede ser una resistencia pasiva: grupos de la sociedad dejan de participar, se mantienen al margen, no colaboran en acciones comunes. Frente a los poderes, prefieren ausentarse, como una forma de resguardo y defensa tácita. La resistencia al poder puede revestir varios grados y pasar por distintas actitudes, sociales, políticas, ideológicas. Lo mismo sucede con las formas variables de la sumisión a la dominación. Una manera de contemplar la historia es verla como una permanente contienda entre la voluntad de dominación y los intentos de escapar a ella.

La dinámica contra el poder se muestra en comportamientos comunes que no obedecen a un mismo fin general ni tienen una única traza. En la dinámica de muchas luchas y de variadas formas de resistencia se va formando

---

[3] ¿No es ésta la posición que, en lo esencial, proclama también en México un movimiento popular, el movimiento zapatista? Valga una cita: "Lo que nos hace diferentes —dicen— es nuestra propuesta política. Las organizaciones políticas, sean partidos de derecha, centro, izquierda y revolucionarios, buscan el poder. Unos por la vía electoral, otros por la mentira y el fraude, otros por la vía de las armas. Nosotros no... Nosotros no luchamos por tomar el poder, luchamos por democracia, libertad y justicia. Nuestra propuesta política es la más radical en México (y tal vez en el mundo, pero es pronto para decirlo). Es tan radical que todo el espectro político tradicional (derecha, centro, izquierda y otros de uno y otro extremo) nos critican y se deslindan de nuestro 'delirio'". Luis Villoro, "Libertad, democracia y justicia, delirio del EZLN", *La Jornada*, México, 3 de septiembre de 1994.

una corriente variada que alimente un contrapoder. La resistencia contra el poder no puede atribuirse a un solo sujeto ni presenta el mismo carácter en todos los casos. Sólo por abstracción podríamos imaginarla como una fuerza múltiple que tiene una dirección común. Aunque está formada por innumerables acciones concretas, podríamos conjugarlas bajo un mismo concepto en la persecución de un fin común. Ese fin común sería la abolición de la dominación. Y puesto que el Estado ejerce la dominación mediante variadas formas: política, jurídica, ideológica, militar o policiaca, el fin último del contrapoder podría concebirse como la abolición del Estado.

Se trata, naturalmente, de un objetivo imaginario, último. Con la abolición del Estado se arrancarían de cuajo las raíces de toda voluntad de poder. Ese fin imaginario sería el ideal de un mundo opuesto al poder. La realización paulatina que condujera a un mundo liberado en todos sus resquicios del afán universal de poder sería una idea regulativa que daría un sentido ético a nuestras acciones. Esa idea regulativa da sentido al decurso histórico. La historia entera puede verse como un camino en la realización, constantemente interrumpida y desviada, de una sociedad humana liberada del ansia de dominación. ¿No puede verse la historia humana como un camino entre su inicio, en la realidad universal del poder y los intentos sucesivos de escapar de él?

Liberarse del mundo donde priva la injusticia no equivale a postular el mundo injusto del que habla Trasímaco frente a Sócrates, sino a elegir la posibilidad de actuar para escapar de esa realidad injusta. Se trata de iniciar el impulso para depurarse de un mundo donde rige la injusticia. Por eso Sócrates no expresa esa idea como "buscar la justicia", sino como "escapar del poder injusto". Ése es el inicio de una *vía negativa frente al poder*.

2. PRIMER MOMENTO: LA EXPERIENCIA DE LA EXCLUSIÓN

La vía para escapar del poder puede describirse en tres momentos que no son etapas sucesivas en el tiempo, sino estadios de complejidad creciente en el desarrollo de un orden moral. Son momentos históricos que se sobreponen y coinciden en parte a menudo, pero que distinguimos por mor de la claridad. Son los siguientes:

1) Experiencia de la exclusión.

2) Equiparación con el excluyente.

3) Reconocimiento del otro.

Es este proceso, de hecho, el que han seguido individuos y grupos sociales para alcanzar una concepción más racional de la justicia a partir de su ausencia.

Intentemos marcar las etapas que tendría esa vía contra el poder injustificado. Tendría tres momentos diferenciables, que no corresponden necesariamente a etapas sucesivas, sino a estados de complejidad en el desarrollo de un orden moral. El primer momento en la vía contra el poder sería el cobro de conciencia de una carencia causada por un daño, producido por acciones u omisiones de los otros, de quienes no pertenecen al grupo carente. El punto de partida estaría en la comprobación de la sociedad real como carencia. Una sociedad carente es una sociedad dañada. La ausencia de valor en ella se experimenta como daño. Daño no es sólo falta, necesidad no satisfecha; es también sufrimiento causado por un agente. Agente del daño es el otro; puede personalizarse, pero también puede concebirse como un sujeto vago, indeterminado e impersonal, como "la sociedad", "el sistema", "la clase dominante", "los otros"; en suma, los que no son como nosotros, los que no comparten la misma ausencia de valor. Llamemos "agresor" al agente del daño y "agredido" a la víctima; porque la experiencia del daño por el grupo que lo sufre puede verse como una relación de agresión, si tomamos ese término en su sentido más amplio; puede expresarse en una ofensa violenta, en opresión permanente o en explotación, o simplemente en actitudes de menosprecio o indiferencia; puede ser consciente o inconsciente, sistemática o esporádica, pero siempre marcará una relación por la que un poder impone su dominio sobre otros y les causa un daño; el dominado cobra conciencia entonces de ser agredido.

La percepción de la carencia como daño puede tener varias consecuencias psicológicas en los individuos dañados: resentimiento, cólera, envidia, o bien depresión, autodesprecio; puede generar sentimientos colectivos vagos ligados a la sensación del maltrato o a un sentimiento de inferioridad. Pero aquí no nos interesa el nivel psicológico, tema de otras disciplinas, sino el que podría decirnos algo sobre la moralidad ligada al ámbito público.

La ausencia de un valor en el carente suele corresponder a alguna característica específica que comparten los miembros de un grupo o clase social: ser un obrero industrial, por ejemplo, o inmigrante, o indio, o mujer. Esa característica expresa un tipo de necesidad colectiva propia del grupo y da lugar a la conciencia de ausencia de un valor específico. La carencia del obrero no es la misma que la del indio o la mujer y, por lo tanto, su conciencia de falta no puede ser la misma. Pero la conciencia de falta lo es de un daño ligado a la característica común que comparten los miembros del grupo. El individuo, al percatarse del daño, puede acceder, por lo tanto, a la conciencia de su pertenencia a un grupo o clase social con la que comparte una característica común de falta. Una noción de identidad social puede estar ligada a esa primera conciencia de pertenencia. "Yo soy quien tiene una carencia que comparte con otros en la misma situación, soy semejante a ellos. Cobro conciencia de mi ser obrero, o pobre, o marginado, o indio, o mujer". La conciencia de pertenencia implica una demarcación entre el grupo con el cual nos identificamos y quienes están fuera de él; señala, por lo tanto, una diferencia que nos separa de una totalidad difusa que no comparte esa diferencia. Así, la experiencia de sufrir o haber sufrido un daño común puede marcar un paso hacia una forma inicial de solidaridad espontánea entre quienes sufren el mismo daño. Es el primer impulso en un movimiento contra el poder.

Ahora bien, la conciencia de diferenciarnos de la totalidad social por tener una determinada carencia y sufrir un daño puede definirse como una conciencia personal de exclusión. Digo "experiencia personal" porque se trata de un conocimiento directo por el individuo, ya sea del rechazo de que él es objeto, ya sea de la comprobación de la relegación a la que están sometidos otros individuos o grupos con los que mantiene contacto. No se trata de un rechazo general sino de una relación vivida en el seno de una sociedad concreta. En efecto, ser excluido es no formar parte de la totalidad al igual que cualquier otro, no ser reconocido plenamente en la totalidad, no tener un sitio en ella al igual que los demás, justamente por ser diferente. Así, la conciencia de identidad del carente está ligada a su conciencia de ser diferente y ésta a su experiencia de exclusión.

El daño aparece entonces como exclusión forzada, impuesta, de ciertos bienes específicos que varían según sea la carencia propia de cada grupo. Se presenta en ámbitos diferentes según sea el género de bienes de los que el grupo excluido carece. El rechazo puede ser mayor o menor, según la relación social o política de la cual se excluye al diferente. Puede tratarse de una exclusión total de la comunidad de consenso, como a los esclavos o a los naturales en una situación de colonización, o bien de una relegación de ciertas relaciones sociales o políticas limitada a ciertos bienes específicos. En este caso, al diferente no se le excluye en todo, pero se le hace menos, no se le toma en cuenta plenamente como interlocutor en el consenso social o en el pacto político. Puede darse en el ámbito económico, en la distribución de los bienes materiales básicos, que se manifiesta en la pobreza, o en la esfera de la producción, en que los trabajadores se percatan de la explotación de su trabajo: exclusión distinta, en el ámbito cultural, de las etnias cuyas formas de vida son menospreciadas, o en la sociedad donde las mujeres se ven disminuidas en la consideración social; puede tratarse, en fin, de una exclusión política, en la participación en las instancias de decisión colectiva.

En todos los casos es una nota diferencial (raza, género, ascendencia, pertenencia a una clase o etnia, etcétera) la que los hace menos en el consenso social o político efectivo. La comunidad de consenso no puede tomar en cuenta sus preferencias como uno de los suyos, al no considerarlos sujetos plenamente iguales; tampoco puede admitirlos como participantes plenos del pacto político, salvo en los aspectos que no toquen a su diferencia.

Así, la conciencia de identidad social de un grupo ofendido lleva la marca de la exclusión. "¿Quién soy? Soy parte de un grupo caracterizado por la ausencia de ciertos valores de los que está excluido".

Al ser marginado de ciertos bienes sociales o políticos, el excluido experimenta su rechazo como una carencia: le falta el acceso a los bienes concretos de los que se le excluye, de los que tendría necesidad. Frente al sentido de justicia general aceptado por el consenso social percibe su carencia como una injusticia. Comprende en carne propia que la injusticia consiste en la carencia de un bien que la comunidad de consenso, en cambio, acepta para sí.

3. Segundo momento: la equiparación con el excluyente

La experiencia de sufrir una exclusión puede vivirse en una aceptación pasiva del rechazo sufrido o discrepar de él. A su rechazo oponemos nuestro disenso. Discrepar del rechazo recibido desde el poder es el primer impulso en que se inicia un movimiento de rebeldía ante la injusticia. Esa rebeldía manifiesta que oponemos al poder que nos rechaza nuestro propio valor. A la humillación del excluido puede suceder entonces la apreciación del rechazado por sí mismo frente al otro que lo rechaza.

Pasamos así a un segundo momento: de la experiencia del rechazo sufrido a la equiparación con el rechazante. Conciencia de la equivalencia entre ambos e impulso consiguiente de equipararse con el otro. El daño se toma como un desafío. El carente decía antes: "Yo estoy excluido de los bienes de que tú gozas"; dice ahora: "Yo valgo tanto como tú". El excluido ha recogido el guante. El duelo comienza. Puede revestirse de distintos grados de violencia o cubrirse de formas variadas de competencia, expresarse en contiendas sometidas a reglas o en torneos verbales, pero, cualquiera que sea su manifestación, el excluido pasa de decir con su actitud "soy diferente" a proclamar sin palabras "soy igual a ti". Porque el duelo, en la acción, iguala las diferencias en un denominador común: el espacio de la contienda. Los contendientes se ponen a sí mismos como no sometidos al otro, como libres de enfrentarse.

La equiparación con el agresor establece la contienda en su verdadero terreno. Por diferentes que sean sus fuerzas, poder y contrapoder se miden en el campo de la sociedad. La rebeldía contra el poder tiene un doble efecto: el refuerzo de las formas de solidaridad entre los disidentes y su resistencia común. La solidaridad puede traducirse en esbozos de nuevas formas de comunidad. Así, nuevas relaciones comunitarias se pueden ir desarrollando en contraposición a las varias actitudes defensivas frente al poder. Al equipararnos con el otro proclamamos que valemos tanto como él: nos reconocemos, por lo tanto, como sujetos dignos de valor. Ese valor iguala a ambos adversarios: trasciende la diferencia.

La discrepancia con las razones del poder para justificarse abre la posibilidad de disentir. Disentir de la justificación que aduce el poder es la primera manifestación de una oposición contra él. Es la ruptura del consenso social que invoca el poder.

La ruptura del consenso es ya una manifestación de un contrapoder. Puede dar lugar a una resistencia que, violenta o no, es la ruptura del consenso efectivo. Es la primera condición para "escapar de un poder".

En la equiparación con quien nos excluye puede darse un duelo de las palabras, pero también de las razones con que cada quien intenta justificar su disenso. La discrepancia puede dar lugar a la resistencia frente al poder en diferentes formas. Puede ser defensa y protección ante las acciones del poder. Puede ser también un desafío en el que el agredido pide cuentas al otro por su agresión. Esto se expresaría en un enunciado pragmático que Enrique Dussel llama "interpelación".

Enrique Dussel escribe en el contexto de una "filosofía de la liberación" que pretende hablar con la voz del oprimido en nuestros países, la voz, dice Dussel, "de la mayoría de la humanidad presente (el 'Sur') que es la otra cara de la modernidad [...] que pretende expresar válidamente 'la razón del otro', del indio genocidamente asesinado, del esclavo africano reducido a mercancía, de la mujer objeto sexual, del niño dominado pedagógicamente...".[4]

Dussel presenta su propuesta como una dimensión pragmática del discurso comunicativo.

Por "interpelación" —escribe Dussel— entenderemos un enunciado preformativo *sui generis* que emite alguien (H) que se encuentra, con respecto a un oyente (O), "fuera" o "más allá" (trascendental en este sentido) al horizonte del marco institucional, normativo del "sistema".[5]

[...] El interpelante —y en esto estriba la diferencia con el mero exigir o interpelar intrasistémico— desde el derecho vigente y como miembro de la comunidad de comunicación *real* al interpelar (como el que exige desde "fuera" como el "excluido" del derecho vigente, el sin derecho *rechtioss*) se opone por principio al consenso vigente, al acuerdo conseguido intersubjetivamente *en el pasado que lo excluye*. Su argumentación será radical y difícilmente aceptada *de hecho*. [...] El interpelante no puede cumplir con las normas vigentes, por definición.

Las pone en cuestión desde su fundamento mismo: desde la dignidad negada en la persona que interpela.[6]

---

[4] Enrique Dussel, *Apel, Ricoeur, Rorty y la filosofía de la liberación*, Guadalajara, Universidad de Guadalajara, 1993, p. 35.
[5] *Ibid.*, p. 37.
[6] *Ibid.*, pp. 40-41.

La exclusión de que habla Dussel no se refiere sólo a la exclusión de un orden de derecho, sino a la de una comunidad de comunicación real. La interpelación del excluido no se hace desde quien puede aceptar un orden intersubjetivo de derecho, sino desde quien se considera fuera de ese orden normativo vigente.

El interpelante no cumple entonces con las condiciones de toda comunicación; en ese sentido es "incompetente" para comunicar desde el punto de vista del oyente. "El acto de habla que he denominado 'interpelación' tiene un 'contenido preposicional' (al intentar cumplir con la condición de 'inteligibilidad', es decir, al enunciar un 'significado' interpretable) que el hablante (H), por ser un 'pobre' excluido en la exterioridad, dificultosamente llega a formular correctamente por una cierta *incompetencia* lingüística —desde el punto de vista del oyente (O)—".[7]

Se podría describir así la situación de personas o grupos excluidos de una comunidad de comunicación real (no ideal), por no ser considerados interlocutores válidos en cualquier diálogo argumentativo y no poder participar, por lo tanto, en ningún consenso racional posible, puesto que no cumplirían con las normas de un discurso argumentativo.

La interpelación así expuesta nos abre a la experiencia de la "exterioridad del otro" en un sentido radical. ¿Cómo interpretar esa "exterioridad"? El interpelante se experimentaría como ajeno a una comunidad de comunicación ideal, presupuesta en el diálogo argumentativo, aunque pudiera pertenecer a una comunidad histórica real. Así, "toda argumentación presupone ya siempre una comunidad de comunicación ideal, libre de dominación, en el respeto a la igualdad de las personas de todos los posibles participantes (*positivamente*), y donde cada uno de los miembros actuales o posibles, presupuestos ya *a priori*, pragmática y trascendentalmente, tiene el derecho de poder situarse siempre virtualmente *como otro* que la misma comunidad (*negativamente*)".[8]

Dussel distingue así una "comunidad de comunicación ideal" de una comunidad en la que no habría excluidos realmente, sino todos estarían en una "comunidad de justicia". En la comunidad real "cada miembro tiene el derecho de situarse en una cierta 'exterioridad' de la misma comunidad",

---

[7] *Ibid.*, p. 39.
[8] *Ibid.*, p. 43.

dice Dussel. Pero esa exterioridad "no niega la comunidad, sino que la descubre como 'reunión' o 'convergencia' de personas libres, unas con respecto a las otras y siempre [...] Ningún acuerdo [...] puede otorgarse la pretensión de negar la posibilidad, de cada miembro actual o posible, de situarse *ante* la comunidad *como otro*".

Podríamos interpretar la "exclusión del otro" de que habla Dussel como una acción pragmática que presentaría dos niveles: *1)* La exclusión del otro respecto al orden de derecho vigente, pero incluido en ese orden. *2)* La exclusión del otro como sujeto en una comunidad de comunicación. Ésta es una exclusión radical. Para poner ejemplos en los hechos: mientras la exclusión del otro se da en un marco de relaciones sociales y jurídicas efectivas, su exclusión fuera de ese marco rompe o, al menos, distorsiona la comunicación. Es el caso que puede darse entre dos pueblos o etnias distintas, pero también entre grupos excluidos de la sociedad, por su pobreza, su raza o su indigencia. Éste sería el último paso en la vía negativa.

Resumamos los pasos de esta vía hacia la justicia. *1)* Parte de la experiencia de la exclusión como conciencia de un daño sufrido. El daño puede aceptarse pasivamente, pero también puede rechazarse con fundamento en razones. Entonces da lugar a un disenso razonado. *2)* El disenso razonado puede llevar a la controversia, pero también a una resistencia. La equiparación con el agresor —en la controversia y en la acción social y política— es el segundo momento de esta vía negativa. Puede culminar en la ruptura o en el deterioro de la comunidad de comunicación. *3)* Pero la exclusión ofrece también una posibilidad que conduzca de nuevo al reconocimiento del otro.

Pero para pasar a ese tercer momento (el reconocimiento) habrá que dirimir una controversia que opone a los derechos humanos universales una "alternativa del disenso". Ella sería una introducción dialéctica al tercer momento.

4. PARÉNTESIS: DERECHOS HUMANOS Y DISENSO

Un disenso basado en razones dio lugar a una discusión filosófica notable entre Javier Muguerza y Ernesto Garzón Valdés. Destaco en ella los puntos que me parecen cruciales. Muguerza recuerda la conocida formulación kantiana del imperativo categórico: "Obra de tal modo que tomes a la humanidad, tanto en tu persona como en la de cualquier otro, siempre al mismo tiempo como fin y nunca solamente como un medio". En ella ve un "imperativo de la disidencia". En efecto, al negar tomar al otro solamente como medio, establece un principio contrario a la universalización de la afirmación de valores. "A diferencia del principio de universalización —escribe Muguerza—, desde el que se pretendía fundamentar la adhesión a valores como la dignidad, la libertad o la igualdad, lo que ese imperativo habría de fundamentar sería más bien la posibilidad de decir 'no' a situaciones en que prevalecen la indignidad, la falta de libertad o la desigualdad".[9]

En lugar de fundar los derechos humanos en principios universales incontrovertibles, se trataría de fundarlos, por así decirlo, "en negativo". "Si, tras tanta insistencia en el consenso, fáctico o contrafáctico, acerca de los derechos humanos —se pregunta Muguerza—, no extraeríamos más provecho de un intento de 'fundamentación' desde el *disenso*, esto es, desde un intento de fundamentación 'negativa' o disensual de los derechos humanos, a la que llamaré 'la alternativa del disenso' ".[10]

Muguerza no deja de recordarnos que la historia da testimonio en los hechos de que la negativa de individuos y grupos a considerar universales a los derechos humanos estuvo en el origen de múltiples declaraciones de los derechos del hombre y del ciudadano, desde el siglo XVI hasta la Declaración de las Naciones Unidas de 1948. Y aún es la lucha permanente por la realización de esos derechos la que incita a la disidencia de los movimientos libertarios.

Pero a esta línea de argumentación de Muguerza sobre la "alternativa del disenso", Ernesto Garzón Valdés opuso un reparo sólido. El "disenso" de que habla Muguerza presenta una formulación negativa: tiene que estar referido a un consenso previo que niega; su carácter ético depende de lo negado. El disidente aspiraría a un nuevo acuerdo en su disidencia.

"A lo que aspira el disidente —señala Garzón Valdés— es que los demás lleguen a un consenso acorde con su disidencia. La situación final a la que se aspira es la del consenso. En este sentido el disenso es una actitud transitoria

---

[9] Javier Muguerza, *Ética, disenso y derechos humanos, en conversación con Ernesto Garzón Valdés*, Madrid, Argos, 1998, p. 59.
[10] *Idem.*

enmarcada por dos consensos: el que se niega y el que se desea lograr".[11] La relevancia moral del disenso dependería por lo tanto de la relevancia de un previo consenso. "Si esto es así, a la pregunta acerca de cuál es la relevancia moral del disenso se puede dar respuesta si se sabe contra qué consenso previo se dirige y cuál es la calidad moral del disenso. Y así como la calidad moral del consenso no puede ser referida al consenso mismo, lo mismo sucede con el disenso".[12]

La argumentación de Garzón Valdés me parece concluyente. La relevancia moral tanto del consenso como del disenso, si está basada en razones, conduce a la afirmación de los derechos universales del hombre, sea por una vía afirmativa o por un camino negativo.

> En ambos casos, la insuficiencia del consenso como fuente de legitimidad se transmite al disenso que lo niega; la calidad moral, tanto del consenso como del disenso, no puede derivar del hecho del consenso o del disenso. Lo que hay que hacer es justamente seguir la vía inversa: justificar el consenso y el disenso desde una idea regulativa, desde un punto de vista moral, para el cual el imperativo de universalidad o de imparcialidad ofrece un buen apoyo.[13]

Esta discusión entre Muguerza y Garzón Valdés permite llegar a ciertas conclusiones. La primera sería que la formulación del disenso, tal como la recoge Muguerza, no tendría mucha relevancia moral, salvo la de expresar en términos emotivos una actitud de rechazo. Pero ésta igual hubiera podido enunciarse en términos afirmativos. En lugar de hablar, en el imperativo kantiano, de "no tratar a nadie como medio", hubiera podido decir: "tratar a todos como fines". "La versión negativa —concluye Garzón Valdés— no enriquece el contenido del imperativo".[14]

Lo que enunciaría el imperativo, tanto en su versión afirmativa como en la negativa, sería lo que Garzón Valdés ha llamado el "coto vedado" de los derechos humanos fundamentales. "Sólo fuera de ese 'coto vedado' cabe el disenso,

---

[11] E. Garzón Valdés, en Javier Muguerza, *op. cit.*, p. 100.
[12] *Ibid.*, p. 101.
[13] *Ibid.*, p. 103.
[14] *Ibid.*, p. 104.

la negociación y la tolerancia. Quien pretenda abrir la puerta del 'coto vedado' y transformar derechos fundamentales en objeto de disenso y negociación estaría violando el límite superior del marco ético propuesto por Muguerza".[15]

No obstante, el "imperativo del disenso" ¿no tiene una relevancia moral de otro género? Si es cierto que desde un punto de vista semántico sería equivalente a "se debe tratar a todos como fines", desde un punto de vista pragmático ¿no tiene la función de exhortar a acciones concretas? ¿No nos dice solamente que debemos tratar a todos como fines, sino también que, al actuar así, promovemos una situación objetiva en que todos pueden ser tratados como fines?

Se trataría entonces de actuar para realizar las condiciones de una sociedad en que nadie sea sólo un medio para otros. La posibilidad de actuar diciendo "no" a situaciones en que prevalezcan la indignidad y la injusticia sería un intento de fundamentación "en negativo" de los derechos humanos, válidos universalmente, mediante el rechazo de las situaciones en que se dé su negación. Una sociedad indigna es aquella que admite condiciones para que prevalezcan las violaciones a los derechos humanos. Ese rechazo puede expresarse en el principio del disenso. Por eso, Muguerza puede expresar el "imperativo del disenso" como la posibilidad de decir "no" a *situaciones concretas* en las que prevalecen la violación de los valores humanos.

En suma, el "imperativo del disenso" expresaría, en una formulación más fuerte, la misma idea del "coto vedado" que fundamenta la validez universal de los derechos humanos. Pero exhorta a la voluntad moral a realizarla, en la práctica, en acciones concretas. Justifica, por lo tanto, las acciones que realicen o tiendan a realizar, en el mundo de las situaciones de hecho, un valor moral. Concierne, por ende, a una ética concreta, es decir a una ética que no se limita a promulgar normas generales, como la de tratar a todos como fines, sino considerar las condiciones que permitan su aplicación.

El "imperativo del disenso" no debería interpretarse como una norma abstracta sino como un principio universal de una *ética concreta*. Funcionaría como una idea regulativa de toda acción que, en la práctica, favorezca la realización de una sociedad digna. Me permito citar un trabajo mío anterior sobre las condiciones de una ética en el campo de la política. "Una ética

---

[15] *Ibid.*, p 105.

política —escribí— no puede limitarse a promulgar normas generales ni a establecer principios abstractos. Tiene que ser una ética concreta, es decir, una ética que considera las circunstancias, las relaciones de una acción singular con su contexto y las posibilidades reales de aplicación de las normas".[16]

La justificación que requiere una ética concreta se refiere, en efecto, a la realización, de hecho, de valores que pueden tener una validez universal. "El fin moral —decía— no consiste en el deseo ocioso del bien común; sino en la voluntad de realizarlo en acciones concretas. Una acción se justifica en la medida en que origina una situación en la que los valores morales elegidos se realicen. Justificar una acción quiere decir comprobar la realización en el mundo de las situaciones de hecho, de valores. Esto concierne a toda acción moral".[17]

Los fines que justificarían una acción pueden sin duda expresarse en enunciados afirmativos sobre la realización de derechos humanos, pero no dejan de tener una expresión más clara y distinta en forma negativa: "Escapar de la injusticia", decía Sócrates.

5. TERCER MOMENTO: EL RECONOCIMIENTO DEL OTRO HACIA UNA ÉTICA CONCRETA

Los derechos humanos universales no enuncian normas abstractas, sino exigencias morales que deben cumplirse en cualquier circunstancia. No caen, por lo tanto, bajo la llamada "falacia naturalista", esto es, bajo el error de inferir de una situación efectiva real un orden ideal; en efecto, la pretendida falacia indica las circunstancias que deben darse de hecho para que se cumplan normas. No pertenecen sólo al orden del deber ser, sino también al orden del ser, en la medida en que los hechos tengan características en que se cumplen esas normas.[18]

Las expresiones formalmente negativas de los derechos humanos universales establecen en el "coto vedado" la vigencia de los derechos que deben realizarse en toda sociedad. Forman parte, por lo tanto, de una ética concreta,

---

[16] Luis Villoro, *El poder y el valor*, México, FCE, 1997, p. 124.
[17] *Ibid.*, p. 123.
[18] *Ibid.*, pp. 48-52.

que establece los límites, no de las normas que deben cumplirse, sino de su cumplimiento efectivo en hechos históricos.

A la equiparación con el otro puede suceder una alternativa: o bien el conflicto entre uno y otro, o bien la reivindicación de derechos entre ambos. Con el desafío surge la pretensión de acceder a bienes de los que el agredido se sabe excluido. La reivindicación de un derecho es la demanda de reconocimiento por el otro de esa pretensión; exigencia de la facultad de acceder a un valor sin ser impedido. Desde el momento en que el excluido se equipara con su agresor, está ya reivindicando ese derecho.

Al medirse con el otro, el sujeto ya no se ve simplemente como diferente sino que, al mismo tiempo que afirma su diferencia, proclama su igualdad con el oponente. Es un paso en el establecimiento posible de valores y normas comunes. Pero serían normas que no decretarían ninguna uniformidad entre los adversarios, sino abrirían la posibilidad de reconocimiento recíproco de una igualdad en la facultad de acceder a valores comunes, sin eliminar las diferencias.

Cada contendiente pretende que la igualdad se realice mediante la aceptación de su valoración particular, de modo que él pueda elevarla a norma generalmente aceptada. Cada quien tiene pues la pretensión de que su valoración sea común.

Su valoración se distingue, por lo tanto, de la valoración del disidente en que tiene que plantear un derecho como medio de eliminar una situación de exclusión; su reivindicación, por lo tanto, tiene el sello de la no-exclusión. El excluido puede fundamentar su demanda como reivindicación de un derecho común universalizable.

Mientras subsiste el disenso, se enfrentan valoraciones opuestas. Cada una tiene la pretensión de ser válida objetivamente y, por lo tanto, de ser aceptable para el otro. Pero en la discrepancia, dijimos, se abre también la posibilidad de igualarse en la reivindicación de un valor común: el valor de la no-exclusión.

El reclamo del excluido ha partido de la demanda de satisfacer una necesidad colectiva mediante el acceso a un valor objetivo del que carece.

La fundamentación racional de su reivindicación de derecho, para poder realizarse, conduce así a reemplazar la contienda por el diálogo y por la argumentación racional. La reivindicación del excluido puede conducir entonces a la promulgación de normas universalizables.

Ese proceso no ha seguido la vía de lograr un consenso mediante el acuerdo sobre los valores y principios que serían aceptables para todos, sino el camino negativo de mostrar los que serían no-excluyentes. Este fin puede calificarse de "negativo", porque no conduce necesariamente a un consenso. El criterio de universalización seguido es la no-exclusión. Universalizables serían las valoraciones y normas no excluyentes de ningún sujeto, no necesariamente las que propusieran valores sustantivos consensuados. De hecho, en el conflicto que opone valoraciones contrarias, la posibilidad de universalización procede por la crítica a cualquier intento de imposición de una valoración que excluya a las demás. El criterio de universalización por la no-exclusión es compatible con el mantenimiento de las diferencias que surgen de las situaciones distintas de los sujetos sociales.

Para llegar a principios universalizables de justicia no es menester, por lo tanto, el acceso del sujeto a un punto de vista imparcial, o —como diría Nagel— al "punto de vista de cualquier lugar", no es necesario tampoco postular sujetos puramente racionales, abstraídos de sus deseos y actitudes particulares. La universalización tiene lugar, de hecho, por sujetos situados mediante una reivindicación particular de derechos, que no están ocultos por ningún "velo de ignorancia".[19] El discrepante pretende acceder a un valor del que carece; es esa carencia lo que lo hace diferente; su pretensión puede, por lo tanto, ser exclusiva, diferir de la de otros grupos. Pero al mostrar que ese valor resiste al criterio de no-exclusión, prueba que si bien puede ser exclusivo, no es excluyente; es, por lo tanto, universalizable. Invita entonces a transformar la disidencia en un nuevo consenso. Pero el consenso no es un criterio para llegar a la universalización del valor, sino una consecuencia posible de una argumentación que muestre carácter no-excluyente de los derechos reivindicados por un grupo.

Los valores universalizables por ese proceso y los correspondientes derechos universales están acotados en cada situación histórica a los que son objeto de una reivindicación particular, en una contienda por lograr el reconocimiento de derechos. El proceso de universalización de normas no puede abstraerse de esa reivindicación histórica.

---

[19] T. Nagel, *Una visión de ningún lugar*, México, FCE, 1986; y J. Rawls, *A Theory of Justice*, Cambridge, Harvard University Press, 1971.

En todos los casos, el excluido, al cobrar conciencia de la falta de coincidencia entre la comunidad de consenso, social o político y otra comunidad posible que incluyera su diferencia, construye un sujeto moral, dirigido por un interés general desprendido de su propio deseo de descartar a los demás, dirigido por valores comunes benéficos incluso para los sujetos del antiguo consenso. Ese nuevo sujeto moral no prescinde de su identidad personal, puesto que reafirma su diferencia. Es un sujeto situado en un contexto histórico específico y sólo gracias a su situación puede acceder a la experiencia personal de un nuevo sentido de justicia.

La idea de la justicia a partir de la experiencia negativa de la exclusión no concibe la justicia como un orden definido, final, sino como un proceso histórico, real, que puede tener varias etapas concretas. En cada etapa, el sentido histórico de la justicia social se acerca a una idea en la que se suprimen las diferencias excluyentes. Cada etapa es una aproximación a una idea de justicia cabal en la que se suprimirían las diferencias.

Hay que distinguir entonces claramente entre un nivel de exclusión de las convenciones sociales, históricamente condicionadas, y otro que tendría el sentido de excluir a cualquier sujeto de derechos humanos universales. El primer género de exclusión se refiere a las costumbres y dictados de una moralidad que podría diferir de las prácticas sociales comúnmente aceptadas por la moralidad social o incluso por la legislación vigente, el segundo nivel, en cambio, se funda en las normas de una ética concreta, válida en todas las circunstancias históricas. Sería esa ética concreta la que sostendría la validez del "imperativo del disenso" de Muguerza y la que justificaría la "interpelación del otro" de Dussel.

Recordemos algunos ejemplos de esos distintos niveles de exclusión.

Las Casas experimenta la exclusión en la opresión de sus prójimos los indios, porque ellos son diferentes a las variantes aceptadas en la comunidad consensuada de españoles. Comprende que la injusticia del régimen colonial descansa en el interés particular, no generalizable, de los dominadores. Entonces discrepa: tan sujeto moral es el indio como el español; debe exigir el mismo reconocimiento como miembro igual en la asociación.

El indio, al igual que todo hombre, es hijo de Dios, sujeto a la ley natural y a los designios divinos. Todos los hombres, por lo tanto, tienen los mismos derechos universales básicos. La doctrina de Las Casas es, en ese sentido, la primera clara y más firme expresión de la doctrina moderna de los derechos universales del hombre. No obstante, Las Casas incorpora en la idea del sujeto moral digno de justicia una diferencia racial y cultural que lo distingue; ésta es el origen de su exclusión en la sociedad novohispana. Es un sujeto moral de derecho, pero no un sujeto igual ante la moralidad social consensuada, ni ante la legislación de Indias vigente. El indio tendrá derecho, pese a su diferencia de raza, de ser un súbdito igual al español, pero no de ser diferente en otros rasgos, aún inadmisibles: en la afirmación de su libertad política, por ejemplo, o de sus creencias "heréticas". La nueva noción de justicia será más racional, porque ampliará el círculo de las diferencias admitidas; consistirá en la no-exclusión del rasgo identitario rechazado en el aspecto en que fue rechazado, pero podrá seguir manteniendo el rechazo de otras diferencias, en otros aspectos.

Más tarde, Locke experimentará otra forma de exclusión: la intolerancia religiosa. Ella lo llevará a precisar otro aspecto de la injusticia, que durante mucho tiempo estaba oscurecido. Proyectará entonces un nuevo sujeto moral que incluirá la virtud de la tolerancia; ampliará así el círculo de las diferencias que no deben ser objeto de repudio; abrirá el campo de las opciones y creencias privadas entre las diferencias que merecen ser aceptadas en el trato equitativo de la justicia. Pero aún él dejará pendiente la posibilidad de una comunidad de consenso social que excluyera otras discriminaciones en otros aspectos de la relación, por ejemplo, las que derivan de la propiedad o aun de la ascendencia.

Los revolucionarios del siglo XVIII experimentan la exclusión del Tercer Estado respecto del poder político. Esa experiencia se acompaña, en la reflexión, de la construcción de un agente moral nuevo: el sujeto universal de "derechos humanos", que incluye las exigencias de equidad de los miembros de aquel Estado. Su nueva idea de justicia abarcará los derechos individuales de todo ciudadano; sin embargo, permitirá aún la exclusión de grupos con diferencias económicas y culturales; ellas darán lugar a nuevas exclusiones... y a nuevas disrupciones posteriores frente a una sociedad injusta.

Cada experiencia de exclusión de una diferencia determinada en un aspecto de las relaciones sociales permite oponer a la comunidad de consenso una idea del sujeto moral que no rechace esa diferencia específica en ese aspecto particular. Pero esa idea puede comprender aun otros rechazos de diferencias, que pueden hacerse patentes en experiencias sociales posteriores.

La idea de justicia se va enriqueciendo al tenor de la progresiva conciencia de las injusticias existentes.

Porque, en cada caso, la comprobación de una injusticia conduce a la proyección intelectual de un orden social más justo. Ese orden nace de una disrupción de un consenso fáctico anterior y conserva las características peculiares de esa disrupción. Su carácter objetivo no puede fundarse, por lo tanto, en ese consenso. Se justifica en el conocimiento personal sometido a crítica, de una injusticia padecida. Pero, a partir de ese conocimiento personal, proyecta la posibilidad de un orden normativo, en que no existiera la exclusión específica contra la que el discrepante se rebela. El nuevo orden estaría constituido por la decisión de sujetos morales que incluyen las diferencias antes inadmisibles, pero no está libre de no incluir otras diferencias, de las que aún no hay conciencia.

6. LOS DERECHOS HUMANOS UNIVERSALES

Podemos ahora, para terminar, describir el concepto de *justicia* al que hemos llegado por esta vía teórica.

1) Para llegar a una concepción racional de la justicia no es necesario partir de un sujeto de la razón práctica hipotético e igual en toda persona. Podemos partir de la experiencia personal de hombres y mujeres concretos, situados en un contexto social. Frente a la moralidad consensuada y su sentido de justicia, surge la posibilidad de un disenso crítico. El discrepante parte de la conciencia de una exclusión y proyecta un orden social distinto donde no se diera ésta.

2) El discrepante está movido por un interés personal: eliminar una carencia que sufre y satisfacer una necesidad propia. No parte de un impulso altruista que sacrificara su propio interés. Pero, al buscar su interés, generaliza la no-exclusión de cualquier otro en su situación. Reivindica así un valor objetivo para todos. Su pretensión es interesada y, a la vez, universalizable.

3) Su demanda se refiere a una carencia específica y al reconocimiento de una diferencia. Ambos pueden variar en cada situación. Por eso

es fútil intentar determinar las características positivas que tendría un concepto de justicia, abstracción hecha de toda situación social histórica. Una postura ética ante la justicia, además de disruptiva, es concreta.

4) Sin embargo, podemos detectar una nota propia de todo concepto de justicia, en cualquier circunstancia histórica. Sólo que ésta sería negativa. La justicia que se demanda es, en todo caso, la no-exclusión.

5) La idea de justicia como no-exclusión implicaría una reformulación de la doctrina universal de los derechos humanos. Podemos considerar que un derecho es el reconocimiento de un valor objetivo, cuya realización satisface una necesidad y da lugar, por ende, a una obligación. Para considerar universal un derecho tendría que aceptársele como válido en toda circunstancia histórica.

Los derechos básicos de una persona serían aquellos que son una condición necesaria para el disfrute de cualquier otro derecho. Pero la doctrina actualmente en boga de los derechos universales del hombre fue formulada en una fecha precisa. Apareció en una época limitada de la historia de una cultura. En ninguna tradición cultural forma parte de su idea de justicia, salvo en la cultura occidental moderna y, aun en ella, sólo desde el siglo XVIII. Corresponde a una concepción particular del bien común que se inicia con la experiencia histórica de un hecho: la exclusión de la clase media burguesa en la comunidad del antiguo régimen. Frente a la dominación de que es objeto, reivindica las libertades que le estaban negadas. El nuevo concepto ilustrado de justicia es el resultado de la universalización racional de su reivindicación concreta de no-exclusión.

El renuevo de la teoría liberal de la justicia en nuestros días es también el resultado de una experiencia semejante: la exclusión de una vida personal con libertad en los regímenes totalitarios del siglo XX. Vimos que un concepto ético de la justicia resulta de su universalización a todos los miembros de la sociedad. No es extraño que, en esos casos, la libertad se descubra como condición básica del reconocimiento de todo sujeto moral, en una sociedad no-excluyente. Pero, como en cualquier proceso histórico hacia un nivel de justicia mayor, ese reconocimiento de las libertades básicas no incluye necesariamente otras experiencias de exclusión diferentes.

De hecho, en la mayoría de las sociedades que no pertenecen a los países occidentales desarrollados y en distintas situaciones históricas cobran prioridad otras experiencias concretas de exclusión. El derecho a las libertades es, sin duda, un derecho básico porque es una condición para la elección de cualquier valor. Pero el derecho a la libertad no puede ejercerse, en muchas sociedades, sin otras condiciones igualmente básicas. Para poder ser libre, ciertas necesidades más elementales tienen que ser previamente satisfechas: son las de sobrevivencia (alimentación, vestido, habitación, seguridad de vida) y las de convivencia (pertenencia a una comunidad humana).

En muchos países, amplios sectores son esclavos de esas necesidades elementales o, al menos, están sujetos en gran medida a ellas, al grado de impedirles elegir cualquier otro valor. La diferencia que los excluye es su imposibilidad de acceso a los bienes y servicios materiales mínimos requeridos para sobrevivir como seres humanos independientes. Muchas veces, las libertades básicas están consignadas en el orden jurídico e incluso forman parte de las prácticas de un sector de la población, pero otro sector, aunque goce formalmente de las mismas libertades, se encuentra en una situación de dependencia tal, que no puede obedecer a su propia voluntad y está obligado a plegarse a la ajena. Los sujetos de ese sector son libres según la ley, pero no pueden ejercer su libertad, por estar sujetos a otros hombres, por tener que asegurar antes sus necesidades de sobrevivencia, o simplemente porque ejercer sus derechos los colocaría en el riesgo de perder su modo de vida o incluso su vida. Estas situaciones no son la excepción en la mayoría del planeta; son las más frecuentes en los países del llamado Tercer Mundo. Podemos decir que, en esos casos, las libertades básicas de que habla el liberalismo existen en el orden jurídico, incluso tal vez en el consenso moral de un sector de la sociedad, pero otro sector está excluido de su realización.

Para ese sector, la experiencia de la exclusión se refiere fundamentalmente a la carencia de los bienes que les permitirían elegir un plan de vida y realizarlo. Diríamos que corresponden a la que podríamos llamar "libertad de realización" y no sólo de elección.

En consecuencia, las exclusiones a que pueden estar sujetas muchas personas de amplios sectores no son simplemente las de las libertades, sino otras carencias cuya supresión sería para muchos prioritaria. En cada sociedad, en cada sector social, habría que comprobar cuáles son los tipos de derechos que reivindican con prioridad. Sólo así podríamos llegar a una teoría de los derechos básicos del hombre que fuera aplicable a toda cultura y sociedad.

La vía hacia la justicia que he presentado en resumen ha pretendido reflejar el proceso que históricamente los hombres y mujeres han seguido para acercarse a ella. El logro de relaciones más justas entre los hombres se ha dado de hecho en etapas sucesivas. Su fin no ha terminado, pues la justicia plena es una idea regulativa que puede orientar las acciones de la sociedad sin nunca, tal vez, realizarse plenamente.

La razón disruptiva de Luis Villoro
se terminó de imprimir en el mes de diciembre de 2023
en los talleres de Diversidad Gráfica S.A. de C.V.
Privada de Av. 11 #1 Col. El Vergel, Iztapalapa,
C.P. 09880, Ciudad de México.